दीपक कुमार

दीपक कुमार जवाहरलाल नेहरू विश्वविद्यालय, नई दिल्ली के ज़ाकिर हुसैन शैक्षणिक अध्ययन केन्द्र में विज्ञान और शिक्षा के इतिहास के प्रोफ़ेसर रहे हैं। वे मीडिया अध्ययन केन्द्र के भी समकालिक प्रोफ़ेसर रहे हैं। वे इन दोनों केन्द्रों के अध्यक्ष भी रहे। प्रसिद्ध पुस्तक 'साइंस एंड दी राज' के लेखक प्रो. कुमार की विज्ञान, दवा, तकनीक और पर्यावरण के इतिहास पर कई किताबें हैं। देश-विदेश में अपने चार दशक के अध्यापन-काल में इन्होंने कई संस्थानों में इन विषयों को लोकप्रिय बनाने का काम किया।

सम्पर्क : deepakjnu2008@gmail.com

गणपत तेली

गणपत तेली ने जवाहरलाल नेहरू विश्वविद्यालय, नई दिल्ली से 'भाषा विवाद की राजनीति और इतिहास' विषय पर शोध किया है। 'राष्ट्रवाद, संचार-माध्यम और भाषा' पुस्तक के अलावा इनके कई लेख और अनुवाद प्रकाशित हुए हैं। फ़िलहाल जामिया मिल्लिया इस्लामिया, नई दिल्ली में हिन्दी अध्यापन कर रहे हैं।

सम्पर्क : ganpat.ac@gmail.com

त्रिशंकु राष्ट्र

स्मृति, स्व और समकालीन भारत

दीपक कुमार

अनुवाद

गणपत तेली

राजकमल पेपरबैक्स

The Trishanku Nation : Memory, Self and Society in Contemporary India का अनुवाद

राजकमल पेपरबैक्स में
पहला संस्करण : 2019

राजकमल पेपरबैक्स : उत्कृष्ट साहित्य के जनसुलभ संस्करण

राजकमल प्रकाशन प्रा. लि.
1-बी, नेताजी सुभाष मार्ग, दरियागंज
नयी दिल्ली-110 002
द्वारा प्रकाशित

शाखाएँ : अशोक राजपथ, साइंस कॉलेज के सामने, पटना-800 006
पहली मंजिल, दरबारी बिल्डिंग, महात्मा गांधी मार्ग, इलाहाबाद-211 001
36 ए, शेक्सपियर सरणी, कोलकाता-700 017

वेबसाइट : www.rajkamalprakashan.com
ई-मेल : info@rajkamalprakashan.com

बी.के. ऑफसेट
नवीन शाहदरा, दिल्ली-110 032
द्वारा मुद्रित

मूल्य : ₹199

TRISHANKU RASHTRA : Smriti, Swa aur Samkalin Bharat
by Deepak Kumar
Translated by Ganpat Teli

ISBN : 978-93-88753-50-0

नानी, *नाना* और
फुआ *नानी* की स्मृति में

प्रस्तावना

समकालीन भारत उपनिषद की उक्ति *नेति, नेति* की याद दिलाता है, यानी न तो यह, न वह और न ही कुछ और। यह धारणा किसी भी चरम का निषेध करती है, वस्तुतः यह बहुदिशात्मक प्रकृति की है। अपनी सभ्यता के सम्पूर्ण विकास क्रम में भारत ने प्रत्येक सरलीकृत श्रेणीकरण को ख़ारिज किया है। यह लचीलापन हमेशा ही हमारी महान शक्ति रहा है, और प्रायः असंख्य समस्याओं के लिए जिम्मेदार भी। न केवल उपनिषदों में, बल्कि हमारी सभ्यता के मिथकीय संसार में भी हम ऐसी परिस्थितियों का विवरण पाते हैं। विशेष रूप से, मिथकीय राजा त्रिशंकु की कहानी, जिसका शरीर स्वर्ग और धरती के बीच लटका रहता है, रूपक के रूप में शिक्षाप्रद हो सकती है।[1] बीच हवा में लटकते हुए यह उस परिस्थिति की ओर संकेत करता है, जिसमें उल्लास भी नहीं होता है और उदासी भी नहीं। तो क्या हम *लिम्बस पत्रुम* या *पुरगटेरियो* (स्वर्ग और नरक के मध्य) में रहते हैं? सामाजिक-सांस्कृतिक सन्दर्भों से देखें तो आजकल धर्म का क्या मतलब होता है—नीति, धर्म (रिलीजन), नियम-क़ानून, या फिर साम्प्रदायिक व्यवहार? व्यवस्था की बात करें तो हम क्या हैं—लोकतंत्र, परिवादतंत्र, जातितंत्र या लूटतंत्र? इधर, भारतीय अर्थव्यवस्था ऊँचे-नीचे रास्ते पर चल रही है, जिसमें एक तरफ़ उच्च स्थिति है, तो दूसरी तरफ़ धक्के भी बहुत हैं, ख़ास कर आम लोगों के लिए। यक़ीनन, तरक़्क़ी दिखाई देती है : अब अकाल नहीं है, महामारियाँ नहीं हैं, मृत्युदर कम है और मध्यवर्ग की बढ़ी हुई क्रयशक्ति है। फिर भी, क्रमिक कुपोषण, क़र्ज़ का मकड़जाल, लगातार बढ़ती क़ीमतें और अपराध, सामाजिक भेदभाव और तनाव विषादयुक्त चित्र प्रस्तुत करते हैं। भ्रष्टाचार, जातिवाद और साम्प्रदायिकता की तिकड़ी ने हमारे समाज को जितना

1. मिथकीय राजा त्रिशंकु राम के पूर्वज माने जाते हैं, वे अपने नश्वर शरीर के साथ स्वर्ग जाना चाहते थे। उनके अपने गुरु संत वशिष्ठ ने उनकी सहायता करने से मना कर दिया था क्योंकि यह सृष्टि के नियमों के विरुद्ध था। इसलिए राजा ने उनके प्रतिद्वंद्वी संत विश्वामित्र से सम्पर्क किया, जो अपनी सिद्धियों की शक्ति के माध्यम से राजा की मदद करने के लिए सहमत हो गए। जब राजा अपने नश्वर शरीर के साथ स्वर्ग जा रहे थे, तो स्वर्ग के राजा इन्द्र ने उन्हें नीचे धकेल दिया। नीचे गिरते हुए राजा ने विश्वामित्र से प्रार्थना की, जिन्होंने उसे वहीं रोक दिया। हवा में लटकते हुए त्रिशंकु के लिए, संत ने एक अलग विशेष स्वर्ग की रचना की। इस प्रकार त्रिशंकु न तो पृथ्वी पर रहा और न ही स्वर्ग में।

पीड़ित किया है, उतना किसी अन्य ने नहीं। इन भीमकाय बुराइयों से कैसे निपटा जाए? ये आती कहाँ से हैं—धर्म से, राजनीति से या संस्कृति से? क्या विकास, लोकतंत्र और विविधता की तिकड़ी इनसे निपट पाएगी?

इन विषम हालात पर कई ग्रंथ लिखे जा चुके हैं। मेरा उद्दश्य कोई और उपदेश देना नहीं है, वरन् आधुनिक भारतीय इतिहास के विद्यार्थी ही नहीं बल्कि आज़ाद भारत में पल-बढ़ रहे नागरिक के रूप में अपने कुछ विचारों को प्रस्तुत करना है (वह भी केवल 70000-75000 शब्दों में और न्यूनतम सन्दर्भों के साथ)। मूलत: यह किताब आने वाली पीढ़ियों की अदालत में पेश मेरा हलफ़नामा है, जो ऐतिहासिक और व्यक्तिगत दोनों तरह की स्मृतियों पर आधारित है, जिसमें अपने व्यक्तिगत जीवन, समाज, शासन, शिक्षा, विज्ञान, संस्कृति आदि पर मेरी बेतरतीब टिप्पणियाँ शामिल हैं। ये टिप्पणियाँ बिलकुल बेमेल लग सकती हैं, कभी-कभी विरोधाभासी भी, लेकिन मुझे उम्मीद है कि अन्तत: एक साथ रखकर देखने पर इस उपमहाद्वीप में हमारे अस्तित्व की परतें उघाड़ने में ये बुदबुदाहट कुछ मायने रखेंगी। इतिहास को हमेशा ही बोधात्मक नहीं होना चाहिए, यह मनोरंजन भी हो सकता है और साथ ही, अतीत को खँगालने का तरीक़ा भी।

मेरा विश्वविद्यालय, जवाहरलाल नेहरू विश्वविद्यालय (जेएनयू), और मेरे विद्यार्थी मुझे अनगिनत मुद्दों पर सोचने-विचारने के प्रचुर अवसर और वक़्त देते हैं। यॉर्क यूनिवर्सिटी (टोरंटो) और सेंट जॉन्स कॉलेज (कैम्ब्रिज) ने मुझे इस किताब पर काम करने के लिए दो दिलचस्प सेमेस्टर प्रदान किए। दोस्त और परिवार के सदस्य हमेशा से मेरे प्रति सहृदय रहे हैं। अनिल, जगदीश जी, कृष्णा, इरफान, ध्रुव, प्रदोष, विष्णु, गौहर, दिनेश, बिस्वमय, प्रतीक, विनोद, गीथा, मिनती, राकेश, श्रीनिवास और चित्रा जैसे दोस्तों ने हमेशा मुझे कई तरीक़ों से प्रोत्साहित किया। मेरी पत्नी नीलम, मेरी बेटी मेघा, दामाद प्रत्युष, बहू धृति और बेटा भास्कर मेरे लिए ताक़त के स्तम्भ हैं तो मेरी कमज़ोरी भी। भास्कर ने सबसे पहले इसे देखा और कुछ मुद्दों पर मुझे ठीक किया। बाद में, रामचन्द्र गुहा, बी सुरेन्द्र राव और अनुराधा रॉय ने पूरी पांडुलिपि पढ़ी और सटीक टिप्पणियाँ और सुझाव दिए। इसी तरह का समर्थन मुझे प्रजित मुखर्जी, दिलीप सिन्हा, राहुल रामगुण्डम और पीयूष सिन्हा से मिला। कुछ विचार संजय दासगुप्ता और स्मृति सरकार के साथ की गई अड्डेबाज़ी के दौरान आए, जबकि रोहन डिसूज़ा, सतपाल सांगवान और ध्रुव सिंह ने सुधार और टिप्पणियों के साथ पाठ को बेहतर बनाने में सहायता की। अज्ञात रेफरियों की टिप्पणियाँ प्रोत्साहक और मददगार रहीं। मैं इन सबका आभारी हूँ। ऑक्सफोर्ड यूनिवर्सिटी प्रेस दिल्ली के मेरे सम्पादकों के सत्कार्य के लिए मैं उनका विशेष शुक्रिया अदा करता हूँ। यद्यपि, आख्यान और विश्लेषण में रह गईं गलतियों की पूरी जिम्मेदारी मेरी है।

—दीपक कुमार

अनुक्रम

1

स्मृति में मुफ़स्सिल

हो सकता है कि आपको मुफ़स्सिल शब्द अधिकांश शब्दकोशों में न मिले लेकिन औपनिवेशिक शब्दावली, क़ानूनी दस्तावेज़ों, समाजशास्त्रीय अध्ययन और भारतीय अंग्रेज़ी में भी यह आपको अवश्य मिलेगा। इस शब्द का मतलब न ग्रामीण है और न शहरी, बल्कि यह ऐसे स्थान के लिए प्रयुक्त होता है जो इन दोनों के बीच में त्रिशंकु के रूप में लटक रहा है।

यदि हम पाँच दशक पहले के मुफ़स्सिल में जाएँ तो हमें धीमी गति से चलने वाली ऐसी ज़िन्दगी दिखाई देगी जहाँ समय की कोई कमी नहीं थी, सुविधाजनक जगह थी, प्रदूषण कम था, ताज़ा खाना, बहुत सारी गपशप, विनोदप्रियता और टाँग-खिंचाई थी। विस्तृत संयुक्त परिवारों में नियमित अन्तराल के बाद बच्चे पैदा होते रहते हैं, जो माल्थस के सिद्धान्त को सही साबित करते हुए दिखते थे। इन विस्तृत परिवारों में चचेरे-ममेरे भाइयों-बहनों की गणना रखना मुश्किल होता था, हर कुछ महीनों में वहाँ नई आमद हो जाती थी। किशोरों के लिए यह सनसनीखेज़ भी होता था और हक्का-बक्का करने वाला भी। शादियों में महिलाएँ प्रणय के गीत गाती थीं और साल भर के अन्दर ही परिणाम दिखाई दे जाता था। बच्चे के जन्म के अवसर पर अगले मिलन की आरज़ू में गीत गाए जाते थे, और यह चक्र चलता रहता था। स्वास्थ्य की गिरावट या दुर्बलता जैसे परिणामों की चिन्ता करता कोई नहीं दिखता था। हाँ, जो आज़ाद भारत में पैदा हुए थे, उनके बचने की सम्भावना धीरे-धीरे बढ़ती गई। जानलेवा बीमारियाँ घेरे रहती थीं, फिर भी मृत्युदर कम हो रही थी। इस समय तक, नई प्राप्त की हुई आज़ादी हमारे स्वतंत्रता सेनानियों की सम्भावित सोच और कल्पना से बड़ी चीज़ थी। यह जनसंख्या बढ़ाने की, वर्गीय और जातिगत फ़ायदों को रूप देने की, क़ानून तोड़ने की, प्राकृतिक संसाधनों के शोषण एवं उन्हें नष्ट करने की और अपना ख़ुद का ही ख़ज़ाना लूटने की भी आज़ादी थी।

फिर भी, मुफ़स्सिल ने उत्तरजीविता और विकास के प्राकृतिक और लगभग जैविक मॉडल को मौक़ा दिया। परिवार हिफ़ाज़ती थे, अब तक टूटे नहीं थे, हो

सकता है कि प्यार न हो, लेकिन संस्कार थे और परम्परा के नाम पर वरिष्ठों का डर भी था। दरअसल, मुफ़स्सिल समाज एक मध्यवर्गीय समाज था, जिसमें सरकारी नौकरी करने वाले, छोटे दुकानदार, मज़दूर, वकील एवं डॉक्टर जैसे पेशेवर लोग (जो इसका नेतृत्व करते थे) थे। 1950 के दशक में पला-बढ़ा व्यक्ति यह समझ सकता है कि समाज के विविध कारक शान्त थे; सहअस्तित्व और राष्ट्र के पुनर्निर्माण की मज़बूत इच्छा थी। *हम पंछी एक डाल के, जागृति, तूफ़ान और दिया, धर्मपुत्र* और *धूल का फूल* जैसी फ़िल्में लोकाचार को दिखाती थीं और स्कूल के बच्चों में बहुत लोकप्रिय थीं। हालाँकि यह आशावादिता बड़े पैमाने पर फैली ग़रीबी को छिपा नहीं पाती थी। पीएल 480 के तहत (अमेरिका द्वारा) राहत के रूप में सड़े हुए गेहूँ का वितरण इस राष्ट्र में जो कुछ सड़ रहा था, के समाधान से ज़्यादा, उसका लक्षण था। जिला विद्यालय में, जहाँ से मैंने पढ़ाई की, विद्यार्थियों को डेनमार्क से आयातित पाउडर दूध दिया गया। उस समय आज के स्कूलों की मिड-डे मील योजना की तरह मुफ़्त भोजन की कोई योजना नहीं थी, और इसीलिए स्कूलों में बदहज़मी और मृत्यु का डर भी नहीं था। एक पाठ्य-पुस्तक में लिखा था कि भारत में दूध की नदियाँ बहती हैं, जबकि हक़ीक़त में यह देश बिना दूध के माँ जैसा था। पाउडर का दूध किसी तकनीकी चमत्कार से ज़्यादा सांस्कृतिक झटका था। मैंने एटलस में डेनमार्क को देखा; वह किसी देश से ज़्यादा मुफ़स्सिल की तरह दिखता था। जब कभी मुझे वह दूध दिया जाता मैं चुपके से उसे घास पर फेंक देता था। शायद यह प्रतिरोध का मेरा तरीक़ा था।

मेरे छुटपन की दो ऐसी यादें हैं, जो लम्बे समय तक मेरे ज़ेहन में रह गईं और समाज महिलाओं की स्थिति को भी दर्शाती है। मैंने अपनी माँ को खो दिया था। 1951 की शुरुआत में उन्होंने अपना पहला बच्चा, जो उस समय तीन साल का था, एक अनजाने बुख़ार के कारण खोया।[1] इस सदमे और क्षय रोग ने उन्हें कृशकाय कर दिया था, मेरे जन्म के दो महीनों बाद उनकी मृत्यु हो गई। अगले चार-पाँच साल तक उनकी दादी ने मेरी देखभाल की। मेरे स्मृति पटल पर उनकी धुँधली-सी यादें हैं, एक कमज़ोर और शान्त महिला, हुक्के के साथ। मेरे वकील पिता ने 1958 में फिर से शादी की, एक छोटा सा घर बनाया और उसके बाद लगभग चार दशकों तक सुख से रहे। उनमें मुफ़स्सिल के पेशेवर की सभी विशेषताएँ थीं—सादगी, ईश्वर का डर और महत्त्वाकांक्षा का अभाव। मेरी नई माँ बहुत ख़याल रखने वाली, मेहनती और चुपचाप पीड़ा सहन करने वाली थी। हमारे समाज में महिलाओं की

1. वह ज़िन्दगी किसी मज़बूत रोगप्रतिरोधी दवा से बचाई जा सकती थी लेकिन उन दिनों कुछ लोग इंजेक्शन और पंसिलिन से डरते थे। एलोपैथिक डॉक्टर के होते हुए भी मेरे पिता ने होम्योपैथिक इलाज पर ज़ोर दिया। परिणाम, एक युवा ज़िन्दगी का नष्ट होना और बहुत कुछ था।

हालत जानने के लिए किसी को मिस मेयो की *मदर इंडिया* पढ़ने की ज़रूरत नहीं, कोई बच्चा भी यह देख सकता था।

दूसरी स्मृति बदबू की निशानी छोड़ते हुए मानव मल को ढोते ठेले की है। उस ज़माने में सूखे पाखाने नहीं होते थे, घर के वयस्क कोने में किसी छोटी टपरी के नीचे रखे कनस्तर के डिब्बे में निवृत्त होते थे; बच्चे कहीं पर भी निवृत्त होने के लिए स्वतंत्र थे और हर सुबह निरपवाद रूप से एक महिला इसे ठेले तक ले जाती थी। कोई उस महिला को देखना नहीं चाहता था, उससे बात नहीं करना चाहता था। लेकिन उसका काम बहुत महत्त्वपूर्ण था, उसके बग़ैर घर की कल्पना कीजिए! एक दूसरी औरत, जिसका मैं बच्चे के रूप में आदर करता था, वह कोसों चलकर रोज़ पूर्वाह्न में दूध लाती थी। उसकी बहुत आवभगत होती थी, वह अन्दर बरामदे तक आ सकती थी, बीड़ी पी सकती थी और नानी के साथ दोस्त की तरह बात कर सकती थी। सुबह और दोपहर में आने वाली इन दोनों महिलाओं की स्थिति का अन्तर एकदम स्पष्ट था।

मेरे नाना के बड़े संयुक्त परिवार में पलने-बढ़ने के कुछ स्पष्ट फ़ायदे थे। उनकी बिहार के मुंगेर ज़िला मुख्यालय शहर में सिविल क़ानून की समृद्ध वकालत थी। एक अर्द्ध सामंती समाज में अधिकतर वाद ज़मीन से जुड़े होते थे, अपराधीकरण तब तक हुआ नहीं था, इसलिए तब तक सिविल वकालत करने वालों का 'फ़ौजदारी' वकीलों से ज़्यादा महत्त्व था और उनके पर्याप्त मुवक्किल होते थे। ये मुवक्किल सुदूर गाँवों के थे; उनमें से अधिकतर ग़रीब थे, जो ज़मीन के छोटे टुकड़ों के लिए लड़ते थे। उनकी ज़मीन उनके लिए उनका मरज़ाद थी, और इसीलिए वह अपनी गाढ़ी कमाई को ख़र्च करने और यहाँ तक कि क़र्ज़ लेने में भी हिचकते नहीं थे। अमीरों के लिए सिविल वाद लगभग आनन्ददायक गतिविधि थी। उनके लिए ज़मीन पेट का मामला नहीं बल्कि नियंत्रण का एक साधन था और वकील उसका फ़ायदा उठाते थे। आश्चर्य नहीं कि एक मुफ़स्सिल समाज में शिक्षकों और चिकित्सकों से ज़्यादा संख्या वकीलों की थी। बाद में, जब मुझे पता चला कि आज़ादी के राष्ट्रीय आन्दोलन का नेतृत्व वकीलों ने किया, तो मुझे कुछ आश्चर्य नहीं हुआ। एक बच्चे के रूप में मैंने अपने घर के बरामदे में ही समाज के सभी वर्गों को देखा था।

जनाने की अपनी गतिकी थी, जहाँ मेरी नानी का राज चलता था। साड़ी के कोने पर बँधा चाबियों का गुच्छा उनकी शक्ति का प्रतीक था। मेरी माँ सहित उनकी दो बेटियों की विवाहित ज़िन्दगी दुखद थी और 20 की उम्र से पहले ही उनकी मृत्यु हो गई थी। उनके चार बेटों में से एक युवावस्था में ही गुज़र गया। परिवार की इन मौतों ने दीर्घकालिक विषाद बिछा दिया था। मेरी फुआ नानी (नाना की बहन) का मामला सबसे त्रासद और साहसिक था। 1903 में जन्मी फुआ नानी 9 साल की उम्र में एक विदुर से ब्याही गईं और अगले ही साल विधवा हो गईं, फिर कभी विवाहित

न होने के लिए। उनके पति जानलेवा प्लेग से मर गए। इतना होने के बावजूद उन्होंने साहस दिखाया, मैट्रिक की पढ़ाई पूरी की और प्राइमरी स्कूल की शिक्षिका बनीं। उनमें स्नेह का सोता था, मैं भाग्यशाली था कि मुझे उनमें ममतामयी माँ मिली। उनका कोई बच्चा नहीं था लेकिन परिवार में पैदा हुए दर्जनों बच्चों की वे धाई थीं, जिन्हें उन्होंने समान प्यार से पाला-पोषा।

दूर और क़रीब के अपने रिश्तेदारों के निरन्तर आवागमन के बीच हमारा जीवन व्यस्त था। हमारा बचपन मस्ती से भरपूर था और वाकई में पढ़ाई का कोई दबाव नहीं था। प्राथमिक स्कूल में मुश्किल से न्यूनतम सुविधाएँ थीं; डेस्क नहीं थे, हम लोग बैठने के लिए घर से बोरी ले जाते थे और ज़ाहिराना, एक मोटी स्लेट भी। कोई भी विद्यार्थी अपने पिता और दादा के रुतबे के हिसाब से ऊँची कक्षा में प्रवेश पा सकता था। घर पर कुछ अनौपचारिक पढ़ाई-लिखाई करने के बाद बमुश्किल 7 या 8 साल की उम्र में मुझे सीधे चौथी कक्षा में भर्ती कर दिया गया था। विद्यालयों में प्रवेश आसान था; जन्म प्रमाण-पत्र की कोई आवश्यकता नहीं होती थी और जन्मतिथि को 1-2 साल कम कर लिखवाना बहुत आम बात थी। इस तरह शिक्षा की शुरुआत झूठ के साथ होती थी और रटने के साथ चलती थी।

स्कूल में अनुशासन ढीला था और पिटाई अपवाद नहीं, बल्कि नियम थी। कुछ जिज्ञासाजनक कारणों से अंग्रेज़ी और गणित के अध्यापक ज़्यादा सख़्त थे। एक बार अंग्रेज़ी के एक अध्यापक ने मेरे बाल खींचते हुए मेरे माथे को टेबल पर पटका और दूसरे हाथ से अपने गंजे सर को आनन्दपूर्वक सहलाते हुए समझाया कि कैसे 'पहले मौक़े पर मौक़े का फ़ायदा उठाना चाहिए, एक बार अगर वह तुम्हारे हाथ से निकल गया, तो हमेशा के लिए निकला गया।' यह मुश्किल से सीखा हुआ सबक था। प्रधानाचार्य राजदेव सिंह देर से आने वालों का बेंत की छड़ी से स्वागत करना पसन्द करते थे, दूसरे अध्यापक शान्त प्रकृति के और ध्यान रखने वाले थे। एक बार उप-प्रधानाचार्य जफ़र साहब से परीक्षा के लिहाज से कुछ 'महत्त्वपूर्ण' संकेतों का निवेदन किया गया, उन्होंने हमें हैरत में डालते हुए कहा, 'तुम परीक्षा में 'नकल' क्यों नहीं करते हो? पूरी किताब को अपने दिमाग़ में रखो, पृष्ठ अपने-आप बदलते जाएँगे, और कोई निरीक्षक और शिक्षक क्या, यहाँ तक कि भगवान भी आपको पकड़ नहीं पाएगा।' 'ऐसा कैसे सम्भव हो सकता है?' मैंने पूछा। उन्होंने जवाब दिया 'रियाज़ के ज़रिये', रियाज़ रटना नहीं होता, यह समझने के साथ किया जाने वाला निरन्तर अभ्यास है, इसमें आत्मा होती है। मैंने उन पर यक़ीन किया, यह काम आया। अभी भी काम आता है!

अधिकांश शिक्षक सख़्त लेकिन ईमानदार और गम्भीर थे। निजी ट्यूशन दुर्लभ था। विज्ञान और गणित के कुछ अध्यापक चोरी-छुपे ट्यूशन करते थे, इसे आज की तरह कभी सरेआम प्रोत्साहित नहीं किया गया। लोग अभी तक देशी घी की

जगह डालडा ख़रीदने पर शर्मिंदगी महसूस करते थे। इसी तरह से, ट्यूशन को भी तुच्छ और अमर्यादित माना जाता था। कोचिंग का नामोनिशान नहीं था, इसी तरह से एडमिशन के लिए कोई दौड़-भाग नहीं थी और पेशेवर पाठ्यक्रमों का लालच भी नहीं था। पाठ्यक्रम सरल होते थे, किताबें राज्य पाठ्यक्रम समिति द्वारा निर्धारित की जाती थीं और माध्यम हिन्दी था। पढ़ाई बोझ नहीं थी। जो विद्यार्थी अर्द्धवार्षिक परीक्षा में अनुत्तीर्ण हो जाते थे, वे वार्षिक परीक्षा में पास हो जाते थे। मैं ऐसे ही कुछ सुविधा प्राप्त विद्यार्थियों में था। किसी भी विद्यार्थी को फेल नहीं किया जाता था, बशर्ते वह सालभर विद्यालय से गायब न रहा हो। नेशनल कैडेट कोर्प्स (एनसीसी) और खेलकूद खट-मरने वाली कक्षाओं से भागने के आसान विकल्प थे। कक्षा आठ में विद्यार्थियों को विज्ञान, कला और वाणिज्य में से किसी एक अनुशासन का चयन करना पड़ता था। वाणिज्य का बहुत कम लोग चयन करते थे, केवल बनिया और मारवाड़ी बच्चे उसे पढ़ते थे। मैंने जीवविज्ञान का चयन किया था। आख़िरकार, डॉक्टरी और अभियांत्रिकी उस समय भी सबसे ज़्यादा लोकप्रिय पेशे थे और आज भी हैं लेकिन जल्दी ही नियमों में एक बड़ा परिवर्तन हुआ, अब विज्ञान के विद्यार्थियों को सामाजिक अध्ययन नामक एक पेपर पढ़ना था और इसे पढ़ाने वाले थे—श्रीनाथ साहू, सम्भवतया मेरे जीवन में मैं जितने अध्यापकों से मिला हूँ, उनमें सबसे अच्छे अध्यापक। उन्हें सुनना वाकई में बहुत आनन्ददायक था। उन्होंने हमें इतिहास पढ़ाया था। और, अगले ही साल मैं जीवविज्ञान छोड़कर कला संकाय में चला गया। अब सोचने पर मुझे ऐसा लगता है कि नियमों के इस बदलाव ने अवश्य ही बहुत से भावी मरीज़ों को जल्दी गुज़रने से बचा लिया होगा। घर पर शायद ही किसी का इस पर ध्यान गया, आज के अभिभावकों के विपरीत, जो अपने बच्चों से इंजीनियर और डॉक्टर पैदा करते हैं, मेरे पिता ने इन चीज़ों की कभी परवाह नहीं की। मुझ पर भरोसा रखने और मुझे आज़ादी देने के लिए मैं उनका सदा ही आभारी रहता हूँ।

मैं 10 साल का भी नहीं था और अपने इतिहास के अध्यापक में मैंने अपना गुरु पा लिया था। वे पाठ्यक्रम से परे जाकर अतीत को भविष्य के साथ बहुत सरसता से जोड़ते थे और विद्यार्थियों को सवाल पूछने के लिए उकसाते थे। 1961-62 में हिमालयी सरहद पर तनाव था और फिर चीन के साथ युद्ध छिड़ गया था, जिसमें हम बुरी तरह पराजित हुए। श्रीनाथ बाबू हमें स्थानीय पुस्तकालय ले जाकर विवादित क्षेत्र और युद्ध क्षेत्र को नक्शे पर दिखाते थे एवं मदद की सम्भावनाएँ बताते थे, जो हमें कभी नहीं मिली। यह भू-राजनीति की मेरी प्रारम्भिक पढ़ाई थी। वे इस गड़बड़ के कारण हमारे प्यारे प्रधानमंत्री पंडित नेहरू से बेहद नाख़ुश थे। लेकिन इस संकट ने जो राष्ट्रीय उभार पैदा किया था, उसमें कोई कमी नहीं आई थी। टाउन हॉल और विभिन्न स्कूलों में बैठकें आयोजित की गईं, जुलूस निकाले गए, चन्दा इकट्ठा किया

गया, मेरी माँ सहित कई औरतों ने अपने गहने दे दिए। भावनाओं को झकझोरने वाले गाने गाए गए। मेरे स्कूल में प्रसिद्ध कवि गोपाल सिंह नेपाली ने *40 करोड़ों को हिमालय ने पुकारा* गीत गाया।

मुझे लगता है कि महानगरों, जहाँ 'विद्वान' क्या गड़बड़ हुई है, पर बौद्धिक चर्चा करते हैं, आलोचना करते हैं और व्याख्या करते हैं, की तुलना में मुफ़स्सिल अधिक भावुकता से भरा होता है। जो भी हो, वह एक संकट का दौर था, आर्थिक से ज़्यादा मनोवैज्ञानिक; और इससे राष्ट्र के पुनर्निर्माण का नेहरूवादी उत्साह धीमा पड़ता प्रतीत हो रहा था। सम्भवत: यही वह संकट था, जो अन्तत: देश के इस कर्णधार को निगल गया। उनके उत्तराधिकारी लाल बहादुर शास्त्री ने अपने 'जय जवान जय किसान' नारे के साथ एक आशा की किरण जगाई। 1965 के भारत-पाकिस्तान युद्ध के कारण भावुकता एक बार फिर चरम पर थी। हम लोग रेडियो से चिपके रहते थे और पहली बार मैंने धार्मिक आधार पर साम्प्रदायिक विभाजन और तनाव होता हुआ देखा था। अफ़वाहों का बाज़ार गर्म था। किसी मुसलमान के रेस्टोरेंट्स में पाकिस्तानी रेडियो चलाया गया, तो हिन्दू पड़ोसियों द्वारा विदेशी भक्ति का संकेत मानकर विरोध किया गया। हालाँकि हम लोग आकाशवाणी पर भरोसा नहीं करते थे, प्रामाणिक ख़बरों के लिए अधिकांश लोग बीबीसी सुनते थे और रेडियो पाकिस्तान को रेडियो झूठिस्तान कहा जाता था।[1]

1965 का उल्लासोन्माद बहुत कम समय के लिए था लेकिन इसने साम्प्रदायिक तनाव की दरारों को स्पष्ट कर दिया था। हमारे क़स्बे के सामाजिक ताने-बाने को इसने 1947 के विभाजन से भी ज़्यादा हानि पहुँचाई थी। बंगाली हिन्दुओं की शरणार्थी कॉलोनी 1947 की एकमात्र निशानी थी लेकिन 1965 के युद्ध के समय, उन मुहल्लों में जहाँ हिन्दू और मुसलमान कन्धे-से-कन्धा मिलाकर रहते थे, तनाव उठने लगा। हमारा गुलज़ार पोखर ऐसा ही इलाक़ा था। इसका मूल नाम गुहिया (मानव मल) या उपनिषद परम्परा का गुह्य (रहस्य) पोखर था! बाद में इसका नामकरण गुलज़ार कर दिया गया। मेरे नाना कांग्रेसी और पक्के धर्मनिरपेक्ष थे, उन्होंने कई शान्ति बैठकों का आयोजन किया था। क़िस्मत से साम्प्रदायिक दंगे टल गए। मेरे बहुत से मुस्लिम दोस्त थे और हम होली एवं बकरीद जैसे त्योहारों का इन्तज़ार करते थे, जिसमें हमें लज़ीज़ कबाब खाने को मिलते थे। चहल्लुम के दौरान 'हसन हुसैन' चिल्लाते हुए हम उसकी कहानी और महत्त्व से बेख़बर ताज़ियों के साथ दौड़ते थे। दुर्गा पूजा और दीपावली में क़स्बे की रौनक चरम पर होती थी। दुकानों की चमक-दमक, पूजा-पंडालों पर उमड़ी भीड़, सुसज्जित मूर्तियाँ, मिठाइयाँ, और बहुत कुछ। बिहारियों के सबसे महत्त्वपूर्ण उत्सव छठ के दौरान मुस्लिम फल

1. दशकों बाद मुंबई में अलकायदा के हमलों और ओसामा के मामलों के सन्दर्भ में इस 'गोली और लकवा से ग्रस्त' पड़ोसी की झूठ बोलने की दुर्भाग्यजनक निपुणता को दुनिया ने पहचाना।

विक्रेता विशेष इन्तज़ाम करते थे। फिर भी एक ऐसी दरार पड़ ही गई थी, जो आने वाले वर्षों में चौड़ी होने वाली थी। मैंने सुना था कि मेरी कक्षा का एक सहपाठी शाहनवाज़ का एक हाथ ज़ख़्मी हो गया था; अफ़वाह यह थी कि वह अपने घर पर बम बना रहा था।

मुसलमानों की उपस्थिति का एक और दिलचस्प पहलू था—मुंगेर में लगभग सौ साल पुराना एक खानका (इस्लामी शिक्षा का केन्द्र), लेकिन वस्तुतः इसका अस्तित्व अज्ञात और गोपनीयता से घिरा हुआ था। इसमें अरबी और फ़ारसी की हज़ारों किताबें और पांडुलिपियाँ थीं लेकिन यह अनुमान लगाना मुश्किल था कि शहर पर इसका कितना प्रभाव था। हमारे यहाँ कुछ ही मुसलमान पेशेवर थे, जिन्हें उँगली पर गिना जा सकता था। स्कूल में एक मौलवी पवित्र किताब को रट रखने और अपने प्रिय विद्यार्थियों से लैंगिक-लगाव के लिए जाने जाते थे। साठ विद्यार्थियों की कक्षा में बमुश्किल चार या पाँच मुस्लिम छात्र होते थे। दूसरे स्कूलों में यह संख्या और भी कम थी। स्पष्ट है कि आधुनिक शिक्षा का फ़ायदा उन तक नहीं पहुँच पा रहा था। अधिकतर लोग सब्ज़ी, फल और मांस बेचने और वितरण करने का काम करते थे। मांस का काम बहुत फ़ायदेमन्द था, कसाइयों के पास बड़ा पक्का मकान होता था लेकिन उनकी स्वच्छता और शिक्षा की स्थिति बेहद निराशाजनक थी।

एक और क्षेत्र था, जहाँ मुसलमानों की उपस्थिति बहुत ज़्यादा और प्रभावी थी; यह था—लाल बत्ती इलाक़ा। बनारस, लखनऊ और मुज़फ़्फ़रपुर के बाद मुंगेर मुजरा करने वाली लड़कियों और ऐसे ही कामों के लिए जाना जाता था। वेश्याएँ शहर के केन्द्र में होती थीं और स्कूल या बाज़ार जाते हुए उन्हें नज़रअन्दाज़ करना लगभग असम्भव था। मेरा एक स्कूल का घनिष्ठ मित्र शम्भू उसी इलाक़े के पास रहता था, लेकिन उसकी माँ के ध्यान रखने के कारण हम उस परिवेश से अछूते रहे। बल्कि उससे हम अपने समाज में महिलाओं की स्थिति को जल्दी ही समझने में कामयाब हुए। गलियों में लड़ाई-झगड़ा नियमित बात थी। होली जैसे त्योहारों के दिनों में हालात और ख़राब हो जाते थे, यहाँ तक कि पुलिसवाले भी हुड़दंगियों में शामिल हो जाते थे। ऐसे ही एक मौक़े पर मैंने एक अधेड़ महिला को नशे की हालत में बिना कपड़ों के फुटपाथ पर पड़े हुए देखा था, जिसे दर्जन भर लम्पट पुरुष उसके अंगों को घूरते और लार टपकाते घेरकर खड़े थे और वह भी सरेआम। मैं शर्म और पाप के अहसास के साथ वहाँ से चला गया।

गली के बीच में या कोने में किसी चीज़ को देखते हुए या गरमागरम बहसों या झगड़े को देखते जिज्ञासु लोगों का जमघट लगना मुफ़स्सिल समाज का हमेशा ही अभिन्न हिस्सा रहा है। जीवन यहाँ एक अन्तहीन तमाशा था। सुबह की शुरुआत नगरपालिका के नल के पास इकट्ठे हुए लोगों से, जिनमें अधिकांश महिलाएँ होती

थीं, से होती थी। वहाँ एक-दूसरे को चुन-चुनकर अश्लील और ठेठ गालियाँ दी जाती थीं।[1] दोपहर के समय कई मदारी, सँपेरे, कलकत्ता के बहुत-से सामान विक्रेता आते थे, जो दालान और बाज़ार में भीड़ इकट्ठा करते थे। शाम के समय बाटा चौक पर एक पहलवान दन्त मंजन, पाचक गोलियाँ, यौन-शक्ति बढ़ाने की दवाइयाँ आदि बेचा करता था। वह कहानियाँ बुन-बुन कर लोगों को लपेटे में लेता था। मुझे नहीं लगता कि आईएमएम से शिक्षित सेल्समैन भी उसके कौशल की बराबरी कर पाएगा। ऐसे माहौल में जहाँ हर कोई गैस, कफ और प्रजनन क्षमता को लेकर चिन्तित हो वहाँ पर ऐसे नीम हकीम का बोलबाला होता ही है। अख़बार, सिनेमा हॉल और पोस्टर-पर्चों में ऐसे विज्ञापनों की भरमार होती थी। भारतीय मर्दों के लिए सनातन काल से सीने में बलगम, पेट में गैस और दिमाग़ में सेक्स एक राष्ट्रीय जुनून रहा है।

भोजन एक दूसरा जुनून था। परिवार में एक व्यक्ति पर कमाने की सम्पूर्ण जिम्मेदारी होती थी, बाक़ी लोग नाक खुजाते और इधर-उधर घूमते, खाने के बाद डकारें मारते और पादते रहते थे। अपने घरों के बाहर मर्द टुकड़े-टुकड़े के लिए पूँछ हिलाते घूमते रहते थे लेकिन घर के अन्दर वे शेर की तरह दहाड़ते थे। और, महिलाएँ आँसुओं या गर्भावस्था में ही शरण पाती थीं।[2] परम्पराएँ एक ही साथ, दमन भी करती हैं और सांत्वना भी देती हैं। सुबह-सवेरे नल से पानी भरने से लेकर रात को 'पानी' निकालने तक जीवन एक तमाशा ही था, लोक साहित्य, साहित्य और लोकप्रिय संस्कृति में इसका चित्रण मिलता है।

प्यारा मुंगेर[3]

मुंगेर माँ गंगा द्वारा पाला-पोसा गया एक छोटा सा आकर्षक क़स्बानुमा है। यहाँ पर गंगा नदी अंग्रेज़ी के 'एस' अक्षर का आकार लेती हुई एक बड़े क्षेत्र को प्लावित करती है। और, वर्षा ऋतु में यह उद्दंड समुंदर की तरह दिखती है। कभी-कभी

---

1. सौभाग्य से, उन दिनों पानी 'सार्वजनिक सम्पत्ति' था और यह नगरपालिका के नल से वितरित होता था।
2. स्कूली छात्र के रूप में, मैं हिन्दी की पाठ्यपुस्तक में यह कविता पढ़ते हुए कुलबुलाता था—
   अबला जीवन हाय! तुम्हारी यही कहानी
   आँचल में है दूध और आँखों में पानी!
   बहुत बाद में, मैं फिर कुलबुलाया, जब मैंने एक शोधार्थी के रूप में अंग्रेज़ शल्य-चिकित्सक की यह टिप्पणी पढ़ी—'भारतीय ख़रगोश की तरह पैदा होते हैं और मक्खियों की तरह मरते हैं'। (J.D. Megaw to W.S. Carter, 29 October, 1928, IHD, 1.1 464 India Box 5 F. 34, Rockefeller Archive Centre, New York)
3. मुंगेर के लिए अंग्रेज़ी की पुरानी वर्तनी 'Monghyr' है; आजकल अंग्रेज़ी में इसे 'Munger' लिखा जाता है।

मैं स्कूल छोड़कर अपने पसन्दीदा काम में मशगूल हो जाता था—नदी के किनारे बैठना, लहरों, नावों एवं डॉल्फिन-सोंस को निहारना। अक्सर मैं बागों, पोखरों और क़िले के आसपास घूमता रहता था और बन्दर एवं पक्षियों को देखता रहता था। साँप और नेवले की लड़ाई आम दृश्य था। एक बार मैंने देखा कि एक बन्दर पूरे फन फैलाए कोबरा को चुस्ती से दबोच रहा था, वह उसे लेकर पेड़ पर गया और खीसें निपोरने एवं मुँह बनाने लगा। फिर उसने कोबरा के फन को शाखा पर थोड़ा और रगड़ा, और दोबारा खीसें निपोरने लगा। उसकी पकड़ बहुत मज़बूत थी और यह एकतरफ़ा खेल घंटे भर चलता रहा। यह ज्ञात शत्रु से निपटने का एक पूरा सबक था।

हमारी दो गाँवों में खेती की ज़मीन थी और फ़सल के दौरान में वहाँ जाना आनन्ददायक होता था। चावल के छिलके को अलग करने और चावल निकालने की ऐसी लय और ख़ुशबू होती थी, जिसका कोई और सानी नहीं था। हम लोग ताज़ा चावल, गुड़ और गाढ़े दही के मिश्रण को जी भर खाने को उद्धत रहते थे। ग़रीबी के कुचक्र के बावजूद लोग स्वस्थ दिखते थे। वे बहुत खाते थे और खुले में हगते थे।[1] खेती उनके रोज़गार का एकमात्र साधन था और मात्र यही उनका सरोकार भी था। बटाईदार हमेशा कम बारिश की शिकायत करता था, कम बारिश यानी कम उत्पादन लेकिन उसे हमेशा सम्मान दिया जाता था। जब मैंने मेरे नाना से पूछा कि आमदनी कम हो रही है, तो खेती में इतने रुपए क्यों लगाते हैं; वे जवाब देते थे कि हमारी ज़मीन पर कम से कम दो-तीन परिवार पलते हैं। सम्भवतया सामंती सम्बन्धों में कुछ मानवीय सरोकार होते थे। धार्मिक और सामाजिक रिवाज़ लोगों को एक साथ रखते थे और अक्सर उत्सवधर्मिता भी होती थी। एक नागा बाबा साल में एक बार आता था और वह बिना बच्चों के माता-पिता को ख़ुशियाँ देने वाला माना जाता था। कैसे? कोई खुलकर इस पर बात नहीं करता था! वह एक ताँबे के छोटे से बर्तन में एक ज़हरीला साँप अपने साथ रखता था, और जब कभी उसे 'तरंग' की ज़रूरत होती थी, वह स्वयं को साँप से कटवा लेता था। बहुत बाद में, अपने जीवन में मैंने 'ज़हरीले' आलोचकों और दोस्तों के महत्त्व और उपयोगिता को महसूस किया।

मुफ़स्सिल क़स्बे का एक अन्य जुनून गाय पालना था। मध्यवर्गीय हिन्दू परिवार गाय पालने की कोशिश करते थे जबकि मुस्लिम परिवार बकरे और मुर्गे पालना

1. यहाँ तक कि जो लोग शौचालय बनवा सकते थे, वे भी खुले-ताज़े माहौल को प्राथमिकता देते थे। मेरे खानदानी गाँव में, मेरे पड़दादा को दहेज में हाथी मिला था, मेरे दादा के बड़े भाई (विद्यालयों के उप-निरीक्षक) के पास चालीस के दशक में फोर्ड कार थी; उन्होंने घर में एक बहुत अच्छा मन्दिर बनवाया था लेकिन शौचालय नहीं! मेरी स्वर्गीय माँ देश की आज़ादी के वर्ष अपनी शादी के बाद यह देखकर चकित थी। अब इस पुराने घर में शौचालय है, लेकिन मन्दिर खँडहर हो गया, जबकि देश अब भी यह बहस कर रहा है कि प्रमुख क्या है मन्दिर या शौचालय!

पसन्द करते थे। गाय का महत्त्व प्रोटीन के स्रोत से ज़्यादा था। वे गौरव और समृद्धि की प्रतीक थीं। गाय—जो पवित्र माता मानी गई—वैतरणी (पृथ्वी और स्वर्ग को अलगाने वाली मिथकीय नदी) को पार कराने वाली मानी गई। मेरे पिताजी को गाय बहुत पसन्द थी। 1960 के दशक में वे जिला गोरक्षा समिति के अध्यक्ष थे। गाय पालना बहुत मुश्किल काम था और मेरी माँ ने यह काम लगन से किया। पास के गाँव से चारा आता था और ग्वाला दिन में दो बार गाय दुहने के लिए आता था। सबसे ज़बरदस्त समय वह होता था, जब गाय को प्रजनन के लिए साँड़ से मिलवाने ले जाया जाता था। गौशालाओं में कुछ अच्छे साँड़ इसी काम के लिए रखे जाते थे और छोटे-मोटे चन्दे के बदले उनकी सेवाएँ मिल जाती थीं। साँड़ पहले गाय से गंध, फिर स्वाद से सम्पर्क करते, और फिर अचानक इतनी उछाल लेते थे कि गाय मुश्किल से खड़ी रह पाती थी। यह दृश्य विलक्षण और दिलचस्प होता था और हम लोग दबी सी हँसी हँसते। यह यौन-क्रिया से मेरा पहला परिचय था, जिसकी सहजता और स्वाभाविकता से कोई भी आधुनिक यौन शिक्षा पाठ्यक्रम बराबरी नहीं कर सकता। सम्भवतया जानवर आनन्द मात्र के लिए सेक्स नहीं करते; साँड़ गाय के थन को नहीं छूते हैं। खैर! मैं तो यही कहूँगा कि मनुष्य अलग होते हैं।[1]

जब मनुष्यों और जानवरों की तुलना की जाए तो और भी कई तरह के फ़र्क़ होते हैं, जो पर्दे में अवश्य होते हैं, लेकिन प्रायः छिपे हुए नहीं रहते हैं। जाति और लिंग भेद ऐसे ही दो महत्त्वपूर्ण उदाहरण हैं। 1959 और 1960 के दशकों में जाति पर खुली चर्चाएँ नहीं होती थीं। अपने स्कूल के दिनों में हम ख़ुशी से इससे अनजान थे। दोस्तियाँ जातियों से परे थीं। हमारे शिक्षक हमारी जातियों के बारे में हमसे ज़्यादा सचेत थे। जातिभेद आमतौर पर सर्वमान्य था और समाज के वर्चस्वशाली समूह इसे अपने विशेषाधिकार के रूप में इस्तेमाल करता था। यह काम के बँटवारे, विभाजन, रीति-रिवाज़ और अन्तर्विवाही व्यवस्था की संगठित रूप से चलने वाली और आजमाई हुई व्यवस्था है। देश के सबसे प्रभावशाली वर्ग से लेकर मोहल्ला पंडित, जो जन्म से लेकर मृत्यु तक के सारे सामाजिक रिवाज़ पूरे करते थे, इन सभी में ब्राह्मणों का वर्चस्व था। पंडित जी की वेशभूषा (उनकी धोती, तिलक और छाता) भले ही मज़ाक़िया लगे मगर देखने वालों में एक सम्मान की भावना पैदा करती है। मौलवी साहब की बिना मूँछों वाली दाढ़ी और गम्भीर हाव-भाव भी कम प्रभावशाली न थे। मुसलमानों में यूँ तो जाति-व्यवस्था नहीं होनी चाहिए थी लेकिन वह है और आज भी काफ़ी हद तक चलन में है। जाति और ग़रीबी का अन्तर्सम्बन्ध

1. सालों बाद, कुरुक्षेत्र विश्वविद्यालय में मेरे वरिष्ठ ने यह पूछते हुए मुझे छेड़ा कि मानव और जानवरों के बीच क्या अन्तर है? मैंने बोला 'बुद्धि'। आँख मारते हुए मुस्कराकर उन्होंने कहा, 'नहीं, केवल मानव ही आगे से सहवास करते हैं।' उस समय मुझे यह पता नहीं था कि शार्क, डोल्फिन और बोनोबो (कांगो में पाए जाने वाले चिंपाजी, जिन्हें मनुष्यों से अत्यधिक क़रीब माना जाता है) भी ऐसा ही करते हैं।

है। नीची जाति के लोग अक्सर ग़रीब भी होते हैं और जनसंख्या का भी अधिकांश भाग उन्हीं का होता है। वे मज़दूर, कारीगर और छोटे दुकानदार होते थे, जो जीवन की ज़रूरतें कम दामों पर मुहैया कराते थे। ऊँची जातियों के लोग ज़्यादातर ज़मींदार और पेशेवर लोग होते थे, जो मध्यवर्ग के संघटक थे। वे अपने समय की राजनीति, अर्थव्यवस्था और समाज पर वर्चस्व रखते थे। मुफ़स्सिल समाज तब तक जाति चेतना और उससे जुड़े आन्दोलनों से प्रेरित नहीं हुआ था; अंबेडकर उस समय तक प्रभावशाली नहीं बने थे। इकलौता वक़्त जब जाति गायब होती नज़र आती थी, वह था—छठ पूजा का समय, जब अगड़े और पिछड़े एवं अमीर और ग़रीब गंगा के तट पर आपस में मिलते थे।

महिलाएँ अपने घर में दलित होती थीं, यह कहना अतिशयोक्ति अवश्य है, लेकिन यह उनके दोयम दर्जे और पूरक स्थिति की ओर संकेत ज़रूर करता है। वे खाना पकाती थीं, कपड़े धोती थीं, घर की सफ़ाई करती थीं और सबसे बुरा, वे इस ग्रह की कभी न थकने वाली, बच्चे पैदा करने वाली मशीन थीं। इसके साथ ही, ग़रीब तबके की औरतों को तो कमाई भी करनी पड़ती थी। मध्यमवर्ग में जो औरतें तमाम पीड़ाओं को झेलते हुए ज़िन्दा रह जातीं, वे अगली पीढ़ी को पीड़ित करने के लिए और मज़बूत हो जातीं। दहेज का अभिशाप, जो आज समय और समृद्धि के साथ भीमकाय रूप धारण कर चुका है, हमेशा से मौजूद था।[1] शादी की बातचीत में एक अन्य सनक दूध-सी गोरी दुल्हन की होती थी। दूल्हे के पिता सबसे पहले लड़की के रंग के बारे में पूछते। गोरी चमड़ी और कुछ धन हर योग्य कुँवारे के माँ-बाप चाहते थे। दूल्हा भले ही औघड़ जैसा दिखता हो लेकिन दुल्हन हंस जैसी सुन्दर चाहिए।[2] आख़िरकार, काली के अलावा हमारी सारी समकालीन देवियाँ गोरी, सुन्दर और आज्ञाकारी हैं। कैलेंडर में भगवान विष्णु के चरणों में बैठी देवी लक्ष्मी की तस्वीर इसी को दर्शाती है। कुछ 'रहस्यमयी' कारणों से विवाहित औरतें अपने पतियों से पहले ही मर जाती थीं; और जो अपने पति के मरने के बाद बच जाती थीं, वे काफ़ी लम्बा जीवन जीती थीं। जहाँ हर परिवार में कम-से-कम एक दोबारा ब्याहता पुरुष ज़रूर होता वहीं विधवा-विवाह अनसुना था। फिर भी, दहेज के

1. पन्द्रह साल की उम्र में मैंने दहेज पर एक त्रासद कहानी लिखी थी, जो 1966 में, मुंगेर जिला स्कूल की पत्रिका में प्रकाशित हुई थी। शादी के ख़र्चे के नाम पर विनम्रता से दहेज माँगा जाता है। मेरे विवाह में इसे लेने से मेरे पिता को रोक नहीं पाया और इसके लिए मैं बहुत शर्मिन्दगी महसूस करता हूँ लेकिन मैं इस बात पर दृढ़ था कि मेरे बेटे-बेटी की शादी पर लेन-देन नहीं होने दूँगा।
2. बहुत पहले, एक समय था, जब जयदेव ने *गीत गोविंद* में श्यामवर्णी कृष्ण के मेल के रूप में श्याम वर्ण की राधा की स्तुति की थी। जब से तुर्कों और मंगोलों ने इस महाद्वीप पर क़ब्ज़ा जमाया, तब से गोरापन सुन्दरता का पैमाना हो गया। बाद में 'गोरे' अंग्रेज़ आए। इन गोरे शासकों ने शायद हमें यह विश्वास दिला दिया है कि अश्वेत गन्दा होता है। (Sumit Paul, 'The Fallacy of the Fairness Concept', The Hindu, 7 April, 2015)

कारण मौत या बहुओं को जला देना या कन्या भ्रूण हत्या (जो आज उत्तर भारत में प्रबल है) के बारे में मैंने कभी नहीं सुना था। शुक्र है कि अमाइनोसेंटेसिस की तकनीक से उस समय हम अनजान थे। यही बात गर्भनिरोधक और बच्चों में अन्तर बनाए रखने के ज्ञान के बारे में सच थी। दन्तमंजन को विज्ञापित किया जाता लेकिन निरोध नहीं। मितव्ययी लोगों का सबसे प्रिय तरीक़ा महिला नसबन्दी था और अब भी है। हर साल एक की दर पर क़रीब आधा दर्जन बच्चे पैदा करने के बाद औरत के गर्भाशय और ट्यूब को हटाना आसान होता था। मर्दानगी कोई और तरीक़ा कभी-कभार ही सोचती है। महिलाएँ तीस की उम्र तक बच्चे पैदा करने लायक नहीं रहती थीं, लेकिन पुरुष सत्तर की उम्र तक लायक रहते थे।[1]

हालाँकि एक बदलाव धीरे-धीरे जगह ले रहा था। कम-से-कम मध्यवर्गीय परिवारों में तो बाल-विवाह को निरुत्साहित किया जा रहा था। अब लड़कियों को स्कूल भेजा जा रहा था, हालाँकि लड़कों के अनुपात में उनकी संख्या भले ही प्रतिकूल थीं। मेरे गाँव में ही लड़कों के पाँच बड़े माध्यमिक स्कूलों की तुलना में लड़कियों के मात्र दो ही स्कूल थे। लड़कियों के लिए सिर्फ़ एक कॉलेज था और बड़ा आरडी एंड डीजे कॉलेज महिला एवं पुरुष दोनों के लिए था। एक विशुद्ध आशा थी कि शिक्षा से हालात में बदलाव आएगा। इसका नतीजा महिलाओं के रोज़गार या उनकी आर्थिक हालत में सुधार में भले ही न आए पर उनकी सेहत, स्वास्थ्य, स्वच्छता, परिवार का पालन-पोषण, संस्कृति में ज़रूर दिखाई दिया होगा। मेरी माँ की छोटी बहन (मेरी मौसी) 1953 में बी.ए. पढ़कर शिक्षिका बनीं और बाद में बांकीपुर गर्ल्स हाईस्कूल से बतौर प्रिंसिपल सेवानिवृत्त हुईं। मेरे प्रिय दोस्त शम्भू की बहन मीरा दी ने भी बी.ए. किया और हम सबके लिए प्रेरणास्त्रोत बनीं। उनकी माँ जो भले ही अशिक्षित थीं, बुद्धिमती और स्नेही थीं; मुझे अब भी उनकी याद आती है। बिहार की मुफ़स्सिल की ये औरतें यक़ीनन वैसी नहीं थीं, जिनके बारे में पश्चिम की रुचि को सहलाने वाले 'व्हाइट टाइगर' या 'स्लमडॉग' के लेखक लिखते हैं।

मेरा धर्म

एक चीज़, जिसने बचपन से ही मेरा ध्यान अपनी तरफ़ आकर्षित किया, वह था—धर्म। धार्मिक कहानियाँ, कर्मकांड, उत्सव आदि मुझे हमेशा ही मोहित करते रहे। मैं गीता प्रेस गोरखपुर से छपी धार्मिक किताबें और उसकी पत्रिकाएँ *कल्याण*

1. तमाम समाजों और युगों में स्त्रियों को यौनिकता का बोझा ढोना पड़ा। क्या बाइबिल के शाप की वजह ऐसा है? सदियों पहले हज़रत अली ने कहा था कि 'परम शक्तिशाली ईश्वर ने यौन इच्छाओं को दस भागों में विभाजित किया है; और, उन्होंने नौ भाग स्त्रियों को प्रदान किए और पुरुष को एक।' क्या कोई इससे अधिक न्यायोचित वितरण हो सकता था?

और *आरोग्य* उत्सुकतापूर्वक पढ़ता। मुफ़स्सिल के लड़के-लड़कियाँ *फेमस फाइव* या *मिल्स एंड बून* पढ़कर बढ़े नहीं होते हैं। मैं मिथकीय कहानियों का आनन्द लेता, क्या वे भौतिक विज्ञान की बजाय इतिहास के क़रीब नहीं हैं? मिथकीय कहानियाँ दार्शनिक पृष्ठभूमि देती हैं, कर्मकांड हमें नियंत्रण में रखने के तंत्र हैं। मेरे लिए तो वह शुद्ध मनोरंजन के स्रोत थे और हाँ, कुछ नैतिकता के सबक भी थे। जब मैं नौवीं कक्षा में था, तो मैंने श्रीमद्भागवत उसी तरह पूरी पढ़ ली, जैसे मैं तिलिस्मी कहानियाँ पढ़ता था यानी बिना समझे और महान गीता के उपदेश से अनभिज्ञ रहते हुए। पवित्र रामायण इसकी तुलना में थोड़ी नीरस और सपाट थी। एक या दो पुराण जो मेरे हाथ लगे, दिलचस्प मगर बोझिल थे। एक बात तो पक्की है कि इनमें विविधता बहुत थी।

हालाँकि इस महान संस्कृति के कर्मकांडों के प्रति मेरे मन में धीरे-धीरे एक नापसन्दी आ रही थी। कर्मकांड भले ही सभ्यता और संस्कृति के प्रतीक होते हैं और सभी समाज में ये किसी न किसी रूप में मौजूद होते हैं, पर मुझे ये बहुत उत्पीड़क लगने लगे थे। ब्राह्मण और मुल्ला इनका जमकर शोषण करते। सड़क पर चलते किसी ब्राह्मण के बच्चे के सामने भी हमें झुकना होता था और दलितों को तो गायब होना पड़ता था। मन्दिर साधना से ज़्यादा कर्मकांडों के लिए रह गए थे। हमारा सनातन धर्म हमें सीधे ईश्वर से जोड़ता है लेकिन इसके ठेकेदार हर क़दम और कूँचे पर पनप जाते हैं। मोहल्ले के दूसरे घरों की तरह हमारे घर भी पंडित तक़रीबन हर हफ़्ते आते थे। महीने में एक बार तो औपचारिक पूजा-कथा होती थी, जिसमें पड़ोसी और रिश्तेदार भी आमंत्रित होते। घर की बड़ी-बूढ़ी औरतों के पास दूसरे सभी कामों से ज़्यादा समय पूजा के लिए होता। यह उनके लिए जुनून सा था और परिवार के रोज़मर्रा के बोझिल कामों और रसोई से बचने का एक अच्छा तरीक़ा था। पचास साल की उम्र में पहुँचते-पहुँचते मर्द भी धर्म और कर्मकांडों की प्रासंगिकता खोज लेते और अपनी पत्नियों के साथ हो लेते। मेरे नानाजी एक सच्चे पेशेवर थे, जिन्हें मैंने कभी ब्राह्मण और तीर्थ यात्रा पर समय व्यर्थ करते नहीं देखा। वे आस्तिक थे और अपने भगवान को जानते थे। इसके विपरीत, मेरे पिता रोज़ दो घंटे से ज़्यादा समय पूजा करते और इसके बावजूद कठिनाइयों से जीवन जीते थे। उनके पिताजी, जो ख़ुद एक वकील थे, को परिवारिक मन्दिर में पूजा करते समय दिल का दौरा पड़ा और अपनी सापेक्षिक जवानी में ही वे अपने पीछे तीन बेटों को अपने हाल पर छोड़कर मौत के शिकार हो गए। धर्म हमेशा से एक रहस्य रहा है और एक अर्द्ध सामंती समाज में इस पर तर्क करने की प्रवृत्ति नहीं होती है। धर्म, कर्म और भाग्य- सब पर्यायवाची लगते और एक-दूसरे के स्थान पर इस्तेमाल किए जाते। 1960 के दशक की शुरुआत में, मुंगेर को एक ज्ञानी और विद्वान योगी स्वामी सत्यानंद की मेजबानी और समर्थन का सौभाग्य प्राप्त हुआ। स्वामी जी ने यहाँ एक आश्रम की

स्थापना की जो कुछ दशकों बाद फल-फूल कर बिहार स्कूल ऑफ़ योगा बना।[1] मैं कभी-कभी अपने नानाजी के साथ इस आश्रम में जाता था, मगर कई बार यूँ ही इधर-उधर दौड़ना या त्योहारों में मज़े करना, योग कक्षाओं से ज़्यादा मज़ेदार होता था। त्योहार महान सामाजिक संस्थाएँ हैं, जो हमारे दमित अवसाद और असन्तोष का विरेचन करते हैं। हर कोई त्योहार में मज़े करता है और वो साल भर आते रहते हैं। सरस्वती पूजा मेरा सबसे पसन्दीदा त्योहार था और मैं उसकी तैयारी में पूरे महीने लगा रहता था। मैं नेसफील्ड का व्याकरण और जादव चक्रवर्ती की अंकगणित की किताब मूर्ति के पैरों में रखता और देवी से विनती करता कि वे मुझे उन्हें पढ़ने के कष्ट से बचाएँ। दुर्भाग्य से, यह तरकीब कभी काम नहीं आई!

एक तरकीब जो हमेशा हर जगह काम करती, वह थी—घूसखोरी। ज़िला न्यायालय, जहाँ मेरे ज़्यादातर रिश्तेदार काम करते थे, में हर कोई पैरवी की बात करता था, जिसका मतलब था—सिफ़ारिश करना या ज़ोर देना, या अवश्य ही, किसी की मुट्ठी गरम करना। घूसखोरी आम थी; घूस को हक़ की तरह माँगा जाता था और कर्तव्य की तरह चुकाया जाता था। यदि पैसे का लेन-देन काम न आता तो कुछ अन्य आधारों, जैसे जाति या पारिवारिक सम्बन्ध, को उकसाकर काम किया जाता था। इस मामले में भाव-ताव, तोल-मोल के विकल्प हमेशा खुले रहते थे और धन कभी-कभी ही ज़्यादा होता है। छोटी-सी क़ीमत के बदले काम और एहसान किया जाता। न्यायालय, पुलिस थाने, आभियांत्रिकी और कर विभाग भ्रष्टाचार के गढ़ थे। ये जगहें ही सही मायनों में लाल बत्ती इलाक़े थे, जिन्हें, असली इलाक़ों के विपरीत, सामाजिक स्वीकृति और आर्थिक महत्त्व प्राप्त था। जहाँ एक तरफ़ घूसखोरी 'गोपनीय' फ़ाइलों को खोलने और फेरबदल करने का काम करती वहीं दूसरी 'गुप्त' शारीरिक अंगों को खोलती थी। मूल रूप से दोनों एक ही तरह के काम थे। स्पष्टतः इसमें शर्म और पाप का कोई अहसास नहीं होता था।[2] आज़ादी ने हमारी अन्तरात्मा की आवाज़ को मार डाला था। ब्रिटिश राज के साथ भय ख़त्म हो गया था। फिर भी आगे आने वाले समय में जो हुआ उसे देखा जाए तो मेरे पिताजी की

1. यह बाबा रामदेव के टीवी के परदे पर अवतरण और करोड़ों के उपभोक्ता सामग्री के साथ विशाल योग साम्राज्य खड़ा करने से दशकों पहले हो चुका था।
2. अंग्रेज़ों के ज़माने में मामला ऐसा नहीं था। जैसा कि एक इंडियन सिविल सर्विस (ICS) के अधिकारी ने लिखा—
मैं भारतीय डिप्टी-कलेक्टरों और न्यायाधीशों की क्षमता और गहरी सत्यनिष्ठा से बहुत प्रभावित था। वे निश्चित ही अव्वल दरज़े के थे...जहाँ धन का मामला होता था, वहाँ भी वे ईमानदारी से काम करते थे। कई जिलों और दो प्रान्तों में असंख्य अधिकारियों से मिला; और इनमें से महज़ तीन व्यक्ति पैसे लेते पकड़े गए; एक मुसलमान, दूसरा हिन्दू और तीसरा, (मुझे बताते हुए शर्मिन्दगी हो रही है) मात्र दो ईसाई अधिकारियों में से एक था। (R.G.H. Johnston Papers, Box I, Reminiscences of India [CSAS, Cambridge, 1915-46], 24)

पीढ़ी संत दिखाई देती है! मेरी पीढ़ी के सामने तो ईस्ट इंडिया कम्पनी का शोषण और उनके लुटेरे लोग भी फीके पड़ जाते हैं। नेहरू के बाद तो इसने एक जल-प्रलय का रूप धारण कर लिया था, अचानक नहीं, धीरे-धीरे और ठोस रूप से। नैतिकता और सुन्दरता (aesthetics) इसके पहले शिकार बने।

विडंबना यह थी कि यह सब समाज, कल्याण, विकास वग़ैरह के नाम पर किया गया। समाजवाद जादुई शब्द था, इसने मुझे भी मोहित किया। समाजवाद से मेरा परिचय हिन्दी पत्रिका *दिनमान*, गम्भीर *मैनस्ट्रीम*, और सनसनीखेज़ *ब्लीट्स* द्वारा हुआ। *दी शंकर्स वीकली* के कार्टून ने नेहरू के भारत को अद्वितीय तरीक़े से प्रस्तुत किया। हर सप्ताहांत पर मैं स्थानीय पुस्तकालय में बेचैनी से इनके पहुँचने का इन्तज़ार करता। मार्क्सवादी साहित्य के सम्पर्क में, मैं बहुत बाद में, कॉलेज के दिनों में आया। दिनमान और प्रेमचंद की रचनाएँ ही सच्ची गुरु थीं। समकालीन *गोदान* या *कफ़न* को पढ़ना या साहिर लुधियानवी के गीतों को सुनना मन को ज़्यादा उद्वेलित करता था, बनिस्बत की कालजयी महाकाव्य महाभारत को पढ़ना या मार्क्स के द्वंद्व से जूझना। मुझे 1960 के दशक में समाजवादी नेता नेहरू और शास्त्री से ज़्यादा आकर्षित लगते थे। जहाँ गांधी की महान महात्मा की छवि उनसे दूर बनाए रखती, वहीं रवीन्द्रनाथ टैगोर की भव्य छवि हमें एक रहस्यवादी की तरह लगती। नेताजी सुभाषचन्द्र बोस एक ऐसे उग्र राष्ट्रवादी दिखते, जिनके साथ अन्याय हुआ। बहुत से लोग नेहरू की जगह उन्हें भारत के पहले प्रधानमंत्री के रूप में देखना ज़्यादा पसन्द करते। युवाओं के लिए भगत सिंह बलिदान के चरम प्रतीक थे। राष्ट्रीय आन्दोलन ने हमें कई प्रेरणादायक नेता दिए मगर अब वे सिर्फ़ दफ़्तरों और स्कूलों में लगी तस्वीरों में सिमटकर रह गए, या फिर ज़्यादा-से-ज़्यादा उनके नाम वाले चौराहों पर लगी आदमकद मूर्तियों में।

युगांतर

आज़ादी के बाद सन् 1967 भारतीय राजनीति और जीवन में एक युगांतकारी वर्ष है। पहली बार भारतीय राष्ट्रीय कांग्रेस ने हार का स्वाद चखा और कई राज्यों में यह सत्ता से बेदख़ल हुई। ठीक उसी साल महाराष्ट्र के एक समाजवादी मधुलिमये ने मुंगेर से संसदीय चुनाव लड़ा और भारी मतों से विजयी हुए। लोग बदलाव चाहते थे और उनका बाहरी होना ज़्यादा मानी नहीं रखता था; एवं उनको मिले समर्थन में जाति और क्षेत्र का आधार ज़्यादा हैसियत नहीं रखता था। 'अनपढ़' जनता ने भी राजनीतिक सूझ-बूझ का प्रदर्शन किया। इसमें कोई शंका नहीं कि लोकतंत्र ने अपनी जड़ें मज़बूत कर ली थीं, फिर भी, साथ-ही-साथ, नैतिकता का पतन एक बड़ी चुनौती के रूप में उभरा। मैंने 1967 में कम उम्र और अयोग्य होने के बावजूद

वोट डाला था। अलग-अलग केन्द्रों पर मैंने सात बार वैध मतदाताओं की जगह वोट डाला, यह जाली मतदान के रूप में कुख्यात है। इसके बाद फिर कभी मेरा वोट डालने का मन नहीं हुआ। मैंने जो 1967 में किया, उसके लिए मैं शर्मिन्दा हूँ और इसलिए मैंने वोट डालना बन्द कर दिया था। क्या शर्मिन्दगी मुफ़स्सिल का गुण है? पता नहीं। जैसे-जैसे मैं स्कूल और किशोरावस्था ख़त्म करने की ओर बढ़ रहा था, नैतिक पीड़ा और हस्तमैथुन और बढ़ता गया। दोनों एक-दूसरे के पूरक बन गए और नर्वसता को बढ़ाते रहते थे। अब तक जीवन मोह, भय और कल्पना के बीच एक जटिल पूरक खेल सा बन गया था। अख़बार भ्रष्टाचार, भाई-भतीजावाद और हिंसा की ख़बरों से भरे रहते थे। गठबन्धन सरकार ने शासन और जनतंत्र का मज़ाक़ उड़ा दिया था।[1] वास्तव में, बढ़ती क़ीमतों और बेरोज़गारी से भविष्य अन्धकारमय दिखाई देने लगा था। 1966 में हुए रुपए का अवमूल्यन और ख़राब वर्षा ने महँगाई की मार को और कड़ा कर कुछ इलाक़ों में अकाल के काले बादलों को और सघन कर दिया था। इन सबका परिवारों पर गहरा प्रभाव पड़ा। घर में कमाने वालों का सेवानिवृत्त या मौत का शिकार हो जाना परिवारों की मुसीबतों को और बढ़ा देता था। मेरे दोस्त शम्भू, बबलू और रवीन्द्र को उनके पिताजी की सेवानिवृत्ति के बाद काफ़ी कठिनाइयों का सामना करना पड़ा। मगर उन्होंने ग़ज़ब की जीवटता दिखाई और वे मेरे लिए प्रेरणा के स्रोत हैं।

मेरे क़स्बे में रोज़गार और व्यवसाय के कम ही अवसर उपलब्ध थे। वहाँ आईटीसी की एक सिगरेट फैक्टरी थी, जो हमें छोटी नौकरियाँ, सरकार को अच्छा राजस्व और राष्ट्र को कैंसर देती थी। जमालपुर जो एक सदी पहले एशिया के पहले रेल इंजिन कारख़ाने और रेलवे कार्यशाला के तौर पर स्थापित हुआ, छह किलोमीटर दूर था। यह एक क्लासिक उदाहरण था कि किस तरह हम अपने क्षेत्र के आर्थिक रूपांतरण के लिए प्रौद्योगिकी का उपयोग करने से चूक गए। इस जगह का चयन वहाँ के श्रेष्ठ लोहारों, जिन्हें बन्दूक और लोहे का सामान बनाने में कुशलता हासिल थी, की वजह से किया गया। यहाँ अब भी बहुत-से क़ानूनी-ग़ैरक़ानूनी बन्दूक के कारख़ाने मौजूद हैं। भले-पुराने कम्पनी राज में मुंगेर पूर्व के बर्मिंघम के रूप में जाना जाता था। बन्दूक बनाना तब और अब भी एक लघु उद्योग था/है।[2] लेकिन यह

1. इसने हमारी व्यवस्था को अब भी भ्रष्ट किया हुआ है। गठबंधन धर्म का वास्तविक मतलब होता है—लूटने की खुली छूट, ठीक वैसे ही जैसे नॉर्थ अटलांटिक ट्रीटी ऑर्गेनाइज़ेशन (NATO) के हमलों से 'अन्य' नुकसान होता है।
2. जैसा कि एक तीक्ष्ण बुद्धि वाली महिला यात्री ने अपनी डायरी में लिखा—
9 नवम्बर, 1847 मुंगेर पहुँची। नदी का किनारा जितना सघन हो सकता है, सभी तरह की नावों से पटा पड़ा था। नदी के किनारे बाज़ार फैला हुआ था...जैसे ही हम किनारे पर आए, हमें सैकड़ों भिखारियों ने घेर लिया; उनका हल्ला-गुल्ला कष्टदायक था। वे पूरी तरह परजीवी→

'प्राच्य' बर्मिंघम उन्नत भाप और लौह प्रौद्योगिकी का उपयोग करने में विफल रहा क्योंकि उक्त तकनीक नियंत्रित होकर आई थी। फ़ौज की तरह रेलवे ने भी अपनी कॉलोनियाँ बनाई और यह उस समय एवं आज भी राज्य के अन्दर एक राज्य है। जमालपुर की कार्यशाला ने अपने आप को बाहरी समाज से बिलकुल अलग-थलग कर लिया था। स्थानीय लोगों का चयन सिर्फ़ मज़दूरों के रूप में होता था और हमारा एकमात्र सम्पर्क साधन कुली-ट्रेन थी। तकनीककर्मी ज़्यादातर एंग्लो-इंडियन थे और बाबू बंगाली होते थे। महान कहानीकार रूडयार्प किपलिंग 1888 में जमालपुर आए और उन्होंने इसे पूर्वी भारत के 'क्र्यू (ब्रिटेन का एक शहर) के रूप में चित्रित किया, जहाँ लोग इंजिन बनाते हैं और कई सौ मील की (रेलवे) लाइन को संचालित करते हैं।' भाप इंजिन के गौरवशाली दौर में इसने विदेशियों को भी प्रशिक्षित किया। जापान, आस्ट्रेलिया, नाइजीरिया जैसे दूरस्थ देशों के प्रशिक्षुओं को भी इसने आकर्षित किया और वह 'जमालपुर हैंड्स' कहलाए। लेकिन यहाँ कोई ऐसे प्रौद्योगिकीय आविष्कार या प्रशिक्षण न थे, जो स्थानीय और क्षेत्रीय इलाक़ों को फ़ायदा पहुँचाते। भाप के इंजिन के दिन गुज़रने के साथ ही यह कार्यशाला एक फ़ायदेमन्द डिब्बा-व्यवसाय में तब्दील हो गई लेकिन शहर या क़स्बा इसके आसपास पहले की तरह ही झूलता रहा।

सन् 1967 एक व्यक्तिगत कारण से भी महत्त्वपूर्ण था। मैंने उच्च माध्यमिक परीक्षा में उत्तीर्ण होने के बाद मुंगेर के स्थानीय कॉलेज में दाख़िला ले लिया, लेकिन मेरे बड़े मामा, जिनकी पटना में सफल वकालत चल रही थी, मुझे अपने साथ ले आए। मुफ़स्सिल से बाहर निकलने वाले वे पहले व्यक्ति थे और मुझे भी उन्होंने एक निर्णायक शुरुआत दी। पटना शहर ने जो 'कल्चरल शॉक' मुझे दिया, वह मुझे बाद में मिले लंदन या पेरिस के 'शॉक' से कई गुणा ज़्यादा था। पटना बड़ा और भीड़-भाड़ वाला लगा, मैंने इतिहास (ऑनर्स) के विद्यार्थी के रूप में एक सदी पुराने पटना कॉलेज में दाख़िला लिया। कॉलेज हॉस्टल में रहना मुमकिन नहीं था, मैं उसका ख़र्चा नहीं उठा सकता था। ख़ुद का बड़ा परिवार होने के बावजूद रिश्तेदारों ने मुझे जगह दी। विस्तृत परिवारों की यही सुन्दरता और फ़ायदा है।

मगर अब मेरे सामने इससे भी बड़ी समस्या उठ खड़ी हुई। पटना कॉलेज में शिक्षा का माध्यम अंग्रेज़ी था और मैं खो-सा गया। वहाँ तेज़-तर्रार लड़के थे, जो

थे, उन्हें भगाना काम नहीं आया। शोरगुल करते हुए लोग पिस्तौल, गले के हार, टोकरियाँ, जूते आदि बेच रहे थे। यह घृणास्पद था। (Sanny Parks, *Wandering of a Pilgrim in Search of the Picturesque*, Vol. I [London: Pelham Richardson, 1850], 403) नावों, भिखारियों और पिस्तौल के सन्दर्भ पर ध्यान दीजिए। तथाकथित गुजराल सिद्धान्त के तहत गंगा के पानी को बांग्लादेश की तरफ़ मोड़ने के बाद नावें गायब हो गई हैं, लेकिन बाक़ी दोनों फल-फूल रहे हैं।

अच्छे कपड़े पहनते, फर्राटेदार अंग्रेज़ी बोलते और छात्राओं का ध्यान खींचते। मैं मर्द-औरत, अमीर-ग़रीब, काला-गोरा के भेद से परिचित था मगर अब इस सूची में एक भेद और जुड़ गया था; अंग्रेज़ी बोलने वाले और अंग्रेज़ी न बोलने वाले। अंग्रेज़ी बोलने वाले नवब्राह्मण थे और बाक़ी सब शूद्र। अगले कुछ साल इस नव संस्कृतिकरण को समर्पित होने वाले थे। अनुकरण करना आसान नहीं था, नई रणनीतियों की माँग थी।

सिगरेट ऐसी ही एक रणनीतिक प्रतीक थी। मुफ़स्सिल लड़के बचपन से ही बीड़ी या खैनी का सेवन करने लगते थे। सिगरेट महँगी और मध्य-आयु और मध्यवर्ग का विशेषाधिकार समझी जाती थी। कॉलेज के पहले साल में सिर्फ़ समृद्ध ही इससे शान दिखाते थे। मेरे एक दोस्त के पिताजी मुंगेर आईटीसी फैक्ट्री में काम करते थे, उन्हें इंडिया किंग (सिगरेट की महँगी ब्रांड) के कुछ डिब्बे बोनस में मिलते थे। एक दफ़ा मेरे दोस्त ने मेरे लिए दो डिब्बे चुरा लिए और मैं दरभंगा हाउस (पटना विश्वविद्यालय) में अपने इस नए बारूद को (से) आग लगाने के लिए दाखिल हुआ। मगर यह तरकीब भी कारगर साबित न हुई। तथाकथित 'भद्रजनों' को मेरी सिगरेट तो स्वीकार्य थी लेकिन मेरी दोस्ती नहीं। और मैं न ही उनकी भाषा सीख सका और न ही युवतियों को आकर्षित कर सका; उलटे सिगरेट की लत भी पड़ गई। शब्दकोश का सहारा लेना ही आख़िरी रास्ता था। किसी ने सुझाव दिया 'रीड अ फ्यू इंग्लिश न्यूज़पेपर' (अंग्रेज़ी अख़बार पढ़ो), ख़ासतौर से कलकत्ता से प्रकाशित 'दी स्टेट्समैन'। यह सिगरेट से काफ़ी अच्छी रणनीति साबित हुई। इसने मेरे संकोच को कम किया और धीरे-धीरे मुझे अंग्रेज़ी पढ़ने में मज़ा आने लगा। लेकिन बोलना अब भी एक समस्या थी। अक्सर मैं अपने आपको किसी कमरे में बन्द कर लेता, आईने में देखता और अंग्रेज़ी के छोटे-छोटे भाषणों का अभ्यास करता। यह कुछ नाटकीय भाषणबाज़ी की तरह था। आख़िरकार, जीवन भी एक अभिनय है।

जुग सुरैया की व्यंग्य से सराबोर जूनियर स्टेट्समैन पढ़ना आनन्ददायक होता था। एम. कृष्णा की 'दी कंट्री नोटबुक' आज की टीवी पीढ़ी को डिस्कवरी चैनल द्वारा दिए जाने वाले ज्ञान से कुछ ज़्यादा ही देती थी। जहाँ सुनंदा के दत्ता-रे और एन. जे. नानपुरिया के दी स्टेट्समैन (अब लगभग बन्द) में छपने वाले मुख्य लेख विश्लेषण और प्रांजलता के बेहतरीन नमूने थे, वहीं श्यामलाल द्वारा टाइम्स ऑफ़ इंडिया के लिए की गई पुस्तक समीक्षाएँ अनोखा अकादमिक रंग रखती थी। इन सबने जल्द ही किताबों और पत्रिकाओं की एक नई दुनिया मेरे सामने खोल दी। सौभाग्यवश, उस समय सेमेस्टर व्यवस्था या आवधिक परीक्षाओं का बोझ या दबाव नहीं था। ऑनर्स डिग्री की परीक्षाएँ दूसरे साल के आख़ीर में होती थीं, जिससे हमें पढ़ाई करने या मस्ती मारने का समय मिल जाता था। कक्षाओं से भागना आम था। स्कूल के सख़्त अनुशासन के बाद कॉलेज मौज-मस्ती करने की जगह थी। मेरा प्रिय

दोस्त रवीन्द्र मेरी हाज़िरी लगवा देता था। वह बहुत उदार और तर्क-प्रेमी परिवार से था और उसी से मुझे सेकुलरवाद और मार्क्सवाद की पहली औपचारिक शिक्षा मिली। मेरे कक्षाओं से भागने का एक कारण तो यह था कि मैं उन शिक्षकों को नहीं झेल सकता था, जो अपनी आदिकालीन कॉपियों से पढ़ाते थे। मेरे जिन चार शिक्षकों ने मुझे बहुत प्रभावित किया, वे थे—कयामुद्दीन अहमद, आर.एल. शुक्ला, सुरेन्द्र गोपाल और डी.एन. झा। वे बहुत विद्वान और मददगार थे। वे किताबें सुझाते और मेरे नोट्स चेक करते थे। लेकिन परीक्षा की मेज़ पर मेरे सामने भाषा का 'काल' बार-बार फ़िर सर उठाता। मैं पहले हिन्दी में सोचता, उसका अंग्रेज़ी में अनुवाद करता, फिर लिखता। इस सबके लिए मुझे दिए गए समय से ज़्यादा वक़्त की ज़रूरत होती और मैं पाँच या छह में से तीन या चार के उत्तर लिख पाता। कड़ी मेहनत के बावजूद परीक्षाफल में सेकंड डिवीज़न ही बना। जबकि मेरा एक दोस्त, जो कॉमा, पूर्ण-विराम तक रट लेने का दावा करता और कॉपी पर 'उलटी' करता था, हमेशा टॉप करता था; और बाद में वह भारतीय प्रशासनिक सेवा में चयनित हुआ।

चूँकि पटना अब भी मुझे अजनबी लगता था, मैं अक्सर मुंगेर लौट आता, जहाँ मुझे बिहार के पहले मुख्यमंत्री द्वारा स्थापित (उन्हीं के नाम के) पुस्तकालय श्री कृष्णा सेवासदन लाइब्रेरी का ख़ज़ाना मिल गया। उसमें इतिहास, राजनीति, दर्शन आदि पर हज़ारों किताबें थीं। हमारे राजनेता जो स्वतंत्रता संग्राम से निकले, वे बहुत विद्वान थे। वहाँ संग्रह में काफ़ी किताबों पर श्री बाबू द्वारा की गई नीली और लाल पेंसिल के निशान भी थे। उनका संग्रह आश्चर्यजनक रूप समकालीन और अद्यतन था, एवं उसमें कुछ दुर्लभ पुस्तकें भी थीं। उदाहरण के लिए हंस कोन की *आइडिया ऑफ़ नेशनलिज़्म,* जो 1944 में प्रकाशित हुई थी, अगले ही साल श्री बाबू के पास थी। जो किताबें मुझे पटना में भी नहीं मिलतीं, इस मुफ़स्सिल के पुस्तकालय में मिल जाती थीं। मेरे अक्सर पटना से भाग निकलने का इकलौता कारण सिर्फ़ यह पुस्तकालय था। मेरी शिक्षा सही मायने में सेवासदन में हुई, न कि पटना विश्वविद्यालय में, जहाँ मैं औपचारिक विद्यार्थी था। मुफ़स्सिल क़स्बों में अच्छे पुस्तकालयों की उतनी ही ज़रूरत है, जितनी अस्पतालों और स्कूलों की। यहाँ मुझे इस बात का भी अहसास हुआ कि किताबें ही असली शिक्षक होती हैं। औपचारिक कक्षाएँ यदि प्रभावी शिक्षकों द्वारा न हों तो निरर्थक हैं। एक ऊँची डिग्री या विद्वत्ता भी प्रभावशाली शिक्षण की गारंटी नहीं होती। अच्छे शिक्षक स्वाभाविक रूप से अच्छे होते हैं!

पचास और साठ के दशकों में विद्यालयी और महाविद्यालयी—दोनों स्तरों पर शिक्षा की गुणवत्ता थी। बहुत से अच्छे शिक्षक वहाँ थे, जिनका प्रशिक्षण चालीस के दशक में हुआ और वे स्वतंत्रता संग्राम की परम्परा और भावना से ओतप्रोत थे। कक्षा और परीक्षा समय से होती थी और गुणवत्ता एकमात्र आधार अब भी था। राष्ट्रीय अर्थव्यवस्था और कश्मीर-समस्या को छोड़कर देखा जाए तो नेहरू के

नेतृत्व में भारत ने अच्छी शुरुआत की। हमें एक मज़बूत प्रशासनिक सेवा विरासत में मिली थी। हालाँकि पुलिस और सिविल इंजीनियर जैसे भ्रष्ट ज़रूर थे लेकिन पोस्ट ऑफ़िस और बैंक जैसी सेवाएँ अपनी ईमानदारी के लिए जानी जाती थीं।[1] लेकिन 1967 के बाद इसमें सड़ांध आने लगी, उसे नासूर लग गया था। यह पहले भी था, मगर अब सदृश था।

इससे शैक्षणिक संस्थान सबसे ज़्यादा प्रभावित हुए। उनमें राजनीतिक हस्तक्षेप बहुत तेज़ी से बढ़ा। लोकतंत्र के नाम पर छात्रों को राजनीतिक रैलियों और पार्टियों में जाने के लिए प्रोत्साहित किया जाने लगा। राजनीतिक उद्देश्यों के लिए छात्रों का इस्तेमाल प्रथा बन गई और जिस राजनेता ने यह बड़ी ख़ूबी से किया वह थे, महामाया प्रसाद सिन्हा। एक अच्छे लफ़्फ़ाज़, जिन्होंने बिहार से कांग्रेस को उखाड़ फेंका। उनके आग उगलते भाषणों और झूठे वादों से छात्र बहक गए। आने वाले सालों में कक्षाओं और परीक्षाओं के कार्यक्रम का इक़बाल ख़त्म हो गया। कक्षाओं का बहिष्कार कर धरनों में शामिल होना, मज़ेदार होता और यह भावी बेरोजगारी और आर्थिक विपन्नता से बचने का मनोवैज्ञानिक समाधान था। यही वह समय था, जब लालू प्रसाद, नीतीश कुमार और सुशील मोदी छात्र नेताओं के रूप में अपनी राजनीतिक धार तेज़ कर रहे थे। बाद में, वे काफ़ी लोकप्रिय राजनेता बने और आज के बिहार की हालत के लिए कुछ हद तक जिम्मेदार हैं। समाज के पिछड़े वर्गों से आने के कारण उनकी सामाजिक प्रतिबद्धता काफ़ी मज़बूत थी। भ्रष्टाचार तब शायद उनके मन में न था। तक़रीबन एक साल तक मैंने उसी छात्र-स्पेशल बस में सफर किया था, जिसमें लालू चढ़ा करते थे। ख़ास त्योहारों के समय वे छात्रों से कुछ पैसे इकट्ठे कर बस ड्राइवर बद्री को दे देते थे। अगर लड़कियों को ले जाने वाली दूसरी बस पर कोई सीटी मारता या फिकरे कसता तो वे उसे बुरी तरह डाँटते। मगर मैंने यह अफ़वाह भी सुनी कि वे पटना विश्वविद्यालय के कुलपति के. के. दत्त पर परीक्षा की तारीख़ वग़ैरह आगे बढ़ाने के लिए दबाव डालते और उनसे पैसे तक ऐंठते।

मुंगेर में एक नौजवान छात्रनेता राजनीति प्रसाद ने शहीद भगतसिंह के लिए एक बहुत अच्छा स्मृति कार्यक्रम किया था। बहुत लम्बे समय तक वे अदृश्य से रहे और दिसम्बर, 2011 में राज्यसभा के सदस्य के तौर पर (अ)प्रसिद्ध लोकपाल बिल को फाड़कर सुर्खियों में आए। पिछले कुछ वर्षों में बिहारी राजनेताओं ने सफलतापूर्वक राष्ट्रीय सुर्खियाँ बटोरी हैं। जयप्रकाश नारायण द्वारा शुरू किए गए आन्दोलन की तारीफ़ करते हुए दी स्टेट्समैन ने *बिहार शोज द वे* किताब

1. बाद में बैंक भ्रष्टाचार के लिए कुख्यात हो गए। ऋण प्रदान करने के लिए मोटा कर लिया जाने लगा। राष्ट्रीयकरण ने इसके अधिकारियों को निर्भय और नौकरशाही की तमाम बुराइयों को ग्रहण करने योग्य बना दिया। हाल ही में, (अगस्त, 2014) एक राष्ट्रीयकृत बैंक का मुखिया पचास लाख रुपए की रिश्वत लेने के कारण गिरफ़्तार हुआ।

प्रकाशित की। कितना सटीक! कितनी भविष्यसूचक! काश! इसकी बजाय बिहार ने आत्मालोचना की राह चुनी होती।

राजनीति के साथ ही, शिक्षा स्वयं भी बुरी तरह से प्रभावित हुई। स्कूल और कॉलेज के शिक्षक बड़े पैमाने पर निजी कोचिंग और ट्यूशन लेने लगे थे। मैंने सुना कि मुंगेर में एक कॉलेज प्राध्यापक (जो ख़ुद एक अच्छे विद्वान थे और बीरबल पर काम किया था) छह सौ रुपए कोचिंग फीस के बदले में फर्स्ट डिवीज़न ऑनर्स पक्का करते थे। मेरे एक चतुर दोस्त ने इस बात का फ़ायदा उठाया और बाद में वह भागलपुर विश्वविद्यालय में इतिहास का प्रोफ़ेसर भी बना। एक दूसरे दोस्त ने जिसने वह ट्यूशन नहीं लिया था को सेकंड डिवीज़न से सन्तुष्ट होना पड़ा, जिसने धीरे-धीरे उसके जीवन को एक दूसरे ढर्रे पर ही डाल दिया। सभी नहीं, बल्कि कुछ शिक्षक अब उन सरकारी डॉक्टरों की राह पर चलने लगे थे जो बेख़ौफ़ निजी प्रैक्टिस करते हैं। यह बीमारी तेज़ी से बढ़ रही थी। पटना की मुख्य रग अशोक राजपथ भी बिहार के भविष्य को दो हिस्सों में बाँट रही थी। गंगा की तरफ़ सरकारी संस्थान, जैसे साइंस कॉलेज, पटना कॉलेज, मेडिकल कॉलेज आदि थे, जबकि सड़क की दूसरी तरफ़ कई निजी क्लिनिक और कोचिंग सेंटर थे जिसके मालिक या संरक्षक वे डॉक्टर और शिक्षक थे, जिन्होंने सरकारी संस्थानों में अपनी वैधता और साख कमाई थी। ऐसा नहीं था कि उनकी तनख्वाहें कम थीं मगर उनकी ज़रूरतें बढ़ रही थीं और साथ-साथ ही उपभोक्तावाद भी। लोग जो पहले साइकिल चलाते थे, वे अब स्कूटर, मोटर बाइक या कार तक चाह रहे थे। बेहतर कपड़े, नए रेडियो, ट्रांजिस्टर इत्यादि जैसी इच्छाओं की सूची अभूतपूर्व रफ़्तार से बढ़ रही थी। इसलिए उन्हें ज़रूरत थी अतिरिक्त पैसों की। हर सरकारी क्षेत्र में कर्मचारी कुछ अतिरिक्त पाने की इच्छा रखते थे। हर कोई यह अतिरिक्त राशि नहीं कमा सकता था। कई 'सूखे' क्षेत्र भी थे। एक गणित या अंग्रेज़ी के शिक्षक की ट्यूशन के लिए काफ़ी माँग होती न कि इतिहास या उर्दू शिक्षक की। सरकारी महकमों में आभियांत्रिकी, पुलिस और डिप्टी-कलक्टर अपनी आर्थिक सम्भावनाओं और उनके इस्तेमाल के लिए जाने जाते थे। उनका समाज और परिवार में ऊँचा रुतबा होता और दहेज की क़ीमत भी ज़्यादा। विवाह की सौदेबाज़ी में भी असली मुद्दा उस व्यक्ति की तनख्वाह नहीं, बल्कि वह 'अतिरिक्त' कमाई होती थी। भ्रष्टाचार को अब बहुत ज़्यादा सामाजिक स्वीकृति मिल चुकी थी। पैरवी के अलावा अब यह 'अतिरिक्त' हमारे सामाजिक शब्दकोश का हिस्सा बन चुका था।

शिक्षा के पतन में दो अन्य तत्त्वों ने भी भूमिका निभाई। समाजवादी सत्ता में आ गए थे और किसी तरह उन्हें अंग्रेज़ी से अकारण घृणा थी। वे इस भाषा को आभिजात्य और गुलामी आदि की प्रतीक तौर पर देखते थे, जो कुछ हद तक सही भी था लेकिन वे यह भूल गए थे कि यह दुनिया देखने की एक खिड़की भी है। एक

बहुत ईमानदार नेता और मंत्री कर्पूरी ठाकुर के एक आदेश ने अनिवार्य अंग्रेज़ी पर्चे में फेल होने वाले हर विद्यार्थी को माध्यमिक बोर्ड परीक्षा में उत्तीर्ण कर दिया था। एक नई श्रेणी 'विदाउट इंग्लिश' इस तरह से अस्तित्व में आई। यह नई 'विदाउट इंग्लिश' नस्ल अब कॉलेजों में भरने लगी और साथ ही उनका स्तर गिरने लगा। मातृभाषा में शिक्षा लफ़्फ़ाज़ों और आमजन के लिए सुविधाजनक थी। अंग्रेज़ी को कुछ अपमान झेलना पड़ा लेकिन आख़ीर में जीत उसी की हुई। जिन लोगों ने अंग्रेज़ी शिक्षा का विरोध किया, उन्होंने अपने बच्चों को कॉन्वेंट व अन्य अंग्रेज़ी माध्यम के स्कूलों, यहाँ तक कि अमरीका भी भेजा। इस गड़बड़ी का सबसे ज़्यादा नुकसान मध्यवर्ग ने झेला।

दूसरा तत्त्व दिलचस्प तौर पर मूल रूप से भौगोलिक है। पश्चिम बंगाल की सरकार ने साल्ट लेक कलकत्ता में एक नई टॉउनशिप की घोषणा की। जो बंगाली शिक्षक और डॉक्टर बिहार में बस गए थे और कई साल से यहीं रह रहे थे, उन्हें अपने सपनों के शहर लौटने का सुनहरा अवसर मिल गया। उनमें से कई अपनी सम्पत्ति बेचकर साल्ट लेक शिफ्ट हो गए। ऐतिहासिक रूप से बिहार में मध्यवर्ग मज़बूत नहीं था। बंगाल से आए इन प्रवासियों ने बिहार को बौद्धिक माहौल दिया था। अब इस पलायन के साथ वह चमक भी जाती रही। बाबुओं की जगह जल्द ही असभ्य लम्पटों ने ले ली। इसके गम्भीर संस्थानीकृत परिणाम हुए।

जिला अस्पताल और स्वास्थ्य केन्द्र भी बड़े पैमाने पर प्रभावित हुए। सार्वजनिक स्वास्थ्य के नाम पर टीका लगाने वाले साल में एक बार स्कूलों में जाते थे। यह प्रथा ब्रिटिश काल से चली आ रही थी। मगर पहले अस्पताल ज़्यादा प्रभावशाली थे। वहाँ मुफ़्त दवाइयाँ और ऑपरेशन किए जाते थे। अब अस्पतालों में काम करने वाले डॉक्टर मरीज़ को सरेआम अपने निजी क्लिनिक पर आने का सुझाव देते। सिर्फ़ बेहद ग़रीब लोग ही सामान्य वार्ड में पड़े रहते या मोतियाबिन्द निकलवाने के लिए फ्री कैम्प में जाते। ऑपरेशन थिएटर में जो कुछ भी मशीनें थीं, वो भी निकाल ली गई थीं और वह धीरे-धीरे इस्तेमाल के लायक नहीं रह गए। नए औज़ार और तकनीक अब 'नर्सिंग होम' नामक नई संस्था में आने लगे। वहाँ उनका इलाज होता, जो पैसा देने में सक्षम होते। सभी जगह निजी प्रैक्टिस फल-फूल रही थी। डॉक्टर बड़ी नाम-पट्टियों पर ब्रिटिश अकादेमी से अपनी सदस्यता (बिना ब्रिटेन का मुँह देखे) सजाते। अगर सरकार कभी इन डॉक्टरों की निजी प्रैक्टिस को रोकने या उनका तबादला करने की कोशिश करती, तो हड़ताल की जाती। सरकार के पास दो विकल्प होते थे—या तो झुक जाए या रिश्वत ले ले। दूसरा विकल्प ज़्यादा फ़ायदेमन्द था, इसलिए निजी प्रैक्टिस फलती-फूलती रही। एक मुफ़स्सिल समाज में थोड़ी भी बचत जो कोई करता, वह डॉक्टरों या वकीलों को चली जाती। उन्हें सामाजिक परजीवी कहने में गांधी एकदम सही थे। मगर गांधी का प्रभाव इस नए

भारत में बहुत कम या बिलकुल नहीं था। बहुत पहले, शायद अपने जीवन में ही वे मात्र एक औपचारिकता बन गए थे।

साठ के दशक का अन्त राजनीतिक अस्थिरता, आर्थिक ठहराव, सामाजिक तनाव और नैतिक क्षरण से भरा हुआ था। मुफ़स्सिल परिवर्तन से अनछुआ न रह सका। घर पर मैंने एक क़रीबी रिश्तेदार को रजिस्ट्रार ऑफ़ लैंड डीड्स और दूसरे रिश्तेदार को स्थानीय नगरपालिका के कर दारोगा के तौर पर अच्छा-ख़ासा पैसा बनाते देखा। बाद में ये दोनों बहुत धार्मिक और आध्यात्मिक हो गए!! धर्म एक ज़बरदस्त सदाबहार साबुन है। यह आपके हर पाप को धो देता है। बेचारे बूढ़े लोग अब अतीत में झाँककर कहने लगे कि 'ओह, अंग्रेज़ों में न्याय की समझ थी'। अब न्याय की अवधारणा और व्यवस्था से भरोसा ख़त्म होने लगा था। भाग्यवाद नहीं, बल्कि सनकीपन तेज़ी से जड़ें जमा रहा था। भाग्य और कर्म पर विश्वास अभी भी समझा और उचित माना जा सकता था लेकिन इस सनकीपन का कोई क्या करता, जिसमें लोग हर वस्तु एवं अवसर पर ऐसे झपट पड़ते हों जैसे कि कल आएगा ही नहीं!

यह सनकी लालच नियंत्रण की इच्छा को प्रबल करता है। हर कोई किसी दूसरे को नियंत्रित करने की कोशिश में था। नियंत्रण वह पट्टा था, जिससे बड़े होते बच्चे बहुत जल्दी अपनी इच्छाओं और भावनाओं पर नियंत्रण करना सीख जाते और यह उन्हें हमेशा के लिए अन्तर्मुखी बना देता। मुखिया परिवार को नियंत्रित करता था; सरकार शक्कर, गेहूँ, चावल, सीमेंट और लगभग सभी चीज़ों के वितरण और उपभोग को नियंत्रित करती। संसाधनों और अवसरों के अभाव में नियंत्रण की इस प्रबल इच्छा को समझा जा सकता है। हर तरफ़ अभाव देखा जा सकता था। अगर ये न होता तो भी जानबूझकर और कभी-कभी ऊपर से थोपा जाता था। अभाव एक ऐसे माहौल को जन्म देता था जिसमें इस अतिरिक्त नियंत्रण को उचित ठहराया जा सके। ग़रीबी नियंत्रण की तरफ़ संकेत करती है और हर औसत भारतीय में पाए जाने वाले भूख के जीवाणु का केन्द्र बनाता है—नियंत्रण। किसी ने इस बात को महसूस नहीं किया कि घर के अन्दर और बाहर होने वाला यह नियंत्रण लोकतांत्रिक चेतना की परम्परा और व्यवहार के विपरीत है। मैं कितना चाहता हूँ कि काश बच्चे अपने माता-पिता और छात्र अपने शिक्षकों से प्रश्न पूछें!

'नियंत्रण', 'पैरवी' और 'अतिरिक्त' के अलावा एक और तत्त्व लोकप्रिय हुआ—'काम (किसी भी तरह) निकालना है'। घर हो या बाहर हर कहीं इस नई प्रवृत्ति को देखा जा सकता है। प्रवृत्ति जो कई बार डर का रूप ले लेती है। लोग हमेशा चिल्लाते हैं—'पहचान का इस्तेमाल करो', 'मौक़े का फ़ायदा उठाओ', 'काम निकालो' इत्यादि। अपने उद्देश्यों को पूरा करने के लिए लोग हर तरह के आधे सच और आधे झूठ, और पूरे झूठ का इस्तेमाल करते हैं लेकिन कभी पूरे सच

का साथ नहीं लेते। जब वे अपने ही साये से झूठ बोलते हैं या चीज़ें छिपाते हैं, तो रिश्तेदारों और दोस्तों के लिए क्या कहा जाए! एक औसत बिहारी भयानक हीनताबोध की ग्रंथि से ग्रस्त रहता है। आर्थिक परेशानियाँ इसके लिए काफ़ी हद तक जिम्मेदार थीं। लोग निराश थे। समाजवादी नारे और बैंकों के राष्ट्रीयकरण के बावजूद विकास नदारद था। परम्परागत तरीक़े की खेती और स्थानीय उद्योगों के अभाव में सरकारी नौकरी ही एकमात्र आशा की किरण थी और वह भी बहुत सीमित थी। इन नौकरियों को हासिल करने के लिए युवा अथक तैयारी करते, कोचिंग लेते, पूजा-पाठ करते, अपनी जाति एवं क्षेत्र के प्रभावशाली नेताओं से मिलते और सभी सम्भावित विकल्पों को खँगालते। लिखित परीक्षा हो जाने पर ज़िला या राज्य स्तर पर साक्षात्कार में जाति, सम्पर्क, पैसा, ऊपर के आदेशों आदि का असर होता था। निचले दर्जों की नौकरियों पर इन कारणों से और भी मुश्किल होती जबकि ऊपरी स्तर की नौकरियाँ पर गुणवत्ता अब भी मतलब रखती थीं। परिवार से दबाव होता कि जो भी नौकरी सबसे पहले मिले, उसे पकड़ लो, आगे बढ़ने की बाद में सोचना। अभूतपूर्व दर से बढ़ती बेरोज़गारी के चलते अंग्रेज़ी की कहावत—'बेगर्स कांट बी चूजर्स' एकदम सटीक बैठती है। एक मुफ़स्सिल नौजवान के सामने पैसे, पैरवी और श्रेष्ठ शिक्षा के अभाव जैसी कई प्रतिकूल स्थितियाँ थीं। कई इसमें खप गए, कुछ बच गए और कम लोगों के पास क़िस्मत थी, जिनको सफलता मिली। राज्य और परिवार दोनों कम ही काम आए।

निराशा और कुंठाओं के दरम्यान हमेशा कुछ चीज़ें ऐसी थीं, जो ख़ुशियाँ लाती थीं, जैसे रेडियो, सिनेमा और क्रिकेट। उनकी लोकप्रियता बेमिसाल थी। हर बुधवार की शाम रेडियो सिलोन बिनाका गीतमाला से गुनगुना उठता और फिर, रेडियो की मोहित करने वाली क्रिकेट कमेंटरी जो जीआर विश्वनाथ की हल्की-सी 'फ्लिक' या 'फॉरवर्श शॉर्ट लेग' पर एकनाथ सोलकर की चुम्बकीय हथेली को जीवंत कर देती। सिनेमा के पर्दों पर शम्मी कपूर की यौवनभरी और जानदार फ़िल्में, मधुबाला की शर्मीली मुस्कराहट; हेलन की लय और वहीदा रहमान की भव्यता किसी को भी वयस्कता की तरफ़ आकर्षित करती थी।

मुफ़स्सिल क़स्बों में अक्सर सांस्कृतिक संध्याएँ नदारद होती थीं। स्कूलों में साल में एक-आध बार नाटकों के प्रदर्शन किए जाते थे। त्योहार इकलौते ऐसे अवसर होते जब ज़िन्दगी में कुछ चमक आ जाती थी। लाल बत्ती इलाक़े, जहाँ घुँघरू की खनक और तबले की थाप होती, के अलावा सामान्य दिनों में शामें ख़ासतौर पर उदास ही ढलतीं। मयखाना न होता, ताड़ी या अर्क रेलवे लाइन के पार सिर्फ़ कल्लाली पर ही बिकती। यहाँ के ज़्यादातर ग्राहक ग़रीब होते, जबकि समृद्ध या थोड़े पैसे वाले लोग कभी-कभार पीने के बजाय धर्म या जलन का नशा कर लेते थे। दवाइयों की दुकान सिर्फ़ अस्पतालों या डॉक्टर के क्लिनिक के पास ही होतीं।

धीरे-धीरे शराब, दवाई और गोश्त की दुकानें हर मोहल्ले में पहुँच गईं। यह उन्नति के नए संकेत थे। अगली शताब्दी में और बहुत से बदलाव आए। वह गली जिसमें नाचने वाली लड़कियों के घर हुआ करते हैं, अब सैमसंग स्मार्ट फ़ोन की दुकानें हैं। बाज़ार में ख़ूब सारे उपकरण हैं लेकिन शैक्षणिक संस्थानों की साख गिर गई है। सेवासदन पुस्तकालय अब मरणासन्न है। मेरा अपना ज़िला स्कूल खस्ताहाल है। हमारे पहले के खेल के मैदान में अब सब्ज़ियाँ बेची जाती हैं।

एक बार फिर राजनीति की तरफ़ चलें। कुछ हिंसक चिनगारियाँ उत्तर बंगाल की तरफ़ से भी आईं। वह नक्सलबाड़ी आन्दोलन था। इसका एक अलग आकर्षण था और जल्द ही यह, ख़ासतौर से शहरी युवाओं में, लोकप्रिय हो गया। भारत-चीन युद्ध के बावजूद वह चीन को एक न्यायसंगत विकास के उदाहरण के तौर पर देखते थे। सांस्कृतिक क्रान्ति के अतिरिक्त-प्रभावों से हम तब तक अनजान थे। ग्रामीण इलाक़ों में इसने लोकप्रिय असन्तोष और प्रतिरोध का रूप ले लिया था। भारतीय लोकतंत्र की कमज़ोरियों ने एक हिंसक असन्तोष के बीज बोए थे, जो आज भी फल-फूल रहे हैं। ये चिनगारियाँ भले ही माओ की शिक्षाओं से निकली थीं लेकिन आग स्थानीय और सहजप्राप्त कारणों से भड़की थी। आने वाले सालों में मुंगेर ज़िले के काफ़ी हिस्से 'लाल' हो गए। इसमें आग में जातिगत झगड़ों ने तेल डाला। मध्यम काश्तकारी जातियाँ जैसे यादव, न केवल ज़मींदार भूमिहारों के ख़िलाफ़ बल्कि मल्लाहों जैसी 'निचली' जातियों से गंगा के दायरों की उपजाऊ ज़मीन पर क़ब्ज़े के लिए भी लड़ने लगीं। ख़बरों में दर्जन भर लोगों की ऐसी लड़ाइयों में हत्या का आना सामान्य बात थी। स्थानीय निर्मित बन्दूकों का आसानी से मिल जाना इस हिंसा को और बढ़ावा देता था। मुग़ल दौर के उत्तरकाल में मुंगेर में एक फ़ौजदार की नियुक्ति हुई। फ़ौज के लिए हथियार बनाने और मरम्मत की ज़रूरत का काम स्थानीय लोहार करते थे। बाद में अंग्रेज़ी सरकार ने यहाँ बाक़ायदा बन्दूक की फैक्टरी लगा दी। ऐसा कहा जाता है कि दोनाली बन्दूक की तकनीक यहीं विकसित हुई थी। मतलब यहाँ बन्दूक बनाने की एक रवायत रही है और कुछ लोगों को कट्टा चलाने से बहुत ख़ुशी मिलती है। इन लोगों ने बाद में चुनाव, स्थानीय राजनीति, सरकारी ठेके वग़ैरह में काफ़ी भूमिका निभाई। यह इस हद तक बढ़ गया कि सरकारी व्यवस्था भी उनकी मौजूदगी में घबराती है। इसे ही बाद में भारतीय राजनीतिक के अपराधीकरण के तौर पर जाना गया। मैं बहुत से लोगों की तरह इसकी शुरुआत का गवाह हूँ।

2

महानगर की ओर

उत्तर-नेहरू भारत की एक महत्त्वपूर्ण ख़ासियत थी—तीव्र और अव्यवस्थित शहरीकरण और बड़े शहरों की ओर पलायन। इसका मतलब जीवन की बेहतर स्थितियाँ हरगिज़ नहीं था लेकिन मुफ़स्सिल में अब भी जो हालात थी, उससे यक़ीनन थोड़ा बेहतर बड़े शहर थे। लोग गाँव और छोटे क़स्बों से थोड़े अतिरिक्त की खोज में पलायन करते, और अक्सर अन्ततः शहरी झोंपड़पट्टियों में पहुँच जाते।[1] लम्बे समय से ग़रीब बिहारी और पुरबिया (पूर्वी उत्तर प्रदेश और मध्य बिहार के इलाक़े) लोगों के लिए कलकत्ता एक पसन्दीदा गंतव्य रहा है, अब यह दिल्ली है। 1964 में मेरे पिताजी मुझे एक बार दिल्ली लाए और जो मेरी यादों में हमेशा बसा रहा, वह ल्यूटियन दिल्ली नहीं, बल्कि कुतुबमीनार परिसर की टूटी हुई घंटियाँ और छवियाँ थीं। मैं कभी यह समझ नहीं पाया कि नवनिर्माण से पहले विनाश क्यों होता है।[2]

जब 1967 में, मैं पटना आया, तब वह मुझे बड़े मुफ़स्सिल-सा लगा। आबादी घनी थी और लोग ग्रामीण संस्कृति की सारी विशेषताएँ लिए हुए थे। वहाँ बड़े विस्तृत और आवभगत करने वाले परिवार थे, जो एक या दो रिश्तेदारों को ज़रूरत के वक़्त अपने साथ ख़ुशी-ख़ुशी रख लेते। खाना एक जैसा और प्रचुर होता, पानी की कोई कमी नहीं थी। सत्तर के दशक की शुरुआत तक सरकारी अस्पताल और स्कूल मोटा-मोटी ठीक से काम कर रहे थे। बहुत-से अच्छे डॉक्टर और शिक्षक थे। अपराध नियंत्रित थे। अपहरण और डकैती, जो बाद में बिहार की पहचान बने,

---

1. बहुत पहले एक सुविख्यात अर्थशास्त्री ने चेताया था कि 'जहाँ चूहों और ख़रगोशों की तरह लोग पैदा होते हैं, वहाँ सम्पूर्ण विस्थापन और औद्योगिकीरण भी मात्र राहत ही दे सकता है।' (Radhakamal Mukerjee, 'Introduction', in Jai Krishna Mathur, *The Pressure of Population : Its Effects on the Rural Economy in Gorakhpur District* [Allahabad : Govt. Press, 1931], vii).
2. हाल ही में, तालिबान ने बामियान बुद्ध को नष्ट कर दिया और तथाकथित इस्लामिक स्टेट फिलहाल इराक के असरियाई निमरूद को नष्ट करने में लगा हुआ है। इसके विपरीत, शिया ईरान में प्राचीन पर्सेपोलिस बचा रह गया।

अब तक बहुत कम या कभी-कभी ही होते थे। औरतें बिना किसी भय के आ-जा सकती थीं। त्योहार के अलावा सामान्य दिनों में आप बिना किसी धक्कमपेल के चल सकते थे और आसानी से साइकिल पर जा सकते थे। मोटा-मोटी जीवन आरामदायक लगता था मगर आर्थिक कठिनाइयाँ बढ़ने लगी थीं। रोज़ी-रोटी कमाने वाले के सामने कुछ 'अतिरिक्त' कमाने के अलावा कोई और चारा नहीं था। इस 'अतिरिक्त' को पाने की सम्भावना पद और स्थान पर निर्भर करती थी। एक लोकप्रिय कहावत थी कि 'लूट लाओ, कूट खाओ'। भ्रष्टाचार की अपनी दिलचस्प गत्यात्मकता है और मैंने उसे अपने परिवेश और समाज में फैलता हुआ महसूस किया है।

अनेक बाधाओं और मुश्किलों के बावजूद लोग अपनों के साथ, जो भी थोड़ा पैसा और संसाधन उनके पास होते, बाँटने के लिए तैयार थे। मैंने मुस्कराते और भौंहें चढ़ाते चेहरों पर उदारता देखी थी। जब ज़रूरत होती, मदद हमेशा उपलब्ध रहती। परोपकार भारतीय संस्कृति के लिए नया था लेकिन उदारता नहीं। इसी तरह, ईर्ष्या, वह भी उतनी ही। ये दोनों पारिवारिक जीवन, ख़ासतौर से क़रीबी रिश्तों की ख़ासियत थे। अपने छात्र जीवन में मैं बहुत सौभाग्यशाली था कि हर कोई मेरी मदद करता था, लेकिन ईर्ष्या नहीं! मदद और परवाह इस हद तक हुई थी कि दूर के रिश्तेदार, जिन्हें मैंने पहली बार देखा था, ने भी मुझे आश्रय दिया। मेरे पास हॉस्टल या अपने दम पर रहने के पैसे नहीं थे। पटना में बिताए साढ़े नौ सालों में से दो मैंने अपने पिताजी की मौसेरी बहन, दो मेरी फुआ नानी की सौतेली बेटी के बेटे, डेढ़ साल दोस्तों और चार अपने बड़े मामा के साथ बिताए। इन घरों की महिलाओं के बिना मेरा स्वास्थ्य और अध्ययन नहीं चल पाता। हर घर में परिवारों के आपसी अन्तर्द्वंद्वों की नई झलक मिलती है। हालाँकि लगातार ठिकाना बदलने के कारण मेरे लिए घर की अवधारणा ही ख़त्म हो गई; मैं एक घुमक्कड़ बन गया।

पतन

इसमें कोई शंका नहीं कि आर्थिक तनाव के बावजूद पारिवारिक सम्बन्ध मज़बूत रहे, लेकिन समाज और उसकी संस्थाएँ अब बिखरना शुरू हो गई थीं। बिहार में सामाजिक सुधार आन्दोलन कभी नहीं हुआ था, इसलिए लोग किसी भी ज़रूरी बदलाव के लिए राजनेताओं और प्रशासकों पर पूरी तरह निर्भर थे। लेकिन 1967 के बाद की गठबंधन सरकारों ने शासन का मज़ाक़ बना दिया था। मैंने सुना था कि अर्द्ध शिक्षित महंत गिरि जब मंत्री बने तो उनके सचिव उनके पास कुछ फ़ाइलें ले गए और उन्हें उन पर 'नोट' (टिप्पणी) देने के लिए कहा, तो उन्होंने अपनी जेब से दो रुपए का एक नोट निकाला और फ़ाइल पर रखकर सचिव की ओर खिसका

दिया! अख़बार भाई-भतीजावाद और भ्रष्टाचार की मसखरी मगर दुखदायक ख़बरों से भरे होते। राजनीतिक दलबदल आम बात थी और कई राज्यों में सरकार अस्थिर बन गई थी। शासन पूरी तरह ठप हो गया था। असन्तोष और हड़तालें निरन्तर हो रही थीं।

इस उदासीनता के बीच पूर्वी पाकिस्तान से एक अलग तरह के असन्तोष की ख़बरें आने लगी थीं। वहाँ की बंगाली जनता हज़ारों मील दूर पश्चिम पाकिस्तान से आए सैन्य शासकों से पीड़ित थी। यहाँ तक कि हाईस्कूल में भी हम 1947 के विभाजन के द्वारा निर्मित इस भौगोलिक भीमकाय विलक्षणता से अचम्भित रहते थे। लाहौर और ढाका को एक धार्मिक शासन के अन्दर रखना न सिर्फ़ भूगोल, बल्कि संस्कृति का भी अपमान था। केवल धर्म एक साथ जोड़े रखने की क्षमता नहीं रखता। इसमें कोई शक नहीं कि यह विभाजन का कारण बन सकता है मगर इसमें शान्ति सह-अस्तित्व की कोई गारंटी नहीं होती। विभाजन एक भूल मात्र न था, इसने भारत की आत्मा को चीर दिया था। अब पूर्वी बंगाल के लोग फिर से इतिहास लिखने जा रहे थे। विरोध प्रदर्शनों की सुगबुगाहट काफ़ी पहले से हो रही थी लेकिन 1971 में यह अपने चरम पर पहुँच गया था। पाकिस्तानी सरकार ने बहुत सख़्ती से इस विद्रोह को कुचलने की कोशिश की और लाखों लोग त्रिपुरा और प. बंगाल की ओर भागने लगे। त्रिपुरा में अपनी आबादी से ज़्यादा बंगाली पहुँच गए। बहुत से लोग उत्तरी बिहार में भी आए। यह एक अभूतपूर्व परिस्थिति थी। जनता और भारतीय सरकार ऐसे मौक़े पर खड़ी हुई; बहुत-सी राजनयिक वार्ताएँ की गईं और अख़बार इस दमन और शरणार्थियों की कहानियों से भरे रहते थे। एक कॉलेज छात्र के तौर पर हम उस त्रासदी और पश्चिमी सरकारों, और ख़ासतौर से अमरीका की असंवेदनशीलता से बुरी तरह प्रभावित हुएं। यह वह वक़्त था जब अमरीकी सरकार कम्युनिस्ट चीन के साथ सहज होने की कोशिश कर रही थी। हेनरी किसिंगर ने गुपचुप तरीक़े से पाकिस्तान के रास्ते चीन की महत्त्वपूर्ण यात्रा की। दिसम्बर, 1971 में, आख़िर जब जंग शुरू हो ही गई तो लोकतांत्रिक अमरीका ने फ़ौजी तानाशाही पाकिस्तान की तरफ़दारी की और विश्व के सबसे बड़े लोकतंत्र को धमकी देने के लिए अपना समुद्री बेड़ा तक भेजा लेकिन इतिहास को कुछ और मंजूर था। आम जनता के सहयोग के बिना हारी हुई पाकिस्तानी फ़ौज ने आत्मसमर्पण कर दिया। नब्बे हज़ार से ज़्यादा युद्धबन्दी बनाए गए। इससे पहले इतना बड़ा समर्पण कभी नहीं हुआ था। उस समय मैं वकालत की डिग्री के पहले साल में था। अन्तरराष्ट्रीय क़ानून मुझे लुभाते थे और मैंने बांग्लादेश के सन्दर्भ में युद्धबन्दियों के मुद्दे पर एक छोटा सा लेख भी लिखा था। पिछले विभाजन के अधूरे एजेंडे से एक नए राष्ट्र का जन्म हुआ। भारतीय प्रधानमंत्री इन्दिरा गांधी की ऐसे व्यक्ति जिसने इतिहास और भूगोल दोनों बनाया, के रूप में अभिवादन किया गया।

हालाँकि यह लोकप्रियता बहुत कम समय ही रही। ढाका में ली गई बढ़त शिमला में हुई शान्ति वार्ता में खो गई। एक असहज शान्ति का युग शुरू हो चुका था। राष्ट्रीय स्तर पर और बहुत-सी बुरी चीज़ें होने वाली थीं। लगातार ख़राब मानसून के चलते आर्थिक संकट गहरा गया था, वहीं बढ़ती क़ीमतों, अक्षमता और खुले भ्रष्टाचार के चलते व्यापक असन्तोष फैल गया था। श्रीमती गांधी ने ख़ुद भ्रष्टाचार को एक वैश्विक परिघटना के रूप में व्याख्यायित किया। यह एक देश की सबसे बड़ी सत्ता की ओर से आया स्पष्टीकरण था। मैं सोचता हूँ कि उनके महान पिता क्या कभी ऐसा करते! गुजरात में एक बड़ा छात्र आन्दोलन भ्रष्टाचार के ख़िलाफ़ उभरा था और इसने बिहार में भी एक सहानुभूति जगाई, जहाँ प्रसिद्ध स्वतंत्रता सेनानी और निःस्वार्थ राजनेता जयप्रकाश नारायण ने भ्रष्टाचार के ख़िलाफ़ इस लोकप्रिय आन्दोलन की अगुवाई करने की सहमति दी। वे पंडित नेहरू के समकालीन थे और उन्होंने अपना पूरा जीवन समाज के लिए निःस्वार्थ भाव और उद्देश्य से काम किया था। उन्होंने पार्टीगत राजनीति को छोड़कर गांधी जी की रचनात्मक शिक्षा के लिए स्वयं को समर्पित कर दिया था। उन्होंने नागा समस्या का समाधान खोजने की कोशिश की और बाद के दौर में चंबल के कुख्यात डाकुओं को क़ानून के सामने समर्पण करवाया। अपने जीवन के आख़िरी दौर में उन्होंने शायद मसीहा बनने की सोची। उन्होंने सम्पूर्ण क्रान्ति का नारा दिया और छात्रों तथा समाज के अन्य लोगों से दमनकारी भ्रष्ट शासन के ख़िलाफ़ आवाज़ उठाने का आह्वान किया। उन्हें जनसमर्थन हासिल हुआ; स्कूल और कॉलेज बन्द हो गए, न्यायालय और चिकित्सालय लम्बी हड़तालों की चपेट में आ गए और कभी-कभी पूरी तरह बन्द भी हो गए। परीक्षाएँ मुल्तवी कर दी गईं, कक्षाएँ नहीं होती थीं और बहुत-से छात्र नेता निलम्बित कर दिए गए थे। हाहाकार मचा हुआ था। हममें से कुछ का मानना था कि यह आगे चलकर समाज का भला करेगा। मैंने ख़ुद कई रैलियों में भाग लिया और श्री जयप्रकाश नारायण द्वारा सम्बोधित सभा को सुना लेकिन जल्द ही मुझे अहसास हुआ कि यह विरोध हमें कहीं नहीं ले जाएगा। राजनीतिक पार्टियों का अपना उद्देश्य था। बहुतों ने इस आन्दोलन का समर्थन किया, कुछ ने नहीं। भारतीय राष्ट्रीय कांग्रेस और भारत की कम्युनिस्ट पार्टी (भाकपा) ने इस आन्दोलन का विरोध किया और प्रतिद्वंद्वी रैलियाँ भी हुईं। छात्र उस अव्यवस्था में फँस गए थे, मेरा दो साल का नुकसान हुआ। मेरे पिताजी की वकालत भी इन हड़तालों की वजह से प्रभावित हुई। हमें ऐसा लगा कि हम ऐसी सुरंग में फँस गए थे, जहाँ कोई रोशनी नहीं थी। मैं मन ही मन जानता था कि यह सम्पूर्ण क्रान्ति एक छलावा है। और यही हुआ। इसने सिर्फ़ लालू प्रसाद यादव, रामविलास पासवान जैसे नेताओं को बनाया। शिक्षा व्यवस्था खस्ताहाल थी। परीक्षाएँ दो-तीन सालों तक मुल्तवी हो गई थीं। आम विद्यार्थियों की चिन्ता किसी को नहीं थी। रोज़गार अब कभी न सच होने वाला एक सपना था।

बाद में प्रथम श्रेणी से एम.ए. पास कर मैंने कॉलेज में पढ़ाने की नौकरी करना चाहा। लेकिन बिहार में हर तरफ़ नकारा गया। अच्छी डिग्री होने और साक्षात्कार में अच्छा प्रदर्शन करने के बावजूद मुझे बाहर का रास्ता दिखाया जाता क्योंकि मैं वर्ग और जाति—दोनों के समीकरण में फिट नहीं बैठता था। 1975 के शुरुआती दिनों में पटना विश्वविद्यालय में लेक्चररशिप के लिए दिए गए साक्षात्कार में मेरे प्रदर्शन को सबसे ज़्यादा सराहा गया फिर भी मुझे वह नौकरी नहीं मिली। वह नौकरी एक वरिष्ठ प्रोफ़ेसर के बेटे को मिली। उस समय कुलपति देवेन्द्रनाथ शर्मा, जो कवि और सज्जन व्यक्ति थे, ने मुझे अपने घर बुलाया और मुझे जूनियर रिसर्च फेलो प्रस्तावित की। वे नहीं चाहते थे कि मैं अध्ययन छोड़ दूँ और उन्होंने मुझे कुछ समय इन्तज़ार करने के लिए कहा। उसी समय एक अन्य साक्षात्कार में, मैं लंदन से पढ़े, पाइप पीने वाले बिहार पब्लिक इन्स्ट्रक्शन के निदेशक दामोदर ठाकुर को प्रभावित नहीं कर पाया और उन्होंने पूसा में इतिहास के पद पर एक सजातीय मैथिल ब्राह्मण को तरजीह दी।

अब मैं जान गया था कि मेरा भविष्य कहीं और है। मैंने अपनी नानी से आग्रह कर वे सोने की चूड़ियाँ बिकवा दीं, जो उनकी बेटी ने शायद अपने बेटे की पत्नी के लिए रखवाई थी। इन पैसों से मैंने कुछ कपड़े ख़रीदे और मई, 1975 में दिल्ली के लिए ट्रेन में बैठ गया। उन दिनों दिल्ली को बहुत दूर समझा जाता था और ट्रेनों की गति भी इतनी तेज़ नहीं थी। दिल्ली में रहना समस्या था। मुंगेर के सांसद डी.पी. यादव सज्जन व्यक्ति थे, जो अपने संसदीय क्षेत्र के लोगों की मदद करते और उन्हें अपने बड़े बँगले में अस्थायी तौर पर रहने की अनुमति देते। वे केन्द्र सरकार में उप-मंत्री थे, इसलिए उनका बँगला बड़ा था और इसके बरामदे में 25-30 लोग आराम से आ जाते थे। इस बरामदे में हर तरह के लोग मिलते। कुछ नौकरी के लिए आए थे और कुछ कचहरी के काम से और कुछ टीबी के इलाज के लिए। इस प्रवास ने मुझे राष्ट्रीय संग्रहालय और दिल्ली के अन्य पुस्तकालयों में जाने, लोगों से मिलने और तरीक़े से नौकरी के निवेदन का मौक़ा दिया। लेकिन तीन महीने जल्द ही गुज़र गए और मेरी जमा राशि ख़त्म हो गई थी। तक़रीबन एक महीने तक मैं तुगलक रोड थाना के मेस में रोज़ एक वक़्त ही खाना खा सका, बाक़ी समय पानी! आख़िरकार, मैं हारकर पटना लौट गया। एक वरिष्ठ मित्र प्रभात शुक्ला ने मेरे वापसी का टिकट दिया और पटना में एक रिसर्च प्रोजेक्ट में असिस्टेंटशिप का काम भी दिलाया। उन टिकट के पैसों का मैं अब भी ऋणी हूँ।

पटना में ज़िन्दगी फिर उसी ढर्रे पर आ गई थी। रोज़गार की हालत उसी तरह विकट थी। अन्य लाखों बेरोज़गार स्नातकों की तरह मैंने भी संघ लोक सेवा आयोग (यूपीएससी) में अपनी क़िस्मत आजमाई और परास्त हुआ लेकिन इस नई रिसर्च असिस्टेंटशिप ने मुझे पटना राज्य अभिलेखागार में काम करने का मौक़ा दिया और

मैं ऐतिहासिक शोध की सुन्दरता से परिचित हुआ। मैं एक ऐसा शोधार्थी बना जिसने हमेशा अभिलेखागार को शोध में महत्त्व दिया। अभिलेखागार में गुज़रे ज़माने के उन भुरभुरे पन्नों पर अतीत फिर से जीवंत हो उठता था। एक प्रख्यात वाम विद्वान वी.सी.पी. चौधरी के नेतृत्व में हो रहे उस शोध कार्य का विषय आधुनिक बिहार का निर्माण था। उन्होंने मुझे ऐतिहासिक शोध की पद्धतियों से परिचित कराया। कर्ज़न काल के बिहार से जुड़े दस्तावेज़ों को पढ़ते समय मुझे उत्तर बिहार के पूसा स्थित कृषि शोध संस्थान के कुछ दस्तावेज़ मिले। अंग्रेज़ सरकार ने कृषि क्षेत्र में क्यों निवेश किया? क्या कृषि में भी विज्ञान शामिल है? आख़िरकार, उपनिवेश भी एक तरह से पौधों पर ही निर्भर थे। पौधों का विज्ञान क्या था? क्या पेड़-पौधों और बगीचे के बीच में कोई ज्ञान का सम्बन्ध था और इसी तरह विज्ञान और उपनिवेशवाद के बीच? इसी से, सन् 1975 में मेरे भविष्य के शोध का विषय निकला, जो बीस साल बाद मेरी किताब *साइंस एंड दी राज* (विज्ञान और उपनिवेशवाद) के रूप में प्रकाशित हुआ। आख़िरकार, मुफ़स्सिल के इस लड़के को अपने जीवन का आधार मिल गया था।[1]

शोधार्थी का निर्माण

बिहार राजकीय अभिलेखागार उस समय पुराने सचिवालय, जो एक भव्य औपनिवेशिक लेकिन पान के थूक से सनी हुई इमारत थी, का हिस्सा था। इसके निर्देशक तारा बाबू एक दयालु और ज्ञानी व्यक्ति थे। यहीं मैंने प्राथमिक सामग्री का महत्त्व समझा था। मैंने आधुनिक बिहार से सम्बन्धित स्रोतों पर एक लेख लिखा और मेरे प्रोजेक्ट सुपरवाइजर ने मुझे उसे इंडियन हिस्ट्री कॉन्फ्रेंस में प्रस्तुत करने के लिए प्रोत्साहित किया। यह कॉन्फ्रेंस 1975 के दिसम्बर में अलीगढ़ में होने वाली थी। वह आपातकाल का समय था और उस कॉन्फ्रेंस में मैंने जाने-माने इतिहासकार

1. लेकिन यंत्रणादायक यात्रा बस शुरू ही हुई थी। मेरे कुछ सम्मानित शिक्षक मेरे शोध विषय को लेकर वाकई में चिन्तित थे। प्रोफ़ेसर आर.एस. शर्मा ने मुझे 'मुख्यधारा के इतिहास' से विषय चुनने का सुझाव दिया। सौभाग्य से, मैं नहीं समझ पाया कि मुख्यधारा क्या होती है और विज्ञान के साथ अपने लगाव के साथ जुड़ा रहा। उस समय तक, जिन वैज्ञानिकों के दिन लद जाते थे, वे विज्ञान के इतिहास में गोते लगाते थे। यह उस समय तक और आज भी वैज्ञानिकों और इतिहासकारों के बीच 'नो मेन्स लैंड्स' जैसा था। कोई भी इतिहास विभाग यह विषय नहीं पढ़ाता था और नौकरी की भी कोई सम्भावनाएँ नहीं थीं। एक तरह से प्रोफ़ेसर शर्मा सही ही थे; उन्होंने सही चेतावनी दी थी कि मैं धोबी का कुत्ता बन जाऊँगा—न घर का, न घाट का! मैं हाल तक एक शैक्षिक अध्ययन केन्द्र में इतिहास पढ़ाता था। मैं सोचता हूँ कि क्यों नहीं कोई इतिहास पर विज्ञान या विज्ञान के समाजशास्त्र में प्रशिक्षित है और क्यों नहीं कोई इतिहास विभाग विज्ञान का इतिहास पढ़ाता है।

इरफान हबीब के नेतृत्व में प्रतिरोध की चिनगारियों को देखा। टैगोर की प्रसिद्ध कविता 'वेयर दी हेड इज़ हेल्ड हाइ' उद्घाटन मंच के पीछे लगी हुई थी। एक नए शोधार्थी के लिए यह अनुभव काफ़ी उत्तेजक था। चूँकि विज्ञान और उपनिवेशवाद के विषय पर मेरी रुचि बन गई थी इसलिए वापस जाकर मैं क्षेत्रीय इतिहास के एक प्रोजेक्ट बिलकुल भी काम करना नहीं चाह रहा था। पटना की ब्रिटिश काउंसिल की लाइब्रेरी में मुझे राय मैक्लाउड के औपनिवेशिक भारत के लिए वैज्ञानिक सलाह लेख पढ़ने का मौक़ा मिला।[1] इस लेख ने मुझे उत्साहित किया और इस विषय की प्रासंगिकता को प्रमाणित किया। पटना इस काम के लिए एक उपयुक्त जगह नहीं थी। मैंने कुछ पैसे बचाए और 1976 की गर्मियों में एक बार फिर दिल्ली के लिए निकल पड़ा।

सौभाग्य से, जल्द ही मुझे कुरुक्षेत्र विश्वविद्यालय में आधुनिक इतिहास में लेक्चररशिप मिल गई।[2] कुरुक्षेत्र विश्वविद्यालय के विस्तृत और सुन्दर परिसर ने मुझे काफ़ी प्रभावित किया। कुरुक्षेत्र एक पुराना और धूसर शहर था लेकिन बिहार के विपरीत हरियाणा तेज़ी से विकसित होता हुआ राज्य था और इसका असर कैम्पस पर भी दिखाई देता था। एक और बात यह थी कि बिहार के विपरीत यहाँ बहुत से शिक्षक दूसरे राज्यों से आए और बस गए थे। ज़्यादातर छात्र ग्रामीण पृष्ठभूमि के सीधे, सहज और आज्ञाकारी होते थे लेकिन उनमें बोलचाल की क्षमता और महत्त्वाकांक्षा का अभाव था हालाँकि अपवाद हमेशा रहे हैं। मुझे रोहतक के पास से आया एक छात्र मिला जो बहुत मेहनती था और आगे चलकर एक अच्छा शोधार्थी बना। मुझे सुनीता और टूटेजा के रूप में अच्छे दोस्त और सतपाल के रूप में एक भाई मिला। मैंने कुरुक्षेत्र में दोस्तों और सहकर्मियों के साथ अच्छा वक़्त बिताया। हँसना वे बेहतर जानते थे। मैंने एक बार अपने एक पंजाबी दोस्त से उसकी भाषा सिखाने के लिए कहा। तुरन्त ही गालियों का एक रेला आया, जिसमें कुछ इतनी नई और अद्‌भुत थीं कि मैं सकते में आ गया। जब मैंने पूछा कि मैंने ऐसा क्या कर दिया कि इतनी दे रहे हो, तो बोला कि वह मुझे अपनी भाषा सिखा रहा है। हम दोनों हँस पड़े!

यूपीएससी की परीक्षा में पिछली विफलता मुझे अब भी खटकती थी, इसलिए मैंने एक बार फिर परीक्षा देना तय किया। मैंने लिखित परीक्षा पास कर ली और

1. Roy Macleod, 'Scientific Advice for British India: Imperial Perceptions and Administrative Goals, 1898-1923', Modern Asian Studies, 3, no. 9 (1975) : 343-84

2. चयन समिति में चंडीगढ़, पटियाला और कुरुक्षेत्र के वरिष्ठ प्रोफ़ेसर थे, जिन्होंने एक अनजाने व्यक्ति के लिए कुछ अपने ही विद्यार्थियों को ख़ारिज किया। बाद में, जब मैंने कुरुक्षेत्र विश्वविद्यालय के प्रोफ़ेसर वी. एन. दत्त से पूछा कि क्यों उन्होंने एक अनजाने व्यक्ति पर भरोसा किया, तो उन्होंने कहा कि यह पहली नज़र का प्रेम था!

1977 की शुरुआत में साक्षात्कार के लिए बुलाया गया। मैं दुविधा में फँसा हुआ था, मुझे शोध और शिक्षण में रुचि हो गई थी और मैं आश्वस्त नहीं था कि फ़ाइलों और नेताओं से कैसे निपटूँगा। मैंने कोई तैयारी नहीं की, न ही राव की कोचिंग ली। धौलपुर हाउस में साक्षात्कार के लिए कमरे में घुसते ही मुझे यह महसूस हुआ कि मुझे टेबल के उस पार होना चाहिए। मेरे इंटरव्यू बोर्ड के मुखिया उस समय के यूपीएससी के चेयरमैन ए.आर. किदवई थे। न ही इस बोर्ड से मैं प्रभावित हुआ, न उन्हें मैं प्रभावित कर सका। देश एक अड़ियल और अनिच्छुक नौकरशाह से बच गया और मैं लालच एवं एन.डी. तिवारी और लालू प्रसाद जैसों की सेवा करने के कष्ट से! मैं एक नए उत्साह से शोध की तरफ़ लौट आया था। दिल्ली के पास होना एक बड़ा फ़ायदा था और अक्सर ही मैं राष्ट्रीय अभिलेखागार में काम करने दिल्ली आया करता था। जनपथ और राजपथ के जंक्शन पर स्थित इस प्रभावशाली शाही इमारत में औपनिवेशिक भारत की कई यादें और भी बहुत कुछ सँजोया हुआ है। मुझे बताया गया कि यदि यहाँ रखी गई सभी फ़ाइलों को एक क़तार में रखा जाए तो उससे पृथ्वी को कई दफ़ा लपेटा जा सकता है। भले ही इस इमारत में धूल भरी रहती और यहाँ का स्टॉफ बहुत कुशल न था, फिर भी मुझे इस जगह से प्रेम हो गया। मेरी अब भी यही इच्छा है कि मुझे मरने के बाद यहीं दफ़नाया जाए।

राष्ट्रीय अभिलेखागार में ही मेरी मुलाक़ात सम्मानित और सुप्रसिद्ध इतिहासकार बी.बी. मिश्रा से हुई। वे सचमुच प्रेरणादायक थे। वहाँ कई अन्य नौजवान शोधार्थी भी आते थे, जिन्होंने आगे चलकर महत्त्वपूर्ण योगदान दिया। सत्यवती कॉलेज के अनिल कुमार ने उस समय में मेरी बहुत मदद की। हम एक साथ समाज और दवाइयों के सांस्थानिक इतिहास पर विचार-विमर्श करते। वे और उनकी स्नेहिल पत्नी महीनों तक मेरी मेहमाननवाज़ी करते और अक्सर हम साथ ही अभिलेखागार जाते। यह अभिलेखागार मेरे अधिकांश समय और सोच पर छाया रहा। मैं बहुत कम ही आधुनिक भारतीय इतिहास के दूसरे महान केन्द्र नेहरू स्मारक संग्रहालय और पुस्तकालय (तीन मूर्ति) गया। मेरी नज़र में यह पुस्तकालय कम, अड्डा और राजनीति का केन्द्र था। मैं ग़लत था; इस जगह पर स्वतंत्रता संग्राम और समकालीन भारत के बारे में पढ़ी जाने लायक लगभग सभी सामग्रियाँ उपलब्ध हैं। लेकिन मेरी तो उस समय उन्नीसवीं सदी के भारत और औपनिवेशिक नीतियों में ज़्यादा रुचि थी। राष्ट्रीय अभिलेखागार ने मुझे बहुत विश्वसनीय सूत्रों से जानकारियाँ प्राप्त करवाई। औपनिवेशिक अफ़सर अपने नोट्स सँभालने और रिकॉर्ड रखने के मामले में बहुत गम्भीर होते थे लेकिन किसी एक फ़ाइल को प्राप्त करना एक कठिन काम था। हमें अनेक सूचियों को देखकर उसमें से अपनी ज़रूरत के मुताबिक रिकॉर्ड या फ़ाइल नम्बर लिखना होता और उम्मीद करनी होती थी कि वह मिल जाए। हर एक दिन मुझे तीस फ़ाइल या रिकॉर्ड माँगने की इजाज़त थी, मैं ख़ुशनसीब होता यदि

उनमें से दो या तीन भी मिल जातीं। पार्ट-ए की फ़ाइलें अक्सर मिल जाती थीं लेकिन पार्ट-बी, सी और डिपोज़िट फ़ाइल्स शायद अब बची ही नहीं थीं।

एक और समस्या, मेरे शोध के विषय को लेकर थी। अभिलेखागार की सूचियों में मुझे शब्द 'विज्ञान' के अन्तर्गत कुछ भी नहीं मिलता था इसलिए मैंने की-वर्ड्स की एक सूची जिसमें 'ए' से एग्रीकल्चर (कृषि), 'बी' से बॉटनी (वनस्पति विज्ञान) से 'ज़ेड' से जिओलॉज़ी (जीव विज्ञान) तक थे, बनाई। इससे मुझे विज्ञान से सम्बन्धित ज्ञान का एक बड़ा हिस्सा देखने का मौक़ा मिला। जब मैं कलकत्ता के राष्ट्रीय पुस्तकालय गया, तो वहाँ भी मैंने बिलकुल यही तरीक़ा अपनाया। भव्य बेलवेदर हॉल में हज़ारों कैटलॉग कार्ड्स को टटोलते हुए मुझे मेरी उँगलियों का सशक्तिकरण होता महसूस हुआ। मैं जानता था कि मैं एक कभी न ख़त्म होने वाली सोने की खान को देख रहा था और यह भी कि वहाँ मौजूद प्राथमिक स्रोतों का विश्लेषण करने और उनके साथ न्याय करने के लिए मुझे कई जनम लेने होंगे। यह अच्छा था कि मैंने अपने आपको उन्नीसवीं सदी तक सीमित कर रखा था लेकिन यह भी लम्बा काल था। अभिलेखागार के इन दस्तावेज़ों ने मुझे उन अफ़सरों के दिमाग़ में झाँकने और यह समझने का मौक़ा दिया कि वह किसी नीति को बनाने के लिए क्या सोच-विचार करता है और क्या समस्याएँ होती हैं। यह एक मनमोहक अभ्यास था।

आधुनिक भारत कलकत्ता (जिसे अब कोलकाता कहा जाता है) के इर्द-गिर्द घूमता था और इस शहर ने मुझे 1977 में अपनी ओर आकर्षित किया। और यहीं से शुरू हुआ एक ऐसा सिलसिला, जो आज भी जारी है। यह कहा जाता था कि जो बंगाल आज सोचता है, वह भारत कल सोचेगा।[1] यह वह समय था, जब प्रतिभाशाली युवा विद्यार्थी पी-एच.डी. के लिए ऑक्स-ब्रिज जाया करते थे।[2] मैं कलकत्ता के पुस्तकालयों और रिकार्ड रूमों से इतना अभिभूत हो गया था कि मुझे कभी विदेश जाने की इच्छा नहीं हुई। मैंने ख़ुद से कहा कि कलकत्ता ही मेरा लंदन है—'लंदन कैनू जाबो' (लंदन क्यों जाऊँ)। यहाँ तक कि एक बार मैंने एक उभरते हुए विद्वान से बड़ी मासूमियत से पूछ लिया—'अगर आपको गोरखपुर या बर्धमान पर काम करना है, तो ऑक्सफोर्ड क्यों जाते हो!' मैं मूर्ख था। एक अरसे बाद इंडियन

1. बंगाल ने चाहे असंख्य समाज सुधारक, सांस्कृतिक अग्रणी और राष्ट्रीय नेता पैदा किए हों लेकिन यह अपनी सांस्कृतिक सम्पदा का राजनीतिक फ़ायदा नहीं उठा पाया। राजनीतिक और व्यावसायिक रूप से गुजरात आगे रहा। इसने गांधी, जिन्ना, पटेल और मोदी को पैदा किया। अरब सागर के विपरीत, बंगाल की खाड़ी में गैस बहुत है, तेल नहीं।
2. वे आज भी ऐसा करते हैं। कभी-कभी मैं अपने विश्वविद्यालय, जवाहरलाल नेहरू विश्वविद्यालय (जेएनयू) को मैं ऑक्सफोर्ड-कैम्ब्रिज का आधिकारिक विद्यार्थी वितरक कहता हूँ। हमारी 'प्रतिष्ठित' आईआईटी इसे और भी अच्छे से करती हैं; वे अपने विद्यार्थियों को अमरीका को वितरित करती हैं।

काउंसिल फॉर सोशल साइंस के आर्थिक सहयोग से मैंने ऑक्सफोर्ड और लंदन का 1983 में दौरा किया। उस समय मुझे अहसास हुआ कि वहाँ शोध कार्य कितना आरामदायक और लाभदायक था। बहुत सी सामग्री एक ही छत (जिसका नाम इंडिया ऑफ़िस रिकॉर्ड एंड लाइब्रेरी है) के नीचे मिल जाती। वहाँ की व्यवस्था बहुत ही कारगर थी और वहाँ बैठकर आराम से बीयर पीते हुए आप सोच-विचार और लेखन का काम कर सकते थे। मुझे पटना और कलकत्ता की गर्मी, उमस और मच्छरों की याद आ गई। एक और बात मुझे महसूस हुई थी। भारतीय शोधार्थी जो ब्रिटेन में पढ़ते थे, वे साल में एक बार फील्ड वर्क के नाम पर ख़ुद को रिचार्ज करने के लिए वापस देश आते और जेब में पाउंड की ताक़त के बल पर महँगी फ़ोटोकॉपी और रिसर्च असिस्टेंट का फ़ायदा उठाते। इस तरह घर 'फील्ड' बन जाता। क्या ख़ूब यह सर के बल खड़ा होना हो गया।[1]

कलकत्ता के लिए मेरे मन में एक अटूट सम्मान बन चुका था और मैं साल में एक या दो बार अपनी बचत के पैसों से वहाँ जाता रहता। मुझे वहाँ के अकादमिकों से बहुत मदद मिली। प्रो. वरुण डे मेरे पिता समान थे और उनके एनसाइक्लोपीडिया जैसे ज्ञान ने मुझे बहुत फ़ायदा दिया। उन्होंने अपने संस्थान के अतिथि-गृह में कम दरों पर मुझे ठहराया। गौतम भद्र एक उभरते हुए एनसाइक्लोपीडिया थे। उनके और रतन दास गुप्ता, बसुदेव चटर्जी, अमिताभ घोष, अरुण बंद्योपाध्याय और भास्कर चक्रवर्ती जैसे मित्रों के साथ अड्डेबाज़ी करना बहुत ही मज़ेदार रहा। राष्ट्रीय पुस्तकालय ग़ैर-अकादमिक बहानों के लिए भी एक अच्छी जगह थी। मैं बहुत से जोड़ों को वहाँ कुरबत में देखता और मन में इच्छा होती कि मैं भी किसी प्यारी और तेज़-तर्रार लड़की को आकर्षित कर पाऊँ—लेकिन या तो ऐसा समन्वय दुर्लभ होता या मेरी बेतरतीब दाढ़ी, झोला और चप्पल काम बिगाड़ जाते। मैं इसमें शून्य ही रहा। उन दिनों ग़ैर-बंगालियों की ऐसी क़िस्मत कहाँ होती! वहाँ बाहरी लोगों को न नौकरी मिलती, न लड़कियाँ! इसलिए मेरे लिए ऐतिहासिक डेटा और सिर्फ़ डेटा के अलावा कोई और विकल्प न था। अगले पाँच सालों तक मैं कलकत्ता के विभिन्न पुस्तकालयों और अभिलेखागारों में घूमता रहा। क़िस्मत से मेरे पुराने मित्र रवीन्द्र की नियुक्ति वहीं थी; उनकी उदार पत्नी ने बहुत स्नेह से मेरी मेहमाननवाज़ी की। मगर इस पुराने शहर में हर तरह की समस्याएँ थीं, सिवाय खाने के, जो मैं बहुत चाव से खाता था। यातायात के साधन बहुत सस्ते लेकिन जर्जर थे; मेट्रो प्रोजेक्ट ने शहर की सभी प्रमुख सड़कों को खोद रखा था। अक्सर होने वाली बिजली कटौती में काम बहुत मुश्किल और जीवन दुखद हो गया था लेकिन राष्ट्रीय पुस्तकालय के

1. अमरीका के आइवरी टॉवर या ऑक्स-ब्रिज में जम जाने के बाद, उन्नीसवीं सदी के बंगाली साहित्य से शब्द उधार लेकर कहूँ तो, देशी कुत्ते, विदेशी ठाकुर बन जाते हैं। (Anuradha Roy, *Nationalism as Poetic Discourse in Nineteenth Century Bengal* [Calcutta : Papryus, 2003] 22).

कर्मचारियों और प्रेमी-जोड़ों को यह कटौती बहुत पसन्द थी। काम रुक जाता और वे बाहर आकर बड़े पेड़ों की छाया में आराम करते। इस पुस्तकालय में काम करने का सबसे सही समय 'पूजा' का होता था। उस समय वहाँ बिजली की कटौती नहीं होती थी और केन्द्र सरकार की संस्था होने के कारण एक दिन की छुट्टी भी होती। सबसे बढ़िया बात यह थी कि घटिया कर्मचारी छुट्टी पर चले जाते और पुस्तकालय कुशल दक्षिण भारतीय कर्मचारी चलाते!

एशियाटिक सोसाइटी राष्ट्रीय अभिलेखागार के बाद दूसरी ऐसी महान संस्थान है, जिसे मैं बहुत सराहता था। यहाँ हर तरह का ज्ञान इकट्ठा था और इस संस्थान का आधुनिक भारत पर बहुत ऋण है। मैं इसके संस्थापक विलियम जोन्स के द्वारा 1784 में दिए गए सिद्धान्त से बहुत प्रभावित हुआ। इसके दायरे में 'प्रकृति में जो भी घटता और मनुष्य द्वारा जो भी किया जाता' आता था। उपनिवेशवाद-विरोधी सोच की खुराक पर पले-बढ़े एक व्यक्ति के लिए यह एक रहस्योद्घाटन था। इस संस्थान से जुड़े तथाकथित प्राच्यवादियों ने हमारे खोए हुए इतिहास की पुनर्खोज की, नए संस्थानों की स्थापना की और 'नए' ज्ञान से पूरे संसार को उजागर किया। सोसाइटी के अच्छे दिन बहुत पहले ख़त्म हो चुके थे हालाँकि भारतीय संसद ने इसे राष्ट्रीय महत्त्व की संस्था का दर्जा दिया था लेकिन यह किसी स्थानीय बंगाली क्लब की तरह चलता था। इसमें अत्यन्त प्रचुर ग्रंथों का संग्रह है और यहाँ तक कि बहुत ही बुरी सेवा के बावजूद मैं हफ़्तों और महीनों तक यहाँ आता रहा। स्थानीय और अन्य वर्नाकुलर भाषाओं के लिए एक और महत्त्वपूर्ण जगह बंगीय साहित्य परिषद है। यहाँ के पुस्तकालयाध्यक्ष ने मुझे फ़ोटोकॉपी के लिए प्रति पृष्ठ पाँच रुपए माँग कर झटका दे दिया। उसने मुझे समझाया कि 'फ़ोटोकॉपी की क़ीमत तो एक रुपया है लेकिन यहाँ मौजूद दुर्लभ सामग्री के लिए चन्दा चार रुपया है।' 1978-79 में यह अच्छी-ख़ासी रकम हुआ करती थी और मैं पीछे हट गया।

भारतीय परिस्थितियों के अनुसार ऐतिहासिक सामग्री की खोज में विभिन्न पुस्तकालयों में जाना अक्सर व्यक्तिगत निवेदनों और ख़ुशामदी पर निर्भर रहता है। शोधार्थी को पुस्तकालयाध्यक्ष या प्रभारी के समक्ष अपनी विश्वसनीयता प्रमाणित करनी होती है। कई बार मुझे इसमें सफलता मिलती और कई बार असफलता। ऐसा नहीं होता है कि हमेशा पुस्तकालयाध्यक्ष को यह पता हो कि उनके यहाँ क्या ख़ज़ाना है। लेकिन एक बार दोस्ती हो जाने के बाद वे बहुत मददगार साबित होते। कई दफ़ा प्रवेश देने से इनकार किया जाता। बोटेनिकल गार्डन हावड़ा में रॉक्सबर्ग और वेलिच पेपर देखना चाहता था लेकिन उस समय के निदेशक एस.के. जैन ने मुझे यह पूछकर कि 'एक इतिहासकार का वनस्पति विज्ञान से क्या लेना-देना' नकार दिया। शायद वे अपने सरकारी काम में बहुत व्यस्त थे और इसलिए मेरी यह घुसपैठ उन्हें अच्छी न लगी। बीस साल बाद मैं उन्हें लाइडन (नीदरलैंड्स) में मिला और उस समय उन्हें

इतिहास और एथनोबोटनी में बहुत दिलचस्पी थी। जे.सी. बोस ट्रस्ट में मुझे एक ओर मज़ेदार अनुभव हुआ। मैं उन महान वैज्ञानिक के पत्र देखना चाहता था। उनके उपकरण प्रदर्शित थे लेकिन लिखित दस्तावेज़ उनके एक वंशज देवव्रत बोस, जो ख़ुद को नृतत्वशास्त्री मानते थे, के क़ब्ज़े में थे। वे मुझे रोज़-ब-रोज़ बुलाते, अच्छी चाय पिलाते और अपने प्रसिद्ध दादाजी के क़िस्से, ख़ासकर जिनमें सिस्टर निवेदिता से उनके स्नेह और सर आशुतोष मुखोपाध्याय से उनके झड़पों के क़िस्से होते, सुनाते। मैं तक़रीबन एक महीने से ज़्यादा निरन्तर प्रयासरत रहा लेकिन दस्तावेज़ों तक पहुँच नहीं पाया! इसके विपरीत सेंट ज़ेवियर्स कॉलेज के फादर वर्सार्यटेन ने मुझे सीधे कॉलेज पुस्तकालय की चाबियाँ दे दी और मैं 'नेचर' पत्रिका के पुराने अंक और फादर लेफांट से जुड़े दस्तावेज़ों के अतिरिक्त भी बहुत कुछ वहाँ पढ़ पाया। इस प्रकार जगहों और लोगों के अनुसार मेरा अनुभव अलग-अलग रहा।

प्रेसिडेंसी शहरों में कुछ ऐसे संस्थान हैं, जो एक शताब्दी से भी पुराने हैं। उनके अपने पुस्तकालय और संग्रह हैं। मैं सोचता हूँ कि अगर वह किसी आर्काइविस्ट या रिकॉर्डकीपर को नियुक्त करें तो न केवल वह ऐतिहासिक सामग्री बचेगी बल्कि वह सही रूप से व्यवस्थित होगी। जब हावड़ा में स्थित बोटनिकल गार्डन के निदेशक ने मुझे अनुमति देने से इनकार कर दिया तो मैंने उनके एक सहायक से सम्पर्क किया। मेरी शोध में सच्ची रुचि को देखते हुए उन्होंने मुझे एक बड़ा कमरा दिखाया, जहाँ कई फ़ाइलें एक बड़े तख़्ते पर हवा में लटकी हुई थीं। ये फ़ाइलें उन्नीसवीं सदी की शुरुआत और मध्यकाल से जुड़ी थीं। मुझे बताया गया कि पहले तो ये ज़मीन पर पड़ी रहती थीं और 1968 में हुगली में आई बाढ़ में आधी से ज़्यादा तो बह गईं। जो कुछ बचाई जा सकीं, वे अब हवा में लटकी हुई हैं। जब मैंने यह बात वरुण बाबू के ध्यान में लाई तो उन्होंने मुझे इन वैज्ञानिक संस्थानों में एक आर्काइविस्ट की नियुक्ति पर एक विस्तृत नोट लिखने के लिए कहा। उन्होंने यह नोट भारतीय ऐतिहासिक रिकॉर्ड्स आयोग को दिया, जिसने यह सुझाव भारत सरकार को दिया। मैंने प्रोफ़ेसर एम.जी.के. मेनन जो उस समय विज्ञान और तकनीकी विभाग के सचिव थे, को भी पत्र लिखा लेकिन कोई कार्रवाई नहीं हुई। यहाँ तक कि प्राप्ति सूचना तक न आई। ऐतिहासिक स्मृति, अगर वह राजनीतिक महत्त्व की न हो तो आज भी हाशिए पर रहती है।

चूँकि मेरा काम कलकत्ता और दिल्ली केन्द्रित होता जा रहा था इसलिए मैंने देश के अन्य भागों को भी खँगालने का निश्चय किया। क़िस्मत से 1980 में आईसीएचआर द्वारा मुझे तीन साल की सैलरी प्रोटेक्शन फ़ेलोशिप मिली। इसने मुझे यहाँ-वहाँ जाने की आज़ादी दी। इस फ़ेलोशिप का अच्छा-ख़ासा हिस्सा बम्बई, पूना, लखनऊ, मद्रास, हैदराबाद, बैंगलोर और त्रिवेंद्रम की यात्राओं में ख़र्च हुआ। यह आनन्ददायक और शिक्षाप्रद दोनों ही था। मैं इस देश की विशालता, इसकी

विरासत और इसकी समस्याओं का अनुभव कर सका। बम्बई स्थित महाराष्ट्र राजकीय अभिलेखागार में काम करना सचमुच एक सुखद अनुभव था जबकि मद्रास में एगमोर में स्थित अभिलेखागार में सजा सा लगा। पश्चिम बंगाल अभिलेखागार के बारे में कम कहना ही बेहतर होगा। अभिलेखागारों में जाने के अलावा मैंने कुछ ऐसे वैज्ञानिक जिन्होंने स्वतंत्रता-पूर्व नाम कमाया और अब भी ज़िन्दा थे, से मिलने की कोशिश की। अब मैं सोचता हूँ कि काश, मैंने वह बातचीत रिकॉर्ड कर ली होती। इनमें कलकत्ता के प्रियदा रंजन रे, जे.एन. मुखर्जी, एस.एन. सेन; इलाहाबाद के एन.आर. धर; मद्रास के पी.एन. अप्पूस्वामी, दिल्ली के डी.एस. कोठारी और बम्बई के सलीम अली शामिल हैं। सेन विज्ञान के एक कर्मठ इतिहासकार थे; अप्पूस्वामी एक वकील, जिन्होंने तमिल भाषा में विज्ञान को लोकप्रिय बनाने के लिए दर्जनों लेख लिखे; और सलीम अली उस समय अपनी *दी फॉल ऑफ़ अ स्पेरो* पर काम कर रहे थे। विज्ञान की इन बड़ी हस्तियों से मिलना मेरा सौभाग्य था लेकिन मैं इस अवसर का इस्तेमाल न कर पाया। मौखिक अभिलेखागार के बारे में क्या कहा जाए? जब हमने हमारे वैज्ञानिकों और विद्वानों के निजी दस्तावेज़ों को ठीक से संगृहीत और संरक्षित नहीं किया।[1]

बर्तानिया में मामला ऐसा न था। जिन अंग्रेज़ चिकित्सकों, इंजीनियरों, वैज्ञानिकों और नौकरशाहों ने भारत में काम किया या भारत की यात्राएँ कीं, उनमें से कुछ ने इस दौरान नोट्स या संस्मरण लिखे और अपनी पसन्द के कॉलेज या यूनिवर्सिटी में जमा कराए। इन निजी दस्तावेज़ों में वैयक्तिकता के साथ अतीत एक बार फिर ज़िन्दा हो उठता है। इंग्लैंड की अपनी छोटी सी यात्रा के दौरान मैंने इन निजी दस्तावेज़ों पर ख़ास ध्यान दिया। सरकारी दस्तावेज़ तो भारत में अनंत हैं लेकिन बर्तानवी पुस्तकालय इन निजी संग्रहों से लबालब भरे पड़े हैं।

इसी दौरान मैंने एक या दो लेख प्रकाशित कर दिल्ली विश्वविद्यालय में प्रो. अपर्णा बसु और प्रो. सुमित सरकार के निर्देशन में पी-एच.डी. शोधार्थी के रूप में पंजीकरण कराया। ये दोनों अपनी विद्वत्ता और दयालुता के लिए जाने जाते थे और मेरा सफर आसान हो गया। क़िस्मत से उस समय कोर्स वर्क नहीं होता था और प्राथमिक स्त्रोतों से मेरा लगाव बिना किसी बाधा के चलता रहा। यह समुद्र में गोता लगाना था जबकि कोर्स वर्क शोधार्थियों को स्वीमिंगपूल या तालाब में तैरना सिखाने जैसा होता है। हमारे विश्वविद्यालयों में कई विभागों के अपने शोध पद्धति के पेपर होते हैं और जो शिक्षक इन पेपर को पढ़ाते हैं, उनका ख़ुद का शोध रिकॉर्ड काफ़ी

1. नब्बे के दशक के प्रारम्भ में एनआईएसटीएडी में विज्ञान अभिलेखागार बनाने की योजना आई। किसी अधकचरे पुरालेखिक प्रशिक्षण प्राप्त व्यक्ति की नियुक्ति भी हुई और कुछ फायरप्रूफ़ अलमारियाँ भी ख़रीदी गईं। लेकिन इससे ज़्यादा कुछ नहीं हो सका। देश में अभी भी विज्ञान और प्रौद्योगिकीय लेखागार नहीं हैं।

सतही होता है। इससे भी बुरा यह होता है कि शोध के विषय ज़्यादातर शिक्षकों द्वारा दिए या थोपे जाते हैं। मैं ख़ुशक़िस्मत था कि इस नियंत्रण से बच निकला। मधुकण (डेटा) जमा करना मज़ेदार था लेकिन इसे 'शहद' में बदलना जटिल कार्य था। मुझे अहसास हुआ कि ये दोनों साथ-साथ ही होने चाहिए इसलिए मैं हर शाम पूरे दिन जमा की गई सामग्री को समझने की कोशिश करता। इसका परिणाम यह हुआ कि मैं अपनी डिग्री पाने से पहले ही कुछ शोध-पत्र प्रकाशित कर सका। प्राथमिक डेटा के लिए मेरा पागलपन जारी रहा लेकिन इसका इस्तेमाल समय के साथ शिथिल होता गया। अब भी लगभग सत्तर प्रतिशत मेरा जमा किया हुआ डेटा मेरे पास ज्यों का त्यों रखा हुआ है।

अस्सी के दशक के दौरान 'सबाल्टर्न हिस्ट्री' नामक शोध की एक नई क़िस्म उभरकर सामने आई। इसका उद्देश्य हाशिए के आन्दोलनों और धाराओं को दर्ज करना था। अन्तर्अनुशासनात्मक दृष्टियाँ प्रचलन में आईं और इतिहासकार, नृतत्वशास्त्रियों, समाजशास्त्रियों, साहित्यिक आलोचकों, यहाँ तक कि सांख्यिकीविदों आदि से भी लाभान्वित होने लगे। यह एक रोमांचक परिघटना थी। हालाँकि इस रोमांच में कुछ ख़तरा ज़रूर था।[1] इसके तहत कुछ लोगों ने एक स्रोत या हल्के सबूतों की बुनियाद पर सिद्धान्त देने शुरू कर दिए। यह प्रवृत्ति अब भी जारी है। उत्तर-औपनिवेशिक लेखकों के प्रभाव में आज भी यह फ़ैशन है कि आधिकारिक स्रोतों को नज़रअन्दाज़ किया जाए चाहे वे एकदम सच्चे ही क्यों न हों? मेरे लिए बहुत से और कभी-कभी विरोधाभासी निचले दर्ज़े के अफ़सरों द्वारा लिखे गए धूल से अटे ऐसे नोट्स बहुत लाभप्रद थे। वे यह संकेत करते थे कि किस फ़ैसले तक किस तरह पहुँचा जाता था, उस कार्य में क्या तनाव और चुनौतियाँ होती हैं। औपनिवेशिक अभिलेखागारों में संरक्षित ये फ़ाइलें अफ़सरों के मन में चल रहे विचारों और किसी फ़ैसले में डाली गई सोच को हमारे सामने खोलकर रख देती हैं। यह सोचना एक ग़लती ही होगी (जो सबाल्टर्न अक्सर करते हैं) कि सरकारी स्रोत एकतरफ़ा तस्वीर ही दिखाते हैं। उनके द्वारा सिक्के का दूसरा पहलू भी जानना सम्भव है। हालाँकि यह कहना स्थानीय स्रोतों, ख़ासकर जो देशज भाषाओं में लिखे गए हैं, के महत्त्व को कम करना बिलकुल नहीं है। उनके द्वारा हम सरकारी नीतियों और कार्यों की एक ज़बरदस्त आलोचना तक पहुँच सकते हैं। इसी तरह, निजी दस्तावेज़ों में भी कुछ सरकारी प्रतिभागी आलोचनात्मक, मुखर और बेबाक नज़र आते हैं। औपनिवेशिक वैज्ञानिकों द्वारा लंदन में रह रहे अपने सहकर्मियों को लिखे गए पत्रों और उनके जवाबों को पढ़ना बहुत ही दिलचस्प है और इनसे ऐसी बहुत-

1. इतिहास एक दिलचस्प विषय है। क्रिकेट के मैच की तरह, सभी इस पर टिप्पणी कर सकते हैं—शिक्षित, अशिक्षित, नेता, नागरिक, कोई भी। यहाँ तक कि विज्ञान पढ़ने वाले, जो विज्ञान में बेहतर नहीं कर सके, वे भी प्रतिभाशाली इतिहासकार बन सकते हैं!

सी बातें उजागर होती हैं, जो आमतौर पर सरकारी दस्तावेज़ों और प्रकाशनों में नहीं मिलती हैं। ये अक्सर सरकारी रिकॉर्ड्स से विरोधाभासी होते हैं और एक नई दृष्टि देते हैं। साहित्यिक लोगों और नृतत्वशास्त्रियों के पास कल्पना की आज़ादी होती है लेकिन बेचारे इतिहासकारों को यह सुख प्राप्त नहीं होता। यानी वैश्विक 'वेब', 'नेटवर्क', 'वितरण', 'हिसाब-किताब', 'द्वंद्व', 'अलगाव', 'प्रारूप', पुनर्प्रारूप इत्यादि पर हो रही सारी चिकनी-चुपड़ी बातों को ठोस प्राथमिक स्रोतों पर आधारित होना चाहिए। ठीक इसी तरह केवल एक या दो पांडुलिपियों अथवा स्रोतों के आधार पर सामान्यीकरण कर लेना भी नासमझी होगी। हमारे कुछ 'सुविधासम्पन्न विचारकों' ने पाश्चात्य अकादमिक जगत से कुछ जार्गन अथवा ढाँचों को उधार ले रखा है और वे मुश्किल से समझी जाने वाली भाषा में ज़बरदस्ती भारतीय परिस्थितियों पर थोप देते हैं[1] और उधार की बुद्धिमत्ता के प्रकाश में जगमगाते हैं।

संस्थागत सहयोग

विचार हमेशा हवा में नहीं रह सकते, उन्हें एक आकार देना होता है। इसीलिए संस्थाओं की ज़रूरत होती है। ऐसे संस्थान जिन्हें भौगोलिक या सांस्कृतिक अनुकूल परिस्थितियाँ प्राप्त होती हैं, वे अन्य की तुलना में बेहतर फलते-फूलते हैं। इसलिए महानगर अनुकूल रहते हैं। उनके पास शहरी सुविधाएँ हैं, जो चुंबक की तरह लोगों को अपनी तरफ़ आकर्षित करती हैं। जब मैं कुरुक्षेत्र में काम करता था, जानता था कि मेरा मन और आत्मा दिल्ली में हैं। यही मेरे कई अन्य सहकर्मियों का भी सच था। मुझे बताया गया कि प्राचीन भारत की सुप्रसिद्ध इतिहासकार रोमिला थापर ने भी कुरुक्षेत्र विश्वविद्यालय से शुरुआत की लेकिन वे तक़रीबन एक साल ही वहाँ रहीं। बदक़िस्मती से मुफ़स्सिल के विश्वविद्यालय प्रतिभा या योग्यता को रोके नहीं रख पाते हैं। इस तरह से, तथाकथित प्रतिभा के केन्द्र महानगरों या बड़े शहरों में निर्मित हुए। परिणामस्वरूप, अप्रत्यक्ष तरीक़े से उन्होंने मुफ़स्सिल को इससे वंचित किया। 1981 में मेरा विवाह हुआ, तो मेरी पत्नी ने भी दिल्ली को वरीयता दी, इसलिए मुझे भी एक नई नौकरी की तलाश करनी थी। दिल्ली विश्वविद्यालय का इतिहास विभाग अव्यवस्था का शिकार था। वहाँ के शिक्षक, जो ऊँचे पद पर थे और जिन्होंने मुझे पटना में बहुत अच्छे से पढ़ाया था, उन पर पक्षपात और अन्य इल्जाम लगे थे। मैंने एक दूरी बनाए रखी। इसी दौरान दिल्ली में एक सेमिनार में मेरी मुलाक़ात ए. रहमान से हुई, जिन्होंने विज्ञान के सामाजिक, आर्थिक और

---

1. जैसा कि उन्नीसवीं सदी मध्य के एक उर्दू शायर ने दूसरे शायर के लिए लिखा था :
   ओ नासमझे, तू क्या समझे, वो नासमझे, जो ना समझे
   वो जो लिखे हैं, वो वो समझे, या ख़ुदा समझे

नीतिगत पहलुओं के अध्ययन के लिए हाल में ही नेशनल इन्स्टीट्यूट फॉर साइंस, टेक्नोलॉज़ी एंड डेवलपमेंट स्टडीज़ (एनआईएसटीएडीएस) की स्थापना की थी। वे एक अद्भुत और दृष्टिसम्पन्न व्यक्ति थे। मेरे पर्चे से प्रभावित होकर उन्होंने मुझे अपनी संस्था में वैज्ञानिक का पद प्रस्तावित किया, जिसे मैंने 1983 में ज्वाइन कर लिया। यह शायद एक ग़लती थी; मैं अगले पन्द्रह सालों तक शिक्षण से दूर रहा लेकिन शोध कार्य में मुझे बहुत फ़ायदा मिला। इस संस्थान ने मुझे शोध करने, सेमिनार करने और प्रकाशन के लिए हर सम्भव मदद और अवसर प्रदान किए। फिर भी पढ़ाने की कमी मुझे खलती रही और मैं विश्वविद्यालयों में शिक्षण के अवसर खोजता रहा, जो मुझे ज़िन्दगी में काफ़ी देर से मिला। शोध और अध्यापन को साथ-साथ चलना चाहिए लेकिन नेहरू युग ने बदक़िस्मती से इनके बीच में स्पष्ट खाई पैदा कर दी थी और जिसके कारण इनके बीच में आवागमन तक़रीबन ख़त्म हो चुका था जिस पर मैं आगे बात करूँगा।

इस दौरान मेरा शोध कार्य बहुत अच्छा चलता रहा। परिवार के होने से यात्राएँ न उतनी लम्बी, न उतनी ज़्यादा होती हैं लेकिन कलकत्ता के सालाना तीर्थ का सिलसिला जारी रहा। एनआईएसटीएडीएस धीरे-धीरे देश के एकमात्र ऐसे केन्द्र के रूप में उभर रहा था, जहाँ विज्ञान, तकनीक, पर्यावरण और चिकित्सा (एचआईएसटीईएम) के इतिहास पर एक बार फिर से काम हो रहा था। यहाँ मुझे एस. इरफान हबीब, ध्रुव रैना, सतपाल सांगवान, वीवी कृष्णा, दिनेश अबरोल, गौहर रज़ा, धीरेन्द्र डंगवाल, प्रतीक चक्रवर्ती और स्वर्गीय सिद्धार्थ घोष जैसे मित्रों और सहकर्मियों के साथ का सौभाग्य प्राप्त हुआ। दिल्ली के अलग-अलग महाविद्यालयों में जे.एन. सिन्हा, अनिल कुमार, बिस्वमोय पति और प्रकाश कुमार ने सम्बन्धित प्रसंगों पर काम करना शुरू कर दिया था। कोलकाता में स्मृति कुमार सरकार, रंजन चक्रवर्ती, राजशेखर बसु, सुजाता मुखर्जी, बिपाशा राहा, स्वर्गीय अभिजीत मुखर्जी, अचिंत्या दत्त, अरविंद सामंत और कई अन्य लोगों ने मुझसे अपने शोधकार्य साझा किए और मुझे प्रोत्साहित किया। आगे चलकर इन सभी ने महत्त्वपूर्ण योगदान किए और बहुत से प्रकाशन किए। प्रख्यात समाजशास्त्रियों जैसे आशीष नन्दी, एस. अम्बीराजन, एस. भट्टाचार्य, के.एन. पन्निकर, शिव विश्वनाथन और रामचन्द्र गुहा के कार्यों ने मुझे प्रेरित किया और हमारे काम में सहायता की। विदेशों में, मैं एडवर्ड शील्स, रॉय मैक्ल्योर्ड, माइकल वार्बोय्स, रिचर्ड ग्रुव, मार्क एल्विन, क्रिस बेली, बी.आर. टिमलिसन, रॉय पोर्टर, बिल बायनम, नेथन राइनगोल्ड, डॉनल्ड ह्युक्स, रान नम्बर्स, डेविड अर्नाल्ड्स, माइकल अडास, लेविस पाइनसन, इयान इंगस्टर, पेट्रिक पेटिट जीन, वारविक एंडरसन, विनिता दामोदरन, रोहन डीसूजा, मार्क हेरिसन, संजोय भट्टाचार्य, माइकल मेन और कई अन्य लोगों के सम्पर्क में आया। हमने साथ काम किया, सेमिनार आयोजित किए, सहमत-असहमत हुए, प्रकाशित हुए और हमारे

सामूहिक लाभ के किए गए एक-दूसरे के काम को पढ़ा। कुछ चिड़चिड़े स्थानीय सहकर्मी थे लेकिन सच कहूँ तो मुझे उनके साथ बहुत मज़ा आया और जब भी सम्भव होता, मैं उनकी मदद करता, कई बार उनकी जानकारी के बिना भी। आख़िर, पित्त पाचन के लिए सहायक होता है। मोटा-मोटी बीसवीं सदी के आख़िरी पच्चीस साल मेरे जीवन के सबसे उर्वर वर्ष रहे हैं।

कोई भी शोध संस्थान जो सरकारी नियमों और मदद पर चलता है, उसमें स्वभावत: कुछ समस्याएँ अवश्य होती हैं। शुरुआत में वह तेज़ी से उभरता है लेकिन जल्दी ही उसकी उम्र चुकने लगती है और मात्र एक-या दो पीढ़ियों में उसका पतन हो जाता है। यह 'देशज परिस्थितियों' कारणों से नहीं होता बल्कि हमारी कार्य-संस्कृति, आमतौर पर होने वाली खींचतान और दम-घुँटाऊ नौकरशाहीकरण की वजह से होता है। कुछ अपवाद ज़रूर थे लेकिन एनआईएसटीएडीएस उनमें से एक नहीं था। स्थापना के एक दशक के अन्दर ही मैं देख सकता था कि उसके संस्थापक का उद्देश्य कहीं खो गया था। इसके लिए कुछ हद तक इसके संस्थापक रहमान ख़ुद जिम्मेदार थे। उन्होंने ग़ैर-अकादमिक आधार पर कुछ नियुक्तियाँ कीं। वे शोध कार्य के लिए उपयुक्त या योग्य नहीं थे। उनके लिए यह दस बजे से पाँच बजे तक की एक सरकारी नौकरी थी। उनमें से बहुत से लोग या शायद स्वयं संस्थान पहचान के संकट से ग्रस्त था। वहाँ इसकी समान प्रकृति की संस्थाओं में मिलाने की भी बातें हो रही थीं। यह हममें से कुछ लोगों को विचलित कर देता था।

इसी दौरान मेरी पत्नी नीलम ने एम.फिल./पी-एच.डी के लिए जेएनयू के ज़ाकिर हुसैन सेंटर में प्रवेश लिया। उनके प्राध्यापकों ने मेरे काम के बारे में सुना था और मुझे कुछ व्याख्यानों-सेमिनारों के लिए बुलाया। 1992 में इस केन्द्र ने एक एसोसिएट प्रोफ़ेसर पद विज्ञापित किया और नीलम ने मुझे आवेदन के लिए प्रोत्साहित किया लेकिन अगले पाँच सालों तक कोई साक्षात्कार न हुआ और वह पद यूँ ही ख़ाली पड़ा रहा। और मैं जब भी वहाँ के इतिहास के एक वरिष्ठ प्रोफ़ेसर से मिलता तो वे मुझे गले लगाते और कहते कि 'ओह, दी वाइस चांसलर इज़ नॉट गिविंग टाइम (अरे, ये वीसी वक़्त ही नहीं दे रहा है)!' मुझे बाद में पता चला कि 1998 के आसपास वे प्रोफ़ेसर साहब सेवानिवृत्त होने वाले थे और अगले तीन साल के लिए सेवा-विस्तार चाहते थे। उन्हें शायद यह डर था कि उसी विषय में एक और शिक्षक का होना उनके सेवा-विस्तार की सम्भावना को नष्ट कर सकता है। और, इसलिए वे पाँच सालों तक उस फ़ाइल पर बैठे रहे। अगर यह एक प्रतिष्ठित विश्वविद्यालय में हो सकता है तो आप अन्य जगहों के हालात का अन्दाज़ा लगा ही सकते हैं। उस केन्द्र की एक दूसरी प्रोफ़ेसर करुणा चनाना की पहल और रुचि के कारण 1997 में वह पद फिर से विज्ञापित हुआ और मैं साल के आख़िर तक दोबारा अध्ययन की ओर लौट आया। लोगों से फ़र्क़ पड़ता है और हमेशा कोई न

कोई ज़रूर होता है जो योग्यता को तरज़ीह देता है। छह साल बाद उस केन्द्र के चेयरपर्सन के तौर पर मुझे नियुक्ति करने का मौक़ा मिला तो मैंने विज्ञापन से लेकर चयन तक की पूरी प्रक्रिया पाँच महीनों में पूरी कर ली और अन्तर्अनुशासनात्मकता को महत्त्व देते हुए इतिहास के पद पर एक प्रख्यात विद्वान की नियुक्ति की जिनके पास फिज़िक्स की डिग्री थी।

जेएनयू सही मायनों में जन्नत का एक हिस्सा है और इस देश में अकादमिक गतिविधियों के लिए सबसे अच्छे ठिकानों में से एक है। यह एक छोटा-सा भारत है, जो पूरे देश से विद्यार्थियों को अपनी तरफ़ आकर्षित करता है। यहाँ की प्रवेश प्रक्रिया बहुत ही प्रतिस्पर्धात्मक है। प्रवेश परीक्षा की कॉपियाँ जाँचते समय मुझे कसाई-सा महसूस होता है, जबकि माली होने का अहसास उस समय आता है, जब पाठ्यक्रम शुरू होते हैं। आरक्षण की राजनीति के जोर पकड़ने से बहुत पहले ही जेएनयू पिछड़ी पृष्ठभूमि से आने वाले छात्रों को अतिरिक्त अंक देता रहा है। उनमें से ज़्यादातर एक या दो सेमेस्टर में सुधार कर लेते हैं और आगे के जीवन में अच्छा काम करते हैं। अकादमिक गतिविधियों के अलावा सामाजिक और राजनीतिक जागरूकता और प्रतिबद्धता इस परिसर में बहुत है और यही इसे अनूठा बनाती है। मेरे लिए यहाँ का माहौल एनआईएसटीएडीएस से एक तरोताज़ा करने वाला बदलाव था। वर्ष 2000 में मुझे दिल्ली विश्वविद्यालय में नौकरी का एक मौक़ा मिला लेकिन मैंने उसे अस्वीकृत कर दिया। इसका अप्रत्यक्ष फ़ायदा एक वरिष्ठ इतिहासकार को मिला, जो काफ़ी बुरे दौर से गुज़र रहे थे। दूसरे विश्वविद्यालयों की तुलना में जेएनयू 'छोटा परिवार, सुखी परिवार' का एक जीता-जागता उदाहरण है।[1]

जेएनयू 1969 में स्थापित किया गया अपेक्षाकृत नया विश्वविद्यालय है। उस समय इसने देश की बेहतरीन प्रतिभाओं को आकर्षित किया। उन्होंने अगली पीढ़ी के शिक्षकों को सँवारा। जब मैं यहाँ आया तो मैंने यहाँ यहीं के छात्रों की शिक्षकों के रूप में नियुक्ति (इनब्रिडिंग) की प्रवृत्ति प्रबल देखी। अब यहाँ के ज़्यादातर शिक्षक यहीं के छात्र रहे हैं। यह उसी प्रवृत्ति का ही परिणाम है। यह प्रवृत्ति अनचाही ज़रूर है लेकिन इससे बचना उस समय तक मुमकिन नहीं है जब तक कि दूसरे संस्थानों को मज़बूत कर एक स्वस्थ प्रतिस्पर्धी माहौल न बनाया जाए। इसके अलावा, इस परिसर का माहौल इतना मोहक है कि कोई भी छात्र उस समय तक इसे छोड़ना नहीं चाहता जब तक कि उसे मजबूर न किया जाए। आवासीय विश्वविद्यालय का अपना ही एक मोह और आनन्द होता है। एक छात्रावास के वार्डन के रूप में मैंने यह और ज़्यादा महसूस किया। मैं चाहता हूँ कि हर विश्वविद्यालय और महाविद्यालय आवासीय हो और हर शिक्षक कुछ समय के लिए ही सही वार्डन

1. जेएनयू के शुरुआती दशकों की उत्कृष्ट जानकारी के लिए देखिए—Rakesh Batabyal, *JNU : The Making of a University* (Noida : Harper Collins, 2014)

बने। मेरे हॉस्टल साबरमती में दो विंग्स थे—एक लड़कियों के लिए और दूसरा लड़कों के लिए। मेरे वार्डन के सात वर्ष के लम्बे कार्यकाल में अभद्र व्यवहार का एक भी मामला मेरे पास नहीं आया। वहाँ की खाने की गुणवत्ता, साफ़-सफ़ाई, अवैध मेहमान, टूटे हुए दिल आदि पर बहसें या समस्याएँ अवश्य होती थीं लेकिन कभी कोई बात हद से बाहर नहीं गई। छात्र-छात्राएँ जाति, लैंगिक और इस तरह के अन्य भेदों से परे बेहतरीन दोस्तियाँ बनाते। कुछ लिवइन रिलेशनशिप में होते, जिनमें से कुछ रिश्ते टूटते लेकिन ज़्यादातर ख़ुशहाल शादियों में बदल जाते। मेरे एक 'ईर्ष्यालु' मित्र का कहना है कि देश के किसी अन्य कैम्पस में 'क्लास रूम से बेड रूम' तक का सफ़र इतना सहज नहीं होता है। दुख की बात है कि कभी कुछ वरिष्ठ शिक्षक भी इस आनन्द भरे माहौल का ग़लत फ़ायदा उठा लेते हैं।

एक दफ़ा कुछ लोग मेरे कार्यालय में मुझसे यह अनुमति लेने आए कि वे मेरे हॉस्टल के छात्रों को बैंगलोर के एक मृगनयनी गुरु द्वारा साधे गए 'आर्ट ऑफ़ लिविंग' की शिक्षा देना चाहते हैं। मैंने अनुमति दी और उन्हें एक छात्र के खुले हुए कमरे पर ले गया। जैसे ही हम अन्दर घुसे, हमने देखा कि टेबल और बिस्तर पर किताबें बिखरी हुई थीं और दीवारों पर उत्तेजक पोस्टर थे, एक कोने में एक गिटार और दूसरे कोने में बीयर का एक बक्सा पड़ा था। मैंने आने वालों से पूछा, 'आपको क्या लगता है मेरे इन छात्रों को आर्ट ऑफ़ लिविंग की शिक्षा की आवश्यकता है?' उन्होंने चारों ओर देखा और फिर चुपके से हार मान ली। मैं नहीं जानता कि वे दोबारा फिर कभी आए या नहीं। यह सच है कि कैम्पस में जीवन अच्छा है लेकिन कुछ चीज़ें बड़ी अटपटी लगती हैं जैसे ट्यूशन फीस और कमरों के किराये का दशकों से पुनरीक्षण नहीं हुआ है और भारी-भरकम बिजली बिल विश्वविद्यालय को उठाना पड़ता है। इस व्यवस्था को निःसन्देह बदलाव की ज़रूरत है। बदक़िस्मती से छात्रों को यह महसूस नहीं होता और विश्वविद्यालय प्रशासन यहाँ के अति राजनीतिक छात्र-संगठन से पंगा लेने से डरता है। पिछले कुछ सालों से अकादमिक स्तर नीचे गिर रहा है और एक जागरूक व जीवंत कैम्पस में गुंडागर्दी का असर देखा जा सकता है। आर्थिक स्थिति ख़राब है और हमारे पास सरकार के अनुदान के अलावा कोई और स्रोत नहीं है।

एक अच्छी अर्थव्यवस्था और परोपकारी परम्परा के अभाव में किसी भी अकादमिक संस्था को अपने निर्वाह के लिए सरकार की पूरी मदद अनिवार्य हो जाती है, चाहे हालात कितने भी ख़राब क्यों न हों। बहुत समय से लोग उद्योग, सरकार और अकादमियों को एक साथ लाने की बातें कर रहे हैं जिससे त्रिकोण बनाया जा सके। यह तालमेल अर्थव्यवस्था को ऊँचाइयों तक ले जा सकता है लेकिन हमारी सामाजिक, सांस्कृतिक और बाबूगीरी के मूल्य इसकी राह में रोड़ा बन जाते हैं। यह त्रिकोण एक सपना ही रह जाता है। एक बार मैं जापान में स्थित सुकुबा

साइंस सिटी गया और देखा कि कैसे यह तालमेल काम करता है। वहाँ उद्योग, विज्ञान और तकनीक आपस में मिल जाते हैं और सरकार एक कुशल संचालक की भूमिका निभाती है। नट-बोल्ट बनाने वाली एक फैक्ट्री के मालिक श्री ताकेनाका ने मुझे बताया कि कैसे उनके सामने लोहे पर जंग लगना एक बड़ी समस्या थी, जिसके निवारण के लिए उन्होंने स्थानीय विश्वविद्यालय के रसायन विभाग से सम्पर्क किया। उस कार्य के लिए एक लम्बे शोधकार्य की ज़रूरत थी, जिसके लिए उनकी कम्पनी और सरकार ने सहायता दी। तक़रीबन एक दशक के काम और परीक्षणों के बाद एक ख़ास रंग का लेप तैयार किया गया, जो नट को समन्दर के पानी में दशकों डुबोए रखने पर भी उसे जंग से बचाया सकता था। इस तरह से कई आविष्कार वहाँ किए गए होंगे। मैंने महसूस किया कि जापानी समाज के नट-बोल्ट काफ़ी मज़बूत हैं। भारत में हमारे पास स्पेशल इकोनॉमिक ज़ोन, जहाँ हज़ारों एकड़ ज़मीन बिना इस्तेमाल के पड़ी रहती है, लेकिन कोई स्पेशल एकेडमिक ज़ोन नहीं है। आईआईटी कानपुर ने देश में कंप्यूटर शिक्षण की अगुवाई की। लेकिन इसके आसपास कोई सिलिकॉन वैली न उभर सकी। मेरे ख़ुद के जेएनयू कैम्पस के पास एक भीमकाय शॉपिंग माल बनाया गया है लेकिन बायोटेक्नोलॉज़ी या ट्रांसलेशनल कार्य से सम्बन्धित संस्थानों को दूर स्थित फरीदाबाद (हरियाणा) में स्थानान्तरित किया गया। जेएनयू के आसपास एक ख़ास ज्ञान का क्षेत्र बनाया जा सकता था लेकिन यक़ीनन भूमाफिया और स्थानीय राजनेताओं को शॉपिंग मॉल और कॉर्पोरेट दफ़्तरों में ज़्यादा रुचि थी। जेएनयू के कुछ शिक्षकों ने उच्चतम न्यायालय का दरवाज़ा भी खटखटाया लेकिन कोई फ़ायदा नहीं हुआ। हमारे राष्ट्र में मॉल के समूह तो हैं लेकिन ज्ञान के नहीं, फिर भी हम अपने आपको ज्ञान समाज कहते हैं!

सरकारी सहायता के अलावा कोई संस्थान समाज की उदारता पर भी निर्भरता कर सकता है। बीसवीं सदी के आख़िरी पच्चीस सालों में एक नई जागरूकता आई और यह यक़ीनन आभिजात्य नहीं थी। शिक्षा तक बढ़ती पहुँच और अति-प्रतिस्पर्धी गठबंधन की राजनीति के चलते शहरी सामाजिक मंजर हमारी सोच से ज़्यादा तेज़ी से बदल रहा था। पंजाबी, तमिल, तेलगू और बंगालियों में पैसे वाले तबके के लोगों ने उत्तर अमरीका की तरफ़ जाना प्रारम्भ कर दिया था जबकि ग़रीब बिहारी दिल्ली, पंजाब और हरियाणा की तरफ़ हुजूम में आ रहे थे। दिल्ली का चरित्र तेज़ी से बदल रहा था। अब यहाँ की राजनीतिक पार्टियों का भाग्य बिहारी तय कर रहे थे। इनमें ज़्यादातर मेहनतकश तबके के और मेरे जैसे लोग थे, जो बेहतर शिक्षा और रोज़गार के लिए दिल्ली आए थे। स्वयं मैंने अपने दर्जनों भाई-बहनों की इस शहर में क़दम ज़माने में मदद की। मुझे पटना में मदद मिली थी और मैं यही काम यहाँ कर रहा था। लेकिन पलायन की गति के साथ दौड़ पाना आसान नहीं था और इसने कुछ जटिल घरेलू समस्याएँ खड़ी कर दी थीं। एक एकल परिवार में संयुक्त परिवार के

मूल्यों को सँभालना बहुत ही मुश्किल और शायद अवांछित भी था। व्यक्तियों को परिस्थितियों के मुताबिक बदलना चाहिए और समाज को भी। आर्थिक समस्याएँ व्यक्तिगत और सामाजिक तनाव को और बढ़ा देती हैं। कुछ समझौतों और सूझ-बूझ से व्यक्तिगत समस्याएँ तो सुलझ सकती हैं लेकिन सामाजिक समस्याएँ, जो अपने अन्दर अतीत के अन्याय और पूर्वग्रह का बोझ लिए होती हैं, नहीं सँभल सकती हैं। हम सबको उसका बोझ महसूस होता और इसके कोई सरल निवारण भी न थे। जिसे निवारण समझा जाता वह भी एक और गहन समस्या का रूप ले लेता। जाति आधारित आरक्षण भी एक ऐसा ही मुद्दा था। इसके अलावा यह महसूस किया जा सकता था कि समाज और ज़्यादा स्वार्थी, भ्रष्ट, संकीर्ण और साम्प्रदायिक होता जा रहा था। इसके ढाँचे में ज़बरदस्त बदलाव हो रहा था जिसे हम आगे के अध्यायों में देखेंगे।[1]

1. इसके बाद, विवरण वैयक्तिक नहीं है। ऐतिहासिक स्मृति बेहतर काम करेगी।

3

ढाँचागत बदलाव

जब प्रारम्भिक भारतीय यात्री जैसे दीन मोहम्मद, इतिसामुद्दीन या अबुतालेब इत्यादि इंग्लैंड गए, तो उन्हें स्वभावत: यह महसूस हुआ कि पूर्व-आधुनिक भारतीय समाज अंग्रेज़ी समाज से काफ़ी बेहतर था। उन्होंने इंग्लैंड में हो रहे भाप के इस्तेमाल, श्रम की बचत करने वाले यंत्रों, शल्य जैसी भौतिक उन्नति को सराहा, लेकिन उस समय का रूढ़िवादी अंग्रेज़ी समाज भी उन्हें कुछ ज़्यादा ही खुला और उदार लगा। उनकी औरतें पर्दे में न रहतीं, पुरुषों से मिलतीं, उनके साथ नाचतीं और अपने पैरों का प्रदर्शन करतीं। अठारहवीं सदी के उत्तरार्द्ध में पले-बढ़े किसी व्यक्ति के लिए इंग्लैंड का सामाजिक जीवन बहुत अलग और अपचनीय था। ठीक उसी तरह विक्टोरियापूर्व भारत में आने वाले यूरोपीय यात्रियों के लिए भारतीय रीति-रिवाज, उनकी जाति-व्यवस्था और महिलाओं के साथ किया जाने वाला व्यवहार घृणास्पद था। दोनों एक-दूसरे को विस्मय से देखते थे। दोनों को दूसरा अजीब और अ-अनुकरणीय लगता था।

उन्नीसवीं सदी के दौरान इस सम्पर्क ने और भी बहुत से रूप लिये। भारतीयों का विक्टोरिया के इंग्लैंड पर प्रभाव देखना मुश्किल है लेकिन अंग्रेज़ों ने भारत पर यक़ीनन बहुत गहरा प्रभाव डाला था। मैकाले के मिनट्स ऑफ़ 1835 से लेकर भारतीय समाज के सुधार के लिए बनाए अनेक अधिनियमों और क़ानूनों के कारण भारतीय समाज के हर एक क्षेत्र पर औपनिवेशिक छाप देखी जा सकती थी। भारत ने केवल राजनीतिक सम्प्रभुता ही नहीं खोई थी बल्कि इसकी आर्थिक और सामाजिक व्यवस्था भी अभूतपूर्व दबाव और तनाव से ग्रस्त हुई। भारत एक औपनिवेशिक समाज बन गया।

भारत ने सदियों से कई लोगों, उनकी संस्कृति, उनकी राज्य व्यवस्था का स्वागत किया और यह नफ़रत से ग्रस्त असहिष्णु समाज कभी नहीं था। अपने अन्दर सब कुछ समा लेनी वाली ख़ासियत के कारण जो भी इसके सम्पर्क में आया, उसे इसने अपने में समा लिया। यह शायद ही कभी स्थिर रहा, इसने बदलते हुए समय

के मुताबिक स्वयं को ढाला और बदला, लेकिन बदलाव की यह गति अवश्य ही धीमी थी। आज भी भारत अपनी गति से ही चलता है और फिरंगियों को अभिभूत कर देता है। आज ज्ञान समाज और ज्ञान अर्थव्यवस्था की बात करना फ़ैशनेबल बन गया है लेकिन अपनी सभ्यता में हमेशा ही भारतीय समाज ने ज्ञान पर विशेष ज़ोर दिया लेकिन सबसे बड़ी समस्या सिर्फ़ उक्त ज्ञान के विस्तार में थी। समाज के वर्चस्वशाली तबकों ने क्रूरता से दूसरे तबकों को ज्ञान से दूर रखा। एक अत्यन्त चतुर जाति-व्यवस्था ने धर्मग्रंथों और उपदेशों द्वारा समाज को अलग-अलग हिस्सों में बाँट रखा था। इस व्यवस्था ने ऐसा विभाजन किया जिसमें समाज में उत्पादन करने वाले वे लोग जो अपने हाथों का इस्तेमाल करते थे हाशिए पर ढकेल दिए गए और केन्द्र इतना पवित्र हो गया कि छुआ न जाए। जो लोग सृष्टि की प्रकृति पर चिन्तन करते और जो मानते थे कि वे चिन्तन करने के लिए ही बने हैं, केन्द्र में रहे, सबसे अलग-थलग, अपने अहंकार में। समाज का एक बड़ा हिस्सा जो अपने हाथों से काम करता था, वह मज़दूर और सेवक वर्ग बन गया, असंगठित और ग़रीब रहा। अगर ये दोनों साथ काम करते तो ज्ञान भी आगे बढ़ता और शायद हम पश्चिम की ज्ञानोदय के दौरान हुई बढ़त की बराबरी कर सकते थे। भारतीय समाज यह लक्ष्य पाने के लिए बहुत ही विभाजित था। मस्तिष्क और हाथ, बुद्धि और उत्पादकता के बीच में काफ़ी दूरी थी और इसका परिणाम सामाजिक क्लेश और धीमी गुलामी के रूप में आया।

बारहवीं सदी से बढ़ता हुआ इस्लाम का प्रभाव भी यहाँ अपेक्षित परिवर्तन नहीं कर पाया। छठी शताब्दी की मनु संहिता से लेकर बाबा साहेब अंबेडकर के आधुनिक संविधान तक भारतीय समाज सामाजिक इंजीनियरिंग पर केन्द्रित रहा; इसके फलस्वरूप, भौतिक इंजीनियरिंग पिछड़ी रही। जब सोलहवीं-सत्रहवीं सदी यूरोप में लियोनार्डो, गैलीलियो और न्यूटन के माध्यम से विज्ञान और तकनीक में प्रगति कर रहा था, भारत में चैतन्य, नानक और कबीर सामाजिक और सांस्कृतिक सद्भाव के उपदेश दे रहे थे, जो आज भी प्रासंगिक हैं। तुलना करना अक्सर अच्छा नहीं माना जाता और इस सन्दर्भ में तो कुफ्र जैसा है लेकिन हम यह साफ़ देख सकते हैं कि दोनों समाजों की प्रगति की राह अलग-अलग थी। अब जाकर इक्कीसवीं सदी में एक अनोखा मिलन देखने को मिलता है जिसमें बहुत से 'बाबा' लोग अति-आधुनिक यंत्रों का प्रयोग करते हुए आन्तरिक या आध्यात्मिक इंजीनियरिंग के उपदेश देते हैं।

यह सच है, मनुष्य केवल रोटी पर जीवित नहीं रह सकता। एक चेतनाशील प्राणी होने के नाते वह चेतना के अज्ञात क्षेत्र और जीवन तथा संसार से परे जानने का प्रयास करता/करती है। और यह बहुत स्वाभाविक है। पुण्य, पाप और धर्म की अवधारणा निस्सन्देह आकर्षक होती है लेकिन जीवन की प्राथमिक ज़रूरतों का पूरा होना सबसे ज़्यादा महत्त्वपूर्ण है। हमें खाने की ज़रूरत होती है! हमें एक उत्पादक

समाज की ज़रूरत है लेकिन उत्पादन की बहुत प्राथमिक प्रक्रिया में ही तनाव सामने आता है इसलिए हम तुरन्त ही इस तनाव को सँभालने में लग जाते हैं। बहुत-से अनगिनत सामाजिक-सांस्कृतिक तरीक़ों की खोज की जाती है और उन्हें लागू किया जाता है। इनमें से कुछ सफल होते हैं और कुछ विफल और यहीं से शुरू होती है, कभी न ख़त्म होने वाली सोशल इंजीनियरिंग। यह समझना आसान नहीं है कि किस तरह एक विविधता भरे राष्ट्र होने के बावजूद यहाँ सुघटित जाति-भेद निर्मित कर दिए गए, जो कठोरता और स्थानीय विशेषताओं दोनों को अपने अन्दर समाए है। दशकों तक हमारे समाजशास्त्रियों ने हमारी इस जाति-व्यवस्था और सामाजिक विभाजन का गहराई से विश्लेषण किया। भारत में समाज विज्ञान की कोई भी बहस जाति के सन्दर्भ, जिसमें वेबर, दुर्खाइम, दुमा और श्रीनिवास का उल्लेख हो, के बिना नहीं की जा सकती है। आधुनिक भारत के इतिहासकारों के लिए सामाजिक इतिहास का मतलब समाज सुधार आन्दोलन हैं, जिसमें राजा राममोहन राय से बी.आर. आंबेडकर के अलावा कुछ जेंडर विषय भी शामिल हैं। क्या उपकरण बनाना सामाजिक गतिविधि नहीं है ? क्या तकनीक का सामाजिक इतिहास हो सकता है ? क्या स्वास्थ्य एक सामाजिक मुद्दा नहीं है ? हममें से अधिकतर लोगों के लिए हमारा समाज जाति और समुदाय पर टिका है, जिसके चलते जातिवाद और साम्प्रदायिकता मूल मुद्दे बन जाते हैं; ये ऐसे दो रोग हैं, जो निस्सन्देह समाज की शान्ति के लिए ख़तरा बनते हैं लेकिन ज्यों-ज्यों दवा की, मर्ज़ बढ़ता गया। वरना यह कैसे मुमकिन था कि हम जितनी ज़्यादा सामाजिक एकता की बात करते हैं, उतना ही वह एक दूरस्थ स्वप्न बनता जाता है।

विरासत

जाति स्वायत्त रूप से अस्तित्वमान नहीं है; यह एक पूरी परम्परा का हिस्सा है। हमें यह विरासत में मिलती है। जाति का उद्‌भव इसलिए हुआ था कि हमें कहीं-न-कहीं श्रम के विभाजन की संरचना की ज़रूरत थी। इसलिए एक ख़ासतौर का काम करने वाले लोगों के ख़ास समूह को एक ख़ास नाम दिया गया लेकिन यह कोई आम श्रम विभाजन न था—यह श्रमिकों का भी एक संस्तरीकृत सोपानीकरण वाला विभाजन था। जाति प्राथमिक रूप से नियंत्रण का साधन थी। सत्ता की राजनीति ने यहाँ एक महत्त्वपूर्ण भूमिका निभाई। यह एक बहुत जटिल प्रक्रिया थी।

वर्चस्वशाली समूह (जो हमेशा ही पंडित वर्ग ही रहा है) ने अपने ऊपर नियम बनाने, लोगों को क्या करना या न करना है कहने का, आज्ञाकारियों को पुरस्कृत करने का और अवज्ञाकारियों को, समाज के अन्य वर्चस्वशाली तबकों द्वारा सजा देने का कार्य अपने ऊपर ले रखा था। वर्चस्वशाली समूह ने अपने आपको समाज

का अभिभावक नियुक्त कर रखा था। उन्होंने आम जनता में पाए जाने वाले रोगों, अलौकिक तत्त्वों, अज्ञात और सबसे बढ़कर मृत्यु के भय (और परलोक के डर) का फ़ायदा उठाया। जाति व्यवस्था भय में उत्पन्न हुई और इसका पंडित वर्ग ने जमकर फ़ायदा उठाया। यह वर्ग सभी इतिहासों में, सभी संस्कृतियों में पाया जाता है। दुनिया भर के सभी समाजों में पंडित वर्ग होता है जो जन्म और मृत्यु के संस्कार पर प्रभाव या नियंत्रण रखता है। भारत में भी जन्म, विवाह और मृत्यु तीन महत्त्वपूर्ण संस्कार माने जाते हैं। यह तीन ऐसे अवसर होते हैं, जब मनुष्य अत्यन्त भावुक हो जाता है। लोग जीवन में पहले दो अवसरों का बेसब्री और ख़ुशी से इन्तज़ार करते हैं और तीसरे से भयभीत रहते हैं। ब्राह्मणों ने इन तीन अवसरों पर किए जाने वाले कर्मकांडों को वैधता प्रदान करने का जिम्मा अपने ऊपर लिया और यही उनके आने वाले लम्बे समय तक गुज़र-बसर का साधन बना। जब तक यह कर्मकांड किए जाएँगे, इन्हें निभाने और वैधता देने के लिए समाज में एक ब्राह्मण, मौलवी और पादरी की हमेशा ज़रूरत रहेगी। दूसरे वर्चस्वशाली तबकों, जिनके पास बल और राजनीतिक ताक़त है, उन्हें भी इस वर्ग से वैधता की आवश्यकता होती है।

अगला वर्चस्वशाली वर्ग क्षत्रिय कहलाता है। तीसरा समूह बिचौलिये काम जैसे व्यापार करता था और उनके काम समाज के सुचारु चलन के लिए महत्त्वपूर्ण थे। इस पिरामिड में सबसे नीचे शूद्र थे जो मज़दूर की तरह ज़मीन जुताई, जंगलों की सफ़ाई, जानवरों की देखभाल और ज़रूरत के सामान बनाते थे। यह एक श्रमिक वर्ग था। यह साफ़-साफ़ विभाजन वर्णधर्म कहलाता और इस विभाजन के अन्दर अन्तर्विवाही श्रेणियाँ थीं, जो जातियाँ कहलाती थीं। हाल-फिलहाल तक कुछ नेताओं ने इसका समर्थन किया यहाँ तक कि गांधी ने भी इसका समर्थन किया और पक्ष लिया। इस व्यवस्था में बदलाव और गतिशीलता की कुछ सम्भावनाएँ ज़रूर थीं। पलायन पर कुछ जातियाँ एक श्रेणी से दूसरी में चली जातीं। जाति-व्यवस्था एक ही साथ मज़बूत और कमज़ोर भी हो रही थी। विपरीत परिस्थितियों में ब्राह्मण अपने दुर्जेय प्रतिद्वंद्वी को अपने साथ मिला लेते थे। प्राचीन भारत में बहुत-से राज-वंश शूद्र मूल के थे, फिर भी उन्हें ब्राह्मणों का समर्थन हासिल था लेकिन मोटा-मोटी यह व्यवस्था बहुत कट्टरता से लागू थी। धर्म इस व्यवस्था को बल प्रदान करता था। जाति-व्यवस्था ब्राह्मणवादी धर्म के बिना नहीं चल सकती थी, और न ही ब्राह्मणवादी धर्म जाति-व्यवस्था के बिना। दोनों एक-दूसरे का समर्थन करते और अस्तित्व बनाकर रखते। अन्तर्जातीय विवाहों या ऐसे मौक़ों पर जब कोई शूद्र सत्ता पर क़ब्ज़ा कर लेता तो ब्राह्मण बड़ी चतुरता से उपयुक्त रास्ता निकाल लेते और कभी-कभी इसके लिए सामाजिक रूप से ऊर्ध्वगामी नई जाति बना लेते। भूमिहार जाति ऐसे ही गतिशील समायोजन से पैदा हुई। अर्थशास्त्र में कौटिल्य कायस्थ पद का उल्लेख करते हैं, जो आगे जाकर जाति बन गई। अगर आज भारतीय प्रशासनिक सेवक

आपस में शादी करने लगें तो कुछ दशकों बाद शायद यह भी एक जाति बन जाए। हालाँकि अभी वे मात्र क्रीमीलेयर का हिस्सा हैं!

हमारे समाज में जाति और वर्ग का सह-अस्तित्व है। यूरोप में ऐसा नहीं हुआ जबकि वहाँ भी एक पुरोहित वर्ग मौजूद रहा है, जो हमारे यहाँ से कम चतुर या उत्पीड़क नहीं था। लेकिन यूरोप के विपरीत भारत में दासप्रथा औपचारिक नहीं थी। उनकी सामंती व्यवस्था अलग भी थी। यूरोप के विपरीत भारत में सत्रहवीं-अठारहवीं सदी के बाद जाति-व्यवस्था ने सामंती व्यवस्था को स्थिरता प्रदान की। इसके अन्तर्निहित लचीलेपन ने इसे दीर्घजीवी बनाया और साथ ही साथ इसके ख़िलाफ़ उठने वाले हिंसक विद्रोह की सारी सम्भावनाओं को ख़त्म कर दिया। रोज़मर्रा की तक़लीफ़ों और दयनीय हालात के बावजूद आम जनता ने शायद ही कभी इस जाति व्यवस्था के ख़िलाफ़ आवाज़ उठाई। बल्कि उन्होंने तो इसे अपना नसीब मानकर स्वीकार कर लिया। इसमें हिन्दू धर्मग्रंथों ने एक उल्लेखनीय भूमिका निभाई। ये ग्रंथ ब्राह्मणों द्वारा बहुत सुन्दरता से लिखे गए थे। उदात्त आदर्श और उच्च दर्शन से बुनी हुई जीवन-कहानियों को इतने प्रभावपूर्ण तरीक़े से लिखा गया कि मोहित जनता समर्पित हो गई। इससे बचने का कोई रास्ता नहीं था। जो इससे असहमत थे, वे हाशिए पर ढकेल दिए गए। बौद्ध धर्म, जिसने पहली सदी ईसा पूर्व से लेकर पहली सदी ईसवी तक अमू दरिया से लेकर कावेरी तक लोगों को प्रभावित किया, को भी धीरे-धीरे दक्षिण-पूर्वी एशिया और उसके सुदूर पूर्व तक धकेल दिया। बुद्ध ने स्वर्ग या नर्क का वादा नहीं किया था, वे अपनी ही धरती पर जमे रहने के लिए बहुत तार्किक थे। अपना एक अलग दर्शन और दुनिया रखने वाला जैन धर्म भी हिन्दुओं के इस मकड़जाल में फँस गया। दूसरी सदी के बाद ब्राह्मणवादी विचार और व्यवहारों के सामने कोई चुनौती नहीं आई। आने वाले पौराणिक काल ने उनका वर्चस्व स्थापित कर दिया। महमूद गजनवी के साथ ग्यारहवीं सदी में भारत आने वाले अलबरूनी ने ब्राह्मणों से सम्पर्क किया और वे उसे बहुत घमंडी लगे, 'जिन्हें लगता था कि वे सब कुछ जानते हैं और उन्हें कुछ भी सीखने की कोई आवश्यकता नहीं है।' और इसी समय (उत्तर) भारत का सम्पर्क एक नए धर्म से हुआ। भारतीय समाज के लिए इसका क्या अर्थ था; क्या यह इस समाज को बदलने वाला था?

इस्लाम एक धर्म से ज़्यादा जीवन जीने के एक नए तरीक़े और एक नए क़ानून-व्यवस्था की तरह उभरा। यह यहूदी ईसाइयत के अतीत को सराहते हुए और आगे बढ़ गया था। इसने बद्दू समाज को अभूतपूर्व तरीक़े से झिंझोड़ा था। आठवीं से ग्यारहवीं शताब्दी के बीच इस्लामी समाज ने उल्लेखनीय विद्वान और वैज्ञानिक पैदा किए, जिन्होंने न सिर्फ़ आविष्कार किए बल्कि अतीत के महान यूनानी ज्ञान-सम्पदा को संरक्षित करते हुए उसमें महत्त्वपूर्ण वृद्धि की। अरबों और फ़ारसियों ने अब अपनी राजनीतिक सरहदें बढ़ाईं। उन्होंने हमलावर के रूप में सिन्धु नदी पार की और यहाँ

के बाशिंदों को 'हिन्दू' कहा। यह कहा जाता है कि यह शब्द उस नदी के नाम से उपजता है; सिन्धु हिन्दू बन गया ('स' का उच्चारण 'ह' के रूप में किया जाता है)। इसका एक और विश्लेषण यह हो सकता है कि अरबी में सुन्दर और साँवली महिलाओं को 'हिन्दा' कहा जाता है और पैगंबर के समय में एक सुन्दर लेकिन दुष्ट हिन्दा नामक महिला थी। हिब्रू भाषा में यह शब्द मादा हिरण की आँखों के लिए भी इस्तेमाल होता है। शायद सिन्धी औरतों को देखकर अरबों ने 'हिन्दा-हिन्दा' चिल्लाया होगा! इसलिए सनातन धर्म के अनुयायी हिन्दू कहलाए। बाद में मिशनरियों ने इस पद को प्रचलित किया लेकिन शेक्सपियर ने कहा है कि 'नाम में क्या रखा है?' यूनानियों ने पहले 'इंडिक्स' कहा; अमरीका पर क़ब्ज़ा करने वाले यूरोपीय उपनिवेशवादियों ने मूल निवासियों को 'इंडियन्स' कहा। नाम के अलावा क्या कुछ बदला है?

शायद नहीं। तुर्कों और मुग़लों ने कुछ राजनीतिक और जंगी चुनौतियाँ तो दीं लेकिन समाज की बात करें तो आन्तरिक इलाक़े तक वे पहुँच न सके। बजाय इसके, जाति-व्यवस्था से संक्रमित हो गए। सम्भवतया सम्भावित समानाधिकारवादी इस्लाम को अपनाने के बाद भी निचली जाति के हिन्दू निम्न पायदान पर ही रहे। बलवान पठान और आभिजात्य फ़ारसी लोग उन्हें अब भी 'नीचा' ही मानते थे। अशराफ़ और अज़लाफ़ के बीच तनाव अब भी था। बहुसंख्यक होने के कारण हिन्दू इस्लाम से डरते नहीं थे। उस समय अविश्वास और भेदभाव ज़रूर रहा होगा लेकिन समाज धर्म के नाम पर दंगों से अब भी अनजान था। इस्लाम में धर्मान्तरण के बावजूद उत्तर भारत के मेव जैसे कुछ समुदायों ने अपने रीति-रिवाजों को नहीं छोड़ा। ख़ासतौर से, साहित्य, स्थापत्य, संगीत और चिकित्सा में यह उल्लेखनीय मिश्रण था, जो आज भी भारतीय समाज पर ख़ास प्रभाव रखता है और भारतीय सेकुलरवाद की रीढ़ की हड्डी बने हुए हैं। सूफ़ी और औलिया लोगों को एक साथ लाए और गज़्ज़ाली के समय के बाद के इस्लाम की शुद्धता पर ज़ोर होने के बावजूद उन्होंने अपने उपदेशों में भारतीयता को स्थान दिया। अमीर खुसरो हिन्दवी या हिन्दुस्तानी के जनक थे। रसखान ने कृष्ण की भक्ति में संगीतमयी कविताएँ लिखीं। बाद में अपनी भिन्न लिपि के साथ उर्दू का जन्म हुआ, ठीक इसी तरह अपने मुस्लिम अनुयायियों के बिना हिन्दुस्तानी शास्त्रीय संगीत क्या होगा! और ठीक उसी तरह भारतीय इस्लामिक वास्तुकला के भी बहुत से उदाहरण मिलते हैं। दिलचस्प बात है कि दिल्ली स्थित हुमायूँ के प्रसिद्ध मकबरे पर डेविड का सितारा बना हुआ है। ऐसे चिकित्सकीय ग्रंथ लिखे गए, जिनमें आयुर्वेद और यूनानी के नुस्खे थे। टीका लिखने की प्राचीन परम्परा निर्बाध चलती रही। आर्थिक समृद्धि के संकेत भी मौजूद थे; भूमि—व्यक्ति अनुपात अनुकूल था और सूखा या महामारियाँ व्यापक नहीं थीं। शहर बढ़ रहे थे। और सत्रहवीं सदी के मध्य तक आगरा और लाहौर समृद्धि के मामले में रोम और वेनिस से उन्नीस नहीं थे।

लेकिन अगली सदी में चीज़ें नाटकीय ढंग से बदलने वाली थीं। पता नहीं कहाँ से अजीब लोग, अनजान रास्तों से, खैबर दर्रे से नहीं बल्कि समन्दर के रास्ते से आने लगे और बन्दरगाहों पर ज़ाहिर तौर पर व्यापार के लिए बसने लगे। पूना के पेशवा के मंत्री रामचन्द्र पंत ने अपनी किताब शस्त्र पत्रे (1707) में इन टोपीकर (टोपीवालों) के आगमन के बारे में लिखा लेकिन यह महसूस किया कि 'अगर उन्हें नहीं छेड़ा जाए, तो वे आपको परेशान नहीं करेंगे।' पंत बहुत भोले और ग़लत साबित हुए। उन्होंने 'परेशान' किया और धीरे-धीरे एक शताब्दी से भी कम समय में पूरे उपमहाद्वीप पर क़ब्ज़ा कर लिया। मुग़लों की दिल्ली के आख़िरी दौर में शाह वल्लीउल्लाह को मराठों को रोकने की ज़्यादा चिन्ता थी, न कि बंगाल और दक्षिण में अंग्रेज़ी लूटपाट को रोकने की। 1757 में प्लासी के युद्ध हमारी पतनशील संस्कृति के चलते गोली चलने से पहले ही अंग्रेज़ जीत गए। उन्हें तो महान अकबर भी न रोक पाते। हैदर और टीपू जैसे कुछ योद्धाओं ने शेर की तरह उनसे लड़ाई की लेकिन नई अर्थव्यवस्था और नए ज्ञान से लैस इस लश्कर के सामने उनका टिक पाना नामुमकिन था। उपनिवेशीकरण इतिहास के तर्क में बसता है।

इस नई औपनिवेशिक व्यवस्था की रुचि हमारे सामाजिक रीति-रिवाज़ों और हमारी वर्जनाओं में दख़ल देने में नहीं थी। इनसे पहले आए ईसाई धर्म प्रचारक हस्तक्षेप चाहते थे, वे बुतपरस्तों को सही राह दिखाना चाहते थे। लेकिन नए हाकिम समझदार थे; एक व्यापारी कम्पनी के प्रतिनिधि के तौर पर उन्हें लोगों से ज़्यादा ज़मीन और उसके उत्पाद में रुचि थी। इसका परिणाम 1792 के स्थायी बन्दोबस्त के रूप में सामने आया। अंग्रेज़ों ने उन लोगों की जाति नहीं देखी, जिन्हें इस व्यवस्था में ज़मींदारी प्राप्त हुई। भूमि के अधिकार उन्हें मिले, जो उन्हें क़ीमत चुका सकते थे। पहले वह विरासत में मिलता था या राजा द्वारा तनख्वाह या इनाम के रूप में दिया जाता था; अब यह ज़्यादा बोली लगाने वाले को दिया जाता था। सामाजिक मुद्दों में हस्तक्षेप की शुरुआत उन्नीसवीं सदी के आरम्भ में कम्पनी राज के जमने के बाद हुई। सती एक ऐसा ही मुद्दा था और इस पर पहल एक समाज सुधारक राजा राममोहन राय, जो बुद्धिमान और दूरद्रष्टा थे, ने की। ज़ाहिर है, वे पटना मदरसा से पढ़े थे (कलकत्ता का तब तक सांस्कृतिक और शैक्षिक केन्द्र के रूप में विकसित होना बाक़ी था।)। भारतीय-इस्लामिक प्रशिक्षण ने उन्हें एक नई संश्लेषित सोच दी और कम्पनी राज से मिले अनुभव ने उन्हें सुधारों के लिए प्रेरित किया। नए शासकों ने उनका और उन्होंने नए शासकों का फ़ायदा उठाया। दोनों ही मामलों में यह समाज के लिए अच्छा था।

पूरी उन्नीसवीं सदी समाज सुधारों के कई विचारों और लेखों से भरी पड़ी है; राजा राममोहन राय से लेकर विवेकानंद तक जैसे दर्जनों सामाजिक वार्ताकारों ने सामाजिक मुद्दों पर सोचा और लिखा। बहुत से सुधार आन्दोलन चलाए गए। पूरा समाज इन

गतिविधियों से आन्दोलित हो रहा था। पहले हमारे यहाँ संत और सूफ़ी थे जो समाज की बुराइयों और उनके समाधान की बात करते थे लेकिन आध्यात्मिक मुहावरे में। अब नए उदित हुए मध्यम वर्ग ने इस भूमिका को निभाना प्रारम्भ किया। वे अब शिक्षा, स्त्री शिक्षा, विधवा-विवाह, नैतिकता, शिष्टाचार आदि मुद्दों पर विचार करते थे। अतिनिर्धन और अछूतों के उत्थान के लिए भी आवाज़ें उठने लगीं; उदाहरण के लिए पश्चिमी भारत में ज्योतिबा फुले एक ऐसे प्रेरक व्यक्ति थे। इन मुश्किल हालात में उन्होंने समाज की अन्तरात्मा को झकझोरने की कोशिश की। यह विशेष उल्लेखनीय है। अन्य सुधार आन्दोलनों ने कभी-कभार समझौते कर लिए; उनमें कुछ अन्तर्विरोध थे लेकिन फुले और उनकी पत्नी एकदम दृढ़ थे। 1910 में टैगोर ने *अपमानितो* लिखी, जिसने हाशिए पर रह रहे लोगों के दर्द और पीड़ा तथा सदियों से चले आ रहे मानवीय गरिमा के उल्लंघन की अभिव्यक्ति दी।[1] फिर भी, इतने समाज सुधारकों, सच्चे सरोकारों और कार्यों के बावजूद ज़मीनी हालात में बहुत कम बदलाव आया। जातिगत भेदभाव अब भी बहुत ज़्यादा था और हमारी सामाजिक चेतना एवं संरचना में बहुत गहराई से बसा था। न इससे कोई राहत थी, न इससे बचने का कोई रास्ता।

अंग्रेज़ी सरकार ने हमारे सामाजिक मुद्दों पर सीधा राजनीतिक हस्तक्षेप नहीं किया; वे भारतीय समाज में ज़्यादा छेड़छाड़ कर लोगों को विचलित करना नहीं चाहते थे। इसका एक दिलचस्प उदाहरण है। 1845 में जब बम्बई में ग्रांट मेडिकल कॉलेज खोला गया तो सरकार को एक सकारात्मक प्रतिक्रिया की उम्मीद थी। लेकिन बहुत ही कम छात्र प्रवेश लेने के लिए आए; ब्राह्मण इससे दूर रहे क्योंकि इस नए मेडिकल स्कूल में उन्हें मुर्दे को छूना और उसकी चीर-फाड़ करनी पड़ती। अगले कुछ सालों तक सीटें ख़ाली रहीं। इसके चलते वहाँ के प्रिंसिपल ने डायरेक्टर ऑफ़ पब्लिक इंस्ट्रक्शन बम्बई को एक चिट्ठी लिखकर निचली जाति/वर्ग के छात्रों को प्रवेश देने की अनुमति माँगी। डायरेक्टर साहब ने जवाब दिया 'नेवर डू दिस' (ऐसा भूलकर भी मत करना)। 'उच्च शिक्षा पाने के बाद निचले वर्ग के लोग समाज में वापस जाकर ज़्यादा कमाएँगे और ऊँचे सामाजिक रुतबे की माँग करेंगे। यह सामाजिक सन्तुलन को बिगाड़ेगा। हम यहाँ राज करने आए हैं, न कि सामाजिक उथल-पुथल पैदा करने।' डायरेक्टर ने ठीक ही चेतावनी दी और पूर्वानुमान किया कि 'जब आधुनिक चिकित्सा में पैसा दिखेगा, तो ब्राह्मण अपने आप आने लगेंगे।'[2]

1. परम्परागत आभिजात्य को औपनिवेशिकों से जातीय उत्पीड़न झेलना पड़ता था; फिर भी वे अपने लोगों पर जातिगत उत्पीड़न करते थे। एक सुलझे हुए विद्वान ने इस उत्पीड़न को 'संघर्षरत धारणा, जिसमें अपने लोगों के साथ और बाहरी लोगों—दोनों के साथ संघर्ष है के रूप में' परिभाषित किया है। (Gopal Guru, Ed. *Humiliation : Claims and Context* [Delhi : Oxford University Press, 2009])
2. Maharashtra State Archives, Report of the Board of Education (Bombay 1850-51, 10-15)

ठीक यही हुआ भी। हमारे मेडिकल और इंजीनियरिंग कॉलेजों और उच्च शिक्षा संस्थानों की सामाजिक पृष्ठभूमि का हाल तक विश्लेषण किया जाए तो उनमें ऊँची जातियों का वर्चस्व आसानी से दिखाई देगा। यह भी कहना होगा कि आज के दौर में हमारे निजी व्यावसायिक कॉलेजों में प्रवेश के लिए लाखों रुपयों की कैपिटेशन फीस या रिश्वत देना कुछ ही लोगों के लिए सुविधाजनक है।

हालाँकि इसमें कुछ सकारात्मक प्रवृत्तियाँ भी थीं। नई शिक्षा के चलते ऊँची जातियाँ/वर्ग नई माँगों को रूप दे, दबाव बनाकर औपनिवेशिक सरकार को कुछ रियायतों के लिए मजबूर कर पा रहे थे। बीसवीं सदी की शुरुआत में जब याचिकाओं से काम नहीं बन रहा था, तब आन्दोलनों का एक दौर शुरू हुआ। इस तरह का पहला जन-आन्दोलन 1905 का स्वदेशी आन्दोलन था। यह स्वराज के लिए नहीं बल्कि आत्मनिर्भरता के लिए था; स्वराज की माँग जल्द ही इससे निकली। आत्मनिर्भरता और स्वराज पर ज़ोर का कुछ सामाजिक महत्त्व था। यह विभिन्न सामाजिक समूहों—न केवल जातियों, बल्कि समुदायों—को साथ लिए बिना हासिल नहीं किया जा सकता था। यह एक आसान काम नहीं था। राष्ट्रीय आन्दोलन मात्र एक राजनीतिक एजेंडा न था—इसे राष्ट्रनिर्माण के लिए भी काम करना पड़ा था। गांधी और नेहरू जैसे नेताओं ने न सिर्फ़ स्वतंत्रता के लिए काम किया बल्कि समाज के विभिन्न वर्गों में एक साझी नियति का अहसास जगाया। लेकिन उन विभिन्न सामाजिक समूहों और समुदायों को साथ लाने की प्रक्रिया ने ही उनकी सम्बन्धित अस्मिता के सरोकारों और माँगों को तीव्र भी किया। जब राष्ट्र-निर्माण किया जा रहा था, तब विभिन्न जातियों और समूहों ने उसमें अपना हिस्सा माँगना शुरू कर दिया। एक राष्ट्र में समा जाने के बजाय हमारी जातियाँ और ठोस एवं मज़बूत होकर उभरीं।

अब इस सन्दर्भ से अनेक जाति सभाएँ स्थापित हुईं। इनको एक मज़बूत क्षेत्रीय और कभी-कभी राष्ट्रीय पहचान भी मिल गई। वे ताक़तवर सामाजिक मंडली के तौर पर उभरीं। अत्यन्त हाशिए पर या नीची जातियों के अलावा सभी ऊपरी और मध्यम जातियों ने अपनी-अपनी परिषदें बना ली थीं। नए जातिगत नेताओं ने और अधिक शिक्षा, दहेज प्रथा को ख़त्म करने, उनकी सम्बन्धित भाषा-बोली की मान्यता जैसे मुद्दे उठाएँ। उन्होंने वर्ण-पैमाने के उन्नयन की माँग की। द्विज न होने के बावजूद भी उन्होंने जनेऊ पहना, जो कि केवल ब्राह्मणों के लिए आरक्षित था। एक दिलचस्प स्थिति उस समय पैदा हो गई जब कलकत्ता उच्च न्यायालय ने कायस्थों को शूद्र घोषित कर दिया,[1] जिसके जवाब में कायस्थ महासभा ने इलाहाबाद उच्च न्यायालय में एक याचिका डाली, जहाँ उन पर दया कर कोर्ट ने उन्हें चंद्रवंशी

1. कायस्थों के मुख्य देवता चित्रगुप्त हैं, जो आकाश में मृत्यु के भगवान यम के पास बैठकर सभी मनुष्यों के पाप-पुण्य का हिसाब रखने वाले मुंशी थे। मैं सोचता हूँ कि कैसे उस समुदाय को, जिसके भगवान मृतकों को सँभालते हैं, अछूत नहीं माना जा सका!

क्षत्रिय, न कि सूर्यवंशी घोषित किया। चंद्रवंशी कहलाना भी अपने आप में एक सम्मान और गर्व की बात थी। यादवों ने भी इसी तरह की हैसियत की माँग की। हिन्दी क्षेत्र में वर्चस्वशाली ठाकुरों ने अपने सूर्यवंशी होने के गर्व को बचाए रखा। वे स्थानीय राजा और वर्तमान गुलाम जनता के रक्षक थे। यह बात बहुत कम लोगों को महसूस होती है कि हमारे देश में इन शूरवीर ठाकुरों और खानों से ज़्यादा हमलावरों और उपनिवेशों की जान ख़तरनाक मच्छरों ने ली है।

उस समय एक ख़ास राजनीतिक-प्रशासनिक क़दम उठाया गया, जिसने नई जातिगत चेतना को अभूतपूर्व तरीक़े से प्रभावित किया, वह था—जनगणना। लोगों को इस तरह की गणना की आदत नहीं थी, इसलिए उनमें एक घबराहट थी, साथ ही अनेक अफ़वाहें भी थीं। हैजा और प्लेग की रोकथाम के लिए दिए जाने वाले टीकों से काफ़ी तनाव और अफ़वाहों का माहौल बन गया था। इनमें से एक अफ़वाह यह थी कि जिन्हें टीका लगाया गया है, उनके सींग उग आएँगे और वे नपुंसक हो जाएँगे इत्यादि। जनगणना एक सामाजिक टीका थी। इसने भारत को मूलतः जातियों के संग्रहालय के तौर पर दिखाया और अब तक की बिखरी हुई जातियों को एकजुट कर दिया। वे पिछड़ना नहीं चाहती थीं। जाति अब टूटने वाली वस्तु न थी; छोटे-छोटे स्तर पर एकीकरण हो रहा था, जिसने जल्द ही दुर्जेय सामाजिक गुटों (जातियों) का रूप ले लिया था, जैसे—जाट, यादव, खम्मा, लिंगायत इत्यादि। अभी भी नई जातियाँ खोजी जा रही थीं। जैसे ही, अंग्रेज़ों ने चुनाव की सम्भावना को सामने रखा जाति-समूहों का राजनीतिक महत्त्व बहुत ज़्यादा बढ़ गया। जाति अब चुनावी फ़ायदों और सत्ता में हिस्सा पाने का सधा हुआ एक शस्त्र थी।

विभाजन की राजनीति औपनिवेशिकों के लिए सबसे ज़्यादा उपयुक्त थी। यह कोई संयोग न था कि मुस्लिम लीग की स्थापना लॉर्ड कर्ज़न द्वारा 1905 में साम्प्रदायिक बुनियाद पर किए गए बंगाल विभाजन के ठीक बाद हुई थी। गांधी ने बाद में इस साम्प्रदायिक खाई को ख़िलाफ़त (आन्दोलन) द्वारा पाटने की कोशिश की और अंग्रेज़ों की दलितों को बाक़ी हिन्दू समाज से अलग करने की कोशिश को आमरण अनशन करके असफल किया। हालाँकि इन्हीं हालातों में कुछ ऐसे राजनेता भी थे, जो गांधी और अन्य नेताओं के विपरीत जाति व्यवस्था को पूरी तरह नष्ट करने की माँग कर रहे थे। ऐसे ही एक व्यक्ति डॉ. बी. आर. अंबेडकर थे। तमिल समाज एक मज़बूत ब्राह्मण-विरोधी 'आत्मसम्मान' आन्दोलन से गुज़र रहा था। ऐसे समय में अंबेडकर ने न सिर्फ़ किसी ख़ास जाति के ख़िलाफ़ न बोलकर, इस व्यवस्था के ही ख़िलाफ़ आवाज़ उठाई। उनसे बहुत पहले फुले ने भी यही किया था। पश्चिमी भारत में सामाजिक रूढ़िवाद और सुधार दोनों की ही बहुत मज़बूत परम्परा रही है। 1920-30 के दौरान पश्चिमी और मध्य भारत के हज़ारों लोगों ने अपने आपको अजात घोषित किया था। यह समाज सुधारक गणपति

महाराज, जिन्होंने अन्तर्जातीय खान-पान और विवाह का समर्थन किया था, के आह्वान पर किया गया था।[1]

उस समय तक अंग्रेज़ों ने एक विभाजक रणनीति तैयार कर ली थी। यह आरक्षण की नीति और राजनीति थी। यह एक ब्रह्मास्त्र था, जिसका समय-समय पर प्रभावशाली इस्तेमाल किया जा सकता था। यह चुनावी राजनीति के साथ प्रारम्भ हुई, जिसके फलस्वरूप देश का विभाजन हुआ था। यह नीति और राजनीति हमारे नेताओं के लिए स्थायी मुद्दा बन गई और प्रशासन के सभी क्षेत्रों में फैल गई। आज़ाद भारत में पंडित नेहरू इससे ऊपर उठे हुए थे लेकिन उनके सहकर्मी नहीं। 1957 के चुनाव में राजनीतिक फ़ायदे के लिए उनकी पार्टी द्वारा जाति का खुला दुरुपयोग किया गया। आन्ध्र प्रदेश में कम्युनिस्टों को काफ़ी नुकसान हुआ क्योंकि वे वर्ग की बात करते थे, जाति की नहीं। भारतीय राष्ट्रीय कांग्रेस ने एक ऐसा उदाहरण पेश किया था, जिसका अनुकरण बाद में सभी ने किया। इस कड़ी में एक अन्य महत्त्वपूर्ण घटनाक्रम था—नौकरशाही और सार्वजनिक क्षेत्र की अभूतपूर्व बढ़ोतरी, जो योजना, कल्याण इत्यादि की वजह से हुई थी। इन नौकरियों को अधिकार और सुविधाएँ प्राप्त थीं। विभिन्न सामाजिक गुटों के बीच में इन नौकरियों को हासिल करने की एक वास्तविक होड़ मची हुई थी। ऊँची जातियों ने इस पर अपना वर्चस्व कायम रखा। हालाँकि भारतीय संविधान ने कुछ पिछड़ी हुई अनुसूचित जातियों और जनजातियों को आरक्षण दिया था लेकिन न तो यह सिद्धान्ततः, न ही व्यवहारतः लागू हुआ। इनके अलावा और भी बहुत-सी ऐसी जातियाँ थीं जो अपने आपको पिछड़ी कहतीं और ऐसे ही अवसरों की माँग करतीं। 1953 में बनाए गए कालेलकर आयोग ने तक़रीबन 2000 जातियों की एक सूची बनाई लेकिन साथ ही यह मानने से इनकार कर दिया कि जाति मात्र ही पिछड़ेपन को दर्शाती है। नेहरू सरकार ने इसे नज़रअन्दाज़ कर दिया। साठ के दशक के मध्य तक जाति को अभिशाप न भी माना जाता तो भी उस पर दबे लफ़्ज़ों में ही बात होती थी। बहुत से लोग मासूमियत भरी यह ग़लत सोच रखते थे कि आर्थिक समानता और उन्नति होने से सामाजिक असमानता समाप्त हो जाएगी। राममनोहर लोहिया जैसे समाजवादी नेताओं ने एक अलग मत प्रस्तुत किया। उन्होंने यह सही तर्क दिया :

> जब सबको समान अवसर मिलेगा, तो उदार शिक्षा की पाँच हज़ार बरस पुरानी परम्परा की जातियाँ ही सिर पर सवार रहेंगी। छोटी जातियों में जिस किसी के पास ख़ास प्रतिभा होगी, वही इस परम्परा को तोड़ सकेगा।...इसे कुछ बराबर की जोड़ वाली कुश्ती बनाने के लिए उन्हें जिन्हें अब तक दबाकर रखा गया है, असमान अवसर देने होंगे।

1. P. Sainath, 'The Agony and the *Ajaat*', *The Hindu*, 4 June, 2010, 13.

यह सकारात्मक पक्षपात की वकालत थी, फिर भी विशाल समाज में से इसने किसी को ऊँचा नहीं उठाया। जबकि लोहिया का तर्क था कि 'जाति के विरुद्ध लड़ाई का मतलब आवश्यक रूप से सभी को ऊँचा उठाना होना चाहिए।' सबसे लोकप्रिय विचार जातिरहित व्यवस्था का था। लेकिन 1967 के बाद स्थानीय राजनीतिक दरबारियों के उभरने और उनकी गठबंधन की अनैतिक राजनीति के कारण यह तेज़ी से बदल गया। अब जाति और समुदाय वोट बैंक के रूप में उभरने लगे। जिसका अंबेडकर 'उन्मूलन' करना चाहते थे, अब वह सत्ता पाने का सबसे ज़्यादा सम्भावित हथियार बन गया। कई दशकों तक जनगणना सिर्फ़ संख्या देती थी, लेकिन जनसांख्यिकी (डेमोग्राफी) की माँग की जा रही है। कोई भी राजनेता इसे नज़रअन्दाज़ करने की हिम्मत नहीं कर सकता क्योंकि जनसांख्यिकी और जनतंत्र साथ-साथ चलते हैं।

आपातकाल के बाद 1977 में, कांग्रेस की भारी पराजय हुई और नई बनी जनता सरकार ने कुछ संकोच के साथ जाति की राजनीति करना तय किया और एक ऐसे राजनेता की अध्यक्षता में पिछड़ा वर्ग आयोग बनाया, जो एक समय जोड़-तोड़कर बिहार का मुख्यमंत्री रहा था। इसे मंडल कमीशन नाम से जाना जाता है और एक बार फिर यहाँ बिहार ने देश को रास्ता दिखाया (बिहार शोज द वे)। यहाँ पिछड़ेपन को आर्थिक नहीं बल्कि सामाजिक स्तर के आधार पर परिभाषित किया गया। आख़िरकार, जाति एक सामाजिक समस्या थी और अभी भी है। दिलचस्प है कि वह विश्लेषण बहुत पहले की 1931 की जनगणना के आँकड़ों के आधार पर किया गया। अब बहुत सी मध्यम और निम्न जातियों के लिए, जो संख्या से मज़बूत और सामाजिक स्तर पर पिछड़ी थीं, आरक्षण की माँग की गई थी। यहाँ तक कि सुनार और बनिये जैसे आर्थिक रूप से सम्पन्न समुदाय भी इस श्रेणी में आ गए थे। जल्दी ही जनता गठबंधन टूट गया था और कांग्रेस सत्ता में वापस आ गई। विभाजक राजनीति की कुशल खिलाड़ी होने के बावजूद इन्दिरा गांधी ने उन सिफ़ारिशों को ताक पर रख दिया था। एक दशक बाद कुछ राजनीतिक विरोधियों को पछाड़ने के लिए एक संघर्षरत प्रधानमंत्री वी.पी. सिंह ने 'अ नाइट इन दी शाइनिंग आर्मर' की तरह इसे लागू करने का निर्णय लिया और पूरी सफलता के साथ जाति के ब्रह्मास्त्र का इस्तेमाल किया।

अब देश में 'आग' लग चुकी थी। कुछ युवाओं ने विरोध प्रदर्शन किया और ख़ुद को आग लगा दी लेकिन उन सबके दिलों में स्वयं पर पिछड़े होने की मुहर लगवाने की ख़्वाहिश थी। आरक्षण की राजनीति अभूतपूर्व तरीक़े से पूरे उफान पर आ गई थी। यह ऐसा सामाजिक आलोड़न था, जिसमें बहुतों ने दीर्घावधि का फ़ायदा देखा था। लेकिन शुरुआत में कुछ स्वाभाविक शंकाएँ थीं। उच्च जातियों ने डर महसूस किया और कड़ा प्रतिरोध किया। सबसे पीड़ित जाति यह जानती थी कि

फ़ायदा उनमें से बेहतर स्थिति वाली जाति द्वारा हड़प लिया जाएगा। अन्तरजातीय विवाह करने वालों के वंशज और स्वयं को अजात घोषित करने वाले भी नुकसान में थे। अब नया फ़ायदा पाने के लिए वे अपने पूर्वजों की जाति पता करने में लगे थे। जब जातिवाद आगे आता है, तो विचारधारा के समाजवाद और सेकुलरवाद जैसे रूप पृष्ठभूमि में चले जाते हैं। लेकिन 'वर्ग' अपना सिर उठाता रहा, उदाहरण के लिए पिछड़ी और दमित वर्गों में सर्वाधिक ग़रीब और सर्वाधिक वंचित सरकशी कर रहे हैं और अपना जायज हक़ माँग रहे हैं। महादलित और अतिदलित असन्तुष्ट महसूस कर रहे हैं और आरक्षण में अपना जायज हक़ माँग रहे हैं। तो अब हम जाति के अन्दर ही वर्ग चेतना देख रहे हैं, जो एक सकारात्मक लक्षण है। दूसरा महत्त्वपूर्ण पक्ष हाल ही में दलित पुरोहित का उभार है। लखनऊ और पुणे में कुछ संस्थान पुरोहित बनाने के पाठ्यक्रम चला रहे हैं, जहाँ लगभग 40 प्रतिशत विद्यार्थी दमित जातियों के आते हैं। यदि ये और इनकी औरतें पूजा, शादियाँ आदि आदि करवाएँगे तो दृष्टिकोण में कुछ बदलाव तो होगा। और साथ ही, हाल के वर्षों में अन्तरजातीय विवाहों में वृद्धि हुई है, कम-से-कम बड़े शहरों में। ऐसी शादियों से सम्भव है कि जाति की दीवारें कमज़ोर और नरम हो जाएँ।[1]

इसमें कोई शक नहीं कि हमारे समाज में जाति पहले आती है और सभी राजनीतिक पार्टियाँ इस बात पर एकमत हैं कि उनकी क़िस्मत भी जाति पर ही निर्भर है। पहली बार सर्वोच्च न्यायालय ने बीच का रास्ता अपनाया और आरक्षण पर पचास प्रतिशत ऊपरी सीमा निर्धारित कर दी। अब तक सिर्फ़ सरकारी दफ़्तर, सार्वजनिक क्षेत्र, शिक्षण संस्थाएँ इस निजी क्षेत्र के अन्तर्गत आते हैं। आश्चर्यजनक यह है कि फ़ौज, उच्च न्यायालय और निजी क्षेत्र इस दायरे से बाहर रह गए हैं। यह कैसे हो सकता है कि ये सारे क्षेत्र सोशल ऑडिट से अछूते रह जाएँ या हम इस लक्ष्य को पाने के लिए किसी अन्य 'मसीहा' का इन्तज़ार कर रहे हैं? ऐसे सकारात्मक क़दमों की ज़रूरत ग़रीब मुसलमानों को उनके समकक्ष हिन्दुओं से कम नहीं है। देश भले ही अपने आपको पिछड़े रूप में पहचाना नहीं जाना चाहता है लेकिन यहाँ के लोग स्वयं को 'पिछड़ा' कहलाना पसन्द करते हैं, कम-से-कम सरकारी स्तर पर। यहाँ तक कि प्रभावशाली जाटों और मराठों को भी अब 'पिछड़े' की पदवी मिल चुकी है। 'अगड़े और पिछड़े' के बीच में ही लटका हुआ है एक अजात 'त्रिशंकु'!

---

1. शायद मुफ़स्सिल और गाँवों में ऐसा न हो, क्योंकि वहाँ पर परम्परा की जकड़ लगभग अभेद्य है। कुरुक्षेत्र में शिक्षण के दौरान मैं एक छात्रा से विवाह करना चाहता था, लेकिन माँ-बाप के दबाव में वह पीछे हट गई। मैं बहुत निराश और शर्मिन्दा हुआ। शायद रोहतक अब भी वैसा ही है लेकिन महानगर दिल्ली में, अगली पीढ़ी में, मेरे बेटे और उसके चचेरे भाई ने वह किया, जो मैं नहीं कर पाया!

स्वाभाविक विरोधी ?

जाति जितना महत्त्वपूर्ण न सही, लेकिन हिन्दू-मुसलमानों के बीच का सम्बन्ध भी भारतीय समाज को परिभाषित करने वाली महत्त्वपूर्ण विशेषता है। ऐसा कहा जाता है कि मक्का के लोगों द्वारा पाक पैगंबर को स्वीकृत करने से पहले ही मदीना से इस्लाम केरल के तट पर पहुँच चुका था। स्थानीय राजा चेरामल पेरूमल ने शायद सातवीं सदी में अरब की यात्रा की थी और इस नए मज़हब को गले लगाया था। सबसे पुरानी मस्जिद, जो उनके इकलौते पुत्र द्वारा स्थापित की गई अब भी त्रिचुर जिले में मौजूद है। सादे स्थानीय शिल्प में बनी इस मस्जिद में व्यास पीठ और ताँबे का एक बड़ा सा दीया है। अरब नाविकों और व्यापारियों ने सदियों तक इस रिश्ते को ज़िन्दा रखा। व्यापार और धर्म आपस में अच्छे से मिल गए; इसमें कोई ख़तरा न था। अरबों द्वारा सिन्ध की जीत को राजनीतिक उठापटक माना गया लेकिन ग़ज़नी के महमूद द्वारा लूटपाट के लिए मारे गए छापों ने महत्त्वपूर्ण बदलाव किए। कई बार उसने उत्तर और पश्चिमी भारत के मन्दिरों पर चढ़ाई कर उन्हें लूटा। प्रसिद्ध सोमनाथ के मन्दिर का विध्वंस उसकी गर्व का चरम था; फ़ारसी के सबसे बड़े कवि शेख सादी ने उसकी तारीफ़ में कसीदे पढ़े लेकिन इसने हिन्दुओं की मानसिकता को ऐसी क्षति पहुँचाई जो बाद में और पहले किसी ने नहीं पहुँचाई। कइयों के लिए ग़ज़नी आज भी इस्लाम के उभार और सोमनाथ के पतन का प्रतीक है। यह पुरानी व्यवस्था या प्रणालियों की पराजय न थी क्योंकि वह मुस्लिम राजाओं के अधीन भी चलते और फलते-फूलते रहे। यह परिवर्तन मात्र ऊपरी था, भीतर से कुछ नहीं बदला था। अलामा इक़बाल ने लिखा है—क़ाफ़िरी रा पुख़्तातर, साजाद शिकस्त सोमनाथ। अर्थात्, अगर आप मन्दिर को तोड़ देंगे तो आपका यह कार्य मात्र पैगनवाद को और मज़बूती ही देगा। विडंबना है कि यह बात हिन्दुत्व के कार्यकर्ताओं द्वारा बाबरी मस्जिद के ढहाने पर भी लागू होती है।

छापों, जंगों और विनाश के बावजूद अनेक भारतीयों ने इस्लाम कबूल किया, भय या दबाव में नहीं बल्कि इसकी स्वाभाविक मूल्यों के कारण। इसकी सादगी, न्यायभाव और इसके समानता के वायदे बहुत से लोगों के लिए ब्राह्मणवादी दमन से बाहर निकलने के रास्ते थे। धीरे-धीरे इस्लाम भारत का एक महत्त्वपूर्ण धर्म बन गया, जिसकी भारतीय सन्दर्भों में कुछ विशेषताएँ थीं लेकिन यह जाति को संक्रमित नहीं कर पाया बल्कि जाति ने इसे संक्रमित कर दिया। बारहवीं सदी के बाद भारत में उत्तर-गज़्ज़ाली इस्लाम आया, जो रूढ़िवादी था, उसका रूढ़िवाद भारतीय समाज की अन्तर्निहित और प्रचलित रूढ़िवादी प्रवृत्तियों के साथ सुमेलित हो गया। नए शासक ग़ज़नी का अनुकरण नहीं करते थे। उन्होंने स्थानीय बुद्धिमत्ता और प्रथाओं को ध्यान में रखते हुए शासन किया। इसका यह मतलब भी था कि अतीत से कोई ख़ास अलगाव नहीं होगा। इसके चलते जाति पृष्ठभूमि में नहीं गई, बल्कि कठोर

बनी और नई दृढ़ता से व्यवहृत की जाने लगी। इस बढ़ती कठोरता ने समाज में और तनाव पैदा किए। रामानुज और उनके बाद निरन्तरता से बहुत से सामाजिक-धार्मिक सुधारक आए, जिन्होंने इन तनावों को कम करने की कोशिश की। ये समाज सुधारक सेफ्टी-वॉल्व की तरह थे, जिन्होंने समाज में बढ़ते हुए तनाव को उस हद तक नहीं जाने दिया कि विस्फोटक हो जाए। ये वॉल्व, धीरे और आराम से जमा हो गई भाप को निकालते रहे। भारत एक ऐसे प्रेसर कुकर की तरह है, जो कभी नहीं फटेगा!

यहाँ एक और महत्त्वपूर्ण परिघटना हुई थी। जातिगत भेद के अलावा धीरे-धीरे धार्मिक लाइन पर भी समाज ध्रुवीकृत हो रहा था। एक तरफ़ हिन्दू थे जो संख्या के हिसाब से मज़बूत और लम्बा लेकिन जटिल इतिहास रखते थे दूसरी तरफ़ मुसलमान थे, जो नए, जोशीले और नियंत्रणकर्ता थे। कुछ चिनगारियाँ तो भड़कनी ही थीं लेकिन हाल-फिलहाल के दिनों से पहले हालात कभी अनियंत्रित नहीं हुए। इन दोनों समुदायों के बीच सांस्कृतिक और व्यावसायिक सम्पर्क हमेशा से थे एवं ये दरवाज़े कभी बन्द नहीं हुए थे। सामाजिक संवाद के अभाव में भी ये प्रवाह कभी बन्द नहीं हुए थे। इस लचीलेपन और चयनशीलता के कारण ही मुग़ल शासक अकबर सुलह-इ-कुल के बारे में बात करते थे और दोनों धर्मों के लोगों को साथ लाने का प्रयास करते थे। औरंगज़ेब की रूढ़िवादिता और लगातार जंगें भी नासूर न बना सकी थीं। मौलवियों और पंडितों ने ज़रूर मुँह मोड़ लिया था लेकिन व्यापारी एक-दूसरे पर विश्वास रखते थे। फ़ारसी के राजभाषा होने के बावजूद भी स्थानीय बोलियाँ फल-फूल रही थीं; होली और मोहर्रम में दंगे नहीं होते थे, तक़रीबन आठ सदियों के सह-अस्तित्व में ये कभी स्वाभाविक शत्रु, विरुद्ध प्रकृति के नहीं लगे।

1947 विभाजन की पूर्वसंध्या पर लाहौर निवासी अंग्रेज़ शिक्षाविद् ने लिखा कि—

> जब मुझे कहा जाता है कि मुसलमान एक अलग राष्ट्र है और वे हिन्दुओं के साथ सौहार्दपूर्ण ढंग से नहीं रह सकते तो मुझे पंजाब के वे हज़ारों गाँव याद आते हैं, जहाँ वे काफ़ी समय से एक साथ रहते आए हैं।...ये (धार्मिक) विविधताएँ राजनेताओं द्वारा असली आर्थिक और राजनीतिक धारणाओं की जगह इस्तेमाल किए जाते हैं।[1]

1. सटीक तरीक़े से उन्होंने बताया कि 'इस समय मुझे लगता है कि दुर्भाग्य से समाज में अनुशासन का अभाव है...जैसा कि एक विद्वान हिन्दुस्तानी मित्र ने कहा कि इन लड़ाकों को अपनी संस्कृति को मिट्टी में मिलाए बिना पश्चिमी सभ्यता से सबक सीखना चाहिए। भारतीय समाज वस्तुतः अब तक दोनों के सुमेल का कुछ भी हासिल करने में असफल रहा है और महज़ दोनों की कमियों और कमज़ोरियों को ही बचा पाया है। (C.M. Barry, Principal, Atchison College, Lahore, BBC Broadcast [Cambridge: CSAS, 10 August, 1946])

लगातार भड़काते रहने पर सामुदायिक चेतना साम्प्रदायिकता में बदल सकती हैं। अंग्रेज़ शासकों को एकदम यही करने में महारत हासिल थी। उन्होंने बहुत कुशलता से अपनी सर्वोच्चता का इस्तेमाल इन दो समुदायों को आपस में लड़ाने के लिए किया था। एक समुदाय के लोगों को भी उन्होंने एक-दूसरे से लड़ाया और उसका मज़ा लिया। उदाहरण के लिए संयुक्त प्रान्त के गवर्नर हारकोट बटलर ने अपने एक सहकर्मी को लिखा :

> आगा ख़ान चतुर लेकिन बिन पेंदे के लोटे हैं। महमूदाबाद बहुत जल्दी प्रभावित हो सकता है और ठीक उसी तरह रामपुर भी। और यही कारण है कि इन दोनों को बर्ख़ास्त करने की आवश्यकता नहीं है। ढाका के नवाब अलीगढ़ से नफ़रत करते हैं, भोपाल की बेगम ने मेरे सामने आगा ख़ान की बहुत कड़े शब्दों में बुराई की। उनकी उन्नति की बहुत आलोचना हुई लेकिन उत्तर भारत में उनके पतन का मूल कारण हिन्दुओं और मुसलमानों के बीच सुलह कराना था जो विरुद्ध प्रकृति का एक लक्ष्य था।[1]

ख़ैर, अंग्रेज़ों को दोष देना आसान और उचित दोनों ही है लेकिन हमें कब तक साँप के चले जाने के बाद लकीर को पीटते रहना होगा? साम्प्रदायिकता और सेकुलरवाद आधुनिक अभिव्यक्तियाँ हैं। अंग्रेज़-पूर्व भारत में अगर इस तरह की भावनाएँ रही भी होंगी तो इन्हें स्वीकृति प्राप्त नहीं थी। मुस्लिम शासन के दौरान कुछ हिन्दू दुखी थे और दूरी बनाए रखते थे; सिक्खों को उत्पीड़ित महसूस होता था और उन्होंने मुग़लों के ख़िलाफ़ बहादुरी से लड़ाई की लेकिन मोटा-मोटी तौर पर समाज इस तरह की भावनाओं से टूटा नहीं था। सौभाग्यवश भारत ने कभी धर्म-युद्ध का उत्साह और हिंसा नहीं देखी थी। ईसा पूर्व की पैगन रोमन समाज की तरह भारत काफ़ी हद तक सहिष्णु रहा। अंग्रेज़कालीन भारत में भी कुछ ऐसे मौक़े आए, जब ये दोनों समुदाय एक साथ खड़े हुए जैसे 1857 का विद्रोह। 1857 के इस विद्रोह ने दोनों समुदायों को अपनी ओर खींचा। वह उनका साझा, अविभाजित और शायद अविभाजनकारी इतिहास रहा है। लेकिन धीरे-धीरे और नाटकीय तरीक़े से इन चीज़ों को बदलना था। उन्नीसवीं शताब्दी के आख़िरी पच्चीस वर्ष में एक अलग तरह की सामुदायिक चेतना का उभार हुआ, वह समावेशी नहीं थी। मुसलमान सुधारकों के अगुवा सर सैयद अहमद हिन्दू और मुसलमान को समाज की दो आँखें समझते थे फिर भी उनकी राजनीति ने उन्हें कांग्रेस से दूर कर दिया, जो उनके अनुसार हिन्दुओं की संस्था थी। उनका तात्कालिक लक्ष्य 1857 के ज़ख़्मों को भरने और अंग्रेज़ों की सहायता से मुसलमान समाज में सुधार लाने की थी। उनकी

1. Butler to Allen, 6 April, 1913, H. Butler Papers, MSS. EurF116/71, IOR/British Library.

वफ़ादारी को ख़ूब नवाज़ा गया। अंग्रेज़ एक संकीर्ण द्वैत पैदा करने में कामयाब हो गए थे। हिन्दू मध्यवर्ग जो अब तक इस नए शासन और अंग्रेज़ी शिक्षा का फ़ायदा उठा रहा था, अंग्रेज़ी शासन को 'मध्यकालीन' और उत्पीड़क मुस्लिम शासन से 'मुक्ति के रास्ते' के रूप में देख रहा था। बंकिमचन्द्र चटर्जी, पुरस्कृत लेखक जिन्होंने मन को छूने वाला *वंदेमातरम्* गीत लिखा था, यही मानते थे। प्रख्यात भूवैज्ञानिक पी.एन. बोस ने अपनी तीन खंडों वाली किताब *हिस्ट्री ऑफ़ हिन्दू सिविलाइज़ेशन* (1896) ने मुस्लिम शासन की एक पतनशील छवि प्रस्तुत की, जबकि प्राचीन इतिहास में उन्होंने भारत की सुनहरी व गौरवशाली छवि पेश की, और जहाँ निकट अतीत समस्याप्रद था, वहीं दूरस्थ अतीत उज्ज्वल था।

अब हर कोई इतिहास को अपने पक्ष में इस्तेमाल करने में लगा हुआ था। सदी के बदलते-बदलते नई अस्मिताएँ बन रही थीं, नई मैत्रियाँ बन रही थीं। कुछ सिक्खों ने दावा किया कि वे हिन्दू नहीं हैं। एक गोरक्षा आन्दोलन शुरू हुआ जिसमें साम्प्रदायिक रंग थे। 1906 में मुस्लिम लीग का गठन हुआ। इस समय कांग्रेस औपनिवेशिक सरकार से किस तरह लड़ा जाए—यह तय करने में व्यस्त थी। गांधी दक्षिण अफ्रीका में अपने प्रयोगों से जूझ रहे थे और पाश्चात्य सभ्यता की आलोचना को रूप दे रहे थे। यह सब अस्मिता की खोज का हिस्सा था, जो भारतीय समाज के अलग-अलग हिस्से और शायद सम्पूर्ण भारत भी उससे जूझ रहा था। इसी खोज में साम्प्रदायिकता के बीज उगने शुरू हुए। सामुदायिक चेतना में कोई बुराई नहीं, यह बहुत स्वाभाविक है लेकिन जब यह साम्प्रदायिकता में तब्दील हो जाए तो यह गम्भीर बात है। यहाँ कुछ प्रश्न उठते हैं—क्या साम्प्रदायिक बहुसंख्यक और अल्पसंख्यक समुदाय के बीच टकराव मात्र है? क्या यह मात्र संख्या या जनसंख्या का प्रश्न है? साम्प्रदायिक चेतना कैसे साम्प्रदायिकता में बदल जाती है? चूँकि भारत में साम्प्रदायिकता की समस्या हिन्दू-मुसलमान को ही प्रभावित करती है, कुछ अन्य प्रश्न भी इस सन्दर्भ में महत्त्वपूर्ण हो जाते हैं; मसलन, क्या इस्लाम हिन्दू धर्म का विरोधाभासी है? क्या मुस्लिम शासन में भी 'अल्पसंख्यक' धर्म था? क्या मुस्लिम शासन के दौरान हिन्दू स्वयं दमित महसूस करते थे? क्या आज़ाद भारत में मुसलमान उत्पीड़ित महसूस करते हैं? क्या भारतीय सेकुलरवाद एक दिखावा है? इनमें से ज़्यादातर प्रश्नों का एक ठीक-ठाक जवाब 'नहीं' होगा।

साम्प्रदायिकता मूल रूप से एक मानसिक अवस्था है। यह व्यक्तिगत और सामूहिक दोनों स्तर पर काम करती है। जब एक विशेष समुदाय या कुछ समुदाय यह महसूस करते हैं कि उनके साथ भेदभाव किया जा रहा है और इसलिए वे ऐसे रक्षात्मक और आक्रामक तरीक़े अपनाते हैं, जिससे दूसरों को तक़लीफ़ पहुँच सकती है, वहाँ साम्प्रदायिकता होती है। ये भावनाएँ मनो-सामाजिक स्तरों पर काम करती हैं। इसके आर्थिक मूल या परिणाम हो सकते हैं लेकिन मूल रूप से यह

सामाजिक समस्या है। कभी-कभी यह अकथनीय भीड़ हिंसा होती है। एक पारखी अंग्रेज़ी सर्जन ने 1920 में लिखा—

> अपने शाम के दौरों में, मैं ऐसे मरीज़ों से मिलता, जो चाकू के घाव, जलने से ठीक हो रहे होते और उन्हें पूछता कि उन्होंने ऐसे भयावह काम क्यों किए। वे कभी नहीं जानते थे। वे कहते कि उन्होंने दूसरों को चाकू घोंपते, जलाते और लूटते देखा। और वे नहीं जानते थे कि वे क्या कर रहे हैं। जैविक शब्द 'क्राउडिंग सिंड्रम' के प्रचलन में आने से पहले मैं इसे 'क्राउडेड मॉब सिंड्रम ऑफ़ हाइपर एड्रेनिलिज़्म' कहता था, जिसका मतलब है, एक ख़ामोश डर के तहत किसी अन्य पर प्रतिशोध उतारना। वे नहीं जानते थे कि उन्होंने क्यों घर, बसें, कारें जलाईं और क्यों उन्हें तोड़-फोड़कर नष्ट किया।[1]

साम्प्रदायिकता समाज के एक या कई तबकों को एक साथ संक्रमित या प्रभावित करती है। अल्पसंख्यक या बहुसंख्यक दोनों समुदाय इससे पीड़ित होते हैं। अल्पसंख्यकों के लिए किसी हद तक असुरक्षा और डर का भाव होना स्वाभाविक है। यहाँ पर सरकार और नागरिक समाज की जिम्मेदारी बनती है कि वे साथ मिलकर इस भय को ख़त्म करने के लिए काम करें। अगर बहुसंख्यक समुदाय इस तरह के भ्रम से पीड़ित होता है तो यह एक गम्भीर समस्या है लेकिन जब दोनों साम्प्रदायिक हो जाएँ तो फिर इसमें से ऐसी चिनगारियाँ भड़कती हैं, जो लपटों में बदलकर कई दशकों से चली आ रही शान्ति और मैत्री की परम्परा को जला दे एवं भविष्य को अनिश्चित कर दे।

एक और शब्द जो साम्प्रदायिकता के विलोम के रूप में इस्तेमाल किया जाता है, वह है सेकुलरवाद। 'अच्छे और बुरे' की तरह दोनों साथ इस्तेमाल होते हैं। दोनों को अलग-अलग तरीक़े से व्याख्यायित किया जा सकता है। क्या सेकुलरवाद का मतलब धर्म की अनुपस्थिति है या धर्म की बुनियाद पर किसी भेदभाव की अनुपस्थिति? कुछ लोगों के लिए सेकुलरवाद का मतलब धर्म और राज्य में अलगाव है जबकि बहुत से अन्य लोगों के लिए इसका मतलब है सभी धर्मों के लिए एक सा सम्मान (सर्व-धर्म-समभाव)। बहुत से भारतीय दूसरी परिभाषा को तरजीह देते हैं क्योंकि हमारा देश गहरे स्तर पर धार्मिक है। इसमें समाज और राजनीति की धर्म और आस्था के बिना कल्पना करना मुश्किल है। इसलिए सभी धर्मों का सम्मान

---

1. Innes Cox Papers, Cambridge, CSAS.
तिरानबे साल बाद (अक्टूबर 2013) में, मुज़फ़्फ़रनगर में साम्प्रदायिक दंगों के गवाह का कहना था कि हर समय जब हालात को नियंत्रण में लाने का प्रयास करते हैं, साम्प्रदायिक हिंसा की कोई अन्य घटना हो जाती है और हम वापस वहीं पहुँच जाते हैं। हमने शान्ति बैठकें आयोजित करने का प्रयास किया...लेकिन दोनों तरफ़ के लोग शान्ति के बारे में कुछ भी नहीं सुनना चाहते हैं। (*The Hindu*, 5 November, 2013)

एक सुरक्षित विकल्प के तौर पर उभरा है। लेकिन इसका परिणाम समुदायों के बीच राज्य के संरक्षण के लिए लगी होड़ के रूप में भी सामने आया और राजनीतिक दलों ने धर्म का राजनीतिक उद्देश्यों से भरपूर इस्तेमाल किया। इससे भड़काऊ हालात पैदा होते हैं। साम्प्रदायिक और सेकुलर दोनों ही विचार एक-दूसरे में मिल जाते हैं और कभी-कभी उनके कारण—परिणाम सम्बन्ध को समझना मुश्किल हो जाता है। इसमें कोई शंका नहीं कि जातिवाद ने कमज़ोरों के शोषण को सदियों तक चलाया लेकिन साम्प्रदायिकता ने अस्मिता और आस्था के संरक्षण के नाम पर नफ़रत और बर्बर हिंसा को बढ़ावा दिया। अन्ततः दोनों राजनीति और सत्ता चलाने के लिए दो मज़बूत हथियारों की तरह उभरे।

साम्प्रदायिकता के सन्दर्भ में 'मूलवाद' (कट्टरवाद) नामक एक नया शब्द भीमकाय नकारात्मक परिघटना के रूप में उभरा है। यह रूपक सबसे पहले 1895 में नियाग्रा में आयोजित एक क्रिश्चियन सम्मेलन में इस्तेमाल किया गया था और अब एक शताब्दी बाद इस शब्द का अन्धाधुन्ध प्रयोग होता है। इसके साथ कट्टर विश्वासों की कड़ी या धर्मशास्त्र, जो आगे सवाल उठाने से मना करता हो, संलग्न होता है।[1] मध्यकाल में ईसाइयत के मूलवाद या कट्टरता की अपनी क़िस्म थी। पुनर्जागरण और पुनर्संरचना एवं क्यों तथा कैसे पर ज़ोर देते नए सवालों की वजह से एक समय यूरोप में एकच्छत्र अधिकार रखने वाले धर्म का प्रभाव धीरे-धीरे कम हुआ। इस्लाम में मामला ठीक इसका उलटा था। प्रारम्भिक इस्लाम ने इज्तिहाद (इल्म अर्थात् ज्ञान और अक्ल अर्थात बुद्धि) पर ज़ोर दिया जो कि बदलते समय और ज़रूरत के अनुसार निरन्तर पुनर्व्याख्या (तफ़सिरन) की अनुमति देता था। लेकिन बाद में तक़लीद (परम्परा) ने सब कुछ पर अधिकार जमा लिया और शास्त्रीय मूल वाद (उसूल) पर बल दिया कि यह इस्लाम का मूल है। एक तरह से यह घोषणा करता है कि 'हम मूलवादी/कट्टर हैं!' सच है कि मूलवाद में विश्वास करने में ग़लत क्या है? सभी धर्मों में यह होता है। कभी-कभी यह इलहाम के रूप में आता है, तो कभी कुछ लोग इसे पनपाते हैं—चाहे समझा-बुझाकर या ज़बरदस्ती लोगों पर इसे थोपा जाता है। पहले यह सिर्फ़ धर्मशास्त्र तक ही सीमित था। अब, ख़ासकर 1979 की ईरानी क्रान्ति के बाद, यह दुनिया के विभिन्न भागों में राजनीतिक आन्दोलन के रूप में फैल गया। यह संयोग मात्र नहीं है कि खालिस्तान आन्दोलन ठीक उसी समय शुरू हुआ था और कुछ सिक्ख उपदेशकों ने मूलवाद की बात की थी। इस तरह से मूलवादी 'अन्य' की तरह दिखते हैं।

यह दिलचस्प है कि साम्प्रदायिक/मूलवादी और सेकुलरवादी दोनों अतीत में जाते हैं और अपने-अपने विचारों की वैधता के लिए इतिहास में देखते हैं। साम्प्रदायिकों

1. Judith Nagata, 'Beyond Theology : Toward an Anthropology of Fundamentalism', *American Anthropologist*, 103, (2 June, 2001) : 481-98

के लिए इतिहास के उदाहरणों की बहुत भावनात्मक क़ीमत होती है। ऐसे उदाहरण भावनाओं को भड़काने में उनके सहायक होते हैं और उनके एजेंडे को पूरा करने में मदद कर सकते हैं। अतीत हमारी रगों में रहता है और इतिहास का चयनात्मक उपयोग और दुरुपयोग एटम बम से भी ज़्यादा ख़तरनाक हो सकता है। इसके कारण, कुछ लोगों को इस्लाम धर्म के रूप में नहीं, बल्कि इसका इतिहास समस्याजनक दिखता है। सेकुलरवादी अकबर जैसे उदाहरण देकर ऐसे तर्कों को काटने का प्रयास करते हैं। पिछली कुछ सदियों के इस धार्मिक-सांस्कृतिक तनाव और समन्वय के विभिन्न पहलू हमारे इतिहासकारों से गम्भीर अवलोकन की माँग करते हैं। यदि मुस्लिम शासक भारत के इस्लामीकरण पर तुले हुए होते, वे ऐसा कर लेते, लेकिन वे महान धर्मान्तरणकर्ता नहीं थे। बड़े पैमाने पर धर्मान्तरण सिर्फ़ पूर्वी बंगाल और पश्चिम पंजाब के सीमांत इलाक़ों में हुआ और वहाँ पर भी कोई कट्टरता नहीं थी। लोग और उनकी धार्मिक सम्बद्धता कहीं-न-कहीं मिल जाती थी। आगे चलकर उन्नीसवीं सदी के अन्त में ही, पुनरुत्थानवादी आन्दोलनों और एक इस्लाम की धारणा के कारण यह खाई चौड़ी होने लगी। बाद में, पश्चिम पंजाब और पूर्व बंगाल के मुसलमानों ने नहीं, बल्कि संयुक्त प्रान्त के मुसलमानों ने धार्मिक पाकिस्तान की रचना में बहुत ज़्यादा भूमिका निभाई। पृथक निर्वाचन की राजनीति, जो अंग्रेज़ों की चाल थी, ने हालात और ख़राब कर दी। भारतीय मेडिकल सेवा के एक ब्रिटिश डॉक्टर ने 1946 ई. में लिखा :

> जैसे ही हिन्दू और मुसलमान उसी व्यक्ति को वोट देने के लिए तैयार हुए जो उनके ही धर्म का हो, बंगाल की सरकार लगभग मुसलमानों के हाथ में आ गई थी...प्रशासन, शिक्षा आदि में मुसलमानों को समान स्थान देने के लिए एक राजनीतिक दबाव था। इसलिए कई बार ज़्यादा योग्य और ज़्यादा बुद्धिमान हिन्दू की तुलना में कमतर मुसलमान व्यक्ति को नौकरी में प्राथमिकता दी जाती थी। एक मानद शल्य चिकित्सक (किरन सेन) एफआरसीएस (ईडीआई) हिन्दू थे, जबकि दूसरे मुसलमान (टी. अहमद) बिना किसी विशेषज्ञ विशेषता के थे और तुलनात्मक रूप से दूसरे का काम बहुत ही निम्न दर्जे का था। यह बताता है कि क्यों मुसलमानों में हीन भावना थी और क्यों अनिवार्यतः दर्जन भर अच्छे हिन्दू डॉक्टरों की तुलना में मुसलमान सिर्फ़ एक था। *तमाम सामाजिक और बौद्धिक स्तरों पर* यह अखिल भारतीय सामान्य स्थिति थी। टी. अहमद मेरे बाद प्रोफ़ेसर बने क्योंकि वे मुसलमान थे और आज़ादी से ठीक पहले बंगाल में एक मुसलमान गवर्नर थे लेकिन वे कुछ ही दिन रहे उसके बाद वे पूर्वी बंगाल चले गए।[1]

1. E.J. Somerset Papers, Cambridge, CSAS (Emphasis added).

हालाँकि यह उद्धरण हिन्दुओं को उन्नत बताता है लेकिन सच्चाई यह है कि हिन्दुओं और मुसलमानों दोनों को अपने-अपने धर्म के कारण लाभ और घाटा उठाना पड़ा। धर्म अब धुरी है और दक्षिण एशिया में साम्प्रदायिकता का मूल कारण है। दुर्भाग्य से धर्म हमारी पहचान का आधार बन गया है। एक बार मैं पवित्र शहर बेथेलेहम गया था। नेटिविटी के चर्च का रूप अभिभूत करने वाला था। वह विषम इलाक़ा बहुत ही सुरम्य और सुन्दर था। दूरस्थ कोने से जब मैं फ़ोटो खींच रहा था तो मैंने एक फिलिस्तीनी लड़के को पास आते देखा। उसने मुझसे पाँच डॉलर माँगे। मैंने 'नहीं' कहा। कुछ देर कोशिश करने के बाद वह चला गया और चार अन्य बच्चों के साथ आया और मुझसे पाँच डॉलर माँगने लगा। मैंने उनसे बात करने की कोशिश की और पूछा कि वे स्कूल जाते हैं या नहीं; लेकिन कोई सफलता नहीं मिली। एक मेरे एकदम पास आया और मेरी आँखों में देखकर पूछने लगा, 'आप ईसाई हैं?' मैंने तुरन्त कहा 'नहीं'। फिर उसने पूछा, 'आप मुसलमान हैं?' मैंने कहा, 'नहीं'। 'तो फिर आप कौन हो?' खोजी नज़रों से लड़के ने मुझसे पूछा। मेरे पास कोई जवाब नहीं था—मेरी पहचान दाँव पर थी। मुझे सूफ़ी कवि बुल्लेशाह की कविता याद आ गई बुल्ला की जाणां मैं कौण? (मैं क्या हूँ, इसके बारे में मुझे क्या पता)। 'स्वयं को जानो'—यह कहना आसान है, करना मुश्किल है। मैं बुदबुदाया, 'हिन्दुस, हिन्दुस्तान'। उन्हें मेरे देश के बारे में कोई रुचि नहीं थी। मैंने उन्हें पाँच डॉलर दिए और जान छुड़ाई। नेटिविटी की पवित्र चर्च के सामने एक मस्जिद थी और दोनों के अपने-अपने लाउडस्पीकरों से ऊँची-ऊँची आवाज़ें आ रही थीं। मुझे लगा कि मैं घर पर ही हूँ। पुराने यरुशलम की पतली गलियों से गुज़रते हुए मुझे लगा क्यों नहीं बनारस के पंडे यहाँ अपनी 'दुकान' खोल लेते। वे आगे चलकर धर्म युद्धों को कुछ और ही दिशा दे देते।

बेशक, धर्म एक पहचान का अहसास देता है लेकिन इसके साथ ही सुरक्षा और असुरक्षा दोनों का अहसास भी आता है। इनमें से असुरक्षा की भावना साम्प्रदायिकता पनपाती है। यह अपनी ज़बरदस्त भावनात्मक शक्ति के कारण आर्थिक और वर्गीय आधारों को पृष्ठभूमि में धकेल देती है और छोटे-छोटे मुद्दों को विस्फोटक और हिंसक बना देती है। यहाँ बौद्धिक आईक्यू (इंटेलीजेंस कोटेंट) की जगह ईक्यू (इमोशनल कोटेंट) काम करता है। सेकुलरवादी इसे झूठी चेतना (फाल्स कॉन्सियसनेस) कहकर इसकी आलोचना करते हैं। क्या वाकई में यह झूठी चेतना है? यदि हाँ, तो इसे सही कैसे किया जाए? निदान क्या है? क्या शिक्षा मदद कर सकती है? मुझे लगता है कि यह चाहे कितना ही दुखद और दुर्भाग्यजनक महसूस हो लेकिन साम्प्रदायिकता आधुनिक युग के अस्तित्व का यथार्थ है और न तो शिक्षा मात्र और न आर्थिक उन्नति ही, इसका निदान कर सकती है। इन ऐतिहासिक उत्पादों द्वारा जीवन में खड़ी की मुश्किलों से कोई दूर नहीं भाग सकता। इसने ख़ास

वर्चस्वशाली तबकों को, समाज के अन्य सभी तबकों को वश में नहीं किया, तो भी नियंत्रित करने में मदद की। स्त्री यौनिकता को नियंत्रित करना धर्म के लिए बहुत आसान रहा। हिजाब ऐसा ही एक उपकरण है। सौभाग्य से, फ्रांस के उलटे, भारत में यह मुद्दा नहीं है। अपनी ईरान यात्रा के दौरान मुझे पता चला कि हिजाब की प्रासंगिकता और फ़ायदे बताने के लिए एक विशेष टीवी चैनल है। एक ईरानी मित्र ने मुझे विश्लेषित कर बताया कि एक पति के रूप में उसके लिए यह कैसे लाभदायक है। उसने दबी हुई हँसी के साथ कहा कि उसकी पत्नी दिनभर ऊपर से नीचे तक ढकी रहती है और रात में कपड़ों से नफ़रत करती है। मैंने माना कि कभी-कभी धार्मिक ख़ुराक के दिलचस्प परिणाम हो सकते हैं!

पीढ़ियों तक हमने सभी दुर्गुणों को दूर करने के लिए रामबाण समझकर 'उचित' शिक्षा पर ज़ोर दिया। यह 'उचित' मूल्य-सापेक्षिक शब्द है। उचित शिक्षा का मतलब क्या होता है? आज के हमारे अधिकांश साम्प्रदायिक और जिहादी अच्छी शिक्षा प्राप्त होते हैं—उनमें से कुछ तो उच्चतर तकनीकी प्रशिक्षण और आभियांत्रिकी शिक्षा प्राप्त किए हुए होते हैं। क्या यह उदार शिक्षा के अभाव से है? सम्भवतया हाँ, इतिहास का एक अच्छा पेपर इसमें मददगार हो सकता है। अधिकांश धार्मिक देशों में इतिहास का व्यापक धार्मिक-राजनीतिक हथकंडे के रूप में इस्तेमाल किया जाता है। इस मामले में हम पाकिस्तान और ईरान में इतिहास अध्ययन की विषयवस्तु और गुणवत्ता को उदाहरण के रूप में देख सकते हैं। वहाँ इस्लाम-पूर्व का अतीत तो ग़ायब ही कर दिया जाता है। भारत में, हमारी इतिहास की पाठ्य-पुस्तकों से बहुत से विवाद खड़े हुए। साम्प्रदायिक लोग हमेशा ही वैज्ञानिक शिक्षण पद्धति के ख़िलाफ़ उठ खड़े होंगे। लेकिन साम्प्रदायिकता के ख़िलाफ़ की लड़ाई को अवश्य ही क्लासरूम से बाहर लाना चाहिए। हमें धर्मशास्त्र और पंडे-मौलियों से दो-दो हाथ करने पड़ सकते हैं। धार्मिक केन्द्रों और सम्मेलनों में ही साम्प्रदायिकता के बीज सबसे पहले बोए जाते हैं। बाद में, वे सामाजिक भेदभाव की ज़मीन पर अंकुरित होते हैं, जिसकी फ़सल समय-समय पर नेता बहुत चालाकी से काटते हैं।

लम्बे समय तक विद्वान भारत में साम्प्रदायिकता के उभरने का आर्थिक कारण बताते रहे। ऐसा कहा गया कि आर्थिक अवसरों के अभाव, व्यापारिक प्रतिद्वंद्विता, निम्नवर्गीय पृष्ठभूमि, सामाजिक भेदभाव आदि कारणों से अल्पसंख्यक समुदाय मुख्यधारा में नहीं आ पाया। ये कारक महत्त्वपूर्ण हैं और बेशक भूमिका निभाते हैं लेकिन पंजाब जैसी आर्थिक वृद्धि के साथ इसे कैसे व्याख्यायित किया जा सकता है, जहाँ संकीर्ण-साम्प्रदायिक भावनाएँ और भ्रष्टाचार भी बढ़ा? 1970 के दशक में पंजाब भारत का शीर्षस्थ राज्य था। अस्सी के दशक में यहाँ पाशविक हिंसा और साम्प्रदायिक 'उन्माद' फैल गया। यह 'व्यष्टि' और 'समष्टि' के सन्दर्भ में व्याख्यायित नहीं किया

जा सकता है, जिसमें अर्थशास्त्री माहिर होते हैं। राजनीति की अवश्य ही बहुत बड़ी भूमिका होती है और ये सामाजिक-मनोवैज्ञानिक कारकों से भड़क जाते हैं।

1976-83 के दौरान मैं कुरुक्षेत्र विश्वविद्यालय में इतिहास पढ़ा रहा था और हरियाणा-पंजाब में कई जगहों पर गया। मैंने देखा कि कैसे (कु)ख्यात आपातकाल और नसबन्दी के ख़तरे के परिणामस्वरूप हिन्दुओं और सिक्खों ने कांग्रेस के ख़िलाफ़ एकजुट होकर 1977 में उसे सत्ता से उखाड़ फेंका। कांग्रेस ने इसकी प्रतिक्रिया में एक प्रेत को उभारकर, नहीं तो उसे उत्साहित अवश्य कर दी। यह प्रेत था—जरनैल सिंह भिंडरावाले। वह कोई सामान्य संत नहीं था, बल्कि उसकी राजनीतिक महत्त्वाकांक्षाएँ थीं और एक स्वतंत्र सिक्ख राज्य बनाना चाहता था, जिसे उसके अनुयायियों ने 'खालिस्तान' नाम दिया। पंजाब से ही राजनीतिक समर्थन और विदेशों से हासिल धन की मदद से उसने पंजाबी समाज को ऐसा तोड़ा, जैसा विभाजन के अलावा कोई नहीं बाँट सका। हर रोज़ लोग मर रहे थे। वीर परम्परा और रंगीन संस्कृति के बावजूद सिक्ख असन्तुष्ट और हिंसक हो रहे थे। अन्ततः फ़ौज को बुलाना पड़ा और ख़मियाज़ा हमारे सबसे पवित्र स्थान—अमृतसर के स्वर्ण मन्दिर को चुकाना पड़ा। इसे 'ऑपरेशन ब्लू स्टार' कहा गया, जिसका इस्तेमाल भारी हथियारों से लैस आतंकवादियों, जिन्होंने मन्दिर पर क़ब्ज़ा कर लिया था, से निपटने में किया गया। समय पर यदि दवा की गई होती तो यह नासूर नहीं बनता, आम लोग यह समझ रहे थे लेकिन हमारे नेता नहीं, जो इसका अधिकतम फ़ायदा उठाना चाहते थे। इस अदूरदर्शिता का भारी ख़मियाज़ा 1984 में चुकाना पड़ा। भारतीय प्रधानमंत्री की उनके ही सुरक्षाकर्मियों द्वारा हत्या कर दी गई और उसके बाद तो कहर टूट पड़ा। दिल्ली में हज़ारों सिक्खों का कत्लेआम कर दिया गया और दूसरे शहरों में भी हज़ारों की जान के लाले पड़ गए। रातोंरात पड़ोसी दुश्मन हो गए और सिक्खों की दुकानों को हिन्दू व्यापारियों ने राख कर दिया था। क्या यह सिर्फ़ आर्थिक फ़ायदे के लिए किया गया? नहीं, यह नफ़रत की वजह से हुआ, जिसे लम्बे समय तक साम्प्रदायिक ख़ुराक देकर पनपाया गया था। पीड़ितों को चाहे कुछ मुआवज़ा मिल गया होगा लेकिन उन्हें न्याय मिलना अभी तक बाक़ी है। उन दिनों मैं बँगला साहब गुरुद्वारे के पास रहता था, जिसे वस्तुतः एक क़िले में तब्दील कर दिया गया था और मैं मेरे सिक्ख पड़ोसियों के चेहरे पर डर की छाया स्पष्ट देख सकता था। हम एक-दूसरों को सांत्वना देते थे और धीरे-धीरे हालात सामान्य हो गए लेकिन घाव अब भी हरे हैं। जरा सोचिए, यह उस समुदाय के ख़िलाफ़ किया गया जो हमारे देश की जनसंख्या का महज़ दो प्रतिशत हैं लेकिन हमारी कृषि, फ़ौज और जनहित के क्षेत्र में लगभग 25 प्रतिशत का योगदान देता है।

इस कत्लेआम से किसे फ़ायदा हुआ? शहीद प्रधानमंत्री के प्रति फैली सहानुभूति की लहर से उनके बेटे के नेतृत्व में पार्टी ने भारी चुनावी जीत दर्ज़ की। लेकिन यह

उत्साह सिर्फ़ पाँच साल तक ही टिक पाया। साम्प्रदायिक का पेंडुलम एक बार फिर अपने पुराने और चिर शत्रु मुसलमानों की ओर घूम गया था। सिक्खों को दबा दिया गया था, कश्मीर में तूफान अभी तक आया नहीं था और भारत-पाक युद्ध भी होने वाला नहीं था; इसलिए इतिहास, बल्कि मिथक के एक हिस्से को दमन के प्रतीक के रूप में उभारा गया और उद्देश्य था, उसके आधार पर एक नई सामाजिक-राजनीतिक गोलबन्दी करना था। यह बाबरी मस्जिद और राम जन्मभूमि विवाद था। अगले बीस साल तक यह सत्ता के खेल का शस्त्रागार बनने वाला था और अब भी यह भविष्य में बड़े साम्प्रदायिक विस्फोट की आशंका बना हुआ है। इस विवाद का मूल बड़ा दिलचस्प है। उन्नीसवीं सदी के उत्तरार्द्ध में कभी एक अंग्रेज़ अधिकारी ने यह बताया कि बाबरी मस्जिद उसी जगह बनी हुई है, जहाँ हज़ारों साल पहले राम का जन्म होना जाना-माना जाता है। यह कहा गया कि वहाँ पहले मन्दिर था, जिसे बाबर (मुग़ल साम्राज्य के संस्थापक) या उसके मातहतों ने तोड़ दिया और उस जगह पर मस्जिद बनवाई। इस तरह उस जगह पर राम मन्दिर के पुनर्निर्माण की दमित माँग उठ खड़ी हुई। लेकिन लोग राष्ट्रीय आन्दोलन कर रहे थे और आज़ादी के लिए लड़ रहे थे, इसलिए मन्दिर-मस्जिद की किसी ने परवाह नहीं की। जब हम आज़ादी की तरफ़ बढ़ रहे थे, विभाजन के साम्प्रदायिक कत्लेआम ने पुराने घावों को फिर हरा कर दिया। पवित्र नगरी अयोध्या में कुछ लोग मौक़े का इन्तज़ार कर रहे थे। 1949 में, किसी एक सुबह राम और अन्य देवताओं की मूर्तियाँ बाबरी मस्जिद के अन्दर पाई गईं। लोगों ने इसे चमत्कार बताया। मुसलमान उस जगह से चले गए और उस पवित्र स्थान पर एक अस्थायी मन्दिर बना दिया गया। प्रशासन तत्काल हस्तक्षेप कर सकता था, लेकिन मूर्तियाँ वहीं रहने दी गईं और विभिन्न वादियों द्वारा दीवानी मामले दायर किए गए। इस तरह से एक धार्मिक मूल के मुद्दे पर क़ानूनी लड़ाई प्रारम्भ हो गई। यहाँ तक कि स्वयं भगवान राम को भी मुकदमे में एक पार्टी बना दिया गया! यह केवल भारत में ही हो सकता है! मामला दशकों तक घसीटता रहा और 1980 में सत्तापक्ष और विपक्ष दोनों के कुछ राजनीतिक समूहों ने इस मुद्दे में राजनीतिक दोहन की अपार सम्भावनाएँ देखी। उनकी ज़्यादा रुचि वोटों के ध्रुवीकरण में थी जबकि इससे समाज का भयानक ध्रुवीकरण होने वाला था। बहुतों के लिए हिन्दू भावना और हिन्दू वोटों का मतलब एक ही था। वे राम मन्दिर मुद्दे को भुनाना चाहते थे। मुस्लिम समुदाय रूढ़िवादी उलेमाओं और सैयद शहाबुद्दीन जैसे कुंठित नेताओं की तरफ़ चला गया। इस नासूर से निपटने के लिए अब न तो मौलाना आज़ाद थे, न सीमांत गांधी, न काज़ी नज़रुल, न हसरत मोहानी, न नेहरू और न ही पटेल थे। आज़ादी के बाद अब पहली बार साम्प्रदायिकतावाद की राजनीति अपने पूरे शबाब पर थी।

बेचारे बाबर ने सोचा भी नहीं होगा कि कुछ सदियों बाद वह इस तरह घर-घर में जाना जाएगा! इतना ज़्यादा कि जब प्रसिद्ध नेता सलमान खुर्शीद ने साम्प्रदायिकता

की कार्यशैली पर एक नाटक लिखा, तो उसका शीर्षक दिया था—संस ऑफ़ बाबर (बाबर के बेटे)।[1] आश्चर्यजनक है कि मुस्लिम अत्याचार और 'पराजित' हिन्दुओं के उत्पीड़न का प्रतीक बाबर बना, रूढ़िवादी औरंगज़ेब नहीं। इन धारणाओं के आधार पर 'वहीं' मन्दिर के पुनर्निर्माण का ज्वार उठा। यहाँ महत्त्वपूर्ण बिन्दु है मन्दिर को 'वहीं' बनाने पर ज़ोर। हिन्दू अतीत का रोना रोने के लिए नहीं जाने जाते हैं, लेकिन अब समाज का एक ठीक-ठाक हिस्सा हिन्दुत्व की ललकार के साथ भारत के राजनीतिक क्षितिज पर एक 'रुदाली दीवार'[2] बनाने के लिए तुला हुआ था। उनका कहना था कि भारत सरकार ने अल्पसंख्यकों, ख़ासकर मुसलमानों का, बहुत हद तक तुष्टीकरण किया और इसे सेकुलरवाद के नाम पर तुष्टीकरण की राजनीति बन्द करनी चाहिए। ऐसे में शाह बानो केस (1985) काम आया, जिसमें सर्वोच्च न्यायालय ने एक मुस्लिम विधवा को भरण-पोषण का हक़ दिया, जिसे मुसलमान मौलवियों ने मुस्लिम पर्सनल लॉ में हस्तक्षेप माना। सरकार अदालत के फ़ैसले को पलटने के लिए एक अधिनियम ले आई। निस्सन्देह यह एक प्रतिगामी क़दम था, जिसने हिन्दू साम्प्रदायिकों को और आधार दिया। वे और अधिक तेज़ हो गए, जबकि मुस्लिम साम्प्रदायिकों ने उसका जवाब देने की योजना बनाई। परिणामस्वरूप मुरादाबाद, भागलपुर और कई अन्य जगहों पर साम्प्रदायिक दंगे फैल गए।

सेकुलरवादी अब मझधार में फँस गए थे और उन्हें दो मोर्चों पर लड़ना पड़ा। उनके बहुत-से ऐतिहासिक और समाजशास्त्रीय तर्क प्रासंगिक थे लेकिन दोनों तरफ़ के साम्प्रदायिकों की भावुकता की शक्ति के आगे टिक नहीं पाते थे। अन्ध श्रद्धा से सतर्कता और तर्क हार गए और 6 दिसम्बर, 1992 को एक बड़ी उन्मादी भीड़ द्वारा बाबरी मस्जिद गिरा दी गई। सरकार मूकदर्शक बनी रही। यह भारत के लोकतंत्र और भारतीय-इस्लामिक विरासत का जो कुछ भी था, उसके लिए कलंक था लेकिन हर कोई ऐसा नहीं मानता था। मेरे कई शिक्षित और सुस्थापित रिश्तेदार मन्दिर के समर्थन में थे और प्रत्यक्ष रूप से हुए इस अवैध ध्वस्त को सही मानते थे। मेरे बेटे भास्कर ने, जो उस समय दस साल का था और घर पर सजीव चर्चाएँ सुनता था, 'छह दिसम्बर' नाम से निम्न कविता लिखी :

उस दुर्भाग्यपूर्ण दिन
छह
दिसम्बर को

1. अब भारतीय राजनीतिक शब्दावली में 'बेटा' लक्षण केन्द्र में है। कांग्रेस पार्टी के राजकुमार को मुख्य प्रतिद्वंद्वी दल द्वारा शहज़ादा कहा गया। दिसम्बर, 2014 की शुरुआत में, एक केन्द्रीय मंत्री ने समाज को रामज़ादे और हरामज़ादे की श्रेणी में विभाजित किया था।
2. यरुशलम की 'वेलिंग वाल', जहाँ ध्वस्त पूजा स्थल पर बनी दीवार पर यहूदियों की रुदाली की रस्म अदायगी का स्थान।

भारत को तोड़ दिया गया।
उस दिन
मानवता हिल उठी थी।
'कारसेवकों' ने तोड़ दी
मस्जिद,
उन्होंने केवल अपराध नहीं किया,
उन्होंने नाश कर दिया था
एक धार्मिक के धर्म का।
कैसे कोई
कम से कम कोई भारतीय,
शान्ति से रह सकता था?
क्या कारसेवकों के पास
कोई पक्का सबूत था
कि भगवान राम वहाँ जन्मे थे।
उन्होंने मस्जिद गिरा दी,
किसके नाम पर?
हम कैसे चुप रह सकते हैं?
जब क्रूरता अपने चरम पर हो,
अगर सबसे बुरी कल्पना
जो कभी भी सच हो सकती है।
क्या समय कभी पश्चात्ताप करेगा
उस क्षण का
जब मानवता हिल उठी थी।

जैसी कि आशंका थी, कुछ जगहों पर दंगे भड़क गए और बम्बई में बम विस्फोट हुए। भारत के इस ऐतिहासिक द्वार और आर्थिक राजधानी में बॉलीवुड फ़िल्म के सभी अवयव हैं : झुग्गी बस्तियाँ, तस्कर, बन्दूकें, बार, नावें, शराबी, पुलिसकर्मी, हीरे के व्यापारी, और ज़ाहिराना अरब सम्बन्ध। कोई और शहर इस जादू से तुलनीय नहीं है। आश्चर्य नहीं है कि बम्बई साम्प्रदायिक झड़पों का स्नायु केन्द्र और आतंकवादियों का पसन्दीदा लक्ष्य बन गया और अब भी है। इसके विपरीत, औपनिवेशिक बम्बई का आकर्षण कुछ और था। इसमें मिलें, उद्योगपति, मज़दूर, उदार पारसी, मराठी विद्वान थे और इसकी अपनी सार्वलौकिक दुनिया थी। बम्बई अब मुंबई है, और बहुत बदल गया है। यहाँ हिन्दू और मुस्लिम दोनों साम्प्रदायिक, जगह-जगह और क़दम-क़दम पर एक-दूसरे से होड़ा-होड़ी करते हैं और आम लोगों को इसका ख़मियाज़ा भुगतना पड़ता है।

ठीक यही पड़ोसी गुजरात में 2002 में हुआ था। अयोध्या से लौट रहे कुछ हिन्दू कारसेवक एक ट्रेन में ज़िन्दा जला दिए गए। इसकी 'प्रतिक्रिया' में, अहमदाबाद और बड़ौदा में व्यवस्थित तरीक़े से मुसलमानों को निशाना बनाया गया और कइयों को मारा गया। जनसंहार से सरकार को कोई फ़र्क़ नहीं पड़ा। उस समय के प्रधानमंत्री अटल बिहारी वाजपेयी ने कहा था, 'राजधर्म का पालन नहीं किया गया'। इसने राष्ट्र की चेतना को झकझोर दिया था। अगले ही हफ़्ते, मैं जवाहरलाल नेहरू विश्वविद्यालय शिक्षक संघ के प्रतिनिधिमंडल में कुछ आर्थिक सहायता लेकर अहमदाबाद गया। मुस्लिम बाहुल्य अहमदाबाद के नरोदा पाटिया और अन्य जगहों पर हृदय विदारक दृश्य और ख़ौफ़ की अनगिनत कहानियाँ थीं। गुजरात में कई जगहों पर हिन्दू और मुसलमान कन्धे-से-कन्धा मिलाकर साथ रहते हैं। दोनों गुजराती भाषी हैं, यहाँ तक कि उनका पहनावा भी एक जैसा है, फिर भी धर्म के नाम पर इतना ख़ून-ख़राबा हुआ। नफ़रत की राजनीति ने धीमा लेकिन ज़बरदस्त नुकसान किया। आज़ादी और उन्नति के कई दशकों बाद भी साम्प्रदायिक राजनीति क्या बरबादी कर सकती हैं, इसके 1984 के सिक्ख दंगे और गुजरात के ये दंगे उदाहरण हैं। ये भारत के सेकुलर राष्ट्र की पदवी पर भी सवालिया निशान हैं। कुल मिलाकर, हमारा राष्ट्र राजनीतिक-सामाजिक सेकुलरवाद में यक़ीन रखता है लेकिन व्यवहार में हमने धार्मिक-सांस्कृतिक साम्प्रदायिकता का पालन-पोषण और प्रोत्साहन किया है। क्या कोई एक साथ दो नावों की सवारी कर सकता है—साम्प्रदायिक और सेकुलर? दुर्भाग्य से, भारत में तो सेकुलरवादी भी यह करने का प्रयास करते हैं। हिन्दू नेता कहेगा कि हिन्दूवाद स्वाभाविक रूप से सेकुलर है। मौलाना कहेगा कि इस्लाम शान्ति का प्रतीक है। तो फिर हिंसा आती कहाँ से है? सच्चाई यह है कि असल में दोनों ही 'साम्प्रदायिक सेकुलरवाद' का व्यवहार करते हैं।

दूसरी तरफ़ राज्य, पंडितों/मौलवियों की हल्की सी घुड़की के आगे झुक जाता है। राजनीतिक दल और सरकारें स्वयं स्वघोषित शंकराचार्यों और शाही इमामों को भाव देती हैं। सर्व-धर्म-समभाव के नाम पर राज्य करोड़ों रुपए लगाकर धार्मिक मेलों का आयोजन करता है और हज़ यात्रा सब्सिडी देता है। साहित्यिक और ऐतिहासिक प्रकृति के कई आयोजन/रचनाएँ धार्मिक उत्पाद और शान्ति-व्यवस्था और साम्प्रदायिक सद्भावना के नाम पर घोषित रूप से सेकुलर राज्य द्वारा निषेध और सेंसर की शिकार हुई। सतही और नाजुक शान्ति के नाम पर कुछ फ़िल्में प्रतिबन्धित कर दी गईं, असाधारण लेखकों को प्रताड़ित किया गया और यहाँ तक कि अदालतों में घसीटा गया। भारत के महान चित्रकार को निर्वासन में मरना चुनना पड़ा। भारत के टीवी चैनल पुराणों से कई धारावाहिक प्रसारित कर सकते हैं लेकिन बाइबिल की समानार्थी कहानियों का नहीं। ऐसा इस अन्यमनस्क और अल्पविकसित सेकुलरवाद की वजह से है, जिससे विवेकसम्मत चिन्तन प्रभावित होता है।

परिणामस्वरूप, जाति और लैंगिक असमानताएँ भी बढ़ती जा रही हैं। धर्म ने पहले ही बहुत नुकसान पहुँचा दिया है, और इस तरह के मूलवाद के चरम और धूमधाम के समय में यह सोचते हुए कँपकँपी उठती है कि अब आगे यह हमें कहाँ ले जाएगा।

जब 1990 के दशक के प्रारम्भ में पूरे देश का ध्यान अयोध्या पर केन्द्रित था, तब कश्मीर की हसीन वादियों में असन्तोष पक रहा था। यह क्षेत्र दशकों तक नरम-गरम रहा लेकिन अब उबल रहा था। अलगाववाद ने अपनी जड़ें गहरी कर ली थीं और नियमित चुनावों के बावजूद सामान्य हालात अदृश्य थे। यहाँ प्रदर्शन, घुसपैठ, गोलीबारी और जवाबी-गोलीबारी को चलते हुए अब लगभग दो दशक हो गए हैं। कश्मीर का मामला साम्प्रदायिक मामला है; यह आज़ादी का सवाल भी है और वस्तुतः विलुप्त कश्मीरियत का भी। यह इसके विलय के अव्यवस्था की विरासत है। भारत के लिए कश्मीर ताज है और इसकी सेकुलर व्यवस्था का प्रतीक भी; जबकि पाकिस्तान के लिए विभाजन का अधूरा एजेंडा। पूर्व बंगाल खोने, खालिस्तान बनाने में असफल होने के बाद पाकिस्तान ने अपनी पूरी ताक़त कश्मीर पर केन्द्रित कर दी है। नेहरू के जनमत सर्वेक्षण के वायदे को नज़रअन्दाज़ कर भारत भी दृढ़ नहीं रहा। इसका सबसे ज़्यादा ख़मियाज़ा आम कश्मीरियों को भुगतना पड़ता है। हज़ारों मारे गए और ग़ायब हैं, और पंडितों को घाटी से भागना पड़ा। मुझे दुख हुआ था, जब जेएनयू के मेरे एक कश्मीरी सहकर्मी को अपनी पुश्तैनी सम्पत्ति बेचनी पड़ी। जड़ें टूट गईं। सुरम्य वादियाँ वस्तुतः बिना किसी सुराग के लोगों और रुपयों को निगलने वाली काल कोठरी बन गई हैं और इस समय इस सुरंग का कोई अन्त भी नहीं दिखाई दे रहा है। ऐसा लगता है कि भारत घाटी को बचाए रखने में सफल नहीं हो पाएगा। उम्मीद करें कि ये परमाणु विनाश की चिनगारी न बन जाए। अगर कभी ऐसा हुआ, तो इसलिए नहीं होगा कि हिन्दू और मुसलमान एक-दूसरे के दुश्मन माने गए बल्कि इसलिए कि उनके नेताओं ने पागलपन किया। जैसा कि अलामा इक़बाल ने चेताया था—

वतन की फिकर कर नादान
मुसीबत आने वाली है
तेरी बरबादियों के मशवरे हैं आसमानों में
न समझोगे तो मिट जाओगे, हिन्दुस्तान (पाकिस्तान?) वालो
तेरी दास्तान न रहेगी दास्तानों में।

4

हमारी शासन-व्यवस्था

हमारी शासन-व्यवस्था को सबसे ज़्यादा आश्वस्त करने वाला तत्त्व हमारा लोकतंत्र है। यह सोचना बहुत राहत देता है कि हम कमज़ोर गणराज्य[1] नहीं हैं, न तो हम आइरन कर्टेन और न ही बंबू कर्टेन में रहते हैं।[2] हमारे यहाँ न तो किम इल सन्ग (उत्तर कोरिया) के जूचे विचार हैं और न ही गद्दाफी (लीबिया) और माओ (चीन) की क्रमश: हरी और लाल किताबें। निस्सन्देह जो हवा हम लेते हैं, वह बहुत प्रदूषित है लेकिन अब तक वह आज़ाद हवा है। इस बात में कोई शक नहीं है कि भारत में लोकतंत्र की जड़ें मज़बूत हैं। किसी बात पर सर्वसम्मति मुश्किल हो सकती है लेकिन लोग अपनी समस्याओं पर बातें करते हैं और मनोयोग से तर्क-वितर्क करते हैं। इस तरह के उदाहरण आप अपने घर, दफ़्तर, शैक्षिक संस्थानों और यहाँ तक कि रेल यात्राओं में भी देखते हैं। लोकतांत्रिक भावना हमारे समाज के लिए कभी अजनबी नहीं रही है। पुराने ज़माने में ग्राम सभाएँ हुआ करती थीं और लिच्छवी गणराज्य जैसे उदाहरण भी थे। यहाँ तक कि एक निरंकुश राजशाही और दमनात्मक सामंती व्यवस्था में भी बहस और विचारपूर्ण निर्णय के लिए गुंजाइश थी।

लेकिन हमारे यहाँ कभी 'मेग्ना कार्टा' नहीं हुआ। लोगों ने स्वभावत: ही विभिन्न शासनों और शासकों को अपनी नियति मानकर स्वीकार कर लिया। लोकतंत्र, जैसा आज हम समझते हैं, औपनिवेशिक आयात के रूप में हमारे यहाँ आया। अंग्रेज़ों के शासन ने हमें इंग्लैंड की कुछ परम्पराओं और संस्थाओं से अवगत कराया। एक सच्चे उपनिवेश के रूप में, हमने धीरे-धीरे लेकिन निश्चित रूप से समग्रता में प्राप्त किया और जैसे ही एक मज़बूत मध्यवर्ग उभरा, लोकतांत्रिक

1. Banana Republic : औद्योगिक रूप से अविकसित और राजनीतिक रूप से अस्थिर देश, जिसकी अर्थव्यवस्था पर किसी विदेशी तत्त्व का वर्चस्व हो।
2. Iron Curtain or Bamboo Curtain : सोवियत संघ के नेतृत्व ने अपने और अपने प्रभाव वाले देशों को बाहरी सम्पर्क से रोकने के लिए, यूरोप की तरफ़ जो नाकेबन्दी की, उसे आइरन कर्टेन; और चीन की तरफ़ जो नाकेबन्दी की, उसे बंबू कर्टेन नाम से जाना जाता है।

विचारों और मूल्यों की माँग बढ़ी। भारतीय राष्ट्रीय आन्दोलन के पड़दादा महान दादाभाई नौरोजी ने अंग्रेज़ी शासन को 'ग़ैर-अंग्रेज़ी' कहते हुए भारत में ब्रिटिश शासन-व्यवस्था जैसी व्यवस्था की माँग की। उसके बाद हमने कभी पीछे मुड़कर नहीं देखा। अंग्रेज़ संवैधानिक रियायतों का प्रावधान करने के लिए मजबूर हुए। यह बहुत आसान नहीं था; कई प्रतिरोध और असंख्य बलिदान हुए। जैसे-जैसे राष्ट्रीय आन्दोलन में अलग-अलग वर्गों और समूहों के लोग जुड़ने लगे, एक लोकतांत्रिक भावना पनपना प्रारम्भ होने लगी। यह लोकतांत्रिक आन्दोलन बन गया, सम्भवत: जनता का आन्दोलन, और अहिंसा के सिद्धान्त ने इसमें चमक ला दी।

दिलचस्प और सुयोग है कि औपनिवेशिक भारत ने कई समाज सुधारकों, राजनेताओं और संस्कृतिकर्मियों को पैदा किया, जिन्होंने अपने काम, लेखन और भाषणों से लोकतांत्रिक भावना का प्रसार किया। उन्होंने सामाजिक परम्पराओं और उनके दार्शनिक निहितार्थों को तत्कालीन परिस्थितियों के सन्दर्भ में विश्लेषित किया; उनकी परख ज़बरदस्त थी, लेकिन समाधान आसान नहीं था। हमारे देश की बेहद विशालता, करोड़ों की जनसंख्या और असंख्य विविधता वाले देश में यह हो भी कैसे सकता था! उभरते हुए राष्ट्र के सामने आ रही चुनौतियों से निपटने के लिए लोकतंत्र ही एकमात्र रास्ता था। यह हमारे देश के स्वभाव के अनुकूल था। कोई भी अन्य तरह का शासन या तानाशाही—चाहे वह फासीवादी हो या सर्वहारा की, तीव्र आर्थिक विकास भले ही कर लेती, लेकिन उसने हमारे देश की आत्मा को मार दिया होता और इसके बौद्धिक स्तर पर अनुपजाऊ बना दिया होता। पूरे राष्ट्रीय आन्दोलन के विकास में इसके लगभग सभी स्तरों पर लोकतांत्रिक भावना का विस्तार देखा जा सकता है। यह भारतीय राष्ट्रीय कांग्रेस के वार्षिक प्रस्तावों में थी, यह विभिन्न आधिकारिक और अनाधिकारिक विमर्शों में थी, और यहाँ तक कि यह जातिगत और सामुदायिक सभाओं और संस्थाओं में भी मौजूद थी।

लगभग इसके समानान्तर लोकतांत्रिक प्रयोगों का नकारात्मक पक्ष भी स्वत: सामने आ रहा था। स्वार्थ, यहाँ तक कि छोटे-छोटे, साधनों के प्रयास दिखने लगे थे। 1919 के सुधारों के अन्तर्गत द्वैत शासन पद्धति लागू की गई, विधानसभाएँ बनाई गईं और शिक्षा, स्वास्थ्य जैसे महत्त्वपूर्ण विभाग भारतीय नेताओं को सौंपे गए। एक बड़े नेता फ़ज़ल-उल-हक़ ने शिक्षा विभाग का कार्यभार सँभाला। उन्होंने एक दिन अपने विभाग के निदेशक (ईएफ ओटेन, डीपीआई, बंगाल, 1924-28) से प्रेसिडेंसी कॉलेज में एक लड़के को प्रवेश देने के लिए कहा। चूँकि लड़के की तृतीय श्रेणी थी इसलिए उसे प्रवेश देने से मना कर दिया गया था। जब मंत्री ने मामले पर ज़ोर दिया तो आजकल के अधिकारियों के विपरीत निदेशक ने साहसपूर्वक लिखित आदेश माँगा। कुछ झिझक के साथ फ़ज़ल-उल-हक़ ने लिखा, 'कृपया प्रेसिडेंसी कॉलेज में इस लड़के के प्रवेश की व्यवस्था करें। *कुशलता की बातें आजकल महत्त्व नहीं*

रख सकती हैं। (ज़ोर दिया गया) चूँकि कॉलेज बंगाल सरकार के अधीन था इसलिए मंत्री के आदेशानुसार काम किया गया। बाद में हक़ ने ओटेन को सच बताया। ओटेन के अनुसार उन्होंने कहा कि—

> मैं आपको बताना चाहता हूँ कि क्यों मैं इस लड़के को कॉलेज में प्रवेश दिलाना चाहता था। आप जानते हैं कि सदन में मेरा बहुमत सिर्फ़ एक वोट से है, और वह वोट इस लड़के के चाचा का है। उसने मुझे कहा कि यदि मैंने इस लड़के को कॉलेज में प्रवेश नहीं दिलाया तो वह विपक्ष में वोट देगा। आप अंग्रेज़ों ने ही शासन की ऐसी घटिया व्यवस्था लागू की है तो आपको मुझे इसमें मदद करनी ही चाहिए।[1]

यदि यह स्थिति 1920 में थी, तो 1990 में नरसिम्हा राव की दुरवस्था का अन्दाज़ा लगाया जा सकता है, जब ऐसी ख़बरें आई थीं कि उन्होंने अपनी सरकार बचाने के लिए झारखंड के कुछ सांसदों को रिश्वत दी थी।

ज़ाहिर सी बात है कि औपनिवेशिक सरकार लोकतांत्रिक नहीं होनी थी। इसमें एक पदानुक्रम और नौकरशाही थी, जिनका उद्देश्य लगन और निश्चय के साथ अंग्रेज़ी राज के हितों की पूर्ति करना था। हो सकता है कि उसमें अन्दरूनी औपनिवेशिक लोकतंत्र हो लेकिन किसी भी तरह से वे अपने द्वारा शासित देश के लोगों के प्रति जिम्मेदार नहीं थे। यदि लोग शिक्षा, रेल, सड़क, क़ानून आदि मामलों में लाभान्वित हुए तो यह शासन की आवश्यकताओं की वजह से हुआ था। उपनिवेशवाद लोककल्याणकारी नहीं था, यह सावधानीयुक्त निर्मित एक बहुत बड़ा व्यवसाय था, जो तलवार के बल पर स्थापित किया गया। यह एक यंत्र था, युद्ध का, नौकरशाही का, मुनाफे का, इच्छाओं का, कल्पनाओं का और सबसे ज़्यादा सत्ता का यंत्र। कुछ लोगों के लिए यह आनन्द और पैसे बनाने का अवसर था। कुछ लोग उपयोगितावादी भावना से संचालित थे। एक महत्त्वपूर्ण समिति के अंग्रेज़ सदस्य ने मनोविनोद में ठीक ही कहा कि—

> मेरा नाम—सर यूटेस
> जैसा कि आप देख सकते हैं मैं मालिक प्रजाति का एक सु-उदाहरण हूँ
> आप मेरी बात को बेहूदा मान सकते हैं
> लेकिन इन गन्दे भारतीयों पर शासन करने के लिए दिमाग़ की ज़रूरत नहीं होती है![2]

---

1. E.F. Oaten, *My Memories of India*, typescript (Cambridge: CSAS, Indian Education Service, 1909-30)
2. सर विलियम डी चम्पेनी स्वास्थ्य पर भोरे समिति के सदस्य थे। (Champaneys Papers, GC/139/H.2/10 [Welcome Trust Library, London, 1944])

औपनिवेशिक प्रशासन को बहुत बुद्धिमत्ता की ज़रूरत थी। सम्भवतया ये भारतीयों को भारतीयों से भी ज़्यादा ढंग से जानने-पहचानने में सफल हुए थे। इसके लिए उन्होंने हर सम्भव अनुशासनों, विषयों और तकनीकों का इस्तेमाल किया था, चाहे वह इतिहास हो, मानवशास्त्र हो, भाषा विज्ञान हो, समाजशास्त्र हो, वनस्पति विज्ञान हो, भूविज्ञान हो, आभियांत्रिकी हो या विधि हो। औपनिवेशिक प्रशासकों से यह उम्मीद की जाती थी कि वे ज्ञान के इन क्षेत्रों में से एक से ज़्यादा में निपुण हों। औपनिवेशिककरण के शुरुआती वर्षों में, अंग्रेज़ जहाँ भी हाथ रखते थे, उन्हें कुछ नया और अनोखा मिल जाता था। वे केवल प्रशासक और किराया वसूलने वाले नहीं थे, बल्कि खोजी भी थे, जिन्होंने ज्ञान के क्षेत्र में योगदान दिया और इसके क्षेत्र का विस्तार किया। उन्होंने स्थानीय लोगों के साथ सम्पर्क स्थापित किया, जिनके ज्ञान का वे सम्मान करते थे।

लेकिन धीरे-धीरे, ख़ासकर 1857 के विद्रोह और शासन के अंग्रेज़ सरकार के हाथ में जाने के बाद औपनिवेशिक सख़्तियाँ बढ़ गई थीं। अब प्रशासक सर्वज्ञाता होता था, जिसे दृढ़ और संरक्षक होना था। इसी वजह से फौलादी भारतीय प्रशासनिक सेवा (आईसीएस) का जन्म हुआ था। 1902 में एक पर्यवेक्षक ने लिखा कि "भारतीय अधिकारियों का रूखा रवैया अच्छे-अच्छे लोगों का घमंड चकनाचूर कर देता था।...चाहे कोई वरिष्ठ हो या कनिष्ठ, ऑक्सफोर्ड या पब्लिक स्कूल से हो या नहीं...बाक़ी सबका कोई महत्त्व नहीं था।"[1] इस रूखेपन के बावजूद कई लोग इस धरती और वहाँ के लोगों के सौन्दर्य और स्वामिभक्ति से आकर्षित हुए, जिनकी सेवा करना उनका पेशा था। अंग्रेज़ी शासन ने कई सद्‌भावी प्रशासकों, डॉक्टरों, अभियंताओं और अन्य लोगों को पाया, जो भारत और यहाँ के लोगों से जुड़ाव महसूस करते थे। लेकिन उनका काम अधूरा ही रहा और एक जटिल समाज में औपनिवेशिक प्रशासन की ज़मीनी हक़ीक़त पर उनके आदर्श/विचार कुप्रबन्ध के शिकार हुए। उनमें से बहुत स्तब्ध एवं दीवाने हो गए और खीज गए। 1930-40 के दौरान बिहार में काम करने वाले एक अंग्रेज़ अभियंता ने स्थानीय नेताओं के बारे में लिखा कि—

> अनुग्रह बाबू के भर्ती होने के तत्काल बाद पटना मेडिकल कॉलेज सार्वजनिक और राजनीतिक बैठकों का केन्द्र बन गया। दिन भर भीड़ आती-जाती रहती थी। इसके विरोध व्यर्थ रहे, अस्पताल के अधिकारी असहाय थे और मंत्री कुछ नहीं करते थे। यहाँ तक कि जैसे ही अनुग्रह बाबू अस्पताल से गए, श्री कृष्णा सिन्हा ने प्रसूति से तीन माह पहले अपनी बेटी को उनके पति और कुछ रिश्तेदारों के साथ वहाँ भेज दिया, जो वहाँ मुफ़्त में रहे और

1. सी.जे. सिसन का पत्र, एल्फिस्टन कॉलेज, 21 नवम्बर, 1902। MS SarColl. British Library, London.

किसी अन्य मरीज़ को भर्ती नहीं होने देते थे। और उन्होंने पूरे परिवार को सरकारी डेरी से मुफ़्त दूध और मलाई दिलवाई।[1]

यह वह राजनीतिक संस्कृति थी, जो 1947 में स्वाधीन भारत को विरासत में मिली थी। नेहरू का भारत कम पैसों और ख़ाली तिजोरी के साथ शुरू हुआ था, लेकिन इसके पास मज़बूत श्रम शक्ति और संस्थाओं की शृंखला थी, जिसने नवीन लोकतंत्र की कई तरह से मदद की। निस्सन्देह यह एक ऊर्ध्वमुखी केन्द्रीकृत प्रशासन था लेकिन आज़ादी के आन्दोलन के दौरान संरक्षित संघर्ष से भारतीयों ने प्रशासन में कुछ अनुभव हासिल कर लिया था। कुछ समय के लिए भारतीयों ने स्थानीय निकायों नगरपालिका और ज़िला बोर्ड को लोकतांत्रिक तरीकों से प्रशासित किया था। 1919 के प्रशासनिक सुधारों के तहत प्रान्तीय व्यवस्थापिकाएँ बनाई गई थीं। इन सबसे ऊपर दिल्ली में केन्द्रीय व्यवस्थापिका सभा थी, जो आज़ादी के बाद भारत की संसद बन गई थी। हमारे नेताओं और लोक-सेवकों की गुणवत्ता और लगन को जानने के लिए हमें इन सभाओं में आज़ादी से पहले के दौर में होने वाली बहसों और इसके छह-सात दशकों बाद की बहसों की तुलना करनी चाहिए। इनमें 'स्पष्ट' अन्तर दिखेगा और भारतीय लोकतंत्र द्वारा की गई 'उन्नति' को भी दिखाएगा।

लेकिन विभाजन और हिंसा के बजाय स्वाधीन भारत को अपनी यात्रा आनन्द से शुरू करनी चाहिए थी। संक्रमण कठिन, दर्दनाक भी था और भारतीय नेताओं ने अपनी सूझ-बूझ और दूरदर्शिता का परिचय दिया। पहला काम अंग्रेज़ों द्वारा भारत के लिए जो कुछ छोड़ा गया था, उसका एकीकरण करना था और यह असाधारण तत्परता के साथ किया गया। केवल कश्मीर और चीनी सीमा पर हम लोग लड़खड़ा गए और आज तक उसकी क़ीमत चुका रहे हैं। सबसे ज़्यादा गौरवपूर्ण बात, ज़ाहिर है, हमारे संविधान का निर्माण था। यह एक महत्त्वपूर्ण काम था जो बहुत सावधानी,

1. उन्होंने आगे लिखा—

मुझे दुख था कि मेरे विभाग में भ्रष्टाचार पनप गया। और जहाँ तक भारतीयों की बात है, तो मुझे दुख था कि यह केवल निचले स्तर पर नहीं था। जहाँ तक अच्छे कामों के लिए रिश्वत और भ्रष्टाचार की बात है, कई यूरोपीयों और भारतीयों द्वारा अलग-अलग तरह से देखा जाता था। यूरोपीयों को पीढ़ियों से इस बात में शिक्षित किया गया था कि उनके वेतन के ऊपर कुछ भी पाना अवैध है, जबकि भारतीय इसे काम के बदले वैध प्राप्ति मानते थे। *यदि गम्भीरता से भ्रष्टाचार को प्रयास कर ख़त्म करना है, तो सबसे पहला काम प्राथमिक शिक्षा में भ्रष्टाचार विरोधी पाठ्यक्रम विकसित करने की आवश्यकता है, ताकि पीढ़ियों बाद एक नया नज़रिया विकसित हो सके।* (G.F. Hall Papers, IOR. MSS.Eur.D. 569, British Library, London)

अन्तिम वाक्य (बल मेरा) महत्त्वपूर्ण है। राष्ट्रीय शैक्षिक अनुसंधान और प्रशिक्षण परिषद (NCERT) को इस पर ध्यान देना चाहिए। यदि एक ईमानदार श्री बाबू सरकारी डेरी से मुफ़्त सामान लेते हैं, तो कुछ दशकों बाद उचित ही उनका उत्तराधिकारी चारा घोटाला करेगा।

पारदर्शिता, वैधानिक कुशलता और राजमर्मज्ञता के साथ सम्पन्न किया गया।[1] संविधान सभा की बहसें इसका प्रमाण हैं और उदाहरण भी कि कैसे एक लोकतांत्रिक व्यवस्था का निर्माण किया जाता है। भारतीय संविधान के निर्माता और सामाजिक समानता के योद्धा डॉ. अंबेडकर ने भ्रष्टाचार पर भी नकेल कसने का पक्ष लिया और वे चाहते थे कि निर्वाचित प्रतिनिधि अपनी आय घोषित और 'विश्लेषित' करे। काश, ऐसा हो पाता! भारत की विविध सामाजिक-आर्थिक और सांस्कृतिक यथार्थ को सँभालना और यहाँ के सभी नागरिकों की इच्छाओं को उपयुक्त पारदर्शी और न्यायसंगत तरीक़े से पूरा करना आसान नहीं था।

दूसरा महत्त्वपूर्ण विकास योजना की प्रक्रिया थी, जो कि राष्ट्रीय आन्दोलन के हिस्से के रूप में ही स्थापित हो चुकी थी। बहुत पहले 1937 में भारतीय राष्ट्रीय कांग्रेस ने विभिन्न क्षेत्रों में भारत के विकास पर चर्चा और योजना बनाने के लिए राष्ट्रीय योजना समिति का गठन किया था। इसका उद्देश्य भारत के पुनर्निर्माण की योजना बनाना था। इसमें सभी महत्त्वपूर्ण लोगों ने योगदान दिया था। गांधी और टैगोर के विचार सुप्रसिद्ध थे और विभिन्न मंचों पर उन पर विचार-विमर्श हुआ। बहुत से अन्य लोग भी अपने विचारों के साथ आए, जिनमें एम. विश्वेस्वरैया (अभियंता), मेघनाद साहा (वैज्ञानिक), जी.डी. बिरला (उद्योगपति) आदि प्रमुख थे। इन बहसों में विविधतायुक्त विचार आए, सबके अपने-अपने ख़याल थे। गांधी जी की राजनीति स्वीकार्य थी लेकिन उनका अर्थशास्त्र नहीं। हालाँकि नेहरू सहित कई लोगों के लिए समाजवाद आदर्श रहा, लेकिन भावी विकास को ध्यान में रखते हुए मिश्रित अर्थव्यवस्था वाले लोकतांत्रिक समाजवाद को स्वीकार किया गया। आज़ादी के दौरान इस विषय पर मोटा-मोटी एक सर्वसम्मति थी और योजनागत विकास की धारणा हमारी व्यवस्था का अभिन्न हिस्सा बन गया। इस तरह हमारी 'नियति' पंचवर्षीय योजना के साथ प्रारम्भ हुई। इसके बाद, पहली पंचवर्षीय योजना से बारहवीं पंचवर्षीय योजना तक के दस्तावेज़ भारत की विकास-यात्रा को दर्शाते हैं। ये दस्तावेज़ एक अर्थशास्त्री और सांख्यिकीशास्त्री के लिए रुचिकर हो सकता है लेकिन समाजशास्त्री और इतिहासकार के लिए किसी दुःस्वप्न से कम नहीं है। यह तय करना मुश्किल होता है कि क्या वादा किया गया था और कितना वह पूरा किया गया। हालाँकि यह लगता है कि इस प्रक्रिया ने एक तरह से राजकोषीय अनुशासन और समान संसाधनों के बँटवारे को सुनिश्चित किया। इसके आलोचक बहुत हैं, इतने कि नए प्रधानमंत्री ने आकर इसकी समाप्ति की घोषणा की। क्या कोई संस्थान सभी प्रतिस्पर्धी अभिलाषाओं को सन्तुष्ट कर सकता है?

1. यह महान कार्य महज तीन सालों में पूरा कर लिया; पाकिस्तान के विपरीत, जहाँ पच्चीस साल लगे और अब भी सैन्य तानाशाही से उत्पीड़ित है। फिलहाल, नेपाल इस गम्भीर जिम्मेदारी से दो-दो हाथ कर रहा है।

यही बात अन्य अर्ध-संवैधानिक संस्थाओं, जैसे निर्वाचन आयोग, नियंत्रक और महालेखापरीक्षक आदि पर भी लागू होती है। यदि आज निष्पक्ष चुनाव होते हैं, तो इसका श्रेय चुनाव आयोग को ही जाता है। इतनी बड़ी प्रक्रिया इतने सुचारु रूप से संचालित होती है कि कई संघर्षरत लोकतंत्रों के लिए यह मिसाल बन जाता है। कभी-कभी राजनीतिक दल इस पर हमला बोलते हैं लेकिन आम जनता इसे स्वायत्त और कुशल आयोग की प्रशंसा ही मानकर चलती है। इसी तरह से, नियंत्रक और महालेखा परीक्षक का कार्यालय सरकारी ख़र्च पर संवैधानिक निगरानी कर्ता के रूप में काम करता है। यह नियमित रूप से विभिन्न विभागों की गड़बड़ियाँ पकड़ता है और सुधारों का सुझाव देता है। गड़बड़ियाँ करने वाले हमेशा ऑडिट ऑब्जेक्शन से डरते हैं हालाँकि अक्सर वे बच निकलने के रास्ते और तरीक़े निकाल लेते हैं। यही वह कार्यालय है, जिसने कई घोटालों को उजागर किया, जिनमें से टूजी स्पेक्ट्रम और कोयला घोटाला बहुचर्चित रहे। यदि सीएजी नहीं होता तो आश्चर्य नहीं कि पूरा देश ही बेच दिया गया होता!

इस बात पर गौर करना महत्त्वपूर्ण है कि जहाँ व्यवस्थापिका, न्यायपालिका और नौकरशाही का ढाँचा औपनिवेशिक संरचना से विरासत में लिया गया है, वहीं हमारा संविधान उस समय के हमारे देश के बुद्धिमान लोगों द्वारा बनाया गया और सभी भारतीयों के नाम पर इसे अपनाया गया। इसने धरती को स्वर्ग बना देने का वादा नहीं किया लेकिन एक न्याययुक्त और समदृष्टि व्यवस्था उपलब्ध कराने का प्रयास किया। इसकी विशालता, 1935 के अधिनियम और विश्व के कई देशों के संविधान से ग्राह्यता और कई प्रावधानों एवं अपवादों के बावजूद इसकी धाराओं में असाधारण स्पष्टता, पूर्णता और दूरदर्शिता है। संविधान न केवल नागरिकों के मौलिक अधिकारों की गारंटी करता है बल्कि राज्य और लोगों को अनुसरण करने के लिए कुछ नीति-निर्देशक सिद्धान्तों का भी प्रावधान करता है। यह राष्ट्र की प्रकाशस्तम्भ की तरह सेवा करता है और इसे लम्बे समय तक करते रहना चाहिए। संविधान सर्वोपरि है और सभी संस्थाओं और नागरिकों की निष्ठा को नियमित करता है, कम से कम सैद्धान्तिक रूप से। समस्या क्रियान्वयन में है, न कि घोषणा की नियति में।

नए शासक

आधी रात की आज़ादी नए शासकों की खेप अचानक नहीं ले आई। संक्रमण की प्रक्रिया लम्बे समय से चल रही थी। अंग्रेज़ों ने भारतीयों को विधायिका, प्रशासन, परिषदों और आयोगों में कुछ भागीदारी दी थी। यह भागीदारी प्रकृति और सम्भावना में चाहे कितनी भी सीमित हो, इसने हमारे नेताओं को सोचने, समझने और अपने

विचारों को मूर्त रूप देने के लिए नए अवसर दिए। शुक्र है कि भारत नीदरलैंड या फ्रांस का उपनिवेश नहीं था! नाज़ी, गांधी को कभी किसी क़ानून को तोड़ने या आन्दोलन करने नहीं देते। ब्रिटिश राज में दमन और जलियांवाला बाग़ हत्याकांड हुआ, लेकिन कुछ संवैधानिक रास्ते भारतीयों के लिए खुले हुए थे। इसने भारतीयों को अच्छा प्रशिक्षण दिया। निस्सन्देह आभिजात्य वर्ग ने इसका फ़ायदा उठाया, यह स्वाभाविक था, लेकिन साधारण पृष्ठभूमि के लोग भी आगे बढ़े। बहुत ही कठिन हालातों के बावजूद डॉ. अंबेडकर के लिए यह सम्भव हुआ कि वे वायसराय की काउंसिल तक पहुँच पाए, एक अधनंगे फकीर के लिए यह सम्भव था कि वह धोती-लँगोटी में सम्राट के महल में पहुँच पाए।

आज़ादी का आन्दोलन एक लम्बी और कठिन प्रक्रिया थी, जिसने इसके नेताओं और इसके लोगों की भी, नियत और योग्यता की परीक्षा ली। यही कारण है कि उस दौर में अलग-अलग क्षेत्रों में हम कई योग्य लोगों को पाते हैं। चाहे वह राजनीति हो, समाज सुधार हो, विज्ञान हो, अकादमिक हो या चाहे संगीत हो—हमें महान लोग मिलते हैं, स्वाधीन भारत में उनके समान लोगों का होना मुश्किल है। हालाँकि, यह तुलना अनुचित है क्योंकि अब परिस्थितियाँ और जीवन बहुत बदल चुका है। लेकिन इस बात में कोई शक नहीं है कि बीसवीं सदी का पूर्वार्द्ध आधुनिक भारत के कुछ बहुत ही अच्छे और दक्ष लोगों का गवाह बना। उन्होंने एक 'नए' भारत में जन्म लिया था। यह 'नया' भारत अपने लम्बे अतीत, इसकी उपलब्धियों, इसकी असफलताओं, इसकी ताक़त और इसकी कमजोरियों के प्रति सचेत था और इसने आज़ाद भारत में एक आत्मविश्वास और योजना के साथ प्रवेश किया था। 'आधी रात की आज़ादी' ने चाहे अन्दरूनी स्तर पर राष्ट्र की 'नींद' न उड़ाई हो, लेकिन इसने एक नई सुबह का वादा अवश्य किया था।

संविधान ने हमें लंदन के अनुभवों के आधार पर निर्मित संसदीय लोकतंत्र दिया। पश्चिमी लोकतंत्र प्रायः दो दलीय व्यवस्था वाली थी, ज़ो सुनिश्चित धारणाओं पर लड़ती हैं। आज़ाद भारत का प्रारम्भ एक पार्टी के शासन से हुआ था। स्वतंत्रता आन्दोलन के नेताओं का शुक्र है कि भारतीय राष्ट्रीय कांग्रेस ने प्रशासन का कार्यभार सँभाला। यह पार्टी एक बरगद जैसे संगठन के रूप में विकसित हुई जिसमें विभिन्न विचारों के लोग रहते थे और वाद-विवाद होते रहते थे। इसमें रूढ़िवादी दक्षिणपंथ था, इसमें प्रगतिवादी वामपंथ था, दक्षिण और वाम की ओर झुकाव वाले लोग थे, मध्यममार्गी लोग थे, और प्रशंसक भी थे। फिर भी वहाँ सर्वसम्मति की गुंजाइश थी। वहाँ आत्मनिर्भरता, लोकतंत्रीकरण, गुट-निरपेक्षता, औद्योगिकीरण, ग़रीब-हितैषी नीतियों को लेकर सर्वसम्मति थी। अधिकांश नेता ज़मींदार वर्ग से आते थे और प्रायः सामंती सोच-विचार के होते थे, लेकिन वे शिक्षित थे। कई अन्य मध्यवर्गीय पृष्ठभूमि से आते थे। विधायी राजनीति प्रायः आभिजात्य राजनीति होती है। इसमें

सबसे छोटा व्यक्ति भी, एक बार ओहदे पर आ जाए तो सत्ता की चालबाजियाँ अपनाकर सुख भोगता है। सत्ता शहद, मिठाई और पोषण की तरह होती है। लेकिन जब यह नित्य का भोजन हो जाए तो समस्या हो जाती है, यह व्यवस्था को मोटापे और मधुमेह का शिकार बना देती है। पहले ठीक-ठाक ईमानदार और मध्यवर्ग के शिक्षित लोगों के लिए विधानसभा या लोकसभा के चुनाव लड़ना और जीतना सम्भव था। आज यह असम्भव है। आज धनबल और बाहुबल रखने वाले दोहरी कमाई और चरित्र के लोग ही बाजी मारते हैं।[1] ये बदलाव कैसे हुआ? इसके बीज हमें उस प्रक्रिया में ही मिलते हैं, जिससे हमें आज़ादी मिली।

आज़ादी की क़ीमत बहुत अधिक थी। हमारे कुछ नेता, कुछ वृद्धावस्था के कारण, कुछ बीमारी के कारण, सत्ता प्राप्त करने के लिए उतावले थे। पाकिस्तान के संस्थापक जिन्ना टीबी से पीड़ित थे, जिसे छुपाया गया था। उनके भारतीय समकक्ष भी संघर्ष को लम्बा खिंचने के मूड में नहीं थे। इसका परिणाम विभाजन के रूप में सामने आया और कुछ लोगों ने इसका स्वागत भी किया। इसका मतलब था कि अपने-अपने क्षेत्र से अवांछित मुसलमानों और हिन्दुओं से छुटकारा पाना और सत्ता एवं संसाधनों पर बाधारहित नियंत्रण पाना था। लाखों लोग इसमें मारे गए और इसके घाव अब भी हरे होते रहते हैं। इसने पीड़ितों को दिशाहीन कर दिया। लेकिन दोनों तरफ़ के नेताओं ने कुछ फ़ायदा पाया—उन्होंने सत्ता प्राप्त की। जहाँ एक तरफ़ पड़ोसी देश सैन्य तानाशाही का शिकार हो गया और आधुनिक व सेकुलर राष्ट्र बनाने का इसके संस्थापक का स्वप्न भंग हो गया, वहीं भारत की शुरुआत स्वस्थ लोकतांत्रिक आधार के साथ हुई।

सबसे पहले गांधी ने चारित्रिक सन्तुलन एवं शक्ति के साथ राष्ट्र की रूपरेखा तैयार की थी लेकिन उनके स्वयं के अनुयायियों ने आवश्यक विनम्रता और कुशल तिकड़मों से उसे उखाड़ फेंका। नए शासकों ने अपने गुरु की सादगी की तो प्रशंसा करते थे लेकिन सत्ता की औपनिवेशिक ऐयाशी भोगना पसन्द करते थे। सम्भवत: गांधी चाहते थे कि राजधानी (दिल्ली) स्थित रीगल वायसराय लॉज को संग्रहालय में तब्दील कर दिया जाए, लेकिन वह राष्ट्रपति भवन बन गया। उनके राजनीतिक वारिस पंडित नेहरू ने स्वयं तीन मूर्ति स्थित औपनिवेशिक सेना प्रमुख के भव्य

1. मई, 2014 में निर्वाचित हुई सोलहवीं लोक सभा के सदस्यों की औसत 'घोषित' सम्पत्ति 16.5 करोड़ थी। कांग्रेस के सांसदों की औसत सम्पत्ति 16 करोड़ थी, जबकि भाजपा के सांसदों की 11 करोड़। माकपा के उम्मीदवार 79 लाख की औसत सम्पत्ति के साथ सबसे ग़रीब थे। और तो और, नए सांसदों में 34 प्रतिशत पर आपराधिक आरोप थे। वे बाहुबली थे। (*The Hindu*, 18 May, 2014)

इसके ठीक विपरीत, आठ माह बाद दिल्ली विधानसभा में विधायकों की तुलनात्मक रूप से **'साफ़' खेप आई। यह बताता है बदलाव सम्भव है। (*The Hindu*, 12 February, 2015)**

बँगले में रहना तय किया। वे वियतनाम के महान क्रान्तिकारी हो ची मिन्ह नहीं थे, जो सत्ता में होते हुए भी साधारण घर में रहते थे। भव्य राजपथ के दोनों ओर नए मंत्रालयों और विभागों को स्थापित कर नव-औपनिवेशिक बाबूडम का भड़कीला और विस्तृत प्रदर्शन कर रहे हैं। जब मैं वाशिंगटन डीसी में स्मिथ्सोनियन गया था, तब मैंने दोनों लोकतंत्रों और उनके मूल्यों का विरोधाभास देखा। अमेरिका में कैपिटल और व्हाइट हाउस के बीच में माल के दोनों तरफ़ पंक्तिबद्ध संग्रहालय हैं, जहाँ ज्ञान की सार्वजनिक प्रदर्शनी है। यह ज्ञान समाज और ज्ञान अर्थव्यवस्था की उनकी प्राथमिकता को दर्शाता है। जरा कल्पना कीजिए कि कैसा लगेगा यदि कृषि भवन की जगह कृषि संग्रहालय और उद्योग भवन की जगह उद्योग संग्रहालय हो! यहाँ हमारा राजपथ मंत्रियों और उनके चमचों से भरा पड़ा है और गणतंत्र दिवस के दिन इस पर सोवियत संघ की याद दिलाते टैंक और गोला-बारूद चढ़ाई करते हैं। इसके विपरीत अमरीकी लोग परिवार और आतिशबाजी के साथ स्वाधीनता दिवस मनाते हैं (और टैंकों को अन्य देशों पर चढ़ाई करने भेजते हैं)। देखिए, कितनी धूमधाम से हम गणतंत्र दिवस मनाते हैं और विदेशी अतिथियों का स्वागत करते हैं, विशेषकर अमरीकी राष्ट्रपति का। हमने जानबूझकर औपनिवेशिक अवशेषों को सँजोकर रखा है। लेकिन उस समय बहुत उत्साह था और भारतीय लोकतंत्र का पहला दशक निश्चित रूप से उम्मीद, योजना और गम्भीर प्रयासों का था।

ऊपर से दिखने वाली उद्‌देश्यपरक स्पष्ट और दिखावी एकता के पीछे बहुत सी गड़बड़ियाँ और तनाव थे। कुछ नेता आधुनिक, प्रगतिशील और सेकुलर थे लेकिन उनके असंख्य सहयोगी और अनुयायी नहीं थे। निदान समस्या नहीं थी, कुछ हद तक सभी लोग सामाजिक और आर्थिक समस्याओं की जड़ जानते और महसूस करते थे। विवाद समाधान में आता था। उदाहरण के लिए जाने-माने अंग्रेज़ वैज्ञानिक ए.वी. हिल 1944 में भारत आए। उन्होंने महसूस किया कि भारत की समस्याएँ जैविक हैं—विशेषत: जनसंख्या, स्वास्थ्य और कृषि। अन्य बातों के साथ-साथ उन्होंने जनसंख्या नियंत्रण के कड़े उपायों को सुझाया था। कल्पना कीजिए कि यदि गांधी जी ने जनसंख्या नियंत्रण को मान लिया होता, तो इसने भारत विजय कर ली होती! नेहरू इस सुझाव को अपनी अन्तरिम सरकार में ले गए थे और प्रकृति तथा भगवान के क्षेत्र में हस्तक्षेप के प्रयासों के कारण बाकायदा फटकार के शिकार हुए। उनके अधिकांश सहयोगियों की ही कई सन्तानें थीं। ऐसे में, ऐसे आदमी की कौन सुनता जिसकी सिर्फ़ एक सन्तान थी और वह भी लड़की! उस समय कोई यह सोच भी नहीं सकता था कि एक दिन वह अपने बाप की उसी कुर्सी पर बैठेगी। उसके बाद नेहरू ने वह विषय शायद ही कभी उठाया हो और पहली दो पंचवर्षीय योजनाओं में जनसंख्या के मुद्‌दे को पूरी तरह से नज़रअन्दाज़ किया और अन्य लोककल्याणकारी उपायों पर ध्यान केन्द्रित किया।

शासन के कुछ ही सालों के अन्दर नेहरू जैसे सम्मानित और लोकप्रिय नेता भी अन्तर्निहित स्वार्थी और संकीर्ण व्यवस्था की आँच महसूस करने लगे थे। अब वे राजनेताओं की तुलना में वैज्ञानिकों और अकादमिकों को ज़्यादा पसन्द करने लगे थे। 1954 में, बीजिंग में नेहरू ने एक मुलाक़ात में उनके वैज्ञानिक मित्र जे.डी. बरनाल से कहा था कि—

> मेरे अधिकांश मंत्री प्रतिक्रियावादी और बदमाश हैं लेकिन जब तक वे मेरे मंत्री हैं, मैं उन पर कुछ नियंत्रण रख सकता हूँ। यदि मुझे इस्तीफा देना पड़ा तो वे सरकार चलाएँगे और वे नियंत्रण के उन सभी बन्धनों को ढीला कर देंगे, जिन्हें मैंने सरकार में आने से लेकर अब तक लगाए रखा।...मुझे उन लोगों के साथ काम करना पड़ता है, जो देश में प्रभावशाली हैं। हो सकता है कि वे ऐसे लोग नहीं हैं, जिन्हें मैं पसन्द करता हूँ लेकिन यही बेहतर है, जो मैं कर सकता हूँ।[1]

क्या हम कल्पना कर सकते हैं कि कभी चर्चिल और थेचर ऐसा कहेंगे? नेहरू ऐसे मंत्रिमंडल के प्रमुख क्यों बने रहे, जो उनमें विश्वास नहीं रखती थी? उन्होंने स्पष्ट रूप से राजनीतिक अनिवार्यता का कारण स्वीकार किया था। यह समझौतों की राजनीति थी। अगर नेहरू युग के उत्कर्ष काल और एक पार्टी के शासन में यह स्थिति थी तो हम सोच सकते हैं कि दशकों बाद गठबन्धन की सरकारों की स्थिति क्या होगी, जब हर एक हिस्सेदार अधिक सत्ता और धन पाने की कोशिश करता है।

फिर भी, नेहरू के नेतृत्व में हमें एक हद तक उद्देश्य, आस्था और ईमानदारी मिलती है। विचारधारा उस समय तक प्रासंगिक थी और निश्चित वैचारिक धुरियों पर बहसें होती थीं। 1950 और 1960 के दशकों की संसदीय बहसों में पहले की परम्परा दिखाई देती थी, ये अनुग्रह, आकर्षण और व्यंग्य से दीप्त होती थीं। चीन के आक्रमण पर हुई एक बहस में, जहाँ नेहरू ने कहा था कि चीन के क़ब्ज़ाए क्षेत्र पर घास की एक पत्ती भी नहीं उगती है, उनकी पार्टी के एक सदस्य (सम्भवत: महावीर त्यागी) उठ खड़े हुए, अपनी गांधी टोपी उतारकर अपने गंजे सिर को दिखाकर बोले, 'इस पर भी कुछ नहीं उगता, क्या इसे भी काट देना चाहिए?' हो सकता है कि नेहरू कुछ चीज़ों को लेकर अधीर हों लेकिन उन्होंने असहमति को सहन किया और अपने समकक्षों का सम्मान किया। उनके शासनकाल में विभिन्न राज्यों के मुख्यमंत्रियों ने पूरी स्वायत्तता और महानता से काम किया था। ऐसा इसलिए था कि उनमें से अधिकांश ने आज़ादी के आन्दोलन के समय उनके साथ

1. Bernal Papers, MSS. Add. 8287, Box 48, B.3.349, Cambridge Universtiy Library (CUL), Cambridge.

काम किया था। वामपंथ के प्रति झुकाव होने के बावजूद भी वे केरल में कम्युनिस्ट पार्टी की सफलता सहन नहीं कर पाए और सम्भवतया तत्कालीन गृह मंत्री जी.बी. पंत के कहने पर भारत की पहली ग़ैर-कांग्रेसी सरकार को बर्खास्त कर दिया।

भारत की आज़ादी की एक महान विरासत, विशेषकर गांधीवादी राजनीति की, धरनों, आमरण अनशन और प्रतिरोध के असंवैधानिक तरीक़े, जो प्राय: हिंसक हो जाते थे, की राजनीति थी। गांधी ने स्वयं चौरा-चौरी पर इसे अनुभव किया था और अपने असहयोग आन्दोलन को स्थगित कर दिया था। कवि टैगोर ने इस तरह के उपद्रवी और अन्ध अनुयायियों के प्रति सचेत किया था। निस्सन्देह दांडी पर नमक क़ानून तोड़ना राजनीतिक ब्रह्मास्त्र था लेकिन इसने अराजकता की भावना को बढ़ावा दिया था, जिससे उनके एनी बेसेंट जैसे सहयोगी सहज नहीं थे। आज़ादी के बाद, नेहरू ने महसूस किया कि इस तरह के आन्दोलनों की अब कोई आवश्यकता नहीं है। उनका तर्क था कि एक आज़ाद देश में व्यवहार औपनिवेशिक ज़माने से अलग होना चाहिए। 1955 में जब पटना में विद्यार्थियों और पुलिस के बीच आगजनी और गोलीबारी हुई तो नेहरू ने इसे गुंडागर्दी कहते हुए इसकी निन्दा की थी। और ठीक उसी साल, एप्पलबाय आयोग ने बिहार को सुप्रशासित राज्य घोषित किया था!

आज़ादी के आन्दोलन की ख़ासियत सर्वसम्मति की कोशिश का स्थान जल्दी ही कटुता की राजनीति ने ले लिया। पंडित नेहरू न केवल भारत के अन्तिम 'वायसराय' (इसलिए कि वे कुछ अंग्रेज़ी मूल्यों और जीवन शैली का प्रतिनिधित्व करते थे) थे, बल्कि सम्भवत: भारतीय राष्ट्रीय आन्दोलन की आख़िरी कड़ी भी थे। एक छोटे से अन्तराल के बाद जब उनकी बेटी इन्दिरा गांधी प्रधानमंत्री बनीं, तब यह कटुता स्थापित हो गई। पुरानी कांग्रेस पार्टी टूट गई और इन्दिरा के नेतृत्व में ही एक अत्यधिक केन्द्रीकृत 'आला कमान' कही जाने वाली व्यवस्था उभरी। प्रतियोगी राजनीति में 'राजनीतिक हत्या' ग़ैर-मामूली बात नहीं रही। सम्भावित ख़तरों को पहचाना जाता था, और जब सम्भव होता था, उनसे निपटा जाता था। पार्टी और सरकार का भेद मिट चुका था और लोकतंत्र की आत्मा पर नए तरह के धब्बे लगना शुरू हो गए थे। उन्होंने संवैधानिक प्रशासन में तानाशाही शासन चलाना शुरू कर दिया था।[1] कुछ लोगों ने प्रतिबद्ध नौकरशाही और प्रतिबद्ध न्यायपालिका की बात की। यह प्रतिबद्धता क्यों और किसके प्रति थी, इसका कोई भी अन्दाज़ा लगा सकता था। व्यवस्था पूरी तरह से व्यक्ति केन्द्रित हो गई थी।[2] लोग परिवारवादी

1. 2014 में भी लगभग ऐसी ही स्थिति दिखती है, हालाँकि अब सत्ता में दूसरी पार्टी और उसका नेता है।
2. राजस्थान में कांग्रेस के एक मंत्री का ऐसा दावा सुनने में आया कि एक महिला, जो 1970 के दौरान इन्दिरा गांधी की रसोई में सेवा करती थी, उसे बाद में गणराज्य के सर्वोच्च पद का इनाम दिया गया। सच क्या है, इसका पता लगाना मुश्किल है लेकिन बेबाक मंत्री को तुरन्त ही हटा दिया गया।

शासन की बात करने लगे थे। सामंतवाद हमारे ख़ून में है और यह वंशवादी राजनीति के साथ अच्छे से घुल-मिल जाता है।[1] आश्चर्य की बात नहीं है कि आज तीस प्रतिशत से अधिक विधायक और सांसद राजनीतिक परिवारों में जन्मे हैं! नेहरू परिवार की छाया तले, स्थानीय नेताओं और क्षेत्रीय क्षत्रपों ने एक नई तरह की राजनीति प्रारम्भ की, जो निश्चित रूप से संकीर्ण और स्वार्थी थी, जबकि लोकतांत्रिक नियम ध्वस्त हुए।

धीरे-धीरे विरोध प्रदर्शनों ने लोकप्रिय रूप ले लिया, असन्तोष और हिंसा भी फैलने लगी। यहाँ तक कि एक बेबस नेता जयप्रकाश नारायण ने लोगों से सरकार की अवज्ञा करने के लिए कहा था। इसका जवाब इन्दिरा गांधी ने जून, 1975 में संविधान की अन्दरूनी आपातकाल धारा लागू कर दिया। लोकतंत्र कोमा में चला गया था, उनका छोटा बेटा संजय गांधी ग़ैर-संवैधानिक सत्ताकेन्द्र के रूप में उभरा, एक राजकुमार की तरह माँ और बेटे दोनों ने मुशायरा लूटा। कुछ लोगों ने इसे अनुशासन का दौर और अनुशासन पर्व कहा। इसमें कोई शक नहीं है कि लोग डरे हुए थे, रेलगाड़ियाँ समय पर चलती थीं, और छोटे स्तर का भ्रष्टाचार चला गया था। यहाँ तक कि भारी-भरकम शादियाँ रुक गई थीं। पहली बार जनसंख्या नियंत्रण और वृक्षारोपण पर ध्यान दिया गया। सिद्धान्ततः 1975 में घोषित बीस सूत्रीय और पाँच सूत्रीय कार्यक्रम वास्तव में उपयोगी थे लेकिन समस्या उनके लागूकरण और ज़बरन लागू करने में थी। जनसंख्या नियंत्रण कार्यक्रम जल्दी ही अवनति का शिकार होकर विशाल नसबन्दी कार्यक्रम में तब्दील हो गया था, जिसने डर और बदले दोनों ही भावनाओं को पनपाया। इसका इतना विरोध हुआ कि अगले चुनाव की घोषणा हुई तो यह मुख्य चुनावी मुद्दा बन गया था और कांग्रेस सत्ता से बेदखल हो गई थी। इस तरह से भारत का परिवार नियोजन कार्यक्रम लगभग ख़त्म हो गया और अभी तक उभर नहीं पाया है। अब हमारी जनसंख्या एक सौ पच्चीस करोड़ को पार कर गई है।

आपातकाल वास्तव में लोकतंत्र का निलंबन था; प्रेस का गला दबा दिया गया था, सख़्ती से सेंसरशिप लगा दी थी, विरोधियों को जेल में डाल दिया गया था और चारों ओर भय का माहौल था। यह सब कुछ अनुशासन लाने के नाम पर किया गया। यह गांधी और नेहरू का भारत नहीं था। इस तथाकथित अनुशासन लादने की प्रक्रिया ने घटिया स्तर की चापलूसी को चलन में ला दिया। उत्तर प्रदेश के तत्कालीन मुख्यमंत्री ने राजकुमार के जूते उठाने की अपनी इच्छा व्यक्त की। उन्हें 'न नर है, न नारी है' कहा गया लेकिन दशकों बाद आन्ध्र प्रदेश के राज्यपाल रहते हुए उनके

1. इसके बहुत ख़तरनाक परिणाम हुए। जरा देखिए, करुणानिधि और उसके परिवार के लोगों के हाथों नायकर के द्रविड़ आन्दोलन की क्या दुर्गति हुई। उत्तर प्रदेश और बिहार के शक्तिशाली यादवों ने यही समाजवादी आन्दोलन के साथ किया।

दो लड़कियों के साथ सोते हुए फ़ोटो आए। यहाँ एक 80 वर्ष का वृद्ध व्यक्ति मैथुनरत था और इस तरह का नेता नेहरू के बाद का भारत पा रहा था।[1] दो सालों के फौलादी शासन के बाद श्रीमती गांधी को 1977 में लोकतंत्र की याद आई लेकिन वे चुनाव हार गईं। लेकिन वास्तविक नुकसान चुनावी हार-जीत में नहीं देखा जाता है बल्कि उन मूल्यों में देखा जाता है जो राष्ट्रीय आन्दोलन से समर्थित और निरूपित हुए थे। अब एक 'नंगे' लोकतंत्र का दौर प्रारम्भ हुआ था, जिसमें मूल्यों, संस्कृति और ईमानदारी के तमाम रूपों को धीरे-धीरे और व्यवस्थात्मक रूप से ख़त्म कर दिया गया। यहाँ तक कि एक साफ़ छवि वाले प्रतिष्ठित किसान नेता चरण सिंह 1979 में सन्देहास्पद तरीक़े से प्रधानमंत्री बन गए और उन्होंने एक भी बार संसद का सामना नहीं किया। भारतीय व्यवस्था हमेशा के लिए बदल चुकी थी।

इसके बाद भारत आतंकवाद के उभरने से हिंसक गतिविधियों के चपेट में आ गया और धीरे-धीरे यह राजनीतिक हथियार और साथ ही बड़ा व्यवसाय बन गया। उत्तर-पूर्व और कश्मीर पहले से ही सुलग रहा था, अब पंजाब भी पहली बार जलकर ख़ाक हो गया था। इसने श्रीमती गांधी सहित हज़ारों लोगों की जान ले ली। उनके बाद उनके बड़े बेटे राजीव गांधी प्रधानमंत्री बने, जो होनहार और सापेक्षिक रूप से साफ़ छवि के दिखते थे। उन्होंने काम किया और पंजाब को शान्त किया। लेकिन छह साल बाद 1991 में वे दक्षिण भारत गए और तमिल राष्ट्र के कर्ताधर्ताओं के हाथों शहीद हुए। भारत ने एक दूरदर्शी युवा नेता को खो दिया, जिसने नई शिक्षा नीति, तकनीकी मिशन दिया और तकनीकी के एक नए युग का उद्घाटन किया। लेकिन दुर्भाग्य है कि वे भी भ्रष्टाचार के कलंक से अछूते नहीं रहे। रक्षा सौदों और अन्य सौदों में सत्ता के गलियारों में भारी-भरकम रिश्वत की ख़बरें आईं। बोफोर्स गन का सौदा अभी भी उनके नाम के साथ चिपका हुआ है। यह वह दशक भी था, जब कुछ असाधारण क्षमता वाले व्यवसायी नया औद्योगिक साम्राज्य बना रहे थे। इनमें से एक धीरूभाई अंबानी थे, फ़र्श से अर्श तक पहुँचने की उनकी कहानी न केवल प्रशंसनीय है बल्कि उभर रहे नए तरह के राजनीतिक-औद्योगिक सम्बन्धों की एक बानगी भी है। उन्हें पता था कि भारत में हर कोई बिकाऊ था और उन्होंने इसे पूरी तरह से साबित भी किया। यह कम महत्त्वपूर्ण नहीं है कि उनके बेटे मुकेश अंबानी (कु)ख्यात राडिया टेप्स में यह कहते हुए पाए गए कि भारतीय राष्ट्रीय कांग्रेस तो उनकी अपनी 'दुकान' है। नौरोजी, गोखले और गांधी की कांग्रेस ने जिस

1. ऐसी छिछोरी प्रवृत्तियाँ जारी हैं। यूट्यूब पर पूर्व सूचना मंत्री पंडित सुखराम के यौन-कौशल को कोई भी देख सकता है। अप्रैल, 2012 में, कांग्रेस पार्टी का बेबाक प्रवक्ता, जाने-माने वकील का बेटा, सुन्दर ग़ज़ल गायिका का पति और ग्लोबल लीडर ऑफ़ टुमारो के विजेता को स्पष्ट रूप से ढीली लँगोट का पाया गया। वह एक महिला वकील से उसे उच्च न्यायालय का न्यायाधीश नियुक्त कराने के वायदे के बदले में यौन व्यवहार प्राप्त कर रहा था।

दशक में उसकी शताब्दी मनाई जा रही है, उसी में अपने पतन का निम्नतम स्तर भी देखा। उसके बाद यह पतन कहीं थमा नहीं।

ऐसा नहीं है कि राजनीतिक दलों ने केवल भ्रष्टाचार के कीटाणु को पाला, बल्कि उन्होंने उसे फैलाया, प्रोत्साहित किया और उससे फ़ायदा भी उठाया। लेकिन पूरे समाज ने, ख़ासकर मध्यवर्ग ने इसे अपराध नहीं माना, बल्कि परिस्थितियों का फ़ायदा उठाने की कोशिश की। नीचे से लेकर ऊपर तक, सब जगह रिश्वत की फ़सल लहलहाने लगी। 1950 के दशक में एक गाना लोकप्रिय हुआ था—'यह देश है वीर जवानों का', अब यह देश चोर-उचक्कों का देश बन गया। काले धन के आधार पर व्यवस्थागत तरीक़े से एक समानान्तर कृत्रिम अर्थव्यवस्था विकसित की गई, जिसे व्यवहार में अब तक सरकार सम्मान की नज़र से देखती है। ऐसा अनुमान लगाया गया है कि तीसरी दुनिया के ग़रीब देशों से पिछले तीन दशकों में लगभग 30 ट्रिलियन डॉलर का धन पश्चिम द्वारा नियंत्रित टैक्स हेवन क्षेत्रों में लगाया गया। इस बात का अन्दाज़ा लगाना भी मुश्किल है कि वैश्विक अर्थव्यवस्था को लपेटे में लेने वाले इस ब्लैक होल में भारत का योगदान कितना है। इस नई अर्थव्यवस्था ने अपनी एक त्रिस्तरीय कुंडलिनी विकसित की, जिसके हिस्से हैं—राजनेता, उद्योग और नौकरशाही। इस 'पवित्र' गठबन्धन से तीनों ने लाभ कमाया, शायद नेताओं ने सबसे ज़्यादा। नेहरू के समय वित्तीय पक्षपात का एकमात्र मामला जगमोहन मुंदड़ा का था और इसके लिए वित्तमंत्री टी.टी. कृष्णामचारी को इस्तीफा देना पड़ा था। मुख्यमंत्रियों में केवल पंजाब के मुख्यमंत्री प्रताप सिंह कैरों की ख़राब छवि थी। एक दशक बाद, नज़ारा बदल गया था। भ्रष्टाचार के खुले और स्पष्ट मामले लम्बी जाँच- पड़तालों में उलझ जाते और उसके बाद की जटिल न्यायिक प्रक्रिया दोषी व्यक्ति को सबूतों से छेड़छाड़ करने और लूटे हुए माल को भोगने का मौक़ा देती। हमारे देश में आर्थिक अपराधों को अपराध नहीं माना जाता है, और विधिवत् न्यायिक प्रक्रिया की धारणा वाकई में आरोपी को क़ानून को हल्के में लेने के लिए प्रोत्साहित करती है। बोफोर्स कांड से लेकर हाल के टूजी स्पेक्ट्रम, कोयला और गैस घोटाले तक समकालीन भारत लूट और नुकसान का लोमहर्षक और उदास इतिहास प्रस्तुत करता है।

अजीब है कि तकनीक की महान उन्नति और बदलाव ने भी भ्रष्टाचार को बढ़ावा देने में बहुत बड़ा योगदान दिया है। नेहरू के ज़माने में सूचना मंत्रालय में कोई आकर्षण नहीं था। 1990 के बाद तेज़ी से आए तकनीकी बदलावों के कारण नेता इस मंत्रालय के लिए सौदा करने लगे। दो केन्द्रीय सूचना मंत्री (एक ब्राह्मण और एक दलित) जेल जा चुके हैं और एक मृत्यु को प्राप्त हुए। ये सभी अपने पीछे नीति, तकनीक और लोभ का जटिल गठबन्धन छोड़ गए। रक्षा सौदों और उच्चस्तरीय सौदों की तो बात ही क्या करना जब साफ़ और हानिरहित दिखने वाले विभागों का भी निडरता से दोहन किया गया। एक बिहारी नेता, जो एक पशु महाविद्यालय में पला-

बढ़ा, लेकिन उस पर पशु-विभाग से बहुत सा पैसा लेने का आरोप लगा। और, अन्ततः जब उन पर क़ानून ने अपना शिकंजा कसा, तो राज्य अतिथि गृह को जेल घोषित कर दिया गया और उन्हें पर्याप्त सुविधा दी गई। इस नेता की राजनीतिक पकड़ इतनी मज़बूत थी कि इसने बिना किसी विरोध के अपनी साधारण गृहिणी (पत्नी) को बिहार की मुख्यमंत्री बनाकर उसके नाम पर सरकार चलाई। वह सामाजिक समानता और सेकुलरवाद का महान योद्धा है और अपने भदेस व्यंग्य से लोगों को मोहित कर लेता है। उसका अपना स्वाभाविक पक्ष यह है कि उसे राजनीतिक कारणों से ग़लत फँसाया गया है। नए बने राज्य झारखंड के एक आदिवासी मुख्यमंत्री ने तो पिछले सारे रिकॉर्ड तोड़ दिए। ख़बरें हैं कि मुख्यमंत्री रहते हुए उसने प्रतिदिन एक करोड़ रुपए बनाए और बाद में उसे जेल की काल-कोठरी में डाल दिया गया और यहाँ तक कि साथी क़ैदियों ने उसकी पिटाई भी की। एक लोकप्रिय पार्टी के अन्य युवा और ओजस्वी नेता और एक ग़रीब स्कूल शिक्षक के बेटे के लिए भी कहा जाता है कि उसने भी सैकड़ों करोड़ रुपए बना लिए। अगर उसे अपना छोटा भाई निजी कारणों से मार न देता तो वह व्यक्ति एक दिन देश का प्रधानमंत्री बन सकता था। नुकसान हो गया!

इक्कीसवीं सदी में एक नई प्रवृत्ति दृष्टिगोचर हुई है। पहले बड़े उद्योगपति किंगमेकर की उनकी भूमिका से सन्तुष्ट रहते थे। वैध-अवैध तरीक़ों से वे सरकारी निर्णयों को प्रभावित करने का प्रयास करते थे। लेकिन अब कुछ राज्यों में उद्योगपति स्वयं ही मंत्री बन गए हैं और वे निश्चित रूप से अपनी शक्तियों का उपयोग कर अपने व्यावसायिक हितों की पूर्ति कर रहे हैं। उदाहरण के लिए कर्नाटक में रेड्डी बन्धुओं की ताक़त और खनन के दोहन को देखा जा सकता है। किंगमेकर ने अधिकार समझकर स्वयं ही सिंहासन क़ब्ज़ा लिया। क़ानून के भक्षक अब क़ानून के निर्माता बन गए हैं। वे राजनीतिक दलों का भाग्य बदल सकते हैं। और तो और, वे वैश्विक निगम पूँजी को भी मात दे सकते हैं।[1] इस बदलाव की दुष्टता और गति दिमाग़ चकराने वाली है। एक मुख्य राजनीतिक पार्टी के पूर्व अध्यक्ष के बारे में कहा जाता है कि उसके पास कई पॉवर प्लांट्स और शक्कर के कारखाने हैं (जिनमें एक का डाइरेक्टर तो उसका ड्राइवर है!), उसे 'सामाजिक उद्यमकर्ता' कहा जाता है। यह गांधी के ट्रस्टीशिप के सिद्धान्त का नया अवतार है।

निस्सन्देह भ्रष्टाचार ने जाति और दल के तमाम बन्धनों से पार पा लिया है, यह उन सबको एकजुट कर देता है। इस गोंद के आगे तो फेविकोल भी फीका पड़ जाता

1. जून, 2011 में, कर्नाटक सरकार द्वारा प्रायोजित ग्लोबल इन्वेस्टर्स मीट में उसके ही मंत्री जनार्दन रेड्डी ने एक लौह और बिजली संयंत्र के लिए स्वयं ही 36000 करोड़ का निवेश करने की इच्छा जताई, जो लक्ष्मी मित्तल या मंगलम बिड़ला जैसे बड़े पूँजीपतियों द्वारा प्रस्तावित किए जा सकने वाली राशि से कई गुना अधिक थी।

है। भ्रष्टाचार की ज़मीन पर धार्मिक और सेकुलर दोनों समान भाव से रहते हैं। भ्रष्टाचार के आरोपी नेता सबसे ज़्यादा सेकुलरवाद की बात करते हैं। उनके लिए भ्रष्टाचार मुद्दा नहीं है, सेकुलरवाद है। 'सेकुलर' नेताओं को 'साम्प्रदायिक' नेताओं की तुलना में अधिक भ्रष्ट माना जाता है। यदि दोनों खेमे साथ आ जाएँ तो भ्रष्ट अल्पमत में नहीं होंगे, बल्कि उनका प्रचंड बहुमत होगा। और, इससे कोई शर्मिन्दा नहीं होता है। वे इस पैसे को दान बताते हैं और उस पर टैक्स भी भर देते हैं। ये तो ब्याज रहित क़र्ज़ या व्यवसाय या मित्र से लिए गए अग्रिम की तरह हो गया। हाल के दिनों में, एक राजनेत्री के दामाद ने रीयल एस्टेट्स के शहंशाहों से ऐसी ही उदार मदद ली और उसका भाग्य चमक गया। एक दशक पहले एक कवि प्रधानमंत्री के दामाद का भाग्य भी ऐसे ही चमका था। पंडित नेहरू का भी एक दामाद था, इनके विपरीत उसने कार्यकर्ता की भूमिका निभाई और तत्कालीन वित्त मंत्री को हटवाया। वह भी क्या ज़माना था और अब ये पतन! अब राजनीतिक परिवारों, खनन माफिया और रीयल एस्टेट व्यापार में हर कोई एक स्वाभाविक ताल्लुक देखता है। हालाँकि काग़ज़ों पर यह सब वैध दिखता है। इन वैध साधनों के अलावा, कई रास्ते हैं, जिनसे काले धन को सफ़ेद किया जाता है। इस व्यवसाय में हमारे चार्टर्ड अकाउंटेंट्स को महारत हासिल है। गुस्ताख़ लोग विदेशों के टैक्स हेवन में बेईमानी से क़माए पैसों को छिपा देता है। ऐसी कई मानवीय मशीनें हैं जो पैसे के कालेपन को धो देती हैं। एक पुणे में है, जो अपने घोड़ों के प्रति प्रेम के कारण जाना जाता है और जिसके पास भारत का एक अच्छा अस्तबल है। यह सब ठीक कौन करेगा? सीबीआई के निदेशक ने हाल ही में अनुमान लगाया कि लगभग 500 बिलियन डॉलर का धन बाहर चला गया है और कोई नहीं जानता कि उसे वापस कैसे लाया जाए? साधारणतया चोर पकड़े जाते हैं लेकिन जब लाखों की हेराफेरी होती है, तो यह केवल आँकड़ों की दुनिया में रह जाती है, और सरकार बांड व कर सुविधा के साथ सामने आती है। भ्रष्टाचार के मामलों का साबित हो पाना आसान नहीं है। कोई आपको यह कहते हुए रसीद नहीं देता है कि 'शुक्रिया! मैंने इतना धन यह ख़ास काम करने के बदले रिश्वत में प्राप्त किया!' परिणामस्वरूप मुलायम सिंह यादव, मायावती और जयललिता जैसे शक्तिशाली नेताओं के ख़िलाफ़ आय से अधिक सम्पत्ति के मामले न्यायालय में टिक नहीं पाते हैं।

1970 के दशक में जयप्रकाश नारायण ने भ्रष्टाचार के ख़िलाफ़ एक आन्दोलन चलाया था लेकिन उनकी सम्पूर्ण क्रान्ति फ्लॉप रही। तीन दशकों बाद अन्ना हजारे और अरविंद केजरीवाल के नेतृत्व में एक और आन्दोलन उठ खड़ा हुआ, जिसने भ्रष्टाचार के ख़ात्मे के लिए एक मज़बूत लोकपाल के प्रावधान की माँग की। वे मध्यवर्ग को जगाने में सफल हुए लेकिन मँजे हुए और चतुर नेताओं के सामने असफल हो गए। यक़ीनन उन्होंने एक चिनगारी भड़काई है, जो चमकती रह सकती है, ख़ासकर शहरी इलाक़ों में। जाति, धर्म और अज्ञान में फँसे ग्रामीण इलाक़ों के

लिए और समय एवं प्रयास लगेगा। मई, 2014 के आम चुनावों में आम आदमी पार्टी पिट गई लेकिन 2015 की शुरुआत में हुए दिल्ली विधानसभा चुनावों में सुनामी की तरह फिर से उठ खड़ी हुई। पूरी तरह से भ्रष्ट व्यवस्था में यह प्रयोग आशा की एक दुर्लभ किरण है। लेकिन अन्य राजनीतिक पार्टियों की तरह यह भी व्यक्ति केन्द्रित राजनीति को बढ़ावा देकर उसका शिकार होने वाली है जैसे कि इन्दिरा की कांग्रेस और मोदी की भाजपा हुई। आशा की जानी चाहिए कि यह कुछ जानवरों के दूसरों से ज़्यादा समान अवस्था वाली अन्य *एनिमल फार्म* न बन जाए। आम जनता के पास इसके अलावा कोई विकल्प नहीं होता कि वे उनके असाधारण नेताओं पर निर्भर रहे। हम लोग एक कम आत्मविश्वास और कई गड़बड़ियों वाला कच्चा लोकतंत्र हैं।

हालाँकि यह कहना ग़लत होगा कि सभी नेता भ्रष्ट हैं। यही बात है जो ममता बनर्जी को मायावती और नीतीश कुमार को लालू प्रसाद यादव से अलगाती है। त्रिपुरा के चार कार्यकाल से मुख्यमंत्री कॉमरेड मानिक सरकार के दामन पर कोई दाग नहीं है और सम्भवत: वे देश के 'सबसे ग़रीब' मंत्री हैं। कई अन्य पर सीबीआई जाँच चल रही है और उनके ख़िलाफ़ मामले लंबित हैं। सही है कि एक नेता के रूप में आपका टिक पाना मुश्किल होता है, जब एक-दूसरे के ख़िलाफ़ कीचड़ उछाला जाता है। उनमें से कुछ जेल और जमानत के बीच यात्रा करते रहते हैं और संसद में भाषण देते रहते हैं और यहाँ तक कि हार्वर्ड में अपना व्याख्यान भी दे देते हैं (लालू) ! जब दोषी और अपराधी साबित हो जाते हैं, तो उनके प्रति एक सहानुभूति की लहर उमड़ पड़ती है, जिसे वे चुनावी लहर बनाने का प्रयास करते हैं। वे कहते हैं कि भगवान कृष्ण भी जेल में ही जन्मे थे, आज़ादी का आन्दोलन जेल में पला-बढ़ा था, जेल जियारत है आदि-आदि। यह राजनीतिक परिदृश्य आकर्षक और घृणास्पद दोनों तरह का है। अब भी बहुत से नेता जनता के प्रति सेवा के भाव से काम करते हैं। ऐसे ही एक नेता ने बिहार को फिर से पटरी पर ला दिया है। ओडिसा भी अच्छा काम कर रहा है। और तो और, उन्हीं नेताओं ने, जो आम जनता में भ्रष्ट और अकुशल माने जाते थे, सूचना का अधिकार, ग्रामीण रोज़गार गारंटी अधिनियम, कुछ किलो अनाज का अधिकार जैसे महत्त्वपूर्ण विधेयक दिए और लगता है कि मज़बूत 'लोकपाल' भी देंगे। ये कोई कम उपलब्धियाँ नहीं हैं।

यह सच है कि वर्तमान संसद में राममनोहर लोहिया और भूपेश गुप्ता का तेज़, हीरेन मुखर्जी का ज्ञान, अटल बिहारी वाजपेयी का काव्य, मीनू मसानी का धैर्य और पिल्लू मोदी का व्यंग्य नहीं है। लेकिन वह एक अलग ही पीढ़ी थी, आज़ादी के आन्दोलन की पैदाइश अब चली गई। इसके विपरीत अब राष्ट्र के सामने 'प्रबन्धक' राजनीतिज्ञ आ रहे हैं, जैसे—नरसिम्हा राव, प्रणव मुखर्जी, प्रमोद महाजन और मनमोहन सिंह जो जनता की बजाय कॉर्पोरेट विशेषज्ञ और अन्य ऐसे लोगों के साथ

ज़्यादा रहते हैं। अपनी इसी प्रतिभा के कारण प्रणव मुखर्जी बिना जनाधार के चार दशकों से ज़्यादा समय तक संकटमोचक के रूप में अपना भाव बनाए रखे हैं। मनमोहन सिंह की विशिष्ट चुप्पी लाखों शब्दों के समान है। उत्तर-गांधी गांधीवादियों की तरह वह न तो बुरा बोलते हैं, न बुरा सुनते हैं, न बुरा देखते हैं! लेकिन उन्होंने जो चाहा, वह किया। वे समकालीन भारत के अपने गुरु नरसिम्हा राव की तरह सबसे विनम्र और मौन उत्प्रेरक थे। हालाँकि यह विरोधाभास है कि ऐसे नेता की छत्रच्छाया में भ्रष्टाचार अपने चरम पर पहुँचा और प्रतिष्ठा पतन के बाद कल्पनातीत गहराइयों में जा पहुँची। 2014 के आम चुनावों में कांग्रेस की करारी हार होनी ही थी।

इस नए शासक वर्ग की एक और दिलचस्प विशेषता है। सभी पार्टी के नेता सामाजिक न्याय और सामाजिक सद्भाव की बात करते हैं। यहाँ तक कि घोर साम्प्रदायिक नेता भी अपनी नीतियों को सेकुलर कहते हैं। सत्ता की लड़ाई में सामाजिक समानता एक सबसे शक्तिशाली हथियार बन गया है। हमारा समाज असमानता से लम्बे समय से पीड़ित रहा है इसलिए सामाजिक नारे लोगों को मोहित करते हैं। ये लोगों को भोजन या आर्थिक विकास नहीं देते हैं लेकिन सामाजिक गरिमा का वादा करते हैं, जो कि कम महत्त्वपूर्ण नहीं है। इसके नाम पर वोट आते हैं और अधिकांश फ़ायदा क्षेत्रीय पार्टियाँ उठाती हैं। क्षेत्रीय क्षत्रप सत्ता के वास्तविक दलाल बनकर उभरे हैं। गठबन्धन की राजनीति के दौर में केन्द्र को हाशिए की स्थिति में ला दिया और हाशिए के पुराने लोग अब दलबदलू और परेशान करने वाले बन गए हैं। वे केन्द्र को आसानी से परेशान कर सकते हैं। देखिए कि द्रविड़ मुनेत्र कड़गम (डीएमके) ने यूपीए-2 और कांग्रेस को कितना नुकसान पहुँचाया। जब 2009 में डीएमके अध्यक्ष करुणानिधि अपने कई बच्चों और बीवियों के साथ सोनिया गांधी से मिले तो इस बात का इलहाम हो गया था। लेकिन सावधानी से निर्मित छवि और बड़े संसाधनों की लागत से 2014 में चमत्कारिक जन नेता का उभार गेमचेंजर प्रतीत होता है। फिर भी, शासक दल के अन्दरूनी तनावों और बिहार, उत्तर प्रदेश और पश्चिम बंगाल के आगामी चुनावों में क्षेत्रीय पार्टियों से जीत की सम्भावना के कारण पार पाना आसान नहीं था (शायद इच्छित भी नहीं)।

हमारा समाज हमेशा ही पत्थरों से प्रेम करता रहा है। प्राचीनकाल में पत्थरों के स्तम्भ, पत्थरों के उत्कीर्ण और फिर पत्थरों के विशाल मन्दिर! मुस्लिम शासकों ने लाल पत्थर और सफ़ेद संगमरमर—दोनों से ही प्यार किया और पूरे देश को मकबरों से पाट दिया। यह अमर होने का उनका तरीक़ा था। समकालीन भारत ने पत्थरों की प्रतिमाओं के मूल्य की पुनर्खोज की है—इसकी ख़ास बात यह है कि न तो आप इसके साथ रह सकते हैं और न ही आप इसके बिना! यदि विरोधी इसे गिरा देते हैं तो वे अपराधी हैं, यदि वे इसे रहने देते हैं तो यह उनके लिए काँटा होता है। दुनिया भर में प्रतिमाएँ राजनीतिक कैनवस पर एक मास्टर स्ट्रोक हैं।

अतीत की छवियों का इस्तेमाल कर हमारे राजनेता भावनाओं को उकसाते हैं और इसका फ़ायदा उठाते हैं। पश्चिम भारत में शिवाजी, उत्तर भारत में अंबेडकर, दक्षिण भारत में तिरुवल्लुवर और पूर्व में नेताजी विशाल पत्थर और धातु में ढाले गए हैं, जो पूरे भारत में पाए जाने वाले गांधी और नेहरू की प्रतिमाओं से कई गुना ज़्यादा बड़े होते हैं। अब इन प्रतिमाओं के माध्यम से राजनीतिक सन्देश दिया जाता है, जितनी बड़ी प्रतिमा, उतना ही बड़ा सन्देश। गुजरात के एक महत्त्वाकांक्षी मुख्यमंत्री ने भी नर्मदा नदी पर सरदार पटेल की विशाल प्रतिमा बनाने की घोषणा कर यही किया था। अब नर्मदा के किनारे यह दुनिया की सबसे बड़ी मूर्ति होगी और सबसे महँगी भी।[1] उत्तर प्रदेश के मिर्ज़ापुर में वहाँ की मुख्यमंत्री की मूर्तियों की भूख का शमन करते हुए तीन पहाड़ियों का अस्तित्व मिट चुका है। तहज़ीब का शहर लखनऊ अब नेताओं और उनके चुनाव चिह्न हाथी की मूर्तियों से अट चुका है। अतीत से वैधता प्राप्त करने के लिए भगवान बुद्ध और डॉ. अंबेडकर की मूर्तियाँ बीच में लगाई गईं। आशा है, उनकी भावना को ठेस न पहुँची होगी!

एक नागरिक के रूप में राजनीतिक बदलावों और घटनाक्रमों में मेरी हमेशा रुचि रही है लेकिन राजनीतिक सम्पर्क बनाने का मन कभी नहीं हुआ। कॉलेज के दिनों में मैंने कई नवोदित नेताओं और नौकरशाहों से बातचीत की। सम्भवतः इसने आकर्षण की जगह विकर्षण पैदा किया। उन सभी युवा आकांक्षियों में मैंने एक फैंटेसी कॉमन देखी—लाल बत्ती वाली एम्बेसेडर कार। कुछ लोग सफल हुए और अधिकांश इस सपने के पीछे भागते-भागते गिर पड़े। बाद में एक पेशेवर व्यक्ति की तरह कुछ मौक़ों पर मैं प्रमुख नेताओं से मिला। चूँकि मैं मार्क्सवाद की तरफ़ आकर्षित था, इसलिए 1977 में मैंने जालंधर में भारत की कम्युनिस्ट पार्टी (मार्क्सवादी) (माकपा) की रैली में भाग लिया। मैं स्टडी सर्कल आयोजित करता था और एक बार कुरुक्षेत्र विश्वविद्यालय में कॉमरेड हरकिशन सिंह सुरजीत को आमंत्रित भी किया। मैंने उनसे धर्म की भूमिका पर सवाल किया और उन्होंने जवाब दिया कि यह अन्धे की लकड़ी था। जब उनसे यह पूछा गया कि केन्द्र में हिन्दू दक्षिणपंथ सत्तासीन कब होगा तो उन्होंने अनुभव आधारित ज्ञान से जवाब दिया कि जब जाट और अन्य काश्तकारी जातियाँ उन्हें वोट देने लगेंगी। कितना सटीक जवाब था!

1984 के प्रारम्भ में, भारतीय राष्ट्रीय कांग्रेस के शताब्दी उत्सव की तैयारियाँ आरम्भ हो गई थीं, जो अगले साल आने वाला था। मुझे नहीं पता कि मेरा नाम किसने प्रस्तावित किया लेकिन मुझे उस समय के कांग्रेस महासचिव राजीव गांधी के साथ एक बैठक के लिए बुलाया गया, जिसमें उनके सहयोगी ऑस्कर फर्नांडिस और एक वरिष्ठ इतिहासकार नेमाई बोस के साथ शताब्दी प्रकाशन पर चर्चा करनी

1. भगवान न करें, भविष्य में हमें इन प्रतिमाओं के निर्माताओं को स्मरण में इससे भी विशाल प्रतिमाओं को देखना पड़े।

थी। मैंने युवा गांधी में एक ध्यानमग्न श्रोता को देखा था लेकिन पंजाब और दिल्ली में हिंसा भड़कने के कारण हमारी योजना धरी रह गई। मैंने भी इसे जाने दिया।

देश के प्रधानमंत्री से मिलने का भी एक और मौक़ा मेरे पास आया। 2008 में, आश्चर्यजनक रूप से मुझे प्रधानमंत्री कार्यालय की तरफ़ से 7, रेस कोर्स रोड पर डिनर के लिए आमंत्रित किया गया। अवसर था, सेंट जॉन्स कॉलेज कैम्ब्रिज के मास्टर का भारत आगमन, जहाँ 22 साल पहले मैं विज़िटिंग फेलो रहा था। यह उस समय दिल्ली में उपलब्ध पाँच-छह जॉन्स के लोगों की अच्छी मुलाक़ात थी। हमने भारतीय राजनीति, भारतीय अर्थव्यवस्था आदि पर बातें की। इस बैठक के परिणामस्वरूप बाद में कॉलेज में डॉ. मनमोहन सिंह के नाम पर चार फेलोशिप स्थापित की गई। कभी-कभी मुझे शीला दीक्षित, सलमान खुर्शीद और जयराम रमेश से भी मिलने का मौक़ा मिला। मुझे ये ज्ञानी और गम्भीर लगे और देश की अच्छी सेवा की। लेकिन लगता है कि उनकी कांग्रेस पार्टी में बोझ अधिक है, न कि गुणवान या गुणवती! इसलिए जब आम आदमी पार्टी का गठन किया गया तो मुझे ख़ुशी हुई और मैं उत्साहित भी था। इतना कि मैंने इस पार्टी की सदस्यता भी ले ली। मैंने इसे वोट भी दिया और चन्दा भी दिया। इसके नेता अरविन्द केजरीवाल ईमानदार लेकिन तानाशाह लगते हैं, और वे अकेले ऐसे नहीं हैं। निस्सन्देह, विभिन्न दलों में बहुत से अच्छे और योग्य नेता हैं लेकिन जितनी जटिल और विशाल हमारी व्यवस्था है, उसमें ऐसे कई और लोग चाहिए। यही स्थिति भारतीय नौकरशाही की है, जिस पर क्रियान्वयन और लगभग अन्य सभी चीज़ों की महती जिम्मेदारी है।

फ़ौलादी नौकरशाही

प्रसिद्ध आईसीएस दी स्टील फ्रेम अर्थात् फ़ौलादी के रूप में जानी जाती थी और आज़ादी के समय हम पर लाद दी गई। इसने अंग्रेज़ों की अच्छे से और बड़ी सक्षमता के साथ सेवा की थी। उनमें से कुछ लोग निष्कपट रूप से भारतीय परिस्थितियों से द्रवित थे और उन्होंने आपदा, अकाल, प्लेग और युद्ध के समय अनथक काम किया था। 1920 के दशक में फ्रैंक ब्रायने नामक एक आईसीएस स्वच्छता, ग्रामीण लोगों के उत्थान आदि कामों के गुड़गाँव प्रयोग के कारण जाने गए। वे प्रशासक सेवा की भावना में पगे होते थे लेकिन वे मिशनरी या लोककल्याणकारी काम नहीं कर रहे थे। वे अपनी जिम्मेदारियों और सीमाओं दोनों को समान भाव से जानते थे। वे सचेत थे कि अंग्रेज़ी शासन की साख उन पर निर्भर है और उन्होंने शायद ही कभी अभावग्रस्त महसूस किया। शायद ही ऐसा कोई काम था जो आईसीएस नहीं कर सकता था, वह कार्यपालिका, न्यायपालिका, काउंसिल में था और कहाँ नहीं? अभियंताओं, वनविभाग के अधिकारियों, और अन्य तकनीकी विशेषज्ञों, जो संरचनागत

ज्ञान पर निर्भर थे, के विपरीत प्रशासक स्थानीय ज्ञान, समस्याओं और संसाधनों को समझते थे और उनका ध्यान रखते थे। वे ईमानदार रहते थे क्योंकि उन्हें मोटी तनख्वाह और तमाम सुख-सुविधाएँ मिलती थीं। नौकरशाही से हाथी की सूँड़ की तरह काम करने की अपेक्षा की जाती थी जो अपने लाखों संवेदनशील ऊतकों के ज़रिये ज़मीन से एक पिन भी उठा सकती है और एक विशाल पेड़ को धराशायी भी कर सकती है।

इसका मतलब यह नहीं है कि अंग्रेज़ों के राज में भ्रष्टाचार नहीं था। ईस्ट इंडिया कम्पनी के एजेंट नियमित रूप से मुग़ल दरबारियों और उनके शागिर्दों को रिश्वत दिया करते थे। पलासी का युद्ध रिश्वत का एक सुप्रसिद्ध उदाहरण है। धीरे-धीरे यह रीसते हुए नीचे तक पहुँच गया था। जब कभी अपराध होता या कोई निर्माण कार्य होता, रिश्वत अवश्य दी जाती थी। अपराध और निर्माण दो क्षेत्र भ्रष्टाचार के क्षेत्र के रूप में उभरे थे और आज भी हैं। पुलिस में दारोगा नाम की संस्था या पद बदनाम था। पुलिस विभाग 'मुश्किल से हासिल' की गई इस पुरानी छवि को आज भी कायम रखे हुए है। यह इत्तफ़ाक़ नहीं है कि दाऊद इब्राहीम और तेलगी जैसे बड़े डॉन और ठग एक पुलिस कॉन्स्टेबल परिवार से हैं। अंग्रेज़ों के ज़माने में ही ठेकेदार और अभियंताओं का गठबन्धन विकसित हुआ और फला-फूला। सार्वजनिक निर्माण विभाग (पीडब्ल्यूडी) न तो 'सार्वजनिक' था, और न यह 'काम करता' था, सार्वजनिक उपयोग के लिए निर्मित कई अन्य विभागों का भी यही हाल था। एक ठेकेदार के द्वारा अपने काम का निरीक्षण कर रहे इंजीनियर को 5 प्रतिशत कमीशन देना आम बात थी। यह इंग्लैंड के अलिखित संविधान की तरह ही वैध था।[1] आज़ादी के बाद यह कमीशन बढ़ता गया और नई ऊँचाइयाँ छूने लगा। बिहार में सड़कें बनाई जाती थीं और मानसून की पहली बारिश में बह जाती थीं, और अनुमान, अनुमोदन एवं बिल बचे रह जाते थे। ठेकेदार को हमेशा राजनीतिक संरक्षण मिलता था, अब वे स्थानीय गुंडों का भी सहारा लेते हैं ज़ाहिर है पैसे देकर। निर्माण क्षेत्र एक संगठित अपराध गिरोह की तरह काम करता है, जो ज़्यादा-से-ज़्यादा काला धन कमाता और दबाता था। जैसा कि एक प्रतिबद्ध अर्थशास्त्री ने लिखा कि भारत में काले धन की अर्थव्यवस्था 'गड्ढे खोदना और उन्हें भरना' है। एक दिन में गड्ढा खोदता है, दूसरा रात में उसे भरता है।[2]

इसमें प्रशासकों की भूमिका कहाँ से आती है ? उनकी भूमिका सौजन्यकर्ता के रूप में आती है, या तो वे सक्रिय रूप से सामंजस्य बिठाते हैं या अपनी आँखें बन्द

1. कुछ समय पहले, भारत सरकार के एक आर्थिक सलाहकार ने यह प्रस्ताव दिया कि 'स्पीड मनी' के रूप में रिश्वत को वैध बना दिया जाना चाहिए। इसके बाद शायद वेश्यावृत्ति, क्रिकेट में सट्टेबाज़ी और किडनी के धन्धे के वैध होने का नंबर है।
2. Arun Kumar, 'The Cost of the Black Economy', *The Hindu*, 20 August, 2011.

कर लेते हैं। दोनों ही तरीक़ों से वे फ़ायदा उठाते हैं। फ़ौलादी नौकरशाही ने अपनी ताक़त खो दी है। यह अपने आका के इशारों पर नाचती है। यह आका नेता, ठेकेदार और उद्योगपति हो सकता है। आम जनता कहीं दृष्टिगोचर नहीं होती है, हालाँकि उन्हें जनता का सेवक (लोक सेवक) कहा जाना अभी भी जारी है। लालू के शासनकाल में पटना का एक कलेक्टर भयंकर बाढ़ के दौरान अपनी कुशलता और सेवा के लिए टाइम मैगज़ीन के मुखपृष्ठ पर आया था। बाद में, पाया गया कि उसने घपला कर रुपए बनाए हैं और उसे त्यागपत्र देना पड़ा। ऐसा सुना गया कि मध्य प्रदेश में एक आईएएस युगल के पास कई सौ करोड़ का धन है। हाल ही में, एक डिप्टी कलेक्टर ने यह बताकर मेरी बोलती बन्द कर दी कि उसके पटना में छह फ़्लैट हैं। मैं जवाब में इतना भी नहीं बुदबुदा पाया कि मैंने छह किताबें लिखी हैं! मेरा एक क्लासमेट 1976 में आईएएस बना और एक मुलाक़ात में उसने बताया कि कैसे प्रशासक का काम बहुत बढ़ गया और कैसे यह लोककल्याण के लिए महत्त्वपूर्ण है। मैंने कभी सोचा भी नहीं था कि आगे चलकर उस पर आपराधिक आरोप लगेंगे, कुछ समय के लिए जेल जाएगा और फिर लौटकर मुख्य सचिव बन जाएगा। मेरा एक अन्य क्लासमेट ईमानदार पुलिस अधिकारी बना, बाद में वह समाज सेवा करने लगा, पटना में हनुमान मन्दिर का जीर्णोद्धार करवाया और मन्दिर के पैसों को स्वास्थ्य और शिक्षा में लगाया। अब लोग उसे आचार्य कहते हैं और उसके नाम पर पटना में एक लेन भी है। प्रशासन में कुछ दोस्तों के अनुभव डरावनी कहानियों की तरह लगते हैं। ईमानदार अफ़सरों को लगातार तबादले झेलने पड़ते हैं जबकि झुक जाने वालों को महत्त्वपूर्ण पद देकर इनाम दिया जाता है। अधिकांश अफ़सर परिस्थितियों की माँग के अनुसार आधे भ्रष्ट और आधे ईमानदार होते हैं (मिथकीय आधे मानव और आधे पशु की तरह) और पाला बदलते रहते हैं। ऐसे लोगों का विशाल बहुमत है और उनकी जीवन शैली अच्छी होती है। एक विक्टोरियन महिला उपन्यासकार ने भारतीयों की तुलना कुछ इस प्रकार से की थी—'बन्दर और गिलहरियाँ, जो पहले मौक़ा मिलते ही चोरी करते और कभी एक डाल पर टिक कर नहीं रहते।' काश, हम उसे ग़लत साबित कर पाते!

फिर भी, हमें पूरी नौकरशाही को भ्रष्ट कहना उचित नहीं होगा। बहुत-से अधिकारियों ने अच्छे काम किए और आवश्यक विनम्रता के साथ ग़लत कामों का विरोध किया। एक संवेदनशील और नवोन्मेषी प्रशासक बिना सुर्खियों में आए अच्छा काम कर सकता है और लाखों लोगों के जीवन को सुधार सकता है। एक जिलाधिकारी ने लोगों को तालाब खोदकर बरसात के पानी के संरक्षण के लिए प्रोत्साहित और मदद कर मध्य प्रदेश के देवास के ग्रामीण इलाक़े की तस्वीर ही बदल दी। ऐसे लोग सभी जगह पर हैं—चाहे वह स्वास्थ्य हो, आभियांत्रिकी, पुलिस, फ़ौज, न्यायपालिका या सिविल प्रशासन हो। यहाँ तक कि अशिष्ट नेता भी अपनी सीमा पहचानता है और

बहुत सी बार ईमानदार लोगों का सम्मान करना सीखता है। उदाहरण के लिए भारत में सहकारिता आन्दोलन की बहुत आलोचना हुई लेकिन इसी गड़बड़-झाले में आमूल सफल भी हुआ। टी.एन. शेषन और एस.वाई. कुरैशी जैसे आईएएस अधिकारियों ने चुनावी व्यवस्था और प्रक्रिया में बहुत बदलाव किया। पी.एस. अप्पू और आर. गोपालकृष्णन जैसे अधिकारियों ने विपरीत परिस्थितियों में भी बिहार और मध्य प्रदेश जैसे 'कठिन' राज्यों में अच्छा काम किया। डिप्टी कमिश्नर अमित खरे और पुलिस अधिकारी उपेन बिस्वास की वजह से ही बिहार में सर्वाधिक शक्तिशाली नेता क़ानून के सामने झुक पाया। दिल्ली मेट्रो के ई. श्रीधरन को श्रेष्ठ इंजीनियर माना जाता है। मेरे रिश्तेदार और मित्र सी.एस. प्रसाद दागरहित और गम्भीर सेवा के साथ केन्द्रीय सार्वजनिक कार्य विभाग (सीपीडब्ल्यूडी) के महानिदेशक (डीजी) पद तक पहुँचे। भारतीय राजस्व सेवा और अन्य सेवाओं में कई अधिकारी सर्वथा ईमानदार रहे हैं। कई प्रशासकों ने देश में कला, संगीत और अकादमिक के क्षेत्र में योगदान दिया है। स्वर्गीय कुमार सुरेश सिंह और चतुर्वेदी बद्रीनाथ इस बात के उदाहरण हैं कि 'स्कॉलर प्रिंस' होना क्या होता है। एक अन्य विशिष्ट सिविल प्रशासक गोपाल कृष्ण गांधी अपने तीक्ष्ण लेखों और भाषणों से आज भी प्रेरित करते रहते हैं।

स्वातंत्र्योत्तर भारत की नौकरशाही की एक सबसे महत्त्वपूर्ण विशेषता इसकी अत्यधिक केन्द्रीकरण की प्रवृत्ति है। औपनिवेशिक नौकरशाही भी केन्द्रीकृत थी लेकिन दूरी और संचार के साधनों का अभाव प्रशासकों को स्वायत्तता देता था जिससे उन्हें तुरन्त निर्णय लेने के अवसर उपलब्ध होते थे। उसमें वरिष्ठ अधिकारी भी हस्तक्षेप नहीं कर नीचे के स्तर की राय और लिए गए निर्णयों का सम्मान करते थे। अब कभी-कभार ही अधिकारी फ़ैसला लेते हैं, वे बस मामले एक टेबल से दूसरे टेबल पर भेजते रहते हैं और मशीनी तरीक़े से फ़ाइल ऊपर-नीचे आती-जाती रहती है। कठिन फ़ैसले प्राय: टाले जाते हैं और सालों-दशकों तक एक टेबल या चेम्बर से दूसरे टेबल या चेम्बर पर भेजी जाती रहती है। अब नौकरशाह की सफलता फ़ाइल को लटकाए रखने में है, 'दूसरे को तय करने दीजिए' नया मंत्र बन चुका है। यदि फ़ैसला लेने की अनिवार्यता आ जाए, तो ज़्यादा सम्भावना नकारात्मक फ़ैसले की होती है। किसी भी सरकारी कार्यालय में किसी काम के लिए अनुभाग अधिकारी से मिलिए, सम्भावना उसके यह कहने की ही होती है कि नियमों के अनुसार ऐसा नहीं हो सकता है। उससे आप नियम पूछिए और थोड़ा दबाव डालिए तो वह झुककर अपनी दराज़ से किसी मुत्थुस्वामी द्वारा प्रकाशित नियमों या अकाउंट चार्ट की किताब निकालेगा। बेचारे प्रधानमंत्री और उनके मंत्री केवल निर्देश देते हैं, जो तत्परता से इन बड़े बाबू की टेबल पर नकार दिए जाते हैं। किपलिंग ने इन बाबुओं को ठीक ही परिभाषित किया है कि ये 'बड़ी मशीनों के ग्रीस हैं, जिनके तरीक़े और काम को एक गति में पूरा नहीं किया जा सकता है।'

निर्णयक और निर्णायक कार्य भले ही दुर्लभ हो गए हों, लेकिन हस्तक्षेप अब भीमकाय हो गए हैं।[1] जनहित के नाम पर राजनीतिक हस्तक्षेप हर जगह होने लगे हैं, एक अच्छे स्कूल की नर्सरी कक्षा में प्रवेश से लेकर बड़े ठेके तक। जब कभी यह सफल नहीं होते हैं, तो यह दूसरे व्यक्ति की ईमानदारी और विवेक के कारण होता है। अभाव का परिदृश्य इन हस्तक्षेपों को अवश्यंभावी बना देता है। अस्सी के दशक के मध्य तक, किसी को भी टेलीफ़ोन कनेक्शन और गैस कनेक्शन के लिए भी विधायक या सांसद के पास जाना पड़ता था। यह जितना हास्यास्पद था, उतना ही प्रचलन में था। गनीमत है कि अब चीज़ें बहुत कुछ ठीक हुई हैं। अब हस्तक्षेप बड़े मामलों में अधिक होता है।

एक और अन्य हालिया विकास नौकरशाही के गौरव में भारी गिरावट है। 90 के दशक की शुरुआत में वरिष्ठ अधिकारियों के अपमान की एक नई प्रवृत्ति शुरू हुई। ख़ासतौर पर जो अधिकारी झुकते नहीं थे उन्हें आधिकारिक और सार्वजनिक दोनों बैठकों में जानबूझकर अपमानित किया जाता था। लोक-लुभावने आयोजन के रूप में विभिन्न राजनीतिक दलों के नेता जनता दरबार आयोजित करने लगे, जहाँ सैकड़ों दर्शकों और हज़ारों लोगों की मौजूदगी में जिलाधिकारी को बुलाया जाता था और असफलता के लिए उसे खरी-खोटी सुनाई जाती है। अधिकारी, जो राज्य की शक्ति का प्रतिनिधित्व करता है, की उस स्थिति पर जनता ख़ुश होकर तालियाँ बजाती है और विधायक या मंत्री भी उस शक्ति पर प्रभुत्व समझकर गर्व और शक्ति से दीप्त हो उठते हैं। वे ऐसा पुलिस अधिकारी के साथ नहीं करेंगे। अपराधी और राजनेता दोनों को पुलिस के साथ अच्छे सम्बन्ध रखने होते हैं लेकिन प्रशासन और आभियांत्रिकी के लोगों को आसानी से निशाना बनाया जा सकता है। निराश अधिकारी या तो समर्पण कर देते हैं या फिर अपने क़दम पीछे खींच लेते हैं। सहयोगी के बीच भी सभी तरह के पक्षपात होते ही हैं। जब अपमान का वार होता है, तो मार ईमानदारी पर ही पड़ती है। हरियाणा के एक वरिष्ठ आईएएस अधिकारी अशोक खेमका के 21 साल के सेवाकाल में 40 तबादले हो चुके हैं। उनके जैसे बहुत से लोग हैं। आश्चर्य नहीं होता कि अब युवा और प्रतिभाशाली विद्यार्थी कॉर्पोरेट सेवा को प्राथमिकता देते हैं, जहाँ प्रतिभा की पहचान होती है और बाहरी हस्तक्षेप कम होता है।

अब वर्दी वालों की बात करते हैं। भारतीय सेना के पास फ़ौलाद का शरीर और सोने का दिल है। यह असाधारण लोगों का समूह है। इसके सदस्य बहुत ही प्रेरित होते हैं और सावधानी और त्याग के साथ हमारी सीमाओं की सुरक्षा करते हैं। उन्होंने न केवल हमारे लिए युद्ध जीते हैं बल्कि हमारे लोकतंत्र का भी सम्मान

1. कोयला घोटाले में, सीबीआई जाँच पर टिप्पणी करते हुए सर्वोच्च न्यायालय के एक न्यायाधीश ने कहा था, 'हर तरफ़ से अनुचित हस्तक्षेप है। दाएँ से, बाएँ से, ऊपर से और नीचे से—सब तरफ़ से अनुचित हस्तक्षेप है। (*The Hindu*, 1 May, 2013)

किया है। उनका अनुशासन अनुकरणीय है और जब एशिया के कई देशों में सैन्य शासन लद चुका है, हमारी सेना ऐसे आकर्षण का विरोध करती है। उनके बलिदान को कम करके नहीं आँका जा सकता है लेकिन पिछले 44 साल से कोई परम्परागत युद्ध नहीं हुआ है और परमाणुकरण की वजह से भविष्य में इसकी आशंका भी न के बराबर है। आगे युद्ध मिसाइल, ड्रोन के ज़रिए और आसमान में लड़े जाएँगे जैसा कि इराक और अफगानिस्तान में हुआ। क्या तकनीकी बदलावों ने हमारे जवानों और अधिकारियों को निरर्थक बना दिया है? चीन में पीपुल्स लिबरेशन आर्मी (पीएलए) अपनी विशाल श्रमशक्ति का उत्पादन कार्य में सदुपयोग करती है, जबकि हम उनका अधिकांश इस्तेमाल विद्रोह को दबाने या बाढ़ राहत कार्य में करते हैं। हमारे कई जवान फ़ौजी नौकर (बेटमेन) खाना बनाते हैं या साहेब के घर का काम करते हैं, यहाँ तक कि बच्चों की देखभाल भी करते हैं।[1] उस समय दुनिया की तीसरी सबसे बड़ी तैयार फ़ौज का क्या हाल होता है, जब यह हर समय तैयार खड़ी रहती हो और मॉक-ड्रिल से स्वयं को सन्तुष्ट करती हो? इसका एक सम्भावित जवाब रक्षा खातों के वरिष्ठ नियंत्रक के उस अहसास में मिल सकता है, जब उसे एक रोड रोलर को चींटियों द्वारा खाया गया लिखकर रफा-दफा करने के लिए कहा जाता है। उसके शब्दों में—

> आपत्ति के निराकरण के लिए निवेदन करने मेरे पास आए एक सम्मानित अधिकारी से मैंने पूछा—'सफ़ेद चींटियों को एक रोड रोलर खा जाने में कितने भूतात्त्विक युग लगेंगे।' 'कुछ लग सकते हैं, कुछ ही' उसका जवाब था। उनके हिलते ढीठ हाथों ने मुझे बता दिया था कि उनके लिए मेरा सवाल कितना व्यर्थ था। उसने एक बार भी पलक नहीं झपकाई, उसका लहज़ा बड़बोला और मर्दाना था—मेरे सवाल के व्यंग्य का कोई असर नहीं था।[2]

---

1. फ़ौजियों के बीच एक चुटकुला चलता है कि दो अधिकारी नशे में बहस करने लगते हैं कि यौन-क्रिया कड़ी मेहनत है या शुद्ध आनन्द। बहस को सुलझा न पाने की स्थिति में एक अधिकारी अपने फ़ौजी नौकर से पूछता है, तो वह जवाब देता है, 'शुद्ध आनन्द है सर' उसने तर्क दिया कि 'यदि यह कड़ी मेहनत होती तो, मेरे जिम्मे आती!'
   हमारे लोक सेवकों की भी यही स्थिति है : औपनिवेशिक अंग्रेज़ों की तरह उन्हें चपरासी, अर्दली और ड्राइवर की आवश्यकता होती है। हमारे राजनयिक तो इनसे भी एक क़दम आगे होते हैं। वे मेजबान देश में 'मेड इन मनहट्टन' की तर्ज पर ख़तरा उठाकर अपने राजनयिक निर्यात में अपनी 'घरेलू सेविका' को भी ले जाते हैं। मुझे लगता है कि सरकार को अब भारतीय घरेलू सेविका सेवा (Indian Domestic Science) भी शुरू करनी चाहिए। इससे हमारे तनावग्रस्त बाबुओं को राहत मिल गई और रोज़गार भी निर्मित होगा!
2. Sudhanshu Mohanty, 'When White Ants Ate Away the Roadrollers', *The Hindu*, 11 December, 2011.

यह प्रवृत्ति बहुत गहरी है और कभी-कभार कैच-अप कोलोनल, ताबूत घोटाला, तहलका कांड, सुखना ज़मीन, हेलिकॉप्टर घोटाला और आदर्श हाउसिंग घोटाले की तरह बाहर आ जाते हैं। अधिकारी अब भद्र लोग नहीं रहे। रूसी बन्दरगाह पर करोड़ों डॉलर के एयरक्राफ्ट वाहक के सौदे के लिए तैनात एक वरिष्ठ नेवी अधिकारी की अपने काम की बजाय सुन्दर महिलाओं के साथ आनन्द लेने की ख़बरें आईं और उन्हें वापस बुलाना पड़ा। 2008 में संयुक्त राष्ट्र के कांगो में शान्ति मिशन के हिस्से में गई एक भारतीय रेज़ीमेंट अपने पीछे कई 'भारतीय दिखने वाले' बच्चे छोड़ आए! ख़ैर, भारी जिम्मेदारी, मौत के ख़तरे और इतने विशाल बजट को देखते हुए व्यक्तिगत लालच के ऐसे उदाहरणों को अवांछित विचलन माना जा सकता है और धीरे-धीरे भुला दिए जाएँगे।

लेकिन मुख्य प्रश्न यह है कि क्या हम रक्षा की फ़ौजों को पवित्र मान रहे? हो सकता है कि गोपनीयता की आवश्यकता हो लेकिन गोपनीयता के दायरे में भी एक पारदर्शी चर्चा नहीं हो सकती या फिर वह गोपनीयता का पर्दा ही झीना है? क्या वाकई में वास्तविक सुरक्षा का ख़तरा ही एक कारण है कि हम दुनिया में हथियारों के सबसे ख़रीदार और आयातक हैं? रक्षा मंत्रालय का शुक्रिया कि कम-से-कम कहीं तो हम पहले स्थान पर हैं![1] लम्बे समय तक हमारी रक्षा ख़रीद पर सोवियत अर्थव्यवस्था चलती रही क्योंकि हम उनसे 'उड़ता कफ़न' कहे जाने वाले मिग जेट ख़रीदते रहते थे। रूस हमेशा ही बिक्री के लिए तैयार रहा है। हमने बोरिस येल्तसिन के समय रूस का बड़ा बकाया क़र्ज़ माफ़ किया था। शायद यह उनके कश्मीर पर किए गए उनके वीटो और समर्थन की क़ीमत हमने चुकाई थी। आशा की जानी चाहिए कि हाल ही में 15 बिलियन डॉलर के लड़ाकू विमानों के ठेके के बदले में फ्रांस भी हमारे साथ ऐसी ही दरियादिली दिखाएगा, ख़ासकर यह सौदा ऐसे समय हुआ जब उनकी ख़ुद की अर्थव्यवस्था डूब रही है। हमारी दो डॉलर की अर्थव्यवस्था ने दुनिया के कई देशों को तराया है। इन सब ख़रीद में सबसे ज़बरदस्त था—रूस से तीन दशक पुराना, आधा जला, मरम्मत किया हुआ परमाणु हवाई जहाज वाहक। दशकों तक भारतीयता का राग आलापने के बावजूद भी आज फ़ौज के ट्रक ड्राइवर बाईं तरफ़ बैठकर गाड़ी चलाते हैं, जबकि पूरा देश दाईं ओर बैठकर वाहन चलाता है!

ऐसा इसलिए है कि आयात लॉबी बहुत ही प्रभावशाली है, वह कोई भी सौदा कर सकती है, किसी को भी ख़रीद सकती है। निजी क्षेत्र को इसमें शामिल होने की अनुमति नहीं है और सार्वजनिक क्षेत्र को सिर्फ़ असेंबलिंग करने के लिए इस्तेमाल किया जाता है। अभी वैश्विक हथियार का सालाना व्यापार अनुमानित 500 बिलियन

1. विश्व भुखमरी सूची में भी हम पहले स्थान पर हैं। हम ओलंपिक में प्रति व्यक्ति दर से मेडल के मामले में सबसे नीचे हैं। अन्तर्राष्ट्रीय ओलंपिक संघ से हमें किसी कोटा की माँग करनी चाहिए!

डॉलर का है और भारत इसका सबसे बड़ा क्षेत्र है। सौदागर और बिचौलिये इस व्यापार को चलाते हैं और सेवानिवृत्त अधिकारी और उनके परिवार के लोगों को इस एकाधिकारवादी व्यापार में लगाया जाता है। 70 और 80 के दशक में अरबी हथियार सौदागर अदनान ख़ासोगी, इटली के क्वात्रोची और स्वघोषित बाबा चंद्रास्वामी का नाम सुर्खियों में आया था। एक सेवानिवृत्त सेनाध्यक्ष (वर्तमान सरकार में केन्द्रीय मंत्री) ने एक बार दावा किया था कि उनका 'एक पूर्व साथी, जो अब हथियार दलाल बन गया था, की इतनी हिम्मत हो गई थी कि मुझसे कहा कि यदि मैं सौदे के लिए हाँ कर दूँगा तो वह मुझे 14 करोड़ रुपए देगा। वह मुझे रिश्वत पेश कर रहा था, सेनाध्यक्ष को। उसने मुझे कहा कि आपसे पहले भी लोग रिश्वत लेते रहे हैं और बाद में भी लेंगे।'[1] कितना शर्मनाक है! इस प्रलोभन में नहीं आना भी दिखता है कि कुछ लोग अब भी ईमानदार हैं। इसके लिए केवल सेनाओं को ही दोष नहीं देना चाहिए क्योंकि अन्तिम निर्णय रक्षा मंत्रालय में बैठे दिग्गज लेते हैं। इन दिग्गजों की कोई पहचान नहीं होती है, वर्दी का ही सम्मान उतरता है। हम लोग मानते हैं कि हथियारों की ख़रीद का कोई तंत्र होता होगा और सरकार तमाम सौदों का ध्यान रखती होगी। लेकिन यह भी बहुत ज़्यादा नहीं होगा, यदि हमारे रक्षा उपकरणों और खर्चों पर थोड़ी ज़्यादा पारदर्शिता और विचारपूर्ण चर्चा की माँग की जाए।

हमारा युग केवल अप्रत्याशित आर्थिक विकास का युग मात्र नहीं है, जिसमें नौकरशाही महत्त्वपूर्ण भूमिका निभाती है, बल्कि यह विज्ञान और तकनीक का भी युग है। आधुनिक राज्य केवल सामान्य प्रशासन पर ही निर्भर नहीं रह सकता है, इसे विशेषज्ञ सलाह और विशेष प्रशिक्षण प्राप्त लोग भी चाहिए। अंग्रेज़ों के ज़माने में आईसीएस सर्वोपरि थी, विशेषज्ञ 'सर्वोच्च' नहीं थे, बल्कि 'नियंत्रित' थे। आज़ादी के बाद उनमें से कुछ सर्वोच्च बने। एस.एस. भटनागर और होमी जे भाभा जैसे वैज्ञानिकों के प्रधानमंत्रियों के साथ जैसे सम्बन्ध थे, वैसे आईएएस के भी नहीं थे। यह बहुत बड़ा बदलाव था। राष्ट्र के पुनर्निर्माण के अभियान में सुयोग्य वैज्ञानिकों और अभियंताओं को लगाया गया था, उनके निर्देशन में नई संस्थाएँ बनी थीं। यह सब महान आशा के साथ किया गया था। पंडित नेहरू ने इन संस्थाओं को आधुनिक भारत का मन्दिर कहा था, जो वैज्ञानिक मिज़ाज का प्रसार और समाज का उत्थान करेंगी। केन्द्र और राज्य सरकारों के अधीन सैकड़ों संस्थाएँ निर्मित की गई थीं। उनके पहले चरण के परिणाम श्रेष्ठ रहे थे लेकिन धीरे-धीरे वे नौकरशाही और निहित स्वार्थों की शिकार हो गई और वह गति नहीं बनी रही। अच्छे वैज्ञानिक प्रशासन में आए, निदेशक बने और प्रयोगशालाओं से ज़्यादा उनका समय समितियों और ड्राइवर वाली कार में बीतने लगा। अब प्रशासन ज़्यादा आकर्षक विकल्प दिखाई देने लगा और आज वैज्ञानिक और औद्योगिक अनुसंधान परिषद (सीएसआईआर),

1. *The Hindu*, 26 March, 2012.

रक्षा अनुसंधान और विकास संगठन (डीआरडीओ), भारतीय कृषि अनुसंधान परिषद (आईसीएआर), भारतीय आयुर्विज्ञान अनुसंधान परिषद (आईसीएमआर), भारतीय अन्तरिक्ष अनुसंधान संगठन (आईएसआरओ) आदि संस्थाएँ वैज्ञानिक नौकरशाहों (साइंटोक्रेट) द्वारा चलाई जा रही हैं। इन संस्थाओं में वैज्ञानिक स्टॉफ से ज़्यादा प्रशासनिक स्टॉफ होता है। उनका काम वैज्ञानिक काम करने की सुविधा प्रदान करना होता है लेकिन हक़ीक़त में वे इसका उलटा काम करते हैं। अधेड़ और तोंदियल लोग निदेशक और वरिष्ठ वैज्ञानिक सुविधाएँ भोगते हैं, और कनिष्ठ अपनी बारी का इन्तज़ार करते हैं। इन सबके बावजूद यदि कभी कोई अच्छा पेपर छप जाता है या पेटेंट मिल जाता है, तो यह मूलतः व्यक्तिगत प्रयासों के कारण होता है, संस्थान के कारण नहीं, बल्कि संस्थान के बावजूद। यह हमें बताता है कि हाल के वर्षों में हमारा वैज्ञानिक उत्पादन कम क्यों हो गया। साइंटोमेट्रिक अध्ययन ने इस लगातार गिरावट को दर्ज़ किया है। नौकरशाही तरीक़े ने सम्भवतः नवोन्मेष और मौलिक सोच को बाधित कर दिया है, जबकि कम्युनिस्ट चीन इस मामले में आगे निकल गया है।

एक निजी उदाहरण शायद इस बात को समझाने में सहायक हो सकता है कि किस तरह की परेशानियाँ किसी सरकारी प्रयोगशाला या संस्थान में उठानी-झेलनी पड़ सकती हैं। मैंने 1983 में एक विश्वविद्यालय की लेक्चररशिप छोड़कर शोध पर ज़्यादा ध्यान केन्द्रित करने के लिए नवस्थापित सीएसआईआर के संस्थान राष्ट्रीय विज्ञान, प्रौद्योगिकी और विकास अध्ययन संस्थान (एनआईएसटीएडी) में नौकरी करना प्रारम्भ किया। मुझे वहाँ अच्छी सुविधाएँ प्राप्त हुईं, वातानुकूलित कमरा, कलात्मक सम्मेलन कक्ष, वांग वर्ड प्रोसेसर (कम्प्यूटर और लैपटॉप के लोकप्रिय होने से बहुत पहले) आदि। यक़ीनन मेरे शोध को बहुत लाभ मिला लेकिन कई नियमों, आपत्तियों, देरी और गोपनीय रिपोर्टों से जूझना पड़ता था। पदोन्नति के लिए वार्षिक मूल्यांकन में अपनी रिपोर्ट और मूल्यांकन अधिकारी से बहुत अच्छे नम्बर पाने होते थे, उसके बाद मूल्यांकन रिपोर्ट बाहरी विशेषज्ञ के पास जाती थी, और अन्त में साक्षात्कार का सामना करना पड़ता था। यह बहुत ही जटिल और धीमी प्रक्रिया थी और अधिकांश समय मेरे सहकर्मी शोध से ज़्यादा इन्हीं सब के बारे में बात करते थे। एक बार मुझे बहुत बुरा लगा, जब बाहरी विशेषज्ञ ने मुझसे यह पूछना शुरू कर दिया कि निर्धारित सीमा तक पहुँचने के लिए मुझे कितने नम्बर और चाहिए।

एक अन्य मौक़े पर मेरी पदोन्नति में चार साल की देरी हुई, आवेदन और निर्धारित दस्तावेज़ समय पर जमा कर दिए थे लेकिन उस समय दूसरा कार्यकाल भोग रहे निदेशक साक्षात्कार करवाने के मूड में नहीं थे। इसी बीच दिसम्बर, 1997 में मैं बदलाव के उद्देश्य से जेएनयू में दोबारा अध्यापन की दुनिया में लौट आया।

दो साल बाद मेरे पिछले नियुक्ता ने मुझे साक्षात्कार के लिए बुलाया और पूर्व-प्रभाव से मुझे पदोन्नति दे दी गई। लेकिन मुझे अपना बकाया मिले, इससे पहले ही प्रशासनिक अधिकारी ने मुझे उस अवधि का लाभ देने से भी मना करने का फ़ैसला लिया जिसमें मैंने उसी संस्थान में काम किया था। कारण यह बताया कि मैंने अपने मन से वह संस्थान छोड़ दिया। मेरे द्वारा उप, संयुक्त और तमाम तरह के सचिवों को लिखे पत्र और अपील अनसुनी रह गई। मैं अदालत गया, जिसने इस पर ध्यान दिया और मामले को प्रधानमंत्री को भेज दिया, जो कि सीएसआईआर के पदेन अध्यक्ष थे। केन्द्रीकरण की हद देखिए, पदोन्नति का एक सामान्य मामला देश के प्रधानमंत्री के पास भेजा गया। महीनों तक वहाँ से भी कोई जवाब नहीं आया। मैंने माननीय प्रधानमंत्री को एक पत्र भी लिखा, जो एक प्रसिद्ध अकादमिक और सेंट जॉन कॉलेज से थे लेकिन जैसी कि उम्मीद थी प्राप्ति रसीद भी नहीं मिली। प्रधानमंत्री कार्यालय में पता करने पर मुझे एक अधिकारी ने बताया कि फ़ाइल मांद के 'वास्तविक' शेर पुलक चटर्जी के पास रखी हुई है, सम्भवत: वे दस जनपथ की यात्रा करते हुए उसे चबा गए हों। इसी बीच सूचना का अधिकार क़ानून लागू कर दिया गया। यह एक वरदान था। इस एक्ट के तहत मैंने मंत्री के नोट की जानकारी प्राप्त की, जो कि सीएसआईआर के उपाध्यक्ष भी थे, जहाँ बिना मेरी किसी ग़लती के मेरे पदोन्नति के अधिकार का हनन हो रहा था। उस समय विज्ञान और तकनीकी मंत्री कपिल सिब्बल थे, जो स्वयं वकील थे। मैंने तुरन्त उन्हें उनके नोट को संलग्न करते हुए एक पत्र लिखा और निवेदन किया कि अपने अधिकारियों को उनकी राय और संस्तुति का सम्मान करने के लिए कहें। इस तरीक़े ने काम किया। एक पखवाड़े के अन्दर सीएसआईआर के दिग्गज झुके और दस साल के दीर्घकालिक संघर्ष के बाद मुझे मेरा हक़ मिला। यह सब आरटीआई और मंत्री की सूझ-बूझ की वजह से सम्भव हुआ कि मैं एक नकारात्मक प्रशासन से जीत पाया! सबक स्पष्ट है यदि सम्बन्धित बाबू और अधिकारी आपको सूली पर चढ़ाना तय कर लें, तो आपको चढ़ा देंगे, यदि आप इतने भाग्यशाली नहीं हैं कि आपको कोई ऐसा उच्च अधिकारी मिल जाए जो पढ़ता, सोचता और लिखता हो। नौकरशाही नामक 'स्टील फ्रेम' जीर्ण-शीर्ण हो रही है, शायद 'भूरी' चींटियाँ खा गई हैं।

5

बाज़ार और प्रहरी

80 के दशक के मध्य तक जनता सुरक्षा, रक्षा, खाद्य, शिक्षा, कल्याण—सबके लिए राज्य पर निर्भर थे। धीरे-धीरे और व्यवस्थित रूप से बाज़ार बढ़ता गया और राज्य ने स्वयं को उससे अतिक्रमित होने दिया। यह बदलाव क्यों हुआ? क्या यह सोवियत अनुभवों के कड़वे साबित होने से और लोगों के राज्य-केन्द्रित समाजवाद में विश्वास खोने के कारण हुआ? यक़ीनन, उस समय रोनाल्ड रीगन और मार्ग्रेट थ्रेचर दुनिया पर राज कर रहे थे। कुछ लोगों ने इतिहास के अन्त, भौतिकी के अन्त और सबके कुछ के अन्त की घोषणा की; केवल बाज़ार ही अस्तित्वमान रहने वाला था।

बाज़ार और राज्य का यह द्वैत बहुत लम्बे समय से चलता आ रहा है, शायद सदियों से। कुछ लोग राज्य पर विश्वास करते हैं, तो कुछ बाज़ार पर। सार्वजनिक और निजी के बीच हमेशा से अच्छा सम्बन्ध नहीं रहा है। यहाँ अलगाव भी नहीं हो सकता और इनके बीच शान्तिपूर्ण सहअस्तित्व भी नहीं रह सकता है। यहाँ पर भी त्रिशंकु है! नवक्लासिकवादी अर्थशास्त्री प्रतियोगी बाज़ार व्यवस्था की वकालत करते हैं कि वह प्रोत्साहित करेगा और जिससे कुशलता बढ़ेगी। वे राज्य की समाप्ति तो नहीं चाहते हैं लेकिन सहअस्तित्व और सुनिश्चितता चाहते हैं, जिसमें वैयक्तिक और निजी पहल अपनी सम्पूर्ण सम्भावनाओं को प्राप्त कर सके। विश्वयुद्धों के दौर में मन्द पड़ी अर्थव्यवस्था को उबारने के लिए जे.एम. कीन्स ने 'पशु भावना' को बढ़ावा देने की वकालत की। लेकिन व्यावहारिक रूप से राज्य प्रभुत्व वाले समूहों के हाथ का औज़ार बन गया और अधिकांशत: उनकी आज्ञा और उनके लाभ के लिए काम करने लगा। बाज़ार ही मालिक बन गया, हालाँकि वे कुछ 'नैतिक भावनाओं' के आधार पर संचालित होने वाले थे, जिन्हें ढाई सौ साल पहले *वेल्थ ऑफ़ नेशन* के नामी लेखक ने चतुराई से निरूपित की थी।

क्या भारतीय व्यवस्था उन 'भावनाओं' को प्रोत्साहित करती है। औपनिवेशिक सरकार ने अहस्तक्षेप की नीति को अपने तरीक़े से और अपने हितों के अनुरूप लागू

किया। उपनिवेश से स्वाधीन देश के संक्रमण के समय हमारे नेताओं ने कई विकल्पों पर सोचा। उन्होंने राज्य की प्रासंगिकता को स्वीकार किया और तय किया कि आज़ादी के बाद एक अलग तरह का राज्य होगा। लोकतंत्र समता और संसाधनों का विवेकसम्मत बँटवारा सुनिश्चित करेगा। सोवियत अनुभवों से उनका सपना बना था और योजना के ज़रिए समाजवाद को इच्छित और उचित दोनों माना गया। इसे हासिल करने के लिए राज्य ही वास्तविक उपकरण होगा। मार्क्स ने ठीक ऐसे की वकालत नहीं की। वे एक सर्वज्ञ और सर्वव्यापी राज्य नहीं चाहते थे। वे उत्पादन और वितरण दोनों पर समाज का स्वामित्व चाहते थे और इस मामले में वे गांधी के क़रीब थे, 'हिंसक' साधनों के अलावा! गांधी उत्पादन के सम्बन्ध में कम वितरण के बारे में ज़्यादा चिन्तित थे। यदि हिंसा पर आधारित नहीं होता तो गांधी उत्पादन और वितरण के सोवियत प्रयोग का अवश्य समर्थन करते। वे जन (बड़े पैमाने पर) उत्पादन के समर्थक नहीं थे, बल्कि जनता द्वारा उत्पादन के पक्षधर थे, और वह भी ऐसे औज़ारों से जिन्हें जनता रख सके और मरम्मत कर पाए। कातने की साधारण मशीन चरखा वितरण की समस्या का समाधान था, इसमें धन और सत्ता का कोई केन्द्रीकरण नहीं था। गांधी ने एक बार इसे समझाया था—

> चाहे कितना भी बड़ा मानवीय कौशल क्यों न हो, कोई भी बारिश की तरह पूरी धरती पर पानी का वितरण का प्रबन्ध नहीं कर सकता—न ही कोई सिंचाई विभाग, न ही मिसाल-नियम, न ही निरीक्षण, न पानी का टैक्स। हर एक चीज़ इतनी आसानी और सुकुमारता से होती है कि उसकी निपुणता के कारण उस पर ध्यान नहीं जाता। चरखे में भी सबसे सरल सम्भव तरीक़े लाखों घरों में कार्य और धन के वितरण की वही शक्ति है।[1]

गांधी की बात में दम था और उन्होंने एक आदर्श भी पेश किया लेकिन धन प्राकृतिक उत्पाद नहीं है, न ही यह मानसून की तरह बरसता है। नियंत्रण की इच्छा, मानवीय इच्छा है, और समान एवं स्पष्ट नियंत्रण के लिए हमें व्यवस्था चाहिए, न कि एजेंसी मात्र। यही वह जगह है, जहाँ राज्य, सिविल सोसायटी, उत्पादक, वितरक, और उपभोक्ता—सभी को भूमिका निभानी पड़ती है। एक व्यवस्था में क्रियान्वयन के लिए निर्धारित विचारधाराएँ, निर्धारित लक्ष्य, निर्धारित तंत्र समाहित होता है। यही नेहरू के भारत ने विकसित किया और इस पर काम किया। दुर्भाग्य से 70 के दशक मध्य तक यह व्यवस्था पतन पाकर 'लाइसेंस राज और कोटा राज' में बदल गई। सोवियत व्यवस्था को भी स्तालिनवादी तानाशाही डाचा समाजवाद की तरफ़ लेकर गई। माओवादी चीन में 'सांस्कृतिक क्रान्ति' के नाम पर अपने ही लाखों लोगों को मार दिया और यह आपदा साबित हुई। इन दोनों को अपना रास्ता

1. Young India, 27 December, 1923

बदलना पड़ा, लोकतंत्र के कारण ही भारत जनसंहारों और पूर्ण पतन से बच पाया। हालाँकि यहाँ व्यवस्था असफल अवश्य हुई; क्या यह किसी योजना के तहत जानबूझकर किया गया या यह इसलिए हुआ कि इसकी असफलता के बीज इस व्यवस्था में ही अन्तर्निहित थे ? इसका कोई आसान जवाब नहीं है, और ये बहस का विषय बना रहेगा।

नियंत्रित अर्थव्यवस्था (कमांड इकोनॉमी) की आलोचना करना अब फ़ैशन बन चुका है लेकिन यह समझना चाहिए कि सामाजिक सुरक्षा और कल्याण के लिए कुछ तरह के नियंत्रण आवश्यक हैं। हमें लुटेरे राज्य और लुटेरे बाज़ार दोनों से सुरक्षा करना आवश्यक है। कोई बिना लगाम के घोड़े की सवारी नहीं कर सकता है। 1963 में टी.टी. कृष्णामचारी ने बैंकों के राष्ट्रीयकरण के बारे में कहा था, 1969 में इन्दिरा गांधी ने यह कर दिया। यह एक मास्टर-स्ट्रोक था और इसने व्यावसायिक गतिविधियों को नियंत्रित किया। इस नियंत्रित अर्थव्यवस्था की वजह से ही भारत की अर्थव्यवस्था पूर्व और दक्षिण-पूर्व एशिया में 90 के दशक में आर्थिक संकट को झेल पाई। लेकिन हमारे यहाँ दूसरी तरह के संकट हैं। इन्दिरा गांधी के जलवे के दौर में, स्टेट बैंक के अधिकारी द्वारा प्रधानमंत्री के आदेश पर 60 लाख रुपए निकालने की कहानी सामने आई। घपलेबाज़ नागरवाला बाद में एक दुर्घटना में मारे गए, और सच्चाई कभी सामने नहीं आ पाई। उसी बैंक को 2014 में अपने राजनीतिक आका को सीधे भुगतान करने की आवश्यकता नहीं पड़ी, बल्कि उसने राजनीतिक रूप से सही उद्योगपति को आस्ट्रेलिया में खनन व्यवसाय की सम्भावना तलाशने के लिए कई लाख डॉलर का क़र्ज़ा दिया।

अधिकतम नियंत्रण और न्यूनतम प्रतियोगिता के दौर में, भ्रष्टाचार और देशी व्यवसायी दोनों फले-फूले। उन्होंने निर्माण/उत्पादन में निवेश नहीं किया बल्कि व्यापार में किया, कमीशन आमदनी का मुख्य स्रोत बन गया। एक बार मुंगेर में मैं एक स्थानीय व्यवसायी की छोटी स्टील फ़ैक्टरी के उद्‌घाटन में गया, जिला फ़ैक्टरी के अधिकारी ने बहुत अच्छा भाषण दिया। बाद में पता चला कि यह कम दरों पर कच्चा माल पाने और उसे बाज़ार में उच्च दरों पर बेचने के लिए तिकड़म किया गया था। फ़ैक्टरी कभी नहीं चली—यह उद्‌देश्य भी नहीं था। हमारा देश लम्बे समय से दलालों का देश है, हम शायद अमरीका या चीन जैसे उत्पादनकर्ता देश से कभी प्रतियोगिता नहीं कर पाएँ। देश के कई हिस्सों में उत्पादन के लिए लाइसेंस महज़ सस्ती दरों पर ज़मीन हड़पकर बाद में उसे उच्च दरों पर बेचने के लिए किया जाता है। यह 70 और 80 के दशक का भारत था। गुजरात और महाराष्ट्र के लगने वाले उद्यमी तो अपने निर्धारित कोटा से पाँच गुना ज़्यादा उत्पादन कर देते हैं और अतिरिक्त उत्पादन को बिना टैक्स भरे बाज़ार में खपाते हैं। यह अंबानी साम्राज्य का प्रारम्भ था। भ्रष्ट व्यवस्था के साथ मिलीभगत से निजी फ़ायदा नई

ऊँचाइयाँ छूता रहा, जबकि सरकारी ख़ज़ाना इतना ख़ाली हो गया था कि 1991 में सरकार को अपना संचित सोना गिरवी रखना पड़ा। उत्पादन और निर्धारित बाज़ार (जैसे—तेल, बिजली और लोहा) के कुछ बड़े एकाधिकारवादी खिलाड़ियों के अलावा, अधिकांशत: सार्वजनिक क्षेत्र के उपक्रम अच्छी हालात में नहीं थे। यहाँ तक कि अच्छा मुनाफ़ा देने वाले निजी उद्यमियों के ढाँचागत और सुरक्षा उपाय लड़खड़ा रहे थे। भोपाल गैस त्रासदी इन्तज़ार कर रही थी। यह किसकी ग़लती थी—बाज़ार की या राज्य की?

इस दौर में सबसे ख़तरनाक विस्तार खनन क्षेत्र में हुआ, जिसने पर्यावरण का भी बहुत नुकसान किया और राज्य को निर्धारित टैक्स भी नहीं दिया। यह अवैध खनन था, जो निर्बाध जारी है। शिवालिक की सफ़ेद चमक ख़त्म कर दी गई, मैगनीज, बाक्साइट और सबसे ज़्यादा कोयले के लिए दक्षिण बिहार, उड़ीसा और मध्य भारत को अन्दर से खोखला कर डाला है। इसी तरह, लोहे के लिए कर्नाटक और आन्ध्र प्रदेश को पोला कर दिया। यह सब विकास के नाम पर किया गया और इसका बड़ा हिस्सा स्पष्टत: अवैध था। भारत की नाम मात्र की रॉयल्टी और अवैध खनन की अपार सम्भावनाओं ने खनन क्षेत्र को अत्यधिक आकर्षक बना दिया। परिणामस्वरूप खनन करने वाले अब अत्यधिक शक्तिशाली हो गए हैं, वे राजनीतिक पार्टियों का भविष्य बना और बिगाड़ सकते हैं। देश के राजस्व के नुकसान के साथ-साथ, जहाँ कुबेर का ख़ज़ाना मिल सकता था, वहाँ कौड़ियों के लिए सीमित प्राकृतिक संसाधनों का नुकसान भी हुआ। हमारी कच्ची धातु का इस्तेमाल करते हुए देश में ही उत्पादन कर निर्यात करने की बजाय हम बड़े पैमाने पर कच्चे सामान का ही निर्यात कर देते हैं। दक्षिण कोरिया जैसा एक नव-औद्योगिकीकृत देश हमारा कच्चा लोहा आयात कर, उसे पोहांग में तराशकर बड़ा मुनाफ़ा कमाते हुए हमें ही वापस बेचता है। हम लोग वही कर रहे हैं, जो अंग्रेज़ों ने हमारे साथ किया था और जिसका हमारे राष्ट्रवादी नेताओं ने कड़ा विरोध किया था।

रवीन्द्रनाथ टैगोर की कहानी *शेष कथा,* जिसे उन्होंने अपने साहित्यिक जीवन के अन्तिम दौर में लिखा था, खनन और औद्योगिकीरण की प्रासंगिकता पर केन्द्रित है, लेकिन उनको अवैध खनन की भनक भी नहीं थी। बल्कि उन्होंने आजीवन उपनिषदों के 'मा ग्रिधह' के आदर्श पर ज़ोर दिया था। गांधी जी ने ट्रस्टीशिप का सिद्धान्त दिया था लेकिन उनकी शिक्षा में ठीक विपरीत हमारी व्यवस्था वेदांता और रेड्डी बन्धुओं को प्रश्रय दे रही है। टैगोर के स्थान के पास ही वर्धमान में कम्युनिस्ट शासन के अधीन एक भारतीय पुलिस सेवा के अधिकारी ने अवैध तरीक़े से कोयले और लोहे की तस्करी कराकर लाखों रुपए कमाए, दूसरी तरफ़ भाजपा शासित मध्य प्रदेश में एक युवा और ईमानदार पुलिस अधिकारी को खनन माफ़िया ने मार दिया। विचारधारा और पार्टी से परे, जो भी सत्ता में होता है, वह अवैध खनन को संरक्षण

देता है।[1] 'ब्लड डायमंड' केवल अफ्रीका की बपौती नहीं है, हमारे पास भी अपना है! नतीजतन, देश रूपी पूरे शरीर पर खदानें चेचक के दाग़ की तरह उभर आई हैं।

इसलिए जनता के पैसों पर निजी मुनाफ़ा नई ऊँचाइयाँ छूने लगा और राज्य को किराया वसूलने वाले एजेंट के स्तर पर सीमित कर दिया, वह भी बहुत कम किराये के लिए। यह 'संशोधित पूँजीवाद' का उदाहरण नहीं है, जिसकी कीन्स ने युद्धोत्तर पुनर्निर्माण की वकालत की थी। इसके विपरीत, हमने पूँजीवाद को नहीं, पूँजीपतियों को प्रोत्साहित किया। आज हम देखते हैं, वह 'ठग' पूँजी है, जो 'भले' राज्य रूपी सक्रिय सहयोगी के साथ मिलकर शासन को नियंत्रित कर रहा है। ऐसा नहीं है कि राज्य के समर्थन के बिना निजी उद्योग लाभदायक नहीं हो सकते। वास्तविक समस्या यह है कि औद्योगिक सरप्लस को उत्पादन सुधार में निवेश नहीं किया जाता है, बल्कि इसे जानबूझकर रीयल एस्टेट और अन्य ऐसी सम्भावित लाभप्रद गतिविधियों में लगा दिया जाता है। रीयल एस्टेट और खनन सौदों से चलने वाली काले धन की अर्थव्यवस्था अब सकल घरेलू उत्पाद (जीडीपी) की 75 प्रतिशत तक पहुँच गई है।[2] यहाँ केवल राजस्व का ही नुकसान नहीं है, बल्कि सम्पूर्ण पारिस्थितिकी और पर्यावरण को भी ख़तरा है। स्वास्थ्य का मामला गड़बड़ा रहा है। हमारे खनन मज़दूर धीमे लेकिन बड़े पैमाने पर सिलिकोसिस महामारी के शिकार हो रहे हैं।

नेहरू के ज़माने से ही हम पर निवेश का जुनून सवार हो गया और हमने संस्थानों के रूपान्तरण को नज़रअन्दाज़ कर दिया। यह बहुत बड़ी ग़लती थी। प्रौद्योगिकी और मूल्यों में आए बदलावों ने हमारी अन्तर्निहित संस्थाओं और जो कुछ हमारे संविधान ने हमें दिया था, उसे चतुराई कर पीछे छोड़ दिया है। मोबाइल तकनीक के कारण भद्रजनों के खेल क्रिकेट तक केवल सट्टे के व्यवसाय में बदल गया। विकसित पश्चिमी अर्थव्यवस्थाओं में क़ानून तोड़ने वालों की धरपकड़ के लिए एक मज़बूत और सतर्क विधि-व्यवस्था है। वहाँ पर राज्य-प्रमुख भी इसके दायरे से बाहर नहीं होते हैं। हाल ही में, अमरीका में रजत गुप्ता जैसे कॉर्पोरेट भी ज़मीन पर आ गए और शेयरों के अप्रत्यक्ष लेन-देन के आरोपी साबित हुए। एक सवाल उठता है कि क्या अंबानी और अडानी वहाँ पर इसी तरह से फल-फूल सकते थे, जैसे भगवान भरोसे चल रहे इस देश में हुए। क्या किसी को दलाल पथ का 'सियार' हर्षद मेहता याद है। इन हालातों में सवाल नियंत्रित अर्थव्यवस्था और बाज़ार अर्थव्यवस्था का नहीं है बल्कि यह होना चाहिए कि दोष और समस्या—

---

1. अवैध खनन पर न्यायमूर्ति एम. बी. शाह आयोग ने टिप्पणी की थी कि अत्यधिक मुनाफ़े के लालच ने उन्हें (खनन माफ़ियाओं को) अन्य मानव, प्राणी, देश, नैतिक मूल्य आदि के अहसास से एकदम विरक्त कर दिया है। क़ानून के व्यवस्थित अ-क्रियान्वयन ने उसे असहाय बना दिया है। (*The Hindu*, 28 January, 2014)
2. वित्त मंत्रालय की गोपनीय रिपोर्ट में किया गया आकलन। (*The Hindu*, 4 August, 2014)

दोनों को कैसे ख़त्म या कम किया जाए। समाज और राज्य दोनों को अवश्य ही यह तय और घोषित करना चाहिए कि उनका कुछ भी बिकने के लिए नहीं है और इस पर दृढ़ रहना चाहिए। व्यापक तकनीकी बदलावों और लोकतांत्रिक चेतना के प्रसार के कारण कुछ लोग उम्मीद करते हैं कि इक्कीसवीं सदी में पूँजी अलग तरह से व्यवहार करेगी।[1] लेकिन मुझे इस पर शंका है। बाज़ार अर्थव्यवस्था की बात छोड़िए, हम बाज़ार समाज में रहते हैं, यहाँ तक कि लोगों को बाज़ार योग्य बनने के लिए प्रशिक्षित किया जाता है और बाज़ारीकृत बनाया जाता है। पूँजी प्रकृति से निष्ठुर होती है और राज्य तानाशाह होता है, इसलिए दोनों पर प्रभावी निगरानी आवश्यक है।

न्यायपालिका : असन्तुलित सन्तुलन

शिक्षकों की तरह ही समाज में हमेशा से पंचों (फ़ैसला करने वालों) का बहुत सम्मान रहा है। गाँवों में पंचों के रूप में पंचायत के लोगों को परमेश्वर माना जाता है। मध्यकालीन भारत में क़ाज़ी का पद बहुत महत्त्वपूर्ण पद था। अंग्रेज़ों ने कुछ सुधार के साथ अपनी न्यायिक व्यवस्था भारत में लागू की थी। हर एक ज़िले में सदर अदालत बनाई गई थी और उसके न्यायाधीश का ज़िला कलेक्टर से भी ज़्यादा सम्मान होता था। न्याय के नए क़ानूनों और व्यवस्था को लागू करने के लिए इसके मुख्य अवयव वकील और न्यायाधीश (बार और बेंच) सहित छोटी-मोटी सामग्री के साथ बड़े ताम-झाम की ज़रूरत होती है। औपनिवेशिक भारत में अधिवक्ता और वकीलों का नया वर्ग पैदा हुआ, जो न्यायिक प्रशासन में सहायता करता था। जल्दी ही यह बहुत लोकप्रिय और प्रतिष्ठित पेशा बन गया। यह सब नए क़ानूनों और नए सामाजिक-आर्थिक बदलावों के कारण बड़े पैमाने पर आने वाले सिविल और राजस्व के मुक़दमों के कारण हुआ। वकील नव मध्यवर्ग के आभिजात्य बन गए और राष्ट्रीय आन्दोलन का नेतृत्व किया। हमारे अधिकांशतः राष्ट्रीय नेताओं को क़ानूनी शिक्षा का लाभ प्राप्त था। साफ़ छवि वाले वकीलों और नौकरशाहों में से न्यायाधीश नियुक्त किए गए। वे उच्च प्रतिभा और चरित्र के धनी थे, इसलिए स्वाभाविक रूप से समाज में उन्हें प्रतिष्ठा प्राप्त थी। यहाँ तक कि जब बीसवीं सदी के अन्त तक व्यवस्था के दूसरे अंगों का क्षरण होने लगा, तब भी उनका सम्मान बरकरार था। बार काउंसिल के बहुत से योग्य सदस्यों (वकील) का बहुत ही लाभप्रद व्यवसाय था और वे बहुत धन कमाते थे। इस अपार आर्थिक सम्भावना के बावजूद भी बहुत से वकीलों ने केवल प्रतिष्ठा के लिए न्यायाधीश बनना (बेंच) चुना। सबसे अच्छी बात यह थी कि आम लोग उन पर विश्वास और भरोसा करते

1. Thomas Piketty, *Capital In The Twenty-First Century* (Cambridge : Harvard Press, 2014)

थे। उनकी नेताओं और नौकरशाहों से तुलना नहीं की जाती थी बल्कि प्रतिकार और राहत के लिए लोग उनकी तरफ़ देखते थे। भारतीय संविधान ने न्यायपालिका को निर्भीक और निष्पक्ष होकर न्याय करने और संविधान की सर्वोच्चता और गरिमा बनाए रखने के लिए पर्याप्त स्वायत्तता और आज़ादी दी है।

आज़ाद भारत ने कई मिसाल क़ायम करने वाले न्यायाधीशों और असाधारण फ़ैसलों को देखा है, जिनके बिना भारत की व्यवस्था पथभ्रष्ट हो जाती। अपीलीय न्यायाधिकरण के रूप में, जब-जब व्यवस्थापिका और कार्यपालिका ने अपनी सीमाओं का अतिक्रमण किया, इन्होंने सुधारात्मक उपाय उपलब्ध करवाए। कुछ अपवादों को छोड़ दें तो ये संवैधानिक नियमों और क़ायदों का पालन करते रहे और कभी स्वयं को राजनीतिक विचारधाराओं और बदलावों के साथ बहने नहीं दिया। अकादमिकों की तरह ही ये निश्चित विचारों और दर्शनों में विश्वास करते हैं और क़ानून को उनके अनुसार देखते हैं। कुछ कट्टर उदारवादी थे, जिन्होंने वैयक्तिक ईर्ष्या की आज़ादी को सुनिश्चित किया। उन्होंने नागरिक अधिकारों के उल्लंघन की तरह ही अर्थव्यवस्था में सरकारी हस्तक्षेप को निषेध किया। दूसरी तरफ़, कुछ 'प्रगतिशीलों' ने व्यक्तिगत और व्यावसायिक दोनों आज़ादियों पर सरकारी नियंत्रण को स्वीकार किया। उनके अनुसार सामाजिक या आर्थिक अनुशासन के नाम पर कुछ हस्तक्षेप आवश्यक हैं। यहाँ तक कि वे नागरिक अधिकारों पर कुछ नियंत्रणों को भी स्वीकार कर लेते थे। कुछ संयत उदार अर्थव्यवस्था का नियमन अनुमोदित कर देते थे लेकिन नागरिक अधिकारों के मामले में समझौता नहीं करते थे। इस तरह से विभिन्न मान्यताओं ने न्यायिक बुद्धिमत्ता को सम्पन्न किया, लेकिन उन्होंने कभी न्यायपालिका पर प्रभुत्व स्थापित नहीं किया। 70 और 80 के दशकों में 'प्रतिबद्ध' न्यायपालिका को प्रोत्साहित करने के सायास प्रयास किए गए और जो नहीं झुके उन्हें हटा दिया गया। इस लिहाज़ से आपातकाल एक काला दौर था, इसी तरह से क़ानून मंत्री के रूप में कॉमरेड मोहन कुमार मंगलम का कार्यकाल। मतभेद या तो वैचारिक थे या बहसबाज़ी जैसे थे। न्यायिक मतभेद और देरी उस समय थी लेकिन भ्रष्टाचार की कल्पना भी नहीं की जा सकती थी। वे सभी, यहाँ तक कि 'प्रतिबद्ध' भी, कुछ मूल्यों को मानते थे और अपने पद की गरिमा को बनाए रखते थे।

फिर भी, हाल के वर्षों में न्यायपालिका सन्देह के घेरे में आ गई। निचली अदालतों में मामला बहुत पहले ही बिगड़ चुका था। मेरे पिताजी, जो स्वयं वकील थे, मुझे बताते थे कि कैसे न्यायाधीश या उप-न्यायाधीश पक्ष में फ़ैसला देने के एवज में वकीलों से पैसे माँगते थे। यह एकदम खुला और निश्चित था। न्याय बिकाऊ हो गया था और वकील दलाल की तरह काम करने लगे थे। दिनोंदिन अपराधों का ग्राफ़ बढ़ रहा था और आपराधिक मामलों ने दीवानी मामलों को बहुत पीछे छोड़ दिया था। बहुत पहले गांधी ने वकीलों को सामाजिक परजीवी कहा था, अब उनमें से अधिकांश

सामाजिक अपराधी बन गए थे जो निर्लज्जता से काम करते और क़ानून को अपनी जेब में रखते थे। न्यायिक अधिकारियों का वेतन बढ़ती हुई महँगाई के अनुरूप नहीं था और बढ़ते उपभोक्तावाद ने हालात और ख़राब कर दिए। आरक्षण की नीति ने अलग तरह के संकट पैदा किए। यह नीति तेज़ी से गुणवत्ता को नष्ट कर रही थी। नियुक्ति के समय योग्यता और गुणवत्ता को ध्यान में नहीं रखा जाता था, बल्कि सामाजिक पृष्ठभूमि को ध्यान में रखा जाता था। परिणामस्वरूप कुछ नव-नियुक्त न केवल क़ानूनी पेचों से अवगत नहीं होते थे, बल्कि अपना ही फ़ैसला नहीं लिख पाते थे। वे उन वकीलों को फ़ैसला लिखने के लिए कहते थे, जो उन्हें ज़्यादा पैसे देते थे और वे हस्ताक्षर कर देते थे। इन परिस्थितियों में, न्यायपालिका का अपने उच्च स्तर से गिरना तय था। कुछ मामलों में लोक सेवा आयोगों द्वारा की जाने वाली नियुक्ति प्रक्रिया भी भ्रष्ट हो गई। एक दशक पहले करोड़ों के पंजाब लोक सेवा आयोग घोटाले में उच्च न्यायालय के तीन न्यायाधीश दोषी पाए गए थे। हाल में, चंडीगढ़ के मौजूदा न्यायाधीश के दरवाज़े पर कई लाख रुपयों की नकदी पाई गई। इलाहाबाद में कुछ न्यायाधीशों के रिश्तेदार वकीलों के पास अकूत धन-सम्पदा के बारे में भी पता चला। यहाँ तक कि मौजूदा और सेवानिवृत्त न्यायाधीशों के ख़िलाफ़ सेक्सुअल उत्पीड़न के आरोप भी लगाए गए। न्यायपालिका अब पवित्र नहीं रही।

न्यायिक पक्षपात के आरोप हमेशा से लगते रहे हैं और सच कहें तो इसमें नया कुछ नहीं है। ब्रिटेन में भी कुछ न्यायाधीशों ने इच्छा से कुछ लोगों को 'रिगनिंग फेवरेट' के रूप में संरक्षित कर रखा था। हेनरी सेसिल ने अपनी किताब *टिपिंग दी स्केल्स* (1964) में अपने अनिच्छित न्यायिक कामों का ग्राफ़िक ब्योरा दिया है। यह चिह्नित करना आसान नहीं है कि कब और कैसे कोई न्यायिक फ़ैसला ग़ैर-न्यायिक तत्त्वों से प्रभावित था। लेकिन जब कोई वकील किसी एक ही न्यायाधीश की अदालत से कई मामले जीत जाता है, तो शंका होना स्वाभाविक है। सीजर की पत्नी की तरह न्यायाधीश को सभी सन्देहों से परे रहना चाहिए। दुर्भाग्य से, हक़ीक़त कुछ और है। 1990 में बॉम्बे उच्च न्यायालय के न्यायमूर्ति एस.के. देसाई को त्यागपत्र देने के लिए मजबूर होना पड़ा। इससे पहले, न्यायमूर्ति वीरास्वामी के मकान में 32 लाख रुपए की नकदी मिलने की ख़बरें भी आईं। पिछले दिनों न्यायमूर्ति रामास्वामी, न्यायमूर्ति एस. मुखर्जी, न्यायमूर्ति दिनकरन और न्यायमूर्ति गांगुली पर लगे आरोपों ने निश्चित ही समाज में न्यायपालिका की छवि को धूमिल किया है। न्यायाधीश को हटाने या महाभियोग लगाने की संवैधानिक प्रक्रिया इतनी कठिन और सुस्त है कि आरोपी न्यायाधीश अपने पूरे धन के साथ किसी भी तरह से शान्ति से सेवानिवृत्ति पा लेता। अतार्किक कारणों से कुछ कलंकित न्यायाधीशों को दंडित करने के क्रम में सिक्किम या उत्तर-पूर्व स्थानान्तरित कर दिया जाता है। भारत के एक पूर्व मुख्य न्यायाधीश ने सेवानिवृत्ति के बाद राज्यपाल का पद स्वीकार किया,

और ज़्यादा पाने के लिए अभी भी प्रयासरत हैं। दुर्भाग्य से वकील और न्यायाधीश दोनों ही कई विधि आयोगों और एक के बाद एक विधि सम्मेलन की सिफ़ारिशों के बावजूद स्वयं से सुधारों को शुरू करने में असफल रहे हैं। मर्ज़ पता है, दवा पता है लेकिन इलाज की इच्छा नहीं है। इसमें संकट बढ़ाने के लिए अब मीडिया ट्रायल का भूत भी हमारे सामने है। यदि 'समाज की सामूहिक चेतना को तुष्ट करने के लिए' न्यायपालिका को किसी को सज़ा देनी पड़े या किसी को छोड़ना पड़े, तो इसमें गम्भीर आत्मपरीक्षण की आवश्यकता है।

मानवीय कमज़ोरियों और लालच के मुद्दे के अलावा, एक और महत्त्वपूर्ण ख़राबी है, जो भारतीय न्याय व्यवस्था को खाए जा रही है, वह है इसके कई क़ानूनों का सापेक्षिक प्रचलन में न होना। इनमें से अधिकांश औपनिवेशिक दौर में औपनिवेशिक आवश्यकताओं के अनुसार बनाए गए थे। 60 साल बाद भी हम उनको आधार रूप में मानते रह रहे हैं। हो सकता है, इनमें से कुछ देशकाल पर खरे उतरे हों, लेकिन अधिकांशतः व्यर्थ होने तक संशोधित हो चुके हैं। कई क़ानून जैसे कि दहेज और बाल विवाह के ख़िलाफ़, सामाजिक स्वीकृति नहीं पा सके और बिना किसी डर के तोड़े जाते हैं। शारदा एक्ट महिलाओं को पुश्तैनी सम्पत्ति में समानाधिकार देता है, लेकिन कितने माँ-बाप हैं, जो अपनी प्यारी बेटियों को अपनी सम्पत्ति का वह हिस्सा देते हैं? यह सहारा तो उन्हें उस समय भी नहीं दिया जाता है, जब वे संकट में होती हैं या विधवा हो जाती हैं। सम्पत्ति की बात तो छोड़िए, उन्हें तो जन्म भी नहीं लेने दिया जाता है, यह सब एम्निओसेन्टेसिस की नई तकनीक की वजह से आसान हो रहा है, जिसके ख़िलाफ़ क़ानून भी है। ये काग़ज़ी क़ानून हैं।[1] ये क़ानून मूलतः असरकारक नहीं हैं और वास्तव में एक भ्रष्ट चक्र का निर्माण करते हैं। लागू करने की इच्छा का अभाव और लागू करने वाली मशीनरी की कमज़ोरी के कारण (भी) ये क़ानून एक ख़राब उदाहरण पेश करते हैं और जनता के क़ानून मात्र के प्रति विश्वास को डगमगाते हैं। यह सच है कि सामाजिक सुधार क़ानून के ज़रिए शुरू नहीं हो सकते और चल नहीं सकते। लेकिन शिक्षा और संचार माध्यमों के ज़रिए सामाजिक रूप से स्वीकृत वांछित क़ानून के निर्माण के लिए लगातार प्रयास किए जाने चाहिए। उचित सामाजिक स्वीकृति के बिना क़ानून मृत शिशु की तरह है। पूर्ण स्वीकार्य शायद सम्भव न हो, हमेशा कोई न कोई होगा, जो इसका पालन नहीं करेगा। लेकिन वांछित क़ानून को प्रभावी तरीक़े से लागू करने के लिए इच्छा शक्ति और मशीनरी अवश्य होनी चाहिए। इस मामले में व्यवस्थापिका, कार्यपालिका और व्यवस्थापिका—तीनों को सहयोग और समन्वय करना होगा। भारत में वास्तविक समस्या क़ानूनों का अभाव या प्रासंगिकता नहीं है बल्कि उसका प्रभावी क्रियान्वयन लागूकरण है। या तो बहुत से क़ानून हैं या उनमें से अधिकांश अप्रभावी हैं। और,

1. Atul Setalvad, 'Paper Laws', *EPW* (16 July, 1988) : 1467-70.

न्यायाधीशों की संख्या बहुत कम है। लम्बित मामलों के लिहाज से हम दुनिया में शीर्ष पर हैं। जिस धीमी गति से हमारी न्याय-व्यवस्था चल रही है, उससे तो लगता है कि इन्हें निपटाने में दशक नहीं सदियाँ लग जाएँगी। फिर भी, आश्चर्यजनक ढंग से, सलमान खान जैसे प्रभावशाली लोगों को कुछ घंटों में ही जमानत मिल जाती है!

फिर भी, लम्बित मामलों की बड़ी संख्या और कई कमज़ोरियों के बावजूद, राज्य के तीनों अंगों में से, न्यायपालिका निश्चित रूप से विश्वास और आशा के प्रतीक के रूप में उभरी है। इसकी सक्रियता (एक्टिविज़्म) के कारण लोगों के पास अब तीव्र न्याय का अधिकार, वैधानिक उपचारों का अधिकार, जीवन जीने का अधिकार, प्रदूषण के ख़िलाफ़ अधिकार, मानवीय गरिमा का अधिकार है। यह सब न्यायाधीशों की इच्छा के कारण विवेकशील वकीलों द्वारा दायर की गई अनेक जनहित याचिकाओं के ज़रिए होता है। जब-जब आवश्यक हुआ, उन्होंने कुछ नया किया और पूरा परिदृश्य बदल दिया। एक रचनात्मक न्यायाधिकरण न केवल व्याख्याएँ करता है बल्कि नई राह बनाता है और क्रियान्वयन को आसान करता है। और यह सब कुछ संवैधानिक दायरे में ही किया जाता है। लेकिन न्यायिक सक्रियता की भी सीमा होती है और यह कार्यपालिका की कुशलता और सामाजिक सक्रियता की जगह नहीं ले सकता है। वकालत सामाजिक बदलाव की औज़ार हो सकती है, न्यायालय नहीं। हमारी अदालतें विचार और विमर्श कर सकती हैं, इन्हें सामाजिक और राजनीतिक संघर्ष का क्षेत्र कभी नहीं बनना चाहिए। इसी तरह से, यह आर्थिक विकास की एजेंसी भी नहीं बन सकती है। हाल ही में, उच्चतम न्यायालय ने भारत की नदियों को जोड़ने की जंग खाई और पर्यावरण के लिए ख़तरनाक योजना को पुनर्जीवित करने में रुचि दिखाई है। यह राजनीतिक लुटेरों, बाँध के ठेकेदारों और बिना रीढ़ के अभियंताओं को ढेर सारा रुपया कमाने का अवसर देगा। अच्छा होगा कि पानी की कमी और इससे निपटने के मुद्दे को पानी के विशेषज्ञों पर छोड़ दिया जाए, न्यायाधीशों के पास निश्चित ही करने के लिए अन्य महत्त्वपूर्ण काम तो होगा ही। उन्हें आठ सौ साल पहले (15 जून, 1215) पहले हस्ताक्षरित मेग्ना कार्टा की महती भावना को याद रखना चाहिए—

किसी को भी देरी न हो
किसी को भी मनाही न हो
किसी को भी हम न्याय न बेचें।

मीडिया : चौथा स्तम्भ

मीडिया की वजह से हमारा लोकतंत्र फला-फूला। मीडिया बदलाव, मुक्ति, आधुनिकीकरण का वाहक रहा है, तो इसने मूल्यों के विघटन में भी भूमिका निभाई

है। हमारा मीडिया माध्यम का काम करता है—ठीक अर्थों में और प्रभावी तरीक़े से। यह आलोचक और सहयोगी, चोट पहुँचाने वाला और उबारने वाला, बेनकाब करने वाला और छिपाने वाला—दोनों है। अब यह दोधारी तलवार हो गया है, जो पहले नहीं था। मीडिया हमारे यहाँ औपनिवेशिक आयात के रूप में आया। अठारहवीं शताब्दी के उत्तरार्द्ध के हिक्कीज गजेट से लेकर आज के आधुनिक बहुमुखी मीडिया तक की यात्रा यह अवश्य ही आकर्षक रही होगी। पूर्व-उपनिवेशवादी युग में, भाट, चारण, कवि और दरबारी इतिहासकार अपने समय और उसके बदलाव को दर्ज करते थे और कभी-कभी जनमानस को भी प्रभावित करते थे। अंग्रेज़ों ने अपने शासन के लिए सकारात्मक माहौल बनाने और समर्थन हासिल करने के लिए प्रिंट मीडिया का इस्तेमाल किया और जब हालात नियंत्रण से बाहर जाने लगे तो उन्होंने सेंसरशिप लगा दी और स्वतंत्र सम्पादकों पर राजद्रोह के आरोप लगाने के प्रयास भी किए। फिर भी, पत्रकारिता अपने पथ पर बढ़ती रही और लोकप्रिय होती रही। इसने आज़ादी के आन्दोलन में बहुत ही महत्त्वपूर्ण भूमिका अदा की। भारतीय पत्रकारों की पीड़ा और उनके योगदान के बिना भारतीय राष्ट्रीय आन्दोलन की कल्पना करना मुश्किल है। इसने जन भावना को दर्ज किया, उसे जगाया और आकार दिया। इसने जनजागृति की और कई नेता बनाए। गांधी स्वयं वकील से ज़्यादा पत्रकार थे!

आज़ादी के बाद हमारे संविधान ने अभिव्यक्ति और विचार की आज़ादी को मान्यता दी और उसकी गारंटी की। प्रेस को नवजात लोकतंत्र का संरक्षक और प्रोत्साहक माना गया। इसने ऐसे राष्ट्र, जिसने तरह-तरह के असंख्य अन्याय सहे और शोषण को झेला, की नब्ज़ को पहचाना और उसे दिशा दी। पुनर्निर्माण के महती काम में राष्ट्र और प्रेस दोनों कन्धे-से-कन्धा मिलाकर चले। नेहरू युग में प्रेस क़तई दब्बू नहीं था, बल्कि इसने आलोचनात्मक सहयोगी की भूमिका निभाई। इस युग पर सबसे सटीक टिप्पणियाँ हमें *शंकर्स वीकली* के कार्टूनों में मिल सकती है। नेहरू व्यंग्य और छिपे सन्देश के साथ स्वयं पर होने वाले आक्षेप को पसन्द करते थे। बाद में जैसी हमारी व्यवस्था बनी, उसमें यह सब मटियामेट हो गया। राजनेता सख़्त हो गए, पत्रकारों की खेप रीढ़विहीन हो गई, और औद्योगिक घराने, जो अधिकांश प्रेस के मालिक हैं, विचारों और लोगों की बजाय बाज़ार पर ध्यान देने लग गए।

इसी बीच युगान्तकारी प्रौद्योगिकीय बदलाव हुए। 1930 में रेडियो देश में आ चुका था लेकिन 1950 तक ही यह मध्यवर्ग के लिए दुनिया की खिड़की बन पाया। अभी तक गाँवों में इसका पहुँचना बाक़ी था लेकिन शहरों में इसने धूम मचा दी थी। लगभग प्रत्येक मध्यवर्गीय विवाह में साइकिल और हाथघड़ी के साथ दहेज में रेडियो की उपस्थिति होती थी। रेडियो, अख़बार और फ़िल्मों की तिकड़ी लोगों को एक साथ लाई, उनका मनोरंजन किया और उन्हें शिक्षित किया। रेडियो की ख़ासियत यह थी कि इसको साक्षर और निरक्षर दोनों एक जैसा आसानी से समझ सकते थे।

भारत एक कृषि समाज के रूप में जाना जाता था लेकिन अब यह सूचना समाज बनने की ओर अग्रसर था। 1960 में ट्रांजिस्टर का आगमन हुआ और वह रेडियो को दूर-दराज के गाँवों में ले गया। एक अशिक्षित ग्रामीण को सुबह अपने नित्यकर्म के लिए एक हाथ में पानी का लोटा और दूसरे में ट्रांजिस्टर लेकर चलते देखना सामान्य बात थी। अब वह दुनिया से कटा हुआ नहीं था, अब वह बाहरी दुनिया से जुड़ा हुआ था। इससे उसकी आर्थिक स्थिति भले ही न सुधरी हो, जो दूसरे कई पहलुओं पर निर्भर करती थी, लेकिन वह नए बदलावों के अनुरूप उसे राजनीतिक और सामाजिक रूप से सचेत बना रहा था। अब वह अपने भाग्य पर निर्भर करने वाला मौन दर्शक मात्र नहीं था। 60 और 70 के दशक की हरित क्रान्ति शिक्षक के रूप में रेडियो की भूमिका की बड़ी क़र्ज़दार है। रेडियो ने संगीत की साधारण लोगों तक पहुँच बनाई और लोक संस्कृति अब वहीं नहीं रह गई थी। अकाल, बाढ़ और युद्ध के समय रेडियो को प्रामाणिक ख़बरों के स्रोत और राहत के रूप में देखा जाता था। दिलचस्प है कि हमारे आकाशवाणी से ज़्यादा भरोसेमन्द बीबीसी को माना जाता था।

आगे और बहुत से बदलाव आने वाले थे। 1980, में टेलिविज़न एक आभासी क्रान्ति ले आया था। उपग्रह की नई तकनीक (जैसे इनसेट-बी) ने लाखों लोगों तक टीवी की पहुँच बनाई। 1990 तक भारत की 65 प्रतिशत से ज़्यादा जनता तक टेलिविज़न की पहुँच बन गई थी। इसका मतलब था, मनोरंजन, शिक्षा, जनमानस, आदि-आदि की बहुतायत और इसके महत्त्व को कम करके नहीं आँका जा सकता है। इस नए मीडिया ने भारतीय जीवन के हर एक पहलू को छुआ। सरकार और शासक (राजनीतिक) दल ने इसे नियंत्रित किया और इस नई सत्ता के उपकरण का पूरा फ़ायदा उठाया। मिथकीय पुनर्निर्माण के ज़रिए धर्म और राजनीति का एक-दूसरे में घाल-मेल किया गया, जिससे अभूतपूर्व स्थिति निर्मित हुई थी। रामायण जैसे असाधारण रूप से लोकप्रिय हुए टीवी धारावाहिकों ने अयोध्या में राम मन्दिर की मुहिम के माहौल को बनाने में सहायक स्थितियाँ पैदा की, जिसने चुनावों में भारतीय जनता पार्टी को अधिक सीटें जिताने में मदद की। यह शेर की सवारी करने जैसा था जबकि नेता यह नहीं जानते थे कि इससे कब और कैसे उतरा जाए। इन सबने ऐसे राजनीतिक चक्रव्यूह का निर्माण किया, जिससे हमारा बाहर निकलना अभी तक बाक़ी है। राजनीतिक और सामाजिक असन्तोष को दृश्य मीडिया ने उछाल दिया। अब ये दृश्य पूरे देश को हिला सकते हैं और आन्दोलित कर सकते हैं। इसकी पहुँच और प्रभाव बहुत ज़्यादा है। भोपाल की गैस-त्रासदी में दबे बच्चे या गुजरात दंगों में एक साधारण व्यक्ति की हाथ जोड़कर जान की भीख माँगती तस्वीरों ने अमिट छाप छोड़ी और देश की चेतना को हिलाकर रख दिया। सांस्कृतिक क्षेत्र में, जो साधु और बाबा पहले सीमित अनुयायियों से सन्तुष्ट रहते थे, अब अपनी पहुँच बढ़ाने के लिए नए मीडिया साधनों का सहारा लेने लगे हैं। बाबा रामदेव, अन्ना

हज़ारे, नरेन्द्र मोदी, और खेल की शख़्सियत जैसे सचिन तेंदुलकर आदि की लोकप्रियता का एक बड़ा कारण टीवी का कैमरा है। इसने योग को बेडरूम में घुसाने की परिस्थिति बनाई और जल्दी ही, मनोरंजन और क्रिकेट की तरह, आध्यात्मिकता भी भारत का तेज़ी से बढ़ता हुआ उद्योग बन गया। यही पेक्स अमेरिकाना के सांस्कृतिक तत्त्वों ने किया था। एक बार मैं गाँव गया, मैंने हुक्का पीते हुए ग्रामीणों को *बेवॉच* देखते हुए पाया था। उन्हें समुद्री किनारापट्टियों और बिकनी के बारे में कुछ भी नहीं पता था, फिर भी?

मीडिया की भारी उपस्थिति और प्रभाव कुछ सवाल भी खड़े करते हैं। क्या ये पशुभावना को उकसाते और हवा देते हैं? क्या ये रंगीन और उत्तेजक तस्वीरों का इस्तेमाल कर लोगों की ऐन्द्रिक भावनाओं को उकसाते हैं। यह सिर्फ़ इलेक्ट्रॉनिक मीडिया तक सीमित नहीं है। एक प्रमुख राष्ट्रीय अख़बार की लोकप्रियता और नम्बर वन रहने की रणनीति का यही राज है। यह क्लिंटन–मोनिका मसले के विवरण मसाला लगाकर प्रमुखतः प्रसारित करता है और आम दिनों में 'लिबिडो को कैसे सन्तुष्ट किया जाए', इस तरह के लेख छापते हैं। इसके पटना और भोपाल संस्करणों में इदाहो के बच्चों के यौन शोषण की ख़बरें छपती हैं। अब स्थानिक प्रासंगिकता का कोई महत्त्व नहीं रह गया है। इलेक्ट्रॉनिक मीडिया के ज़रिए एक नए क़िस्म के वैश्वीकरण को सम्भव बनाया जा रहा है। मोबाइल और इंटरनेट के लगातार बढ़ते इस्तेमाल ने सोशल मीडिया कही जाने वाली अवधारणा को जन्म दिया है। यहाँ पर व्यक्ति की निजता और सार्वजनिक नैतिकता का हमेशा ख़याल नहीं रखा जाता है। यह उच्च कोटि का घुसपैठिया हो सकता है।[1] लेकिन इसने दूसरी तरह के लाभ भी प्रदान किए हैं। पश्चिमी एशिया में हाल में हुए राजनीतिक बदलाव का श्रेय इस नए संचार के साधन को दिया जाता है। अन्ना हज़ारे के आन्दोलन ने भ्रष्टाचार के ख़िलाफ़ लोगों को एकजुट करने के लिए एसएमएस तकनीक का लाभ उठाया। 2013 में, दक्षिण के राज्यों में मुस्लिम साम्प्रदायिक लोगों ने उत्तर–पूर्व के लोगों के ख़िलाफ़ जानलेवा अफ़वाह फैलाने के लिए इसका इस्तेमाल किया, जिससे विभाजन के बाद का सबसे बड़ा विस्थापन हुआ। एक साल बाद नरेन्द्र मोदी ने इस नई मीडिया तकनीक का प्रभावी इस्तेमाल किया और भारी चुनावी जीत हासिल की। ये नए तरह के संचार के साधन समाज और यहाँ तक कि सरकार के भी नियंत्रण में नहीं रहते हैं बल्कि ये कुछ लोगों द्वारा विशेष रूप से निर्मित और बड़ी संख्या में लोगों तक पहुँच बनाने और उनके मन को प्रभावित करने के लिए इस्तेमाल किए जाते हैं। इसमें प्रचुर राजनीतिक और व्यावसायिक महत्त्व की चीज़ें होती हैं। वे माँग पैदा करने की योग्यता रखते हैं और चूँकि वे वितरण को नियंत्रित करते हैं, इसलिए

1. कभी–कभी यह निजी मामले को सार्वजनिक तमाशे में परिवर्तित कर देता है; सोचिए कि इसने अपनी पत्नी की दुखद मौत पर शशि थरूर जैसे तेज़–तर्रार नेता को कितना दुख पहुँचाया होगा।

उपभोक्ताओं या दर्शकों के पास बहुत कम विकल्प बचते हैं। ये एक बीन की मोहक धुन की तरह हम सबको नचाते हैं।

प्राय: मीडिया को शिक्षक और ज्ञान के प्रसारक के रूप में भी देखा जाता है, जो कि वे निश्चित ही हैं। लेकिन क्या वे ज्ञान की रचना में मदद करते हैं? जब विद्वान और दार्शनिक ज्ञान की रचना करते हैं, तो उसमें आम लोग 'अन्य' या निष्क्रिय प्राप्तकर्ता की तरह होते हैं लेकिन जब मीडिया ज्ञान या ज्ञान की छवि की रचना करता है, तो यह आईने की तरह काम करता है, जिसमें लोग जैसे हैं, वैसे ही दिखते हैं, अपने 'आत्म' की तरह। ज़ाहिर है कि वहाँ पर भी तोड़-मरोड़ की आशंका रहती है लेकिन अच्छे मीडिया से यह आशा की जाती है कि वह इसे न्यूनतम करेगा। चूँकि मीडिया को आम जनता को एक सन्देश देने का काम करना है, इसलिए यह बुद्धिजीवियों के स्तर से काम नहीं कर सकता है। इसलिए वहाँ सभी बातों को सबसे कम बौद्धिक स्तर पर रखा जाना स्वाभाविक है। इसका परिणाम, सुप्रसिद्ध अमरीकी पत्रकार कार्ल बर्नस्टीन जिसे 'सच्ची मूर्ख संस्कृति' कहते हैं, हो सकता है। आख़िर अकारण ही टीवी को 'बुद्धू बक्सा' नहीं कहा जाता है। यह सुविधा कम, लत अधिक है, यह मस्तिष्क को कुंद कर देता है। यह स्त्री-पुरुषों को यथार्थ से दूर कर देता है और कल्पनाजीवी बना देता है। यह अभिलाषाओं को जागृत करता है, जो परिवार में कटुता बढ़ा सकता है। फिर भी, इस माध्यम के शैक्षिक और सामाजिक महत्त्व को कमतर नहीं आँका जा सकता है। यह महत्त्वपूर्ण मुद्दों पर जनजागृति में मदद करता है।

मीडिया का धार्मिक और सांस्कृतिक पक्ष अभी भी राजनीतिक पक्ष की तरह प्रतिस्पर्धी क्षेत्र नहीं बना है। दुर्भाग्य से ये क्षेत्र नेताओं और मीडियाकर्मियों दोनों के द्वारा लगभग छोड़ दिए गए हैं। वे रोज़मर्रा की राजनीति में कुछ ज़्यादा ही लगे रहते हैं। इसलिए जब सन्देहास्पद चीज़ें हो रही थीं, उनकी माँग बढ़ गई थी। परिणामस्वरूप, वे मीनाक्षीपुरम, पंजाब, अयोध्या, गुजरात में देखे गए। जब भारतीय लोकतंत्र के तीनों आधार स्तम्भ लड़खड़ाए, तब चौथा स्तम्भ क्या कर रहा था? जैसा कि हमने देखा, अब धर्म परम्परागत रूप में आध्यात्मिकता और संस्कारों वाला धर्म नहीं रह गया है, दूसरे तरीक़ों से यह भी राजनीतिक बन गया है। प्रेस भी हमेशा से राजनीतिक प्रक्रिया का हिस्सा रहा है और राष्ट्रीय आन्दोलन में इसने बहुत बड़ी भूमिका अदा की है। इसलिए यह अलग-थलग नहीं रह सकती थी और विभिन्न स्तरों पर एवं विभिन्न मौक़ों पर इसने आग भड़काने या बुझाने में योगदान दिया है। फिर भी, मोटा-मोटी राष्ट्रीय प्रेस ने बहुलतावादी विरासत और सामाजिक यथार्थ के प्रति विश्वास बनाए रखा है। लेकिन यह आधुनिकता और उत्तर-आधुनिकता दोनों के स्थापित धर्म पर पड़े व्यग्र कर देने वाले प्रभावों को समझने में नाकाम रही और यही कारण था कि एक सतर्क प्रेस की भूमिका में समय पर जो चेतावनी इसे देनी चाहिए

थी, वह इसने नहीं दी। बल्कि इसने सन्तुष्टि का एक भ्रम पैदा किया। यह राजनीतिक अवगुणों, गठबन्धन की खींचतान, जाति, भ्रष्टाचार आदि से कुछ ज़्यादा ही लगाव रखता है। इसका मतलब यह नहीं है कि ये सब मुद्दे महत्त्वपूर्ण नहीं हैं। लेकिन जब साम्प्रदायिकता हाइड्रा के रूप में उभरी और असंख्य मासूम लोगों की जान ख़तरे में थी, तब राष्ट्रीय प्रेस से कुछ सकारात्मक पहल की उम्मीद थी। कभी-कभी अभिव्यक्ति की स्वतंत्रता को भी अतार्किक सीमा तक खींच लिया जाता था। कोई स्वतंत्रता असीमित नहीं होती है, इसे आग बुझाने में मदद करनी चाहिए, न कि डेनिश और चार्ली हेब्दो की तरह तेल झोंकने का। कुरान (शुरा अल-हुजुरत, पद 11-12) में लिखा है कि 'एक दूसरे की बुराई मत करो...सन्देह मत करो : कुछ सन्देह तो पाप होते हैं। इसलिए दूसरों के जीवन में ताक-झाँक मत करो और किसी की पीठ में छुरा मत भोंको।' वास्तव में सन्देह और असुरक्षा साम्प्रदायिकता की रीढ़ मज़बूत करती है। अभिव्यक्ति की स्वतंत्रता एक बहसतलब मुद्दा था, है और रहेगा।

पंजाब संकट और रामजन्मभूमि मुहिम को जिस तरह से राष्ट्रीय प्रेस ने कवर किया, उसका सावधानीपूर्वक पाठमूलक विश्लेषण किया जाना चाहिए। हालाँकि इसे श्वेत-श्याम दृष्टि से नहीं देखना चाहिए, कुछ सचेत चेतावनियाँ भी आई थीं, लेकिन ये राजनेताओं को प्रभावित नहीं कर पाईं। यह सम्भव है कि गोपनीय चर्चाएँ और गतिविधियाँ प्रेस तक नहीं पहुँच पाती हों। उनके संवाद प्राय: मौखिक होते थे और लिखित को पढ़ने के बाद नष्ट कर दिया जाता था। उन्होंने मीडिया को किनारे ही कर दिया। स्वाभाविक रूप से, प्रेस को यह पता भी नहीं चला कि कब बाबरी मस्जिद के अन्दर मूर्तियाँ रख दी गईं या कब 44 साल बाद गिरा दी गई। कांड हो जाने के बाद ही प्रेस में बखेड़ा खड़ा हुआ। लेकिन स्थानीय प्रेस ने क्या किया? सम्भवत: वे भी साम्प्रदायिकता का उफान लाने में अपने आसपास के नेताओं जितने ही जिम्मेदार हैं, जिनके निकट ही वे फलते-फूलते हैं।

दूसरी तरफ़, मीडिया का राजनीतिक पक्ष सघन और कड़ी प्रतिद्वंद्विता वाला है। यहाँ नैतिक प्रश्न कब के ख़त्म हो चुके हैं। अब पेड न्यूज़ की नई परिघटना उभरकर सामने आई है जिसमें धन या अनुग्रह के बदले किसी ख़ास राजनीतिक पार्टी या समूह को फ़ायदा पहुँचाने वाली ख़बरें लिखी या प्रसारित की जाती हैं। छोटे क़स्बों में और विविध भारतीय भाषाओं में प्रिंट मीडिया के हुए विस्तार ने ख़तरे को स्थानिक भी बना दिया है। अब मीडिया का एक बड़ा हिस्सा बिकाऊ हो गया है, इसे प्रभावित किया या ख़रीदा जा सकता है। पहले, सरकार प्रेस को दबाव या विज्ञापनों के ज़रिए प्रभावित कर सकती थी। अब अंबानी जैसे उद्योगपति उपहारों और वाउचरों के ज़रिए प्रभावित करने का प्रयास करते हैं। अब स्थिति निर्लज्ज और अनावृत हो गई है। रिलायंस और आदित्य बिड़ला ग्रुप जैसे बड़े औद्योगिक घरानों का टीवी कम्पनियों में बड़ा हिस्सा है। विज्ञापन की सम्भावना और आकर्षण

रिपोर्टिंग की विषयवस्तु और मात्रा तय करती हैं। अब पत्रकारिता व्यापार है; सूचना के लिए सूचना का व्यापार, क़ीमती प्रिंट स्थान की बिक्री का, 'पीपली लाइव' करने का, बहस के नाम पर 'मुर्गों की लड़ाइयाँ' करवाने का व्यापार। पिछले दिनों राडिया टेप ने न केवल उद्योगपतियों की बल्कि विख्यात पत्रकारों की सत्ता के दलाल की भूमिका को बेनकाब कर दिया था। कभी-कभी वे मलाईदार मंत्रालयों (जैसे पेट्रोलियम और संचार) और सत्ता के गलियारों में उद्योगपतियों के जासूस का काम भी करते हैं।

इस स्थिति ने मीडिया की नैतिकता की आवश्यकता और प्रासंगिकता के मुद्दे को प्रमुखता से उभारा है। लेकिन नैतिकता अपने आप में पर्याप्त नहीं होगी। यहाँ पर स्वतंत्र स्वायत्त एजेंसी द्वारा बनाए नियमनों की आवश्यकता है। नियंत्रण अलोकतांत्रिक हो सकता है लेकिन तार्किक नियमन प्रेस के लिए ही लाभजनक है। संयुक्त राज्य अमेरिका की तरह प्रेस और जनता के बीच हुए 'फर्स्ट अमेंडमेंट' की सुविधा शायद हमें प्राप्त न हो। आज़ादी का ऐसा दुरुपयोग इंग्लैंड में भी ख़ूब हुआ है। हाल ही के लेवेसन आयोग ने मीडियाकर्मियों द्वारा ही मीडिया के दुरुपयोग किए जाने की बहुत आलोचना की है। भारत में इस बीमारी की जड़ें बहुत गहरी हैं। राज्य को स्वयं ही एक आदर्श प्रस्तुत करते हुए सामने आना चाहिए। दमनकारी आपातकाल के बाद जनता पार्टी सरकार ने भी स्वायत्तता के प्रश्न को गड़बड़ा दिया और मीडिया की पुनर्संरचना पर बी.जी. वर्गीश रिपोर्ट को लागू करने से मना कर दिया। 1989 में पहली बार मीडिया चुनावी मुद्दा बना और बहुत सी राजनीतिक पार्टियों 'कार्य स्वायत्तता' का वादा किया। प्रसार भारती विधेयक 1989 ने एक सीमित स्वायत्तता प्रदान की। इसका परिणाम यह हुआ कि आकाशवाणी और दूरदर्शन सम्पूर्ण सरकारी नियंत्रण और वांछित सम्पूर्ण स्वायत्तता के बीच त्रिशंकु की तरह झूलता रहता है। जैसा हमारे लोकतंत्र और शासन का स्वभाव है, हमारी सरकार इलेक्ट्रॉनिक मीडिया और सीबीआई जैसी महत्त्वपूर्ण एजेंसियों से अपना नियंत्रण कभी नहीं छोड़ना चाहेगी; शिक्षा और स्वास्थ्य जैसे महत्त्वपूर्ण क्षेत्रों से भले पीछे हट जाए, लेकिन इन एजेंसियों से नहीं हटेगी। इन क्षेत्रों की तुलना में सरकार के लिए ये एजेंसियाँ अधिक महत्त्वपूर्ण हैं न!

6

ज्ञान और समाज

इन दिनों ज्ञान समाज और ज्ञान अर्थव्यवस्था की बात करना बहुत फ़ैशनेबल हो गया है। यह व्यग्रता क्यों है? क्या ऐसा हमारे देश और हमारे दौर में सूचना तकनीक की सफलता के कारण है? हमारे पूर्वज ज्ञान के बारे में क्या सोचते थे? इक्कीसवीं सदी की शुरुआत इस मीडिया हाइप और भविष्यवाणियों के साथ हुई थी कि यह सदी ज्ञान की सदी होगी और इसमें अतुल्य विकास होंगे। यहाँ तक कि दशक से ज़्यादा समयावधि के बाद भी यह हाइप ख़त्म नहीं हुआ है। ज्ञान समाज और ज्ञान अर्थव्यवस्था की बातें और दावे (यहाँ तक कि आर्थिक संकट के बीच में भी) ऐसे हो रहे हैं, जैसे कि पहले के समाज और अर्थव्यवस्थाएँ ज्ञान के द्वारा निरूपित या प्रभावित नहीं थीं। भारतीयों ने क्या सोचा जब उन्होंने बीसवीं सदी में प्रवेश किया था? यह साम्राज्य का चरम समय था। स्वदेशी और स्वराज जैसे मूलमंत्र अभी आने बाक़ी थे। लोगों ने शिक्षा के बारे बहुत विचार-विमर्श किया और उसमें ज्ञान की मौजूदगी थी। बदलाव और रूपांतरण के लिए शिक्षा को सबसे ज़्यादा प्रभावी वाहक माना गया। यह साधन था और है, अपने आप में साध्य नहीं। ज्ञान उन्नति के साधन की बजाय विचार और दर्शन के रूप में ज़्यादा विचार-विमर्श का केन्द्र बना। ज्ञान तो विद्या माना गया जिसके अन्तर्गत लगभग सभी चीज़ें आ जाती हैं, जबकि शिक्षा अलग थी, जो ज्ञान प्राप्त करने की प्रक्रिया थी। हमारे पूर्वजों ने दोनों के महत्त्व को समझा और परिस्थितियों की माँग के अनुसार काम किया।

यूनानियों के विपरीत, जिन्होंने ज्ञान को भौतिक रूप में विश्लेषित किया, भारतीयों ने प्रायः ज्ञान को मुक्ति के साधन की तरह माना और उस ज्ञान को महत्त्व दिया जो मुक्त करता हो (सा विद्या या विमुक्तये)। लेकिन मुक्ति किससे? क्या यह भुखमरी, बीमारियों या अज्ञान या सांसारिक समस्याओं से थी? नहीं, यह आत्मा की मुक्ति (मोक्ष) की बात थी और इस पर विशाल दार्शनिक परम्परा विकसित हुई है। ज्ञान, पर और अपर या दीन और दुनिया में विभाजित था। यह स्पष्ट बँटवारे की तरह दिखता है, लेकिन ऐसा है नहीं। विचारक और दार्शनिक

आनन्द के साथ एक से दूसरे में विचरण करते थे और शिक्षा इसी आवाजाही के बीच अटकी थी। हालाँकि एक बात निश्चित है कि ज्ञान का महत्त्व हमेशा से स्वीकार्य था। दुर्भाग्य से, यह कुछ लोगों तक सीमित था। इस नियंत्रण से पंडित वर्ग अपनी शक्ति प्राप्त करता था। ज्ञान का प्रसार हो रहा था लेकिन धीरे-धीरे और संवर्धित तरीक़े से। एक बार स्वीकार्य और स्थापित हुए ज्ञान को चुनौती नहीं दी जा सकती थी, इसलिए हर पीढ़ी ने ऐसी टीकाएँ लिखीं, जिनसे मौजूदा ज्ञान में कुछ जोड़ना और घटाना सम्भव हुआ लेकिन मौलिक स्वरूप में बहुत कम परिवर्तन हुआ। आमूलचूल परिवर्तन बहुत मुश्किल या लगभग असम्भव था, लेकिन टीकाओं के लेखन से ज्ञान की कुछ उन्नति अवश्य हुई। उदाहरण के लिए जब चरक संहिता स्थापित ग्रंथ हो गया, तो पीढ़ी-दर-पीढ़ी सम्मान के साथ और बिना किसी बड़े बदलाव के निघंटु (टीका) लिखी गई। इस तरह ज्ञान एक सीमित तरीक़े से निर्धारित दायरे में रचा गया, उस पर चर्चा की गई और उसे प्रसारित किया गया। जाति ऐसा ही एक अलंघ्य दायरा था। निचली जातियों और महिलाओं के लिए कोई अवसर नहीं था। शिक्षा टोल, चतुष्पदी और अग्रहार (स्थानीय, निजी तरीक़े से चलने वाले स्कूल) या आसपास के मन्दिरों में दी जाती थी। मुस्लिम संस्कृति ने मकतबा और मदरसा को प्रचलित किया लेकिन यहाँ पर भी ज़्यादा ज़ोर दीन पर था। वे धार्मिक शिक्षा के लिए ज़्यादा इस्तेमाल किए गए। धर्म वहाँ मुख्य भोजन की तरह था और दूसरे ज्ञान को मसालों की तरह इस्तेमाल किया जाता था।[1] फिर भी इन स्पष्ट सीमाओं के बावजूद भारतीय समाज ने दर्शन, भाषाविज्ञान, ज्योतिष, आयुर्वेद और अन्य क्षेत्रों में ज्ञान के बेशक़ीमती ख़ज़ाने को संचित किया।

जब अंग्रेज़ भारत आए थे तो वे हमारी ज्ञानात्मक क्षमताओं से आश्चर्यचकित रह गए और हमारी कोताहियों से अचम्भित थे। एक विक्टोरियाई प्रशासक ने लिखा है कि—

> हम हिन्दू से ज़्यादा चतुर नहीं हैं, हमारा मस्तिष्क उससे समृद्ध और विशाल नहीं है। उसे हम उस तरह से विस्मित नहीं कर सकते हैं, जैसे हम असभ्यों को ऐसे विचार प्रस्तुत करते हैं, जिसके बारे में उसने कभी सोचा ही न हो। हमारे उदात्त विचारों को वह अपनी कविता के समकक्ष रख सकता है, यहाँ तक कि शायद हमारे विज्ञान के पास कुछ धारणाएँ हैं, जो उसके लिए पूर्ण रूप से नवीन हों।[2]

---

1. उनकी राजनीतिक महत्त्वाकांक्षाएँ भी थीं। अठारहवीं सदी के विख्यात धर्माचार्य शाह वलीउल्लाह मात्र शिक्षाविद्, न होकर राजनीतिक 'गाज़ी' थे। कुछ स्रोत यह भी इंगित करते हैं कि उन्होंने भारत पर आक्रमण करने और मराठाओं से लड़ने के लिए अफ़गान राजा अब्दाली को आमंत्रित किया था। (Tabir Kalam, *Religious Tradition and Culture in Eighteenth Century North India* [Delhi: Primus Books, 2013], 37-38).
2. John Seeley, *The Expansion of England* (London: Robert Brothers, 1883), 244.

लेकिन धर्म प्रचारक और मिशनरीज़ ज़्यादा प्रभावित नहीं थे। उनका दावा था कि भारतीय चरित्र में पिछड़े हुए हैं। यहीं से भारतीय शब्द-सम्पदा में दिलचस्प 'चरित्र' शब्द प्रविष्ट हुआ। शिक्षा का उद्देश्य 'चरित्र निर्माण' हो गया। औपनिवेशिक साहित्य और स्रोत इस अभाव का ख़ूब रोना रोते हैं। यहाँ तक कि राष्ट्रवादी भारतीयों ने भी इसे अन्तर्निहित कर लिया। आज सभी सरकारी और निजी विद्यालय अपना उद्देश्य चरित्र निर्माण घोषित करते हैं। चरित्र के साथ यह जुनून क्यों है? जितना ज़्यादा हम इस पर ज़ोर देते गए, हमारी व्यवस्था उतनी ही 'चरित्रहीन' बनती गई। क्या हम चरित्रहीन राष्ट्र हैं? चरित्र की धारणा एक ऐसी सांस्कृतिक बिकनी है, जो ढकने से ज़्यादा दिखाती है!

इस तरह से आधुनिक शिक्षा एक नकारात्मक सोच के साथ शुरू हुई। यह गोरों के उत्तरदायित्व (व्हाइट मेन्स बर्डन) के रूप में आई। 1792 में चार्ल्स ग्रांट ने 'अवलोकन' करते हुए यह ज्ञान झाड़ा था कि 'अँधेरे का सही इलाज प्रकाश से परिचय है।'[1] जबकि सदियों पहले हमारे यहाँ वैदिक मंत्र ने तमसो मा ज्योतिर्गमय (हमें अँधेरे से प्रकाश की ओर ले चलो) की उत्कट इच्छा प्रकट की थी। लेकिन अब प्रकाश लाने वाला सूर्य पूर्व में नहीं, पश्चिम में उगने वाला था। यह वहाँ कुछ सदियों पहले घटित कुछ महत्त्वपूर्ण परिघटनाओं की वजह से सम्भव हुआ। इसने उन्हें नए क्षेत्रों को जीतने और पुरानी सभ्यताओं को वश में करने की शक्ति और सत्ता दी। औपनिवेशिककरण के लिए पहले उन्होंने शक्ति का क्रूर इस्तेमाल किया और उसके बाद शिक्षा के ज़रिए उन्हें 'सभ्य' बनाने का प्रयास किया। किपलिंग ने लिखा है—

उन्होंने बर्बरतापूर्वक ज़मीन को लाशों से पाट दिया
और इससे पहले कि उनकी तोपें ठंडी पड़ें
वे दो-दो और तीन-तीन मिलकर निहत्थे चल पड़े
जीवित बचे लोगों को स्कूल के लिए बुलाने

जैसे ही तोपें ठंडी पड़ीं, स्कूल खुल गए थे। शिक्षा कोई कम सम्भावनाशील हथियार नहीं था। 1832 में, सी.ई. त्रेवेल्यान नामक शिक्षक ने आत्म-मुग्ध होते हुए लिखा कि 'हम यहाँ के निवासियों को उन्नत ज्ञान के अलावा और कुछ नहीं दे सकते हैं, उसके अलावा हम सब कुछ उनसे लेते हैं।' लेकिन यह ठीक वह ज्ञान नहीं था, जिसे हिन्दुस्तान जानता था, यह थोड़ा अलग था। चीन के लोगों ने इसे 'नया ज्ञान' कहा, हम लोगों ने इसे 'पश्चिमी' या यूरोपीय और इसलिए ख़ास क्षेत्र की भौगोलिक संस्कृति से सम्बद्ध कहा। चीनी लोग तेज़ निकले, उन्होंने 'हीन-श्रेष्ठ'

1. Charles Grant, *Observations on the State of Society* (London : East India House, 1797), 42, 44, 148; IOR, Mss.Eur.E93, British Library, London.

के भेद को नज़रअन्दाज़ किया और 'नए' को आत्मसात् किया। वे अभी भी बहुत नज़ाकत के साथ ऐसा करते हैं।

1835 में, प्रशिक्षण से क़ानूनविद् और इतिहासकार बनने के अभिलाषी मैकाले ने अन्ततः श्रद्धांजलि लिखी। उन्होंने ऐसी शिक्षा व्यवस्था प्रस्तावित की जो 'ऐसे वर्ग को पैदा करेगी, जो ख़ून और रंग से भारतीय, लेकिन स्वाद, विचार, नैतिकता और बुद्धिमत्ता में अंग्रेज़ होगा।' इंग्लैंड भारत में वही करने की कोशिश कर रहा था, जो उसने आयरलैंड में सफलतापूर्वक कर लिया था। बहुत पहले 1537 में, इंग्लिश प्रिवी काउंसिल के मातहत आइरिश संसद ने 'यदि सम्भव हो तो आइरिशमेन को इंगलिशमेन में बदलने के उद्देश्य से' विशेष स्कूल स्थापित किए थे। लेकिन इन दोनों में एक महत्त्वपूर्ण अन्तर था, भारत ईसाई देश नहीं था। इसलिए मैकाले को सबसे जो कुछ भारतीय परम्पराओं में था, उसे ख़ारिज़ और ध्वस्त करना पड़ा। उसने भारतीय ब्रह्मांड विज्ञान का उपहास करते हुए कहा कि वह 'अंग्रेज़ी लड़कियों के स्कूल में' हँसी का पात्र बनेगा। लड़कियों की हँसी भी कटु अपमानजनक हो सकती है! विलियम जोन्स और अन्य विद्वानों, जो भारतीयों और उनके मूल्यों का सम्मान करते थे, के विपरीत मैकाले सभी को क्रूरता की हद तक हास्यास्पद पाते थे। अपनी मैसूर की यात्रा के प्रसंग में उन्होंने लिखा कि—

> मैं मैसूर के राजा से मिलकर सम्मानित हुआ, जो मुझे अपना वस्त्रागार और तस्वीरें दिखाने का इसरार करते रहे। यह छह-सात रंगों का अंग्रेज़ी प्रिंट था। यह अपने देश के पार्लर में जो मैंने देखा था, उससे बहुत हीन नहीं था...फिर भी किसी भी तरीक़े से राजा मैसूर में मुझे मिले लोगों में सबसे ज़्यादा मूर्ख नहीं था।

उन्होंने आगे लिखा—

> मेरे बिस्तर पर कम्बलों का ढेर लगा दिया था और मेरे काले नौकर मेरे चारों ओर खाँसते हुए घूम रहे थे। अजीब पहनावे में बेचारा एक तो बुरी तरह से ठंड का शिकार था कि जल्दी ही, सूरज निकलने से पहले, मैं अपने यहाँ एक तमाशा देखने वाला था, जो कि शेक्सपियर के अनुसार अंग्रेज़ों के लिए बहुत दिलचस्प है—एक मृत भारतीय।[1]

यह उपनिवेशवाद था, अन्धकारमय और कटु। उसके इस बेहद दम्भ के बावजूद यक़ीनन वह आधुनिक भारत पर सबसे ज़्यादा प्रभाव डालने वाला व्यक्ति बनने वाला था। यहाँ तक कि गांधी और टैगोर भी उसकी सफलता को काट नहीं सके। अभी भी सत्ता और संस्कृति के गलियारों में उसकी उपस्थिति महसूस की जा सकती

---

1. Macaulay to Ellis, 1 July, 1834, MS. O15.12. 10-23, Trinity College, Cambridge.

है। भौगोलिक विभाजन से बरसों पहले मैकाले ने भारत और भारतीयों को दो भागों में विभाजित कर दिया था!

शिक्षा दो धार वाली तलवार है। यह आधिपत्य और आधिपत्य-विरोध दोनों पैदा करती है। यह शिक्षार्थी को इतना सशक्त बना देती है कि वे शिक्षा देने वाले की सत्ता पर सवाल कर सकते हैं। यही कारण है कि ब्राह्मणों ने अन्य को, यहाँ तक कि अपनी औरतों को भी, इस विशेषाधिकार से वंचित रखा। महान ऋषि याज्ञवल्क्य से जब उनकी विदुषी पत्नी ने बहुत से सवाल पूछना शुरू कर दिया तो वे बहुत व्यग्र हुए और उनका अनादर किया। द्रोणाचार्य ने एक आदिवासी छात्र का अँगूठा माँग लिया, जिसने ईमानदारी से उस ब्राह्मणवीर से प्रेरित होना स्वीकार किया। शेक्सपियर *दी टेम्पेस्ट* में प्रोस्पेरो की दुविधा चित्रित करते हैं, जब वह विद्रोही कैलिबन का सामना करता है, जिसे उसने भाषा सिखाई थी। एक ब्रिटिश अधिकारी ने स्पष्ट असुविधा और अविश्वास के साथ यह माना कि 'यदि आप मूल निवासियों को नहीं पढ़ाएँगे तो वे असभ्य होंगे और यदि आप उन्हें पढ़ाएँगे तो वे दुष्ट बन जाएँगे।' कर्ज़न को पछतावा था कि (पश्चिमी) शिक्षा ने 'उनके चरित्र को बनाए बग़ैर उनकी बुद्धि को तेज़ कर दिया है।' सम्भवतया यह पछतावा उनके शासन के अन्त तक रहा था।

नया ज्ञान सांस्कृतिक अनुभवों के ज़रिए प्रविष्ट होने वाला था। यह संस्कृत और फ़ारसी जैसी क्लासिकल भाषाओं के माध्यम से नहीं आ सकता था। अनुवाद में असंख्य कठिनाइयाँ थीं। इसलिए शिक्षा के माध्यम के लिए अंग्रेज़ी स्वाभाविक विकल्प थी। ऐसा नहीं है कि अंग्रेज़ों ने इसे मैकाले की भारी सिफ़ारिश के कारण ज़बरदस्ती लाद दिया बल्कि स्वयं भारतीयों ने इसकी माँग की थी। राममोहन राय का यूरोपीय विज्ञान और साहित्य के अध्ययन की माँग करता एम्हर्स्ट को लिखा पत्र सुविख्यात है। यहाँ तक कि एक परम्परावादी विद्वान विद्यासागर ने संस्कृत कॉलेज और दयानंद एंग्लो-वर्नाकुलर स्कूल, जो उन्होंने शुरू किए थे, में अंग्रेज़ी को अनिवार्य विषय बना दिया था। 'एंग्लो-वैदिक' और 'एंग्लो-मोहम्मडन' नाम में स्वतः ही अंग्रेज़ी शिक्षा का महत्त्व और स्वीकार्य निहित है। जब अंग्रेज़ों ने अंग्रेज़ी शिक्षा से अपना ध्यान हटाकर वर्नाकुलर शिक्षा पर केन्द्रित करना चाहा था तो मध्यवर्ग ने इसका मुखर विरोध किया था। यहाँ तक कि छपरा जैसी मुफ़स्सिल जगह पर भी इसके विरोध में बैठकें हुई थीं। बहुतों से लोग अंग्रेज़ी छोड़ना 'बौद्धिक आत्महत्या' मानते थे। ऐसा ही चलन समकालीन भारत में भी देखा जा सकता है। आज उत्तर और दक्षिण भारत के दलित सक्रिय रूप से अंग्रेज़ी के अध्ययन की माँग कर रहे हैं। केवल राष्ट्रीय आन्दोलन के चरम और आज़ादी के बाद के उत्सवधर्मी दौर में ही भारतीय भाषाओं और भारतीय मूल्यों पर बल देखा गया। अन्यथा, ये हमारे दौर की आर्थिक और प्रशासनिक यथार्थ स्थितियों के आगे सहज ही अनदेखा

कर दिए जाते हैं। कुछ क्षेत्रीय राजनेताओं और बुद्धिजीवियों के कभी-कभार के हो-हल्ले के अलावा इंग्लैंड की सम्पर्क भाषा का जलवा भारत और शायद पूरी दुनिया में क़ायम है।

समस्या क्या है?

राममोहन राय के अग्रणी प्रयासों से लेकर सैम पित्रोदा के ज्ञान आयोग तक, असंख्य सुधारकों, मध्यस्थों, विशेषज्ञों, अधिकारियों, लेखकों और कई अन्य लोगों ने यह जानने की कोशिश की कि हमारी शिक्षा व्यवस्था की समस्या क्या है, इसकी ज़रूरतें क्या हैं, समाधान क्या हैं आदि-आदि। पिछली दो शताब्दियों में इस विषय पर बहुत सी बहसें हुई हैं। फिर भी, हालात अच्छे नहीं हैं और भारत की जनसंख्या का लगभग 45 प्रतिशत अभी भी निरक्षर है। एक के बाद एक अंग्रेज़ गवर्नरों और उनके अधिकारियों ने नियमित अन्तराल पर इसके लिए बड़ी-बड़ी घोषणाएँ कीं लेकिन नाम मात्र के संसाधन दिए। भारतीयों ने कई तरीक़ों से प्रतिक्रिया व्यक्त कीं। कुछ लोगों ने इसे हाथोंहाथ लिया, तो कुछ नई माँगें प्रस्तुत करने लगे, कुछ उनकी अपनी परम्पराओं द्वारा प्रदत्त सुरक्षित खोह में चले गए। नव शिक्षित मध्यवर्ग ने देश के टोल और मकतबा में दी जानी वाली शिक्षा की विषयवस्तु और गुणवत्ता की आलोचना की। मशीनीकृत नियमित गतिविधियों के कारण आधुनिक शिक्षा संस्था स्वाभाविक सम्मान हासिल करने में असफल रहे। एक महान रसायनशास्त्री और शिक्षाशास्त्री पी.सी. रे ने इन्हें ग़ुलामखाना कहा था जहाँ औपनिवेशिक आवश्यकता के अनुसार मुंसिफ, क्लर्क, सहायक चिकित्सक और अधिदर्शक पैदा किए जाते हैं। हालाँकि यह 'मशीनीकरण' सर्वथा नज़रअन्दाज़ नहीं किया जा सकता था। यह वैश्विक बदलाव का हिस्सा था। सुधारक आधुनिकता को तो स्वीकार कर सकते थे लेकिन पश्चिमीकरण को नहीं; शिक्षा की आधुनिक विश्वविद्यालयी व्यवस्था को मान सकते थे लेकिन इसके व्यवसायीकरण को नहीं। यह दुविधा और संवाद सम्भवतया आज भी उसी तरह से जारी है।

उस समय चार मुख्य शैक्षिक सवाल थे, जिनका औपनिवेशिक शासकों को सामना करना पड़ा था : क्यों पढ़ाना, क्या पढ़ाना, कैसे पढ़ाना और किन्हें पढ़ाना? इन सवालों की आज भी प्रासंगिकता है और कुछ हद तक अब तक इन्हें सुलझाया नहीं गया है। 'क्यों पढ़ाना है' का जवाब 'नैतिक विकास' और 'चरित्र निर्माण' जैसे तर्कों से दिया गया।[1] उनकी उम्मीदें 'भौतिक' पर नहीं, बल्कि 'नैतिक' और अन्धविश्वासों पर टिकी हुई थीं। पश्चिमी तार्किकता से लेस 'नई' शिक्षा उसको

1. 'चरित्र' से सम्बद्ध जुनून आज भी हमें परेशान करता रहता है। विद्यार्थियों और नियोक्ता—दोनों से चरित्र प्रमाण-पत्र माँगे जाते हैं, लगन और कौशल की किसी को परवाह नहीं होती है।

सुधारने वाली थी। 'क्या पढ़ाना है' का जवाब साहित्यिक पाठ्यचर्या की भारी-भरकम ख़ुराक थी। यही ऑक्स-ब्रिज परम्परा थी, तो कोई उपनिवेश उससे अलग कैसे हो सकता था? इसलिए शेक्सपियर के एक पृष्ठ को युक्लिड के सौ पृष्ठों से भी महान माना गया। साहित्य के साथ किए गए इस पक्षपात ने अनगिनत लेखक और वकील पैदा किए लेकिन इससे वैज्ञानिक और तकनीकी शिक्षा पिछड़ गई थी। फिर भी आश्चर्य है कि औपनिवेशिक भारत में उत्तर-औपनिवेशिक भारत से ज़्यादा महान वैज्ञानिक पैदा हुए। आज़ादी के कुछ दशक बाद, ख़ासतौर से आर्थिक उदारीकरण के मद्देनज़र आभियांत्रिकी और प्रबन्धकीय अध्ययन में एक असाधारण उछाल आया। मानविकी और समाज विज्ञान (अर्थशास्त्र के अलावा) को अब हल्के विज्ञान (सॉफ्ट साइंस) के रूप में परिभाषित कर हाशिए पर धकेल दिया गया।[1] क्या ज्ञान को भी हल्का (सॉफ्ट) और मूल (हार्ड) में विभाजित किया जा सकता है। क्या बाज़ार को शिक्षा की विषयवस्तु और परिप्रेक्ष्य तय करने की अनुमति दी जानी चाहिए? 'क्या पढ़ाया जाए' कुछ ऐसा है, जिसे हर पीढ़ी को पुनरवलोकन करना चाहिए और तय करना चाहिए।

'कैसे पढ़ाना चाहिए'—यह सबसे कठिन प्रश्न साबित हुआ है, जिसका हल अभी निकला नहीं है। शिक्षा का माध्यम क्या होना चाहिए—अंग्रेज़ी या भारतीय भाषाएँ? किस स्तर पर और कैसे कोई द्विभाषी या बहुभाषी बन जाता है? एक औपनिवेशिक शासन ने स्वाभाविक रूप से अपनी भाषा लादी और भारतीय मध्यवर्ग ने इसका फ़ायदा उठाया। कल्पना कीजिए कि यदि इंडोनेशिया की तरह भारत को नीदरलैंड ने उपनिवेश बनाया होता और हम पर डच भाषा लादी जाती तो हम आज जितनी आर्थिक और शैक्षिक प्रगति नहीं कर पाते!

'किसको पढ़ाना है'—यह सवाल उतना मुश्किल नहीं था। नई शिक्षा उच्च जातियों के लिए थी, जिन्हें तैयार कर आसानी से औपनिवेशिक परियोजना का हिस्सा बनाया जा सकता था। हालाँकि औपनिवेशिक अधिकारी जन शिक्षा की बातें किया करते थे लेकिन जनता को शिक्षित करने की सच्ची मंशा उनके मन में नहीं थी। वे यहाँ शासन करने आए थे, लोक कल्याण या समाज सुधारने नहीं। आज़ादी के बाद हालाँकि यह नज़रिया बदल गया फिर भी उच्च जातियों का वर्चस्व अब तक क़ायम है। दशकों तक संसाधन लगाने और समर्थनात्मक योजनाओं के बावजूद जनसंख्या के बड़े हिस्से से शिक्षा दूर है।

इस उपचारात्मक विमर्श में गांधी और टैगोर का महत्त्वपूर्ण स्थान है और आज के पाओले फ्रेरे, लेव व्यागोस्की, केनेथ जे जेर्जन आदि पश्चिमी शिक्षाशास्त्री के हमारे समकालीन लगाव के बावजूद ये दोनों प्रासंगिक हैं। गांधी के लिए शिक्षा में मस्तिष्क, इच्छा और अभिलाषा का प्रशिक्षण शामिल है। दक्षिण अफ्रीका

1. Rohan D'souza, 'Hardly the Soft Sciences', *The Hindu*, 10 June, 2015.

के अपने कार्यों के तहत एक स्कूल की स्थापना भी की थी। वे चाहते थे कि विद्यार्थी उत्पादन के काम में भी अपना हाथ बटाएँ। उनकी 'बुनियादी शिक्षा' की अवधारणा मूलतः ग़रीबों और साधनहीनों को सशक्त बनाने का एक औज़ार थी। टैगोर इससे भी आगे जाते हैं। वे भी गांधी की तरह अशक्तों को सशक्त बनाना चाहते थे लेकिन शायद गांधी से ज़्यादा, उन्होंने इसे हासिल करने के लिए 'समुचित शिक्षा' की भूमिका पर विश्वास किया और उस पर बल दिया। उनके अनुसार शिक्षा का पुराना मॉडल आदर्श नहीं था। गांधी के विपरीत, वे इसे ऐसा 'सुन्दर वृक्ष' नहीं मानते थे, जो ब्रिटिश शासन के दौरान नष्ट हो गया। बल्कि वे नए ज्ञान और नई शिक्षा की माँग करते थे लेकिन औपनिवेशिक रूप और औपनिवेशिक परिभाषाओं में नहीं।

एक आवयविक बौद्धिक की भूमिका में टैगोर के अपने अनुभव, आदर्श और सौन्दर्यशास्त्र थे। वे पेशेवर शिक्षाशास्त्री नहीं थे, वे अपनी कविता और जीवनानुभवों के ज़रिए शिक्षा तक पहुँचे थे। उन्होंने शैक्षिक की बजाय साहित्यिक शब्दावली का प्रयोग किया है। उदाहरण के लिए *तोता कहिनी,* एक मार्मिक दृष्टांत, को देखिए, जो उस समय (और आज की भी) की प्रचलित शिक्षा व्यवस्था का रूपक भी है। एक 'अज्ञानी' पक्षी को 'अच्छी शिक्षा' प्रदान करने के लिए 'आकर्षक साज-सज्जा के साथ एक सोने का पिंजरा बनाया गया'। जिन्होंने उत्कृष्ट पिंजरे (हमारे शिक्षा आयोग और शिक्षा विभागों की तरह) की योजना बनाई और उसे निर्मित किया, वे अपनी उपलब्धि और कौशल पर गौरवान्वित हुए लेकिन वे उस पक्षी को नहीं बचा पाए जो 'दम घुटने' से मर गया। यहाँ तोता एक साधारण विद्यार्थी है, पिंजरा शिक्षा है और पिंजरे की योजना बनाने एवं उसे निर्मित करने वाले, शिक्षा देने वाले लोग हैं। जैसे कि तोते को ढेर सारे काग़ज़ खिलाए गए, आज के विद्यार्थियों से किताबों, उपकरणों आदि से आने वाली ढेर सारी जानकारियाँ निगलने की उम्मीद की जाती है। लेकिन उसे पचाने का समय और शक्ति कहाँ है? तोता मर गया जबकि हमारे विद्यार्थी सूचनाओं की दस्त से पीड़ित हैं। उनमें से कुछ तो सूचनाओं या यहाँ तक कि ज्ञान के शक्ति केन्द्र बन जाते हैं लेकिन उनमें प्राकृतिक और सामाजिक माहौल में संयोजित करने की वह क्षमता नहीं होती है, जिससे वे सामंजस्य के उस स्तर पर पहुँच सकें, जहाँ वे संघटित और प्रसन्न व्यक्तित्व के धनी बन सकते हैं। टैगोर सद्भावना का ऐसा आदर्श चाहते थे, जहाँ मानव व्यक्तित्व को बनाने वाले विरोधाभासी तत्त्वों को सुलझाया जा सके। यही था, जिसे वे शिक्षा के द्वारा सुनिश्चित करना चाहते थे। उनके लिए शिक्षा 'एक लालटेन की तरह नहीं थी, जो बाहर से जलाई और बन्द की जा सकती है बल्कि जुगनू के प्रकाश की तरह थी, जो अपनी जीवन प्रक्रिया के अभ्यास से आती है।' इस तरह से टैगोर 'क्यों पढ़ाना चाहिए' सवाल को देखते थे।

'कैसे पढ़ाना चाहिए' (अर्थात् माध्यम) के सवाल पर सारे भारतीय नेता भारतीय भाषाओं के पक्ष में थे। साम्राज्यवाद विरोधी संघर्ष में हिन्दुस्तानी हमारी राष्ट्रीय एकता की प्रतीक बन गई थी। गांधी और नेहरू दोनों ने हिन्दुस्तानी का समर्थन किया था। हिन्दुस्तानी क्या थी? इसका मतलब था खड़ी बोली के आधार पर पनपी भाषा, जो संस्कृत और फ़ारसी दोनों के आधार पर विकसित हुई और जो देवनागरी और उर्दू दोनों लिपियों में लिखी जाती हैं। हिन्दुस्तानी कभी समावेशीपन की विरोधी नहीं थी और करोड़ों भारतीयों द्वारा बोली और समझी जाती थी। हालाँकि यह सहज समझदारी विभाजन की त्रासदी में खो गई थी। नवस्वाधीन भारत इस परिभाषा से भटक गया। उर्दू एक समुदाय और धर्म से सम्बद्ध भाषा बन गई। हिन्दुस्तानी धीरे-धीरे संस्कृतनिष्ठ हिन्दी के सामने परास्त हो गई। स्वाधीनता आन्दोलन की विरासत से अलग हटकर हिन्दुस्तानी को 'बाज़ारू हिन्दी' कहा गया और दो धाराओं को एक साथ मिलाने की बजाय उन्हें अलग-अलग कर दिया गया। यह गंगा और यमुना के अलग-अलग समुद्र में गिरने जैसा था। त्रिभाषाई फॉर्मूले में एक समझौते की तस्वीर बनी थी। सिद्धान्ततः यह एक आदर्श स्थिति थी, लेकिन जब क्रियान्वयन की बात आई तो कई राज्य सरकारों ने विभिन्न दबावों के आगे इसे आसानी से दरकिनार कर दिया। दो करोड़ से ज़्यादा उर्दू भाषी लोगों के राज्य उत्तर प्रदेश में आधुनिक भारतीय भाषाओं की श्रेणी में संस्कृत को लागू किया गया, उर्दू को नहीं; जबकि कश्मीर में कश्मीरी और डोगरी के बजाय उर्दू को चुना गया। उत्तर भारतीय राज्यों ने सुविधा के लिए द्रविड़ परिवार की भाषाओं को नज़रअन्दाज़ किया। एक मौलिक शिक्षा के रूप में त्रिभाषायी फॉर्मूले को कभी सही निष्पक्ष मौक़ा नहीं दिया गया।

शैक्षिक प्रशासन

अपने प्रशासन में अंग्रेज़ों ने एक नई और दिलचस्प व्यवस्था लागू की थी। उन्होंने समितियों और आयोगों के माध्यम से शासन चलाया। यह कभी-कभी सुझाव प्राप्त करने के लिए स्वाभाविक रूप से आवश्यक होता था, तो कभी-कभी यह आसन्न समस्या को टालने की चाल होता था। ब्रिटिश-पूर्व भारत ने कभी इस तरह के उपकरण नहीं देखे थे। 1882 में एक शिक्षा आयोग बना था, उसके दो दशक बाद कर्ज़न ने एक विश्वविद्यालय आयोग बनाया था। दोनों ने उदार और साहित्यिक उच्च शिक्षा के प्रति उत्साह को नियमित करने के प्रयास किए और जन शिक्षा, व्यावसायिक शिक्षा आदि की आवश्यकता को सहारा दिया। नया और उभरता मध्यवर्ग स्वाभाविक रूप से इससे अप्रसन्न था और इसका विरोध किया। लेकिन इसके अलावा कोई चारा नहीं था। जब टैगोर ने मातृभाषा की माँ के दूध से तुलना की और डिग्री रहित शिक्षा का प्रयास किया, तो उनके बहुत कम समर्थक थे। जब

1937 में, गांधी ने मातृभाषा के ज़रिए शिक्षा और लाभदायक व्यवसाय का पक्ष लिया तो उसका भी बहुत विरोध हुआ। मध्यवर्ग उस समय और आज भी ऐसी शिक्षा चाहता था, जो उन्हें सुरक्षित सरकारी नौकरियाँ दिला सके। अंग्रेज़ी ऐसी चाबी थी, जिससे सरकारी नौकरियों का दरवाज़ा खुलता था। वक़्त के साथ, नई तकनीकी और वैज्ञानिक शिक्षा की माँग भी बढ़ती गई लेकिन इसे 'शुद्धता' के साथ आना था। शैक्षिक पाठ्यक्रमों के निर्माण में सदियों पुरानी 'पवित्रता' और 'अपवित्रता' जैसी धारणाएँ भी परिलक्षित हुईं। सदियों पहले कलकत्ता के एक अख़बार ने दावा किया था कि 'कोई ब्राह्मण या कायस्थ मिस्त्री, नक्काश या लोहार का काम करने की बजाय अपने पड़ोसी से भीख माँगने को प्राथमिकता देगा' (हिन्दू पेट्रियाट, 4 मई, 1854)।

भारत में शिक्षा हमेशा से ही आभिजात्यवादी रही है और शिल्पकार बनना हीन माना जाता था। यहाँ तक कि आज हमारी सम्मानित भारतीय तकनीकी संस्थानों (आईआईटी) से पढ़कर निकले मेकैनिकल इंजीनियर उत्पादन या निर्माण का काम नहीं करते हैं, वे ट्रेच बैंक को प्राथमिकता देते हैं। फिर भी, उच्च शिक्षा में हमने कुछ सफलताएँ तो हासिल की ही हैं। लेकिन प्राथमिक और माध्यमिक शिक्षा की स्थिति निराशाजनक है। उत्तरोत्तर शिक्षा आयोगों ने इसे सुधारने की कोशिश की लेकिन कुछ ज़्यादा सफलता नहीं मिली। 1929 की हर्टोग समिति ने प्राथमिक शिक्षा की प्राथमिकता पर बल दिया। उसके बाद 1944 की सार्जेंट योजना ने पहली बार 6 से 11 वर्ष के सभी बच्चों के लिए मुफ्त और अनिवार्य शिक्षा की बात कही। यह सात दशकों की ढिलाई के बाद शिक्षा का अधिकार क़ानून-2009 के रूप में क़ानूनी दर्ज़ा पा सका। इसका क्रियान्वयन तो अलग बात है ही। इसी बीच कोठारी आयोग (1964-66), नई शिक्षा नीति (1985), राममूर्ति समिति (1990), मजूमदार समिति (1997), अंबानी-बिड़ला रिपोर्ट (2000), यशपाल समिति (2009) आदि का गठन हुआ। आश्चर्य है कि क्या किसी और देश में भी कभी इस तरह आयोग बनें या फिर यह किसी मूलमंत्र के आसपास बुना गया हमारा ही विशुद्ध नवाचार है?

भारतीय व्यवस्था में किसी भी अन्य क्षेत्र की तुलना में शिक्षा को ज़्यादा ध्यान, ज़्यादा विशेषज्ञ राय, और अधिकाधिक सिफ़ारिशें मिली हैं। परिणामस्वरूप निम्न पंजीकरण दर, विद्यालय छोड़ने की उच्च दर, विषम लिंगानुपात के साथ लगभग तीस प्रतिशत जनसंख्या आज भी निरक्षर है। हालाँकि, उच्च शिक्षा में बहुत कम (जीडीपी के 0.8 प्रतिशत से कम) निवेश के बावजूद देश-दुनिया के तीसरे सबसे बड़े वैज्ञानिक और तकनीकी श्रमिक उपलब्ध कराने में सफल हुआ है। देश की शैक्षिक स्थिति उलझन में डालने वाली है। मात्रात्मक, गुणात्मक, या क्षैतिजीय विस्तार और ऊर्ध्व विकास के रूप में असंख्य समस्याएँ हैं।

कोठारी आयोग से लेकर हालिया ज्ञान आयोग तक दिशा और दिशा-निर्देश की कोई कमी नहीं रही है। लेकिन उनमें से अधिकांश विरोधाभासों और मन्द क्रियान्वयन के कारण बाधित हुईं। शिक्षा का क्षेत्र समाज का दर्पण है और यह तभी बदलेगा जब समाज और अर्थव्यवस्था बदलेगी। यह कृत्रिम श्वसन के आधार पर फल-फूल नहीं सकता है, चाहे वह राज्य की तरफ़ से हो या निजी क्षेत्र की तरफ़ से। दुर्भाग्य से शिक्षा को अलग-अलग खानों—प्राथमिक, माध्यमिक और उच्च—में बाँटकर देखा जाता है। इनके बीच की अन्तर्निर्भरता और जोड़ने वाली सम्बद्धता के विभिन्न स्तर न जाने कैसे समाप्त हो गए हैं। यह बहुत बड़ी ग़लती थी। और तो और, शिक्षा को संविधान की समवर्ती सूची में रखा गया है, जो सभी सरकारों को अपनी मनमर्ज़ी तय करने की शक्ति देती है। असंख्य सामाजिक विविधताओं और हमारे संघीय ढाँचे को देखते हुए इसे समुचित माना गया। लेकिन व्यावहारिक रूप में इसके स्तर और विविधता अधिक हो गई, इससे सबसे ज़्यादा गुणवत्ता प्रभावित हुई। यहाँ तक कि मात्रात्मक उन्नति धीमी और भ्रष्टाचार में फँसी रही।

प्राथमिक और तृतीयक शिक्षा के लिए सबने केवल भाषणबाज़ी की। बीच में खाने के लिए ख़ूब धन लगाया गया। तेज़ लोगों ने अध्यापन की जगह शैक्षिक प्रशासन को प्राथमिकता दी। 60 के दशक की शुरुआत में मेरे एक रिश्तेदार और पटना विश्वविद्यालय के स्वर्ण पदक विजेता ने ज़िला शिक्षा अधिकारी बनने के लिए लेक्चररशिप छोड़ दी। शिक्षा विभाग के अधिकारियों ने अनुदान में घपले किए और ग़रीब शिक्षकों को एक गाँव से दूसरे गाँव तबादले और पदस्थापन में पैसे बनाए। बाद में ऑपरेशन ब्लैकबोर्ड (1987) और डिस्ट्रिक्ट प्राइमरी एजुकेशन प्रोग्राम (1993) लक्षित लोगों की बजाय शैक्षिक प्रशासकों की सेवा करते रहे। परिणाम यह है कि चाहे भले ही साक्षरता का स्तर बढ़ा है, लेकिन वास्तविक शिक्षा अभी भी पिछड़ी हुई है। और साक्षरता का स्तर भी उस गुणवत्ता का नहीं है, जो किसी व्यक्ति को आधुनिक अर्थव्यवस्था और समाज में प्रतिभागी बनने के योग्य बनाए। मिड डे मील, पोशाक और किताबों जैसे प्रोत्साहन भी विद्यालयी विद्यार्थियों को आठवीं कक्षा तक रोके रखने में असमर्थ हैं। आगे चलकर, महज़ 40 प्रतिशत भारतीय किशोर माध्यमिक शिक्षा तक पहुँच पाते हैं। उच्च शिक्षा में पंजीकरण योग्य युवकों का लगभग 15 प्रतिशत तक नीचे चला जाता है, जो कि मौजूदा हालात में एक उपलब्धि ही है। लेकिन यह हमारी शिक्षा की गुणवत्ता का ख़राब पक्ष है कि हमारे स्नातकों में से 15 प्रतिशत से भी कम नौकरी के लायक माने जाते हैं। जैसे-जैसे ज्ञान प्रगति करता है, कुशलता का पैमाना ऊँचा होता जाता है और लोगों के बढ़ते अनुपात के कारण लोग अवांछित और बेरोज़गार होते जाते हैं। इससे निपटने के लिए विभिन्न स्तरों पर सतत प्रयासों की आवश्यकता होगी। उदाहरण के लिए, जब तक माध्यमिक शिक्षा की गुणवत्ता बढ़ नहीं जाती, तब तक उच्च शिक्षा व्यर्थ

और निरर्थक होगी। लगभग 26000 उच्च शिक्षा संस्थानों के साथ निस्सन्देह भारत की उच्च शिक्षा व्यवस्था दुनिया में विशालतम है। क्या ये करोड़ों की जनसंख्या के लिए पर्याप्त हैं? साथ ही, इन सभी के पंजीकरण और संस्थानों के अनुपात को अर्थव्यवस्था की अवशोषी क्षमता के साथ आनुषंगिक करने की आवश्यकता है। रोज़गार का अभी भी अभाव है। शिक्षा, समाज और अर्थव्यवस्था का विकास एक साथ एक-दूसरे के संयोजन और कुछ तालमेल के साथ चलना चाहिए।

परोपकार या बाज़ार?

शिक्षा सिर्फ़ आँकड़ों का मामला नहीं है, यह एक गुण, मानव विकास और सभ्यता के विकास का पैमाना है। अर्थशास्त्री इसे जनहित, सामान्य निवेश या ज़्यादा से ज़्यादा अर्द्ध जनहित, जिसके वास्तविक लाभार्थी बाहरी सामाजिक-आर्थिक कारक वाले निजी हित हैं (क्या यह गुण है?), कहते हैं। मध्यवर्ग इसे निवेश मान सकता है और इससे फ़ायदे की कामना कर सकता है लेकिन गुंटूर या मुंगेर में रहने वाले गाँव के अर्द्ध शिक्षित माँ-बाप इसके बारे में कैसे सोचेंगे? अधिकांश लोगों के लिए शिक्षा सुरक्षित सरकारी नौकरी पाने का एक ज़रिया मात्र है, जबकि उधर सरकार के पास पर्याप्त नौकरियाँ नहीं हैं, तो वह शिक्षा में पैसे क्यों लगाए? शिक्षा पर जीडीपी का 6 प्रतिशत ख़र्च करने की निरंतर माँग के बावजूद सरकार अपने हाथ खींच रही है और निजी निवेश को आमंत्रित कर रही है। निजी निवेशक तभी आएँगे, जब उनका लगाया रुपया दोगुना वापस उन्हें मिल पाए और वह भी अपनी पसन्द के क्षेत्र में। नव-उदारवादी दौर में, शिक्षा न तो लोककल्याण है और न ही लोकहित, बल्कि यह विशुद्ध व्यवसाय है।

इस बदलाव का सबसे अच्छा उदाहरण हमें अंबानी-बिरला रिपोर्ट ऑन रिफॉर्म्स इन एजुकेशन (2000) के रूप में मिलता है। यह अभी भी रहस्य बना हुआ है कि उस समय के प्रधानमंत्री ने 'नए ज़माने' के दो उद्योगपतियों को शिक्षा सुधार की नीति बनाने का काम क्यों सौंपा? पिछले आयोगों से विपरीत, इस नई पहल ने तुरन्त ही हमारी मानसिकता में बदलाव की माँग की। आधुनिक ज्ञान आधारित अर्थव्यवस्था की आवश्यकताओं और फ़ायदों की बात करते हुए इस रिपोर्ट ने तर्क दिया कि 'शिक्षा को अवश्य ही अनुकूलनीय, प्रतियोगी कर्मचारी निर्मित करने चाहिए, जो सरलता से नया कौशल और नवाचार प्राप्त कर लेते हों।' इसने 'डॉट कॉम पीढ़ी के लिए' साइबर युग की शिक्षा का इस्तेमाल कर और 'अद्यतन तकनीक का नवोन्मेषी इस्तेमाल', 'भविष्य के क्लासरूमों' और 'आभासी विश्वविद्यालयों की स्थापना' से नए तरह के ज्ञान आधारित समाज की परिकल्पना की। संक्षेप में, यह फ़ैक्टरी की तरह उत्पादित सुप्रशिक्षित 'टेक्नो-कुली' पर फलने-फूलने वाले 'सेवा क्षेत्र' की

आर्थिक सम्भावनाओं से मोहित थी। ज़ाहिर है कि उद्योगपति अपना फ़ायदा देख रहे थे, लोगों की रोटी की चिन्ता नहीं करेंगे। उन्होंने सरकार से केवल प्राथमिक और माध्यमिक शिक्षा पर ध्यान देने और उच्च शिक्षा को निजी उद्यमियों, अप्रत्यक्ष रूप से बाज़ार की ताक़तों, के भरोसे छोड़ देने के लिए कहा। आश्चर्य की कोई बात नहीं है कि शिक्षण, शोध, पहुँच, समता और सम्भवतया शिक्षा से जुड़े सभी महत्त्वपूर्ण मसलों पर इस रिपोर्ट का रवैया पूरी तरह असंवेदनशील था। इसे भी ताक पर रख दिया गया, लेकिन रेडियो विकिरण वाले पदार्थ की तरह आने वाले कई दशकों तक यह चिन्ता का विषय बनी रहेगी।

ऐसा नहीं है कि शिक्षा की पुनर्संरचना में निजी पहलों की आवश्यकता नहीं होती है। अलीगढ़, बनारस और शान्तिनिकेतन के हमारे विश्वविद्यालयों की नींव व्यक्तिगत निश्चय और कठिन प्रयासों से ही रखी गई थी। अनगिनत विद्यालय और महाविद्यालय कुछ लोगों द्वारा निजी प्रयासों से खोले गए, जिन्होंने बाद में सामाजिक उद्देश्यों को पूरा किया। बाज़ार उस समय भी था लेकिन शिक्षा को व्यवसाय के रूप में कभी नहीं देखा गया। लेकिन अब इसे एक ऐसे व्यवसाय के रूप में देखा जा रहा है, जहाँ कभी मन्दी नहीं आती है। अंबानी, बिरला और हमारे शिक्षा के दिग्गज शायद इंडस्ट्रियल कमीशन रिपोर्ट (1918) में महामना मालवीय के असहमति वक़्तव्य से अवगत नहीं हैं। वे सरोकार अब नहीं रहे; परोपकारी उद्देश्य अब नहीं मिलते। समाज और राज्य दोनों पिछड़ गए हैं। गुण चले गए हैं, अवगुण की जीत हो गई है।

इसी पृष्ठभूमि में, तथाकथित राष्ट्रीय ज्ञान आयोग (2007) का गठन हुआ। इसकी रिपोर्ट ज़मीनी हालातों का ध्यान रखती है, कठिनाइयों से भयभीत न होकर महत्त्वाकांक्षी सिफ़ारिशें करती हैं। यह किसी भी वैचारिक झुकाव का विरोध करते हुए, सार्वजनिक और निजी के अलगाव को मानने से इनकार करती है। यह दोनों को मानती है और सार्वजनिक निजी भागीदारी (पीपीपी) को बढ़ावा देती है, विदेशी निवेश का स्वागत करती और इसका उद्देश्य उच्च शिक्षा का अ-राजनीतिकरण है। इस आयोग ने सम्भवत: चादर से ज़्यादा पैर फैला लिए थे। साथ ही, इसकी यह सिफ़ारिश है कि सभी तरह की उच्च और पेशेवर शिक्षा के पर्यवेक्षण के लिए मौजूदा विश्वविद्यालय अनुदान आयोग (यूजीसी) और अखिल भारतीय तकनीकी शिक्षा परिषद (एआईसीटीई) के स्थान पर पूरी तरह स्वतंत्र और स्वायत्त नियामक प्राधिकरण का गठन किया जाए। ये दोनों बहुत ही शक्तिशाली और अत्यधिक केन्द्रीकृत संस्थाएँ कई विवादों और भ्रष्टाचार के मामलों में लिप्त रही हैं; फिर भी, ज्ञान आयोग केन्द्रीकरण का उपचार अत्यधिक केन्द्रीकरण में पाता है। अल्पावधि के लिए यह कुछ लाभदायक हो सकता है लेकिन एक सर्वशक्तिशाली नियामक प्राधिकरण आगे चलकर बीमारी से भी ज़्यादा ख़तरनाक हो सकता है। फिर भी, यह प्रस्ताव

एक गम्भीर आज़माइश के लायक है और उच्च शिक्षा की उक्त दो जीर्ण-शीर्ण हिरावल संस्थाओं की समाप्ति का कोई ग़म नहीं होगा।

प्रतिभा के नाम पर

एक ऐसा सवाल जो सभी शिक्षाशास्त्रियों और प्रशासकों को सताता रहा है, वह है गुणवत्ता। मात्रात्मकता के मामले में हमने बहुत अच्छा सुधार किया है, लेकिन गुणवत्ता का क्या हाल है? आज़ादी के ठीक बाद, सरकार ने व्यापक विस्तार की योजना बनाई। सरकारी संस्थाओं के केन्द्रित शोध के सोवियत मॉडल से प्रभावित नेहरू सरकार ने तीव्र गति से शोध संस्थानों की स्थापना करना प्रारम्भ किया। इसके कर्ता-धर्ता शान्तिस्वरूप भटनागर थे, जो एक साथ तीन उच्च पदों पर क़ाबिज़ थे; वे शिक्षा मंत्रालय के सचिव, सीएसआईआर के महानिदेशक और यूजीसी के चेयरमैन थे। वे पंडित नेहरू के इतने ज़्यादा विश्वासपात्र थे कि उनके द्वारा स्थापित प्रयोगशालाओं की शृंखला को 'नेहरू-भटनागर प्रभाव (इफेक्ट)' नाम से जानी जाती हैं। उच्च वेतन और बेहतर सुविधाओं से विश्वविद्यालयी वैज्ञानिक नई प्रयोगशालाओं की ओर जाने लगे। नई राष्ट्रीय शोध संस्थाएँ प्रतिभा का केन्द्र मानी गईं और विश्वविद्यालयों से दूर रखी गईं। इस तरह से अध्यापन और शिक्षण नामक एक ही सिक्के के दो पहलू अलग-अलग हो गए। इसका विश्वविद्यालयी व्यवस्था और अध्यापन की गुणवत्ता पर नकारात्मक प्रभाव पड़ा।

एक दशक बाद कोठारी आयोग ने मौजूदा पाँच-छह विश्वविद्यालयों को 'प्रमुख' विश्वविद्यालयों के रूप में विकसित करने का पक्ष लेते हुए 'गिरते स्तर और ख़राब होती गुणवत्ता' को रोकने का प्रयास किया। एक बार फिर यह प्रतिभा के केन्द्रीकरण का अभ्यास किया गया। इसने यह नहीं सोचा कि कुछ जगहों पर संसाधनों का कृत्रिम केन्द्रीकरण गुणवत्ता में चमत्कार पैदा या उत्प्रेरित करने वाला नहीं है। इसने अलग-अलग विश्वविद्यालयों में फैली प्रतिभा को सोखकर एक स्थान और एक साथ ला दिया। जब 1969 में राष्ट्रीय राजधानी में जेएनयू की स्थापना की गई, तो इसने जयपुर, पटना, इलाहाबाद, हैदराबाद, पुणे और कलकत्ता-मद्रास जैसे विख्यात विश्वविद्यालय से शिक्षकों को आकर्षित किया। यह प्रयोग अच्छा साबित हुआ लेकिन इसने निश्चित रूप से राज्य स्थित विश्वविद्यालयों और मुफ़स्सिल को शैक्षिक रूप से अभावग्रस्त और अनुर्वर बना दिया। पहले इन विश्वविद्यालयों में बुद्धिमत्ता और शोध की कुछ चमक तो थी, अब सारी चमक बड़े केन्द्रों पर स्थानान्तरित हो गई थी। क्षेत्रीय विश्वविद्यालय अर्द्ध शुष्क क्षेत्र रह गए, जबकि कुछ केन्द्रीय विश्वविद्यालय उपजाऊ क्षेत्र की तरह पनपे। प्रतिभा का केन्द्रीकरण, सत्ता और धन के केन्द्रीकरण से शायद कम अवांछित नहीं है।

शैक्षणिक परिवेश का निर्माण धीमी प्रक्रिया है और संस्थाएँ केवल ईंट-गारे से नहीं बनती हैं। दुर्भाग्य से हम संस्थाएँ स्थापित करने में उत्कृष्ट हैं लेकिन उन्हें बनाए रखने में अक्षम हैं। जो कोई भी पर्याप्त शक्तिशाली और विख्यात है, वह अपने नाम या अपने क्षेत्र पर संस्था की स्थापना करता है और कुछ ही समय में, उसमें दीमक लग जाता है। यदि केन्द्र सरकार उन्हें भारी अनुदान नहीं देती है, तो उनका अस्तित्व जीर्ण-शीर्ण स्तर तक पहुँच जाता है। कभी-कभी सरकारी अनुदान किसी संस्था का गला भी घोंट देती है। उदाहरण के लिए केन्द्रीय विश्वविद्यालय के रूप में शान्तिनिकेतन टैगोर के स्वभाव और संचालन प्रक्रिया से बहुत दूर चला गया है। यही बात बनारस हिन्दू विश्वविद्यालय और अलीगढ़ मुस्लिम विश्वविद्यालय पर भी लागू होती है। इनके संस्थापक मूर्तियों और तस्वीरों में ही रहते हैं; उनके आदर्श बहुत पहले अदृश्य हो गए हैं और उनके परिसर जाति और साम्प्रदायिक राजनीति के गढ़ बन गए हैं। इन सभी विश्वविद्यालयों में 'अकादमिक वंशवाद' सर चढ़कर बोलता है। वंशवाद की प्रवृत्ति के लिए केवल नेताओं को ही दोष क्यों दिया जाए? प्राय: विश्वविद्यालय इतना विशाल और बड़ा हो जाता है कि अपने ही वज़न से वह ढहने लगता है। यह प्रेसिडेंसी विश्वविद्यालयों का सच है। पटना जैसे छोटे विश्वविद्यालयों की अच्छी शुरुआत हुई और लम्बे समय तक अपना स्तर इसने बनाए रखा, जब तक कि विकृत सामाजिक और राजनीतिक ताक़तों ने इस पर करारी चोट नहीं की और स्तर नहीं गिरा दिया। इसकी साख अब खँडहरों में रहती है। यह कई अन्य विश्वविद्यालयों का भी सच है। वित्तीय सहायता और अनुदान एक सीमा तक सहारा देता है लेकिन सुधार अन्दर से ही आने चाहिए। सरकारी अनुदान वेतन और बिजली का बिल चुकाने के लिए मुश्किल से पर्याप्त पड़ता है। यहाँ तक कि दीवारों की पुताई भी सम्भव नहीं होती है, और पैसा रखरखाव की जिम्मेदार आभियांत्रिकी विभाग द्वारा गबन कर लिया जाता है। दिलचस्प है कि कॉलेजों में प्रधानाचार्य और पुस्तकालयाध्यक्ष शिक्षकों से ज़्यादा अमीर होते हैं। यदि कक्षाएँ और परीक्षाएँ समय पर हो रही हैं, तो इसे एक उपलब्धि माना जाता है। पिछले दो-तीन दशकों में नियुक्त हुए शिक्षकों को स्वयं ही अच्छी शिक्षा का लाभ नहीं मिला है, तो वे नई पीढ़ी को क्या देंगे? विद्यार्थी अच्छी शिक्षा के लिए तरसते रहते हैं, वे इसे पाने में असफल रहते हैं और दिशाहीन हो जाते हैं। फ़सल पकने से पहले ही मुरझा जाती है।

कुछ संस्थाएँ, जो कि उँगलियों पर गिनने लायक हैं, द्वारा अर्जित की गई उपलब्धियों से हम गौरवान्वित होते हैं। हर कोई आईआईटी और आईआईएम की प्रशंसा करता है लेकिन क्या वे विश्व-रैंकिंग में कहीं दिखाई देते हैं? क्या वे मौलिक शोध और ज्ञान का उत्पादन करते हैं? वे केवल अर्थकारी विद्या को प्रोत्साहित करते हैं और प्राय: 'सेवा' क्षेत्र के लिए उपयुक्त स्नातक पैदा करते हैं।

उन्होंने भारत की अपेक्षा विदेशी अर्थव्यवस्था की अधिक सेवा की है। उनके पाठ्यक्रम मूलत: प्रारम्भिक अवस्था के और कभी-कभी निस्सार होते हैं। आईआईएम इन्दौर में एकीकृत प्रबन्धन कार्यक्रम में भगवद्गीता, शारीरिक शिक्षा और तैराकी पर पाठ्यक्रम हैं! पटना के एक सरकारी प्रबन्धन संस्थान में दो करोड़ रुपए केवल प्रचार और सार्वजनिक सम्पर्क के लिए अनुमोदित किए गए। आश्चर्य नहीं है कि उसके निदेशक को बदले में कई पुरस्कार मिले। निजी संस्थान तो इनसे भी गए-गुज़रे हैं। हर शहर में और उसके आसपास असंख्य आभियांत्रिकी, मेडिकल और प्रबन्धन कॉलेज उग आए हैं। इनमें से अधिकांश नेताओं के हैं, जो इन संस्थानों को पेट्रोल पम्प और शक्कर की मिलों से ज़्यादा लाभप्रद पाते हैं। इसके साथ ही, आमदनी के ये सदाबहार स्रोत, आमदनी के अलावा सामाजिक रुतबा भी दिलाते हैं। इन कॉलेजों में चार-पाँच स्थायी शिक्षक होते हैं, बाक़ी सभी ठेके पर रखे अंशकालिक अस्थायी शिक्षक होते हैं। निजी मेडिकल और इंजीनियरिंग कॉलेज 'फर्ज़ी शिक्षक' (घोस्ट-टीचर) के लिए जाने जाते हैं।[1] प्रबन्धन संस्थान वरिष्ठ नौकरशाहों और मध्य-स्तरीय कॉर्पोरेट प्रबन्धकों के लिए अतिरिक्त आमदनी के साधन हो गए हैं। वे शिक्षक नहीं हैं—वे लुटेरे हैं।

आइए, अब हमारे मेडिकल कॉलेजों की बात करते हैं। भारत सदियों से रोग-निदान का हौज़ रहा है लेकिन हमने आधुनिक मेडिकल ज्ञान में क्या योगदान दिया है? एम्स और पीजीआईएमईआर जैसे विख्यात संस्थान मेडिकल शोध संस्थान की बजाय रेफरल अस्पताल के रूप में ज़्यादा काम करते हैं और यहाँ के विद्यार्थी पहला मौक़ा पाते ही उत्तरी अमेरिका चले जाते हैं। भारतीय आयुर्विज्ञान शोध परिषद (आईसीएमआर) ने और सीएसआईआर ने कई शोध संस्थानों की स्थापना की है। उनके प्रतिभा के केन्द्र होने के दावे किए जाते हैं लेकिन वे शैक्षिक व्यवस्था के बाहर रहना पसन्द करते हैं, जिससे वे युवा पीढ़ी को उनकी 'उत्कृष्टता' से लाभान्वित होने से वंचित करते हैं। शिक्षा और शोध साथ-साथ क्यों नहीं हो सकता, निष्पक्षता और उत्कृष्टता साथ क्यों नहीं हो सकती? इच्छा और आकांक्षा से यह सम्भव है। संसाधन नहीं, बल्कि सामन्ती मानसिकता मूल बाधा है। हमने हमारी सभी योजनाओं, घोषणाओं, रिपोर्टों आदि-आदि में निष्पक्षता और उत्कृष्टता की बात की लेकिन सच्चाई यह है कि हम बेईमान और निरुत्साहित दोनों रहे हैं। दशकों से शिक्षाविद् शिक्षा पर जीडीपी का 6 प्रतिशत ख़र्च करने की माँग कर रहे हैं लेकिन सरकार अपनी अक्षमता यथोचित बताती है। यह ध्यान रखने की बात है कि वैज्ञानिकों, आविष्कारकर्ताओं और विचारकों को पैदा करने की क्षमता बजट में दिए जाने वाले धन से ही तय नहीं होती है, बल्कि इससे भी होती है कि शिक्षकों को कितना

1. हाल ही में, पंजाब, हरियाणा और हिमाचल में निजी मेडिकल कॉलेजों में 400 डॉक्टर फर्ज़ी तरीक़े से पंजीकृत पाए गए। (*Times of India*, 5 April, 2015)

मूल्यवान और सम्मान का पात्र माना जाता है एवं संवेदनशीलता और सहयोग से प्रोत्साहित किया जाता है।

राजनीति और प्रतिनिधित्व

उपनिवेशवाद के बाद राजनीति में हमारा समय ज़ाया होता रहा है। आज़ादी के बाद हम अंग्रेज़ों को दोष नहीं दे सकते, इसलिए हमने राजनीतिक-व्यवस्था की ओर रुख किया; और नेता, या तो वंशवत थे या चयनित थे। भारतीय आरोप लगाने में माहिर हैं। दिलचस्प है कि किसी को बदनाम करने या मिटाने के लिए ही इसका इस्तेमाल नहीं किया गया बल्कि किसी के मन का कुछ नया बनाने के लिए भी किया गया। उदाहरण के लिए एस.एस. भटनागर, जो स्वयं एक प्रोफ़ेसर और बीएचयू के पूर्व कुलपति थे, विश्वविद्यालयों का भविष्य उज्ज्वल नहीं मानते थे। इसलिए उन्होंने राष्ट्रीय प्रयोगशालाओं की एक शृंखला बनाई, जिनके बारे में उनका मानना था कि यदि विश्वविद्यालयों का पतन हो भी गया तो ये उत्कृष्टता के केन्द्र के रूप में काम करेंगी। 1951 में ही राजनीति पर आरोप लगाते हुए उन्होंने लिखा कि—

> इस देश में विश्वविद्यालय सरकारी मदद न मिलने के कारण दुरवस्था में नहीं हैं, बल्कि इसलिए हैं कि विश्वविद्यालयों के कुलपतियों की नियुक्ति उनकी योग्यता से न होकर, राजनीतिक सम्बद्धता से होने से विश्वविद्यालयों में जनहित का बहुत पतन हुआ है। परिणाम यह है कि लोग आगे आने में सकुचाते हैं और सरकार को सभी विश्वविद्यालयों को अनुदान देना पड़ता है, जो सीमित संसाधनों के कारण यह अकेली नहीं कर सकती है।[1]

यदि यह स्थिति नेहरू के ज़माने और उनकी पीढ़ी में थी, तो कोई भी सोच सकता है कि आज क्या हालात होंगे। भटनागर सही थे। राजनीतिक हस्तक्षेप निश्चित ही एक अभिशाप है और इसने विश्वविद्यालयों को गर्त में धकेल दिया। राज्यपाल दरअसल राजनीतिक नियुक्ति है और सम्बन्धित राज्य में वे पदेन कुलाधिपति होते हैं। उनमें से कुछ के बारे में पता चलता है कि उन्होंने पैसा लेकर कुलपति के पद बेचे हैं। अवगुण नियंता बन चुके हैं, गुण नहीं।

यह एक जिज्ञासु परिस्थिति है कि नए संस्थानों का निर्माण किया जा रहा है, और पुराने पतन के गर्त में चले जा रहे हैं। नयों के पास नएपन की समस्या है, तो पुराने ख़ामियों से ग्रस्त हैं। नेता लोग स्वभावत: ऐसी परिस्थितियों में भी धन कमाने के मौक़े देखते हैं। सरपरस्ती कई तरीक़ों से माँगी और प्रदान की जाती है। नेहरू

1. S.S. Bhatnagar to A.V. Hill, 18 May, 1951, A.V. Hill Papers, AVHL II, Churchil College, Cambridge

के ज़माने में यह क्षीण थी, उनकी बेटी के नेतृत्व में यह खुलेआम होने लगी थी। प्रतिबद्धता एक नई योग्यता बन गई, शिक्षा या शिक्षा की गुणवत्ता से प्रतिबद्धता नहीं, बल्कि सत्ता और उनके 'वाद' के प्रति प्रतिबद्धता। जिन विद्वानों ने सामंतवाद का अध्ययन किया और इस पर किताबें लिखीं, उन्हें अब उसका अभ्यास करने का सुनहरा मौक़ा मिल गया। बल्कि यह सामंतवाद और स्तालिनवाद का एक दिलचस्प मिश्रण था। अब 2014 के चुनावों में जीतने के बाद हिन्दू दक्षिणपंथ अपना बाहुबल दिखाने के लिए तैयार है। कुछ अपना दर्शन दिखाकर हिन्दूवाद को महिमामंडित कर रहे हैं, कुछ इज़्तिहाद और विश्वबन्धुत्व के नाम पर इस्लाम का पक्ष ले रहे हैं आदि-आदि। राजनीतिक गतिविधियाँ हमेशा वैचारिक मुखौटा लिए होती हैं और विचारक अपने राजनीतिक एजेंडे को आगे बढ़ाने के लिए इसका इस्तेमाल करते हैं। यह दोतरफ़ा आवागमन का मामला है, जहाँ कुछ फ़ायदे हैं, तो नुकसान अधिक।

कुछ दशकों के लिए इतिहास का पाठ्यक्रम एक प्रिय रणक्षेत्र बना रहा। 1977 में बनी पहली ग़ैर-कांग्रेस जनता सरकार ने मार्क्सवादी इतिहास लेखन के बढ़ते प्रभावों को रोकने के प्रयास आरम्भ किए। पहली बार छिछले आधारों पर जाने-माने लेखकों की लिखी और एनसीईआरटी द्वारा प्रकाशित इतिहास की पाठ्यपुस्तकों को वापस लिया गया। दो साल में सरकार के पतन के साथ ही यह प्रयास भी असफल हो गया। लेकिन साम्प्रदायिक ताक़तों को अब यह स्वाद लग गया था और एक के बाद एक विवाद खड़ा करते रहे। परिणामस्वरूप न केवल इतिहास बल्कि अच्छा साहित्यिक लेखन भी साम्प्रदायिक आरोपों का शिकार हो गया। किताबों के कुछ हिस्सों, व्याख्याओं को हटाने या किताबों को ही प्रतिबन्धित कर देने की माँग की जाने लगी। सलमान रश्दी के ख़िलाफ़ जारी फ़तवा सभी लोग जानते हैं। सरकारें झुकती रहीं। यह क्षेत्रीय, धार्मिक और सभी तरह के ग़ैर-अकादमिक भावनाओं के साथ समझौते करती रहीं। आख़िरी शिकार वेंडी डोनिगर की हिन्दुओं पर लिखी किताब है।[1] यहाँ तक कि कार्टून को भी नहीं बख्शा गया। राष्ट्रीय पाठ्यचर्या की रूपरेखा-2005 के तहत एनसीईआरटी द्वारा नई पाठ्य-पुस्तकें बनाई गई थीं, जिनमें पाठ को दिलचस्प और सजीव बनाने के लिए कार्टून का इस्तेमाल किया गया था। लागू होने के छह साल बाद 1948 में बनाए गए एक कार्टून विशेष कुछ नेताओं द्वारा अपमानजनक पाया गया। आश्चर्यजनक रूप से पूरी संसद (ख़ास वोट बैंक के कारण) एक होकर उठ खड़ी हुई और 'तालिबानी आदेश' से उस कार्टून को वापस लेना पड़ा। एक 'विशेषज्ञ' समिति ने सभी 'संवेदनशील' कार्टून को हटाने की सिफ़ारिश की। एक सदस्य (स्वर्गीय प्रो. एम.एस. पांडियन) ने एक सुचिन्तित असहमति पत्र दिया लेकिन सत्ता की मस्ती में व्यंग्य के लिए क्या जगह! उन्हें सिर्फ़

1. पेंगुइन इंडिया एक उल्लेखनीय प्रकाशक है। इसने डोनिगर के विद्वत्तापूर्ण काम को लुगदी बना दिया और संजय बारू के लुगदी काम को अच्छे काग़ज़ पर छापा।

अपनी सत्ता की चिन्ता है, शिक्षा के मूल्यों या स्वतंत्रता की नहीं और शिक्षण के नवाचारों की तो क़तई नहीं। निस्सन्देह संसद सर्वोच्च है लेकिन क्या इसे पाठ्यक्रम निर्माण में भी हस्तक्षेप करना चाहिए? ऐसा लगता है कि हमारे सर्वज्ञ और सर्वव्यापी नेता अवश्य ही सभी जगह अपनी नाक घुसेड़ सकते हैं!

एक लोकतांत्रिक व्यवस्था में एक हद तक यह स्वाभाविक भी है और यह उचित भी है कि नेता शिक्षा के मामले में रुचि रखे। निस्सन्देह निर्वाचित प्रतिनिधि के रूप में उनकी भूमिका होती है। कई शिक्षक भी राजनीतिक पार्टियों में शामिल हुए और चुनाव जीते। लोकतांत्रिक प्रक्रिया के कारण ज़िला परिषद और नगर निगम स्थानीय स्कूल चलाते हैं और विश्वविद्यालय चलाने के लिए सीनेट और सिंडीकेट्स होती हैं। इसके साथ ही, छात्र संघ और अध्यापक संघ भी होते हैं। इस तरह से शिक्षा के क्षेत्र में पूरी तरह से लोकतंत्र है, यहाँ तक कि लोकतंत्र की ऐसी अधिकता है, जिसकी प्रक्रिया में शिक्षा का उद्देश्य और गुणवत्ता समाप्त सी हो गई है। 60-70 के दशक में पटना विश्वविद्यालय के छात्र के रूप में मैं पतन का गवाह बना हूँ। मैंने सुना कि 1971-72 में एक सीनेट मीटिंग में राजनीतिक विज्ञान के एक मुस्टंडे प्रोफ़ेसर ने दर्शनशास्त्र के एक प्रोफ़ेसर पर आक्रमण कर दिया। फिर विभिन्न राज्य विधानसभाओं में ऐसे झगड़े आम हो गए। असहिष्णुता और भ्रष्टाचार दोनों साथ-साथ बढ़े और यह सिर्फ़ हमारे विधायकों तक ही सीमित नहीं रहा।

अकादमिक जगत में पारस्परिक सम्बन्धों में बढ़ती असहिष्णुता भी देखी जा सकती है। मुझे नहीं पता है कि शिक्षकों के वैयक्तिक और सामूहिक मनोविज्ञान का कितना अध्ययन हुआ है। लेकिन यह शोध का अच्छा विषय हो सकता है कि क्यों कुछ शिक्षक रीढ़हीन और अ-आलोचकीय होते हैं, जबकि कुछ मौक़ा मिलते ही अपनी श्रेष्ठता झाड़ने लगते हैं। भारतीय अकादमिक जगत जितनी ईर्ष्या और अहं शायद ही किसी दूसरे पेशे में मिलेगा। एक शिक्षक दूसरे की टाँग खींच रहा है, यहाँ तक कि हिसाब बराबर करने के लिए विद्यार्थियों का इस्तेमाल कर रहा है और ग़ैर-अकादमिक लिहाज़ों से नियुक्तियाँ कर रहा है—ये सब अब आम बात हैं। विदेशों में विद्यार्थियों से अपने शिक्षकों और उनकी शिक्षण गुणवत्ता का मूल्यांकन करने के लिए कहा जाता है, लेकिन हमारे देश में कहीं ऐसा नहीं होता। यहाँ तक कि जेएनयू जैसे प्रतिष्ठित विश्वविद्यालय में भी विद्यार्थियों को कम और ख़राब काम का दोष दिया जाता है लेकिन अध्यापक सही-सलामत रहते हैं। शिक्षण क्षमता के अभाव की गोपनीय और सार्वजनिक शिकायतों के बावजूद भी ऐसे अध्यापक बेशर्मी से मौजूद रहते हैं।

यदि शिक्षण में नहीं तो कम-से-कम हमारे शिक्षक चरित्र प्रमाण-पत्र और संस्तुतियाँ लिखने में असाधारण रूप से माहिर हैं। वे बुरा नहीं कहलाना चाहते और न अपने औसत से ख़राब लेकिन व्यक्तिगत रूप से निकट विद्यार्थी को अच्छी

फ़ेलोशिप और पद दिलाना चाहते हैं। 1992 में, मैं नेशनल एटमोफरिक सेंटर, बाउल्डर, कोलोराडो गया था। निदेशक मुझे विशाल प्रयोगशाला दिखाने ले गए, जिसमें सुपर कम्प्यूटर और अन्य आकर्षक उपकरण थे। मुझे वहाँ सिर्फ़ दो-तीन भारतीय मूल के वैज्ञानिक मिले और मैंने उनसे चयन-प्रक्रिया के बारे में पूछा। उन्होंने बताया कि वे प्राय: जर्मन प्रोफ़ेसर की संस्तुति पर विश्वास करते हैं, न कि भारतीय। उन्होंने बताया कि यदि कोई जर्मन प्रोफ़ेसर यदि किसी सीवी या प्रस्ताव को मना करता है, तो भी हम उसे 'सम्भावित' मानते हैं और यदि वह कहते हैं कि इसे माना जा सकता है, तो हम बिना कुछ सोचे मान लेते हैं, लेकिन यदि वह 'हाँ' कहता है, तो इसका मतलब है कि वह जर्मन प्रोफ़ेसर नहीं है, अवश्य ही वह भारतीय होगा!

हमारे विश्वविद्यालय अब वैश्विक नहीं रह गए हैं। वे स्थानीय हैं और आन्तरिक नियुक्तियों एवं साजिशों के गढ़ बन गए हैं। यहाँ तक कि विद्वान और प्रसिद्ध शिक्षक भी चाहते हैं कि उनके बाद उनके प्रिय ही उनके पद पर आएँ। ख़ैर, पुराने ज़माने के बड़े संत भी अपना सर्वोत्तम ज्ञान अपने प्रिय शिष्य को ही देते थे, वह भी मृत्युशैया पर ही। इसलिए पक्षपात की चिरप्रचलित परम्परा अब भी जारी है। लेकिन अपवाद यहाँ पर भी है। 1976 में, मेरी अपनी पहली नियुक्ति ऐसा ही अपवाद था, जिसे एक तेज़ और स्वतंत्र मस्तिष्क के धनी प्रोफ़ेसर वी.एन. दत्त ने किया था।

यह सच है कि कुछ लोग संस्थाएँ बनाते हैं और कभी-कभी ऐसी परम्पराएँ स्थापित करते हैं, जिसे उनके उत्तराधिकारी आगे ले जाने में असमर्थ रहते हैं और फिर धीरे-धीरे वे समाप्त हो जाती हैं। दुर्भाग्य से, ऐसा पश्चिम की तुलना में हमारे यहाँ ज़्यादा हुआ है। 1960 के दशक में, जी.एन. रामचंद्रन ने मद्रास विश्वविद्यालय में जतन से जैव-भौतिकी का विकास किया और ख्याति प्राप्त की। वे सम्भवत: स्वतंत्र भारत के सर्वाधिक मौलिक वैज्ञानिक थे।[1] कारण चाहे जो भी हो, उनकी विरासत ज्ञान समाज नामक परिवेश में लड़खड़ा रही है। भारतीय राष्ट्रीय विज्ञान अकादमी के पूर्व अध्यक्ष और एक प्रसिद्ध वैज्ञानिक के शब्दों में—

> पिछले कुछ दशकों में राज्य के विश्वविद्यालयों के पतन का एकमात्र महत्त्वपूर्ण कारण शिक्षकों की नियुक्ति का प्राय: न होना या देरी से होना और जब कभी नियुक्ति की जाती है, तब अनुपयुक्त की नियुक्ति है। यह प्रवृत्ति इतनी शक्तिशाली है कि मद्रास विश्वविद्यालय एक महत्त्वपूर्ण विभाग को भी बहा ले गई। मैं विभाग को बचाने के लिए कई कुलपतियों और अन्य लोगों के ईमानदार प्रयासों से वाक़िफ़ हूँ लेकिन व्यवस्था उन प्रयासों को विफल करने लायक निष्ठुर और शक्तिशाली थी। कारण चाहे जो भी

1. उनका 'रामचंद्रन मैप' दुनियाभर में जीव-विज्ञान की पाठ्य-पुस्तकों में शामिल किया गया, लेकिन हमारे देश का सर्वोच्च सरकारी सम्मान अभिनेता-राजनेता एम.जी. रामचंद्रन को मिला, वैज्ञानिक रामचंद्रन को नहीं।

हो, दुर्भाग्य है कि हम उस विभाग को बचाने में नाकामयाब रहे, जो भारत का गौरव और कई लोगों के लिए प्रेरणा था। हम सब लोगों के लिए, जो हमारी युवावस्था में जी.एन. रामचन्द्रन विभाग को मक्का मानते थे, यह एक व्यक्तिगत नुकसान है।[1]

राजनीतिक प्रभाव सबसे ज़्यादा और सबसे घटिया रूप में नई संस्थाओं की स्थापना और शैक्षिक प्रशासन में देखा जा सकता है। शिक्षा क्षेत्र की व्यावसायिक सम्भावनाओं को देखते हुए कई नेताओं ने अपने अवैध रूप से कमाए धन को इनमें लगा दिया और यूजीसी एवं एआईसीटीई से आवश्यक अनुमति सफलतापूर्वक हेराफेरी से ले ली। यूजीसी अधिनियम की एक विशेष धारा के अन्तर्गत असंख्य संस्थाओं को 'डीम्ड विश्वविद्यालय' की मान्यता दी गई।[2] क्या यह गुणवत्ता के आधार पर किया गया। एआईसीटीई की तो बात ही न करें, तो ही अच्छा है। यहाँ तक कि इसका अध्यक्ष तक गिरफ़्तार हो चुका है और यूजीसी के उच्चाधिकारियों पर सीबीआई के छापे पड़ चुके हैं। मौक़े कई गुना हो सकते हैं। मेडिकल काउंसिल ऑफ़ इंडिया और काउंसिल फॉर टीचर एजुकेशन पर भ्रष्टाचार के कई आरोप लग चुके हैं और जाँच हो चुकी है। सड़ांध इतनी ज़्यादा हो गई है कि किसी पर भी भरोसा करना मुश्किल हो गया है।

2005 या 2006 में कुछ दफ़्तरी कामकाज के लिए एक यूजीसी के उपसचिव के पास गया। उनकी टेबल फ़ाइलों से लदी पड़ी थी और वे फ़ोन पर व्यस्त थे। आनन्दचित्त चेहरे के साथ उन्होंने मुझे सूचित किया कि वे महाराष्ट्र की एक मुख्य महिला नेता से बात कर रहे हैं, जिसके परिवार ने असंख्य कॉलेज खोले हैं और उन्होंने उनके लिए आवश्यक अनुमतियाँ दिलाने में मदद की। एक साल बाद वह महिला राजस्थान की राज्यपाल बन गई और जल्दी ही उस अधिकारी को राज्य के एक जाने-माने विश्वविद्यालय का कुलपति बनाकर उपकृत किया। हम मज़ाक़ करते हैं कि यूजीसी इतनी अधिक शक्तिशाली संस्था है कि इसका चपरासी भी कहीं दूसरी जगह बड़े पद की माँग कर सकता है।

लगातार बढ़ते नौकरशाहीकरण और राजनीतिक हस्तक्षेप ने शिक्षा को एक बड़े व्यवसाय के रूप में उभरने में सहायता दी। निजी उद्यमियों ने इसका पूरा फ़ायदा उठाया, विशेषकर दक्षिण भारत में असंख्य आभियांत्रिकी, मेडिकल और बीएड कॉलेज खोले गए। स्ववित्तपोषी के नाम पर बड़ी फीस वसूली गई और कुछ मामलों में तो ज़बरदस्त कैपिटेशन फीस भरने पर प्रवेश दिए गए। उत्तर भारत में जी.टी. रोड के दोनों तरफ़ सैकड़ों ऐसे संस्थान देखे जा सकते हैं, कुछ जर्जर और कुछ अच्छे आकार के। वे सार्वजनिक संस्थानों की भयानक कमी और प्रवेश के इन्तज़ार में

1. M. Vijayan, 'When a Department Faded, at 60, *The Hindu*, 28 May, 2012.
2. काश, मैं यूजीसी अधिनियम की धारा 3 को प्रशासित करने वाला अनुभाग अधिकारी होता!

बड़ी संख्या में मौजूद विद्यार्थियों का ज़बरदस्त संगठित रूप से और ज़बरदस्त रसूखों के साथ फ़ायदा उठा रहे हैं। पंजाब में एक मिष्टान्न की दुकान वाले ने विश्वविद्यालय खोला, जिसे वह 'प्रोफ़ेशनल यूनिवर्सिटी' कहता है और दूर-दराज से विद्यार्थी वहाँ प्रवेश ले रहे हैं। निजी विश्वविद्यालय खोलने के लिए पूरे देश भर में साधन-सम्पन्न उद्यमियों ने बड़े पैमाने पर ज़मीन क़ब्ज़ाई और ये सब लोककल्याण के मिथक के तहत किया गया। राज्य ने सक्रिय रूप से उन्हें प्रोत्साहन दिया क्योंकि वे राजकोष पर बिना किसी अतिरिक्त दबाव और भार के अतिरिक्त विद्यार्थियों को खपा लेते हैं। दिल्ली सरकार ने बाज़ार की शक्तियों को सेवा देने के विशेष उद्‌देश्य से एक विश्वविद्यालय की स्थापना की। इस बात की किसी ने चिन्ता नहीं की कि वे गुणवत्तायुक्त शिक्षा प्रदान करेंगे या नहीं। विद्यार्थी ख़ुश हैं कि कम-से-कम उन्हें कहीं प्रवेश मिला, माता-पिता के पास अतिरिक्त धन ख़र्च करने के अलावा और कोई विकल्प नहीं है, बाज़ार को भी कुछ विकल्प मिले और उत्तीर्ण में से कुछ को अपनाने को मिला। जब सार्वजनिक संस्थान कुछ ही तो ये निजी संस्थान चाहे वे कितने ही लालची न हों, लाखों विद्यार्थी के लिए आशा की किरण बनकर उभरते हैं। फिर भी, कुछ निजी संस्थानों ने अच्छा नाम कमाया है, जैसे—मणिपाल विश्वविद्यालय, शिवनादर विश्वविद्यालय, वेल्लोर इंस्टीट्यूट ऑफ़ टेक्नोलॉज़ी और बिरला इंस्टीट्यूट्स ऑफ़ टेक्नोलॉज़ी एंड साइंस और इनमें बहुत सम्भावनाएँ हैं लेकिन आमतौर पर भारतीय उद्यमी और 'परोपकारी' ज्ञानोन्मुख आइवी लीग इंस्टीट्यूशन बनाने में रुचि रखते नहीं दिखते। हमारे स्वास्थ्य क्षेत्र की तरह ही, हमारी उच्च शिक्षा भी 'नर्सिंग होम' प्रवृत्ति से पीड़ित है। यह सापेक्षिक रूप से अमीर को प्राथमिकता देती है, सार्वजनिक ख़र्चे पर निजी मुनाफ़ा कमाती है और ज्ञान उत्पादन में बहुत कम योगदान देती है।

ज्ञान सुधार

कुछ नवरत्नों (गिने हुए नौ प्रमुख) को छोड़ दें, तो भारत का शैक्षिक परिदृश्य विचित्र है। बड़े पैमाने पर अधकचरे संस्थान हैं, बढ़ती माँग और जनसंख्या के हिसाब से हज़ारों की और ज़रूरत है। हर कोई गुणवत्ता का शोर मचाता है, हर संस्थान गुणवत्ता का दावा करता है लेकिन इस दावे में चेशायर की बिल्ली की तरह मूल्य क्षरित होते रहते हैं और केवल 'मुस्कराता' चेहरा बचा रहता है। और इस 'मुस्कराहट' की वजह से ही एक दशक से ज़्यादा लम्बे समय से 6 या 7 प्रतिशत की स्थिर वृद्धि दर रखने में कामयाब हुआ है। क्या यह हमें एक ज्ञान समाज बनाता है? हमें साध्य के रूप में ज्ञान और साधन के रूप में ज्ञान का फ़र्क़ करना आना चाहिए। चकित कर देने वाले उपकरण, बड़े हों या सूक्ष्म, जिनका हम प्रायः उपयोग

करते हैं, विदेश में बने होते हैं लेकिन हम जल्दी ही अपना लेते हैं और अपना बना लेते हैं। हम जानते हैं कि साधन के रूप में ज्ञान का उपयोग कैसे किया जाए। हो सकता है कि हम उपकरण बनाने में बहुत आगे न हों, लेकिन हम कुशल उपकरण उपयोगकर्ता हैं। अपनाने में हम चतुर हैं, आविष्कार हमारे लिए जुगाड़ करने की योग्यता है। एक समुचित तकनीकी-वैज्ञानिक शिक्षा हमें जुगाड़ नामक घेरे से बाहर ले जाएगी और हमें असली ज्ञान अर्थव्यवस्था के दौर से परिचित कराएगी, जो 'कंप्युटेशनल थिंकिंग और 'सॉल्युशन आर्किटेक्ट्स' पर फलेगी-फूलेगी, न कि केवल डाटा प्रबन्धन पर। आविष्कार और नवाचार अवश्य ही एक-दूसरे के साथ तालमेल से चलने चाहिए।

ज्ञान अर्थव्यवस्था ऐसी नहीं है, जो सूचना प्राप्ति और वितरण कर केवल आर्थिक मुनाफ़ा कमाए। असल में, इस शब्द को सूचना और संचार प्रौद्योगिकी पर क़तई लागू नहीं करना चाहिए। इसका कृषि, उद्योग, स्वास्थ्य और सम्पूर्ण कल्याण के सुधार पर ज़्यादा उपयोग करना चाहिए। व्यापक लागूकरण को मद्देनज़र रखते हुए कुछ लोग 'इनोवेशन यूनिवर्सिटी' की बात करते हैं। इन्हें 'इतिहास और संस्कृति और अतीत के बोझ से मुक्त' 'ग्रीनफील्ड उद्यम' बताया जाता है। प्रयोग के रूप में इनका स्वागत है, ये क्या कर सकते हैं, यह तो भविष्य ही बताएगा।

ज्ञान की किसी भी बहस में एक शब्द बार-बार आता है, वह है—विकास। इसका मतलब है कि विकास के लिए ज्ञान या विकासात्मक ज्ञान। विकास अपने आप में विवादित क्षेत्र है, और ज्ञान भी। बीसवीं सदी पर ज़्यादातर यह विकास अभियान हावी रहा और बहुत कम समय में आश्चर्यजनक गति से बहुत कुछ हासिल भी किया गया। आज़ाद भारत ने इस 'अधोमुखी' आधुनिकता को विरासत में पाया था। यह आवश्यक और उपयोगी दोनों थी। लेकिन अब धीरे-धीरे ऊर्ध्वमुखी सहभागिता की आवश्यकता महसूस की जा रही है। तथाकथित विकसित समाजों को विकसित ज्ञान और परम्परागत समाजों द्वारा रखे गए ज्ञान के बीच एक खाई है। देशज ज्ञान को विकासात्मक ज्ञान के विरोधी के रूप में रखा गया। हालाँकि हैं दोनों ज्ञान ही, फ़र्क़ गति का है। विकासात्मक ज्ञान परिवर्तनों को तेज़ करता है जबकि देशज ज्ञान लोगों के सामाजिक और सांस्कृतिक परिवेश में उत्कीर्ण हुआ होता है, जो थोड़ा धीमा होता है लेकिन यह नीचे से विकास में मदद करता है। 50 और 60 के दशक में परम्परागत ज्ञान को कमतर और हीन माना गया। लेकिन पर्यावरणिक चेतना और एनजीओ की वजह से 80 और 90 के दशक में नज़रिया बदल गया। अब 'न्यायसंगत वृद्धि', 'सहभागी विकास', 'सतत विकास', 'यथोचित तकनीक' जैसी अवधारणाएँ प्रधान हो गई हैं।

ज्ञान के क्षेत्र में केवल संगठित और चतुर बाज़ार ही ज्ञान 'उत्पादन' के लिए साधन सम्पन्न है और फिर बाद में वह पेटेंट और बौद्धिक सम्पदा अधिकार के

ज़रिए इसके वितरण को नियंत्रित करता है। फिर ज्ञान 'प्राकृतिक' कैसे होगा? यह इसे ज़्यादा प्रतिबिम्बित और सामाजिक रूप से ज़्यादा उपयोगी बना सकता है (उदाहरण के लिए लिनेक्स बनाम माइक्रोसॉफ्ट)। रट्टामार पद्धति की शिक्षा और परीक्षा व्यवस्था की बजाय हमें इंटरनेट जैसी सहायक और संवादात्मक तकनीक को अपनाने की ज़रूरत है। वाई-फाई तकनीक की सहायता इडीयू डॉट कॉम और जीओवी डॉट कॉम जैसे डोमैन बनाना सम्भव है, जो सभी विद्यालयों, महाविद्यालयों, पंचायतों आदि के लिए मुफ़्त में सुलभ हों। औद्योगिकीकरण के कारण हमने 'साझा' को खो दिया है, और अब क़ानूनी पचड़ों और बौद्धिक सम्पदा की प्रथा के कारण 'सार्वजनिक क्षेत्र' भी खोने वाले हैं। ज्ञान और शिक्षा से जुड़ी किसी भी बहस में हमें वह पूछना चाहिए, जिसे टी.एस. इलियट ने तिक्तता से पूछा था—'ज्ञान में खो दी गई हमारी बुद्धिमत्ता कहाँ है? सूचनाओं में खो गई हमारी बुद्धिमत्ता कहाँ है?' इसमें हम यह भी जोड़ सकते हैं कि 'लालच में हमने क्या खो दिया?'

7

तर्क और धर्म : ऐतिहासिक प्रतिद्वंद्वी

> सिद्धि के लिए मुझे पूर्णिमा की रात में देवी की मूर्ति पर तीन बार सिन्दूर कोरे काग़ज़ पर मलने और वरदान माँगने के लिए कहा गया।...कृपया पाकिस्तान में उपजी परिस्थिति और उसके हमारे देश पर पड़ने वाले प्रभाव के बारे में हमें रास्ता दिखाएँ। हाल ही में प्रधानमंत्री श्री जवाहरलाल नेहरू ने मुझसे त्यागपत्र की बात की थी और इस बात ने मुझे बहुत व्यग्र किया। मैं इससे कैसे पार पाऊँ और अपने पद को कैसे सँभाले रखूँ?

यह हमारे गणराज्य के पहले राष्ट्रपति ने अपने अनाम आध्यात्मिक गुरु को लिखा था। महामना गुरु ने जवाब लिखा कि—

> आसन में तुमसे बात कर अच्छा लगा। मैं सर्वव्यापी हूँ और जो कोई मुझे पूरे मनोयोग से याद करता है, मैं व्यक्तिगत रूप से उसके पास सहायता करने जाता हूँ। मैं सूक्ष्म (आध्यात्मिक) आँख से सब कुछ देख सकता हूँ। संसार की भलाई के लिए मुझे इस संसार और दूसरे संसार के बीच नियमित यात्राएँ करनी पड़ती हैं। राजेन्द्र, यह तुम्हारा सौभाग्य है कि इस जीवन में तुम्हें सच्चा गुरु मिला है। तुम धन्य हो। जब से तुम मेरे सम्पर्क में आए हो, मैंने तुम्हें अपनी शरण में ले लिया है। मैं तुम्हें हर तरह के संकट से बचाता हूँ। यह गुरु का कर्तव्य है कि वह दास को प्रसन्न रखे और उसे मानसिक शान्ति दे।[1]

कोई इस संवाद को कैसे विश्लेषित करेगा? राजेन्द्र प्रसाद गहरे धार्मिक व्यक्ति, गांधी के लगभग अन्धभक्त और नेताओं के बीच संत माने जाते थे। उनकी किताब

1. Rajendra Prasad, *Letters from Rajendra Prasad*, Rashtrapati Bhavan, 14, 18 and 21, Bihar State Archives, Patna, 25 October, 1954, 27 October, 1954 and 5 November, 1954.

इंडिया डिवाइडेड[1] उनके बौद्धिक कौशल और प्रतिभा का विलक्षण प्रमाण है। यह पहली बार 1946 में विभाजन की बहसों के दौर में प्रकाशित हुई थी और एक दशक से भी कम समय में वे योगी से पूछ रहे हैं कि पाकिस्तान से कैसे निपटा जाए! वे अपना पद बचाने में कामयाब रहे और यहाँ तक कि बहुत शक्तिशाली प्रधानमंत्री के साथ कुछ मुद्दों पर मतभेद होते हुए भी राष्ट्रपति के रूप में उन्होंने दूसरा कार्यकाल पूरा किया। क्या यह गुरुजी की वजह से हुआ? क्या असुरक्षा की इस सहज प्रवृत्ति का गुरुजी ने विश्वास की शक्ति से उपचार कर दिया। विश्वास के मामले में तर्क पिछड़ जाता है।

विश्वास मानता है कि कोई विशेष दावा सच्चा ज्ञान है और इसके बारे में वह पूर्णतया निश्चित होता है। विश्वास सभी संगठित धर्मों का आधार और नैतिकता का आवरण बनाता है। इसके विपरीत, तर्क प्रमाण की माँग करता है और तार्किक सोच को बढ़ावा देता है। लेकिन तार्किक विचार हमेशा और आवश्यक रूप से विवेकसम्मत नहीं भी हो सकते हैं। यदि कोई सोचता है कि तर्क का सिद्धान्त निश्चित है तो यह भी एक विश्वास बन जाता है। एक विवेकसम्मत धरातल पर विचार और अनुभवों या भावनाओं की असहमति का विरोध करना होता है। विश्वास लोगों को लड़ाता है और बाँटता है, प्राय: हिंसक रूप से, इतिहास ऐसी घटनाओं से भरा पड़ा है और तर्क भी यही करता है। टकराहट अवश्यंभावी है, मूल समस्या और चुनौती है कि इसे कैसे सँभाला जाए। ऐसा लगता है कि तार्किक टकराहटें उपयुक्त होती हैं। जैसा कि कहा जाता है कि तार्किक तरीक़े से सोचने के दो ही विकल्प हो सकते हैं, या तो अतार्किक रूप से सोचें या सोचें ही नहीं!

यह टंटा सभी समाजों में और सभी युगों में होता रहा है। असुरक्षा, लोभ और चमत्कार सभी धर्मों का आधार बनाते हैं। बदले में, धर्म कड़ी मेहनत, सन्देह और मानसिक तनाव से कुछ राहत देता है। निस्सन्देह यह राहत और उपचार देता है लेकिन प्राय: यह अन्धा भी बनाता है। यह भावनाओं से संचालित होता है और जब यह एक सीमा पार कर लेता है तो फिर इससे ख़तरनाक और विस्फोटक कुछ भी नहीं हो सकता है। किसी भी दूसरे मुद्दे से ज़्यादा युद्ध धर्म के नाम पर लड़े गए और हिंसा धर्म के नाम पर हुई। इसलिए धर्म की सम्भावनाओं और यहाँ तक कि प्रासंगिकता से भी कोई मना नहीं कर सकता है। पंडित नेहरू अनीश्वरवादी और आधुनिकता के वाहक थे, उन्होंने सार्वजनिक जीवन में धर्म को कोई भूमिका नहीं दी थी। इस तरह से एक आर्थिक रूप से कमज़ोर, सामाजिक रूप से विभाजित, निरक्षर और गहरे धार्मिक समाज पर सेकुलर ढाँचे को लादा गया। नेहरू ने ऐसा क्यों किया? वे धर्म का इस्तेमाल कर सकते थे, जो लाखों को संचालित करने की ताक़त

1. Rajendra Prasad, *India Divided* (Reprint, New Delhi: Penguin Books India, 2010).

रखता था और रखता है। वे इतने कम्युनिस्ट भी नहीं थे कि धर्म को अफीम मानते हों।[1] वे धर्म के सामाजिक-सांस्कृतिक महत्त्व से वाक़िफ़ थे लेकिन उन्हें औपनिवेशिक शोषण और आन्तरिक झगड़ों से घायल राष्ट्र का पुनर्निर्माण करना था। इसलिए उन्होंने आदिम भावनाओं की जगह विज्ञान और तकनीक, योजना-नीति, नौकरशाही की तार्किकता और वैज्ञानिक स्वभाव को महत्त्व दिया। उन्होंने जानबूझकर धर्म-निरपेक्षता को हमारी व्यवस्था की आधारशिला बनाना तय किया और इस मामले में नवस्वाधीन देशों में ऐसा करने वाले शायद हम अकेले ही थे। इसमें पूर्णतया नया कुछ भी नहीं था। यह नीति हमारे राष्ट्रीय आन्दोलन की देन ही थी। 1886 में ही अपने दूसरे अधिवेशन में भारतीय राष्ट्रीय कांग्रेस ने यह प्रस्ताव पास किया था।

> कांग्रेस सांसारिक हितों के लिए बना समुदाय है न कि आध्यात्मिक आस्था के लिए। सेकुलर सार्वजनिक मुद्दों पर हिन्दू, मुस्लिम और पारसी समुदायों के सदस्य प्रतिनिधि के रूप में चर्चाओं में भाग लेते हैं।

इस प्रकार आधुनिक भारत में सेकुलरवाद की मौजूदगी बहुत पहले हो गई थी लेकिन तर्क पर जोर बहुत बाद में आया। बल्कि धर्म की तरह ही तर्क भी हमारी सभ्यता और संस्कृति का अभिन्न हिस्सा रहा है। साथ ही, हम लोग संकीर्ण नहीं रहे, बल्कि सभी तरह के प्रभावों और विचारों का स्वागत किया। ऐसा प्रतीत होता है कि चाहे कितने भी असहज आपसी सम्बन्ध क्यों न हों, दीन और दुनिया का उस समय सह-अस्तित्व और आपसी सम्पर्क था।

प्राचीन ग्रन्थों में हमें युक्ति, तर्क विद्या, अन्वीक्षण, अनुमान, प्रमाण और हेतुशास्त्र के असंख्य सन्दर्भ मिलते हैं। प्रसिद्ध चरक संहिता युक्ति भेषज के बारे में बताती है। इसके अनुसार, 'तर्क के बिना हासिल की गई सफलता निरे संयोग से मिली सफलता की तरह है।' इसके विपरीत, कथा उपनिषद में तत्त्व मीमांसक की घोषणा है कि 'मति तर्क से नहीं प्राप्त की जा सकती है।' निस्सन्देह इनमें अन्तर गहरा है। उपनिषदों ने पुरुष को आत्मा और सच्ची शक्ति को ब्रह्मा के रूप में चिह्नित किया था। लेकिन अपनी संहिता में चरक ने पुरुष को भौतिक और शरीर मूलक माना और आध्यात्मिक मुहावरे से दूर कर दिया। यद्यपि भारतीय परम्परा ने कुछ विवेकयुक्त व्याख्याओं को जगह दी लेकिन समग्रता में, और किसी अन्य से ज़्यादा भरोसा अनुभूति पर दिया गया। इसके साथ ही गुह्य (रहस्य) की अवधारणा भी अपनाई गई।

---

1. लेकिन नेहरू इस बात से सहमत थे कि धर्म 'मानवीय स्वभाव में अन्तर्निहित परिवर्तन और प्रगति की प्रवृत्ति में बाधक था' और किसी पराशक्ति में विश्वास, जिससे सब संचालित होता है, सामाजिक दायरे में कुछ ग़ैर-जिम्मेदारियों की ओर ले जाता है, और विचार एवं जाँच-पड़ताल की जगह भावुकता और भावनात्मकता ले लेती है। (Jawaharlal Nehru, *The Discovery of India* [Bombay : Asia Publishing, 1961], 543).

इस तरह आध्यात्मिक अनुभव ने हमारे धर्म का आधार बनाया। महान दार्शनिक शंकर ने अनुभूति को प्राथमिकता दी, शुष्क तर्क को नहीं। यहाँ तक कि आज भी सभी धार्मिक लोग अपने पवित्र ग्रन्थों और अपने 'अनुभवों' पर विश्वास करते हैं, केवल तर्क पर नहीं। रचनात्मक कल्पना के साथ इन 'अनुभवों' और कुछ तर्कों को धार्मिक ग्रन्थों में संहिताबद्ध किया गया, जिन्हें धीरे-धीरे शास्त्रीय ग्रन्थों का दर्जा हासिल हो गया। किसी भी समाज में शास्त्रों या शास्त्रसम्मत ज्ञान पर सवाल करना या उसे चुनौती देना कभी आसान नहीं रहा। कई इस प्रक्रिया में नष्ट हो गए और अधिकांश लोगों ने समझौता कर लिया। ब्रह्मगुप्त (ब्रह्मस्फूट सिद्धान्त के लेखक, 628 ई.) ग्रहण का वास्तविक कारण जानते थे लेकिन चूँकि पुराणों का दावा था कि यह दुष्ट राहु के कारण होता है, उन्होंने पुराण के दावे को मानकर अपनी जान बचाने को प्राथमिकता दी। वह एक क़दम आगे बढ़ा और दो क़दम पीछे आया। परम्परा और शास्त्रीय ज्ञान का भार इतना अधिक शक्तिशाली था कि महान लोगों को भी झुकना पड़ा।

इस्लाम में भी ऐसे ही तनाव देखे गए। अपने विवेकशील विचारों और यह मानने के कारण कि सत्य सार्वभौमिक और सर्वोच्च है, अल-किन्दी (801-73 ई.) को 50 कोड़े मारे गए। अल-रज़ी (865-925 ई.) ने निडर होकर अनुभूति से ज़्यादा तर्क को महत्त्व दिया। ईश-निन्दा का आरोप लगाकर उन्हें अन्धा कर दिया गया। अल-क़ानून के प्रसिद्ध लेखक ईब्न सिना (980-1037 ई.) ने कई बार उत्पीड़न झेला था। अन्ततः ग्यारहवीं शताब्दी के अन्त में, अल-गज़्ज़ाली के नेतृत्व में पुरातनपंथियों ने तर्कवादियों का ख़ात्मा कर दिया। उसने भौतिक नियमों के तमाम योगदानों को अस्वीकार किया और 'दुनिया की तमाम चीज़ों का कारण सिर्फ़ भगवान है'—को पुनर्स्थापित किया। उदाहरण के लिए, इनमें से क्या ज्वलनशील है—रुई, आग, या ईश्वर; तो इस सवाल का जवाब गज़्ज़ाली देगा—ईश्वर। फिर भी, किसी न किसी रूप में बहस जारी रही। सत्रहवीं सदी के प्रारम्भ में ईरानी दार्शनिक मुल्ला सद्र ने ज्ञान के तीनों रूप—कुरान, बुरहान और इरफान को एकीकृत करने की कोशिश की। उनके अनुसार तार्किक दार्शनिक विश्लेषण और अनुभूति, आध्यात्मिक ज्ञान में कोई विरोधाभास नहीं है, बल्कि उनका मानना था कि धर्म के साथ तर्क का आना 'प्रकाश पर प्रकाश' है।[1] लेकिन दुर्भाग्य से गज़्ज़ाली के प्रभाव का मध्यकालीन भारत में बोलबाला था। अधिकांश लोग मंकुल पर भरोसा करते रहे और कुछ ही लोगों ने माकूल का पक्ष लिया। आश्चर्य नहीं है कि मुग़ल इतिहासकार अबुल फ़ज़ल ने

---

1. सद्रा ने मिथ्याभिमानी धर्मशास्त्रियों की तीखी आलोचना की और उन्हें विश्लेषित करने के लिए कुरान के पदों को उद्धृत किया, 'उनके पास दिल है, लेकिन वे उससे महसूस नहीं करते, उनके आँखें हैं, लेकिन वे उनसे देखते नहीं, और उनके पास कान हैं, लेकिन वे उनसे सुनते नहीं। (Ibrahim Kalin, *Mulla Sadra* [Delhi : Oxford University Press, 2014], 50-1, 135)

'तकलीद की आँधी बहने और बुद्धि की बत्ती मन्द पड़ने पर' खेद जताया था। उन्होंने खेद जताया कि कैसे 'कैसे' और 'क्यों' के दरवाज़े बन्द कर दिए गए थे और 'सवाल और जाँच-पड़ताल' को 'फलहीन और बुतपरस्ती के समान' बता दिया गया।

'आधुनिक' का आगमन

आज के ज़माने में आधुनिकता कही जाने वाली अवधारणा के मूल में तर्क है। इसका मतलब आलोचनात्मक सोच और सब कुछ की जाँच-पड़ताल करने की भावना है। हमारे युग में आधुनिकता और विज्ञान एक साथ चल रहे हैं और विज्ञान को मनुष्य की विवेकसम्मत की सर्वोच्च अभिव्यक्ति माना जाता है। दुर्भाग्य से उपनिवेशों में विज्ञान सबसे पहले लोगों के सामने उत्पाद के रूप में आया, न कि विचारों की व्यवस्था के रूप में। यहाँ तक कि आज भी कई समाजों में विज्ञान का मतलब होता है—हथियार, हवाई जहाज़, टेलिफ़ोन आदि। इसके विपरीत, हर समाज में, चाहे वह कितना भी आदिम और अशिक्षित क्यों न हो, अपनी समझ के कारण कुछ वैज्ञानिक विवेकता और उद्यमशीलता होती है।

दक्षिण एशियाई समाज हमेशा से विचारशील सभ्यता रहा है। यह कभी अलग-थलग नहीं रहा और इसने कभी बाहर से आने वाले लोगों के प्रति असहिष्णुता नहीं दिखाई। पूर्व-आधुनिक ज़माने में, दक्षिण एशिया ज्योतिष, आयुर्वेद और गणित में अपने योगदान के लिए जाना जाता था। लेकिन यह पुनर्जागरण युग (देकार्त और न्यूटन का) के बाद के ज़माने में ही हुआ कि यूरोप ने दूसरे सभी सांस्कृतिक क्षेत्रों को पछाड़ दिया। उन्नीसवीं शताब्दी में यह अन्तर इतना ज़्यादा हो गया था कि इसे पाटा नहीं जा सकता था। वह समय, विज्ञान के परवान चढ़ने का समय संयोग से पूँजीवाद के परवान चढ़ने और औपनिवेशिक विस्तार का समय भी था। सम्भवत: ये सब आपसी तालमेल में ही विकसित हुए। एक बार जब वे भारत में आ गए, तो चिनगारी तो भड़कनी ही थी। एक जीवंत, हालाँकि अजनबी, संस्कृति के साथ नज़दीकी सम्पर्क स्थानीय लोगों के मन में हलचल मचाने में असफल नहीं हुआ। लेकिन इस बढ़ते सन्देह, कि पश्चिमी विज्ञान के लागू होने से नास्तिकतावाद और अनीश्वरवाद को बढ़ावा मिलेगा, को निर्मूल करने के लिए अनवरत प्रयास किए गए। एक प्रभावी ब्रह्म नेता के.सी. सेन ने सभी विद्यालयों और महाविद्यालयों में बड़े पैमाने पर भौतिक विज्ञान पढ़ाने शुरू करने की माँग की लेकिन यह भी कहा कि 'आध्यात्मिक दर्शन की क़ीमत पर भौतिक विज्ञान को तरजीह देने के प्रयास नहीं किए जाएँ...विद्यार्थियों के दिमाग़ को प्रकृति से ईश्वर तक ले जाने का कोई भी अवसर चूकना नहीं चाहिए।'[1]

1. G.C. Benerjee, *K. C. Sen's Nine Letters on Educational Matters to Lord Northbrook in 1872* (Allahabad, 1936), 37-42.

यूरोप के अन्दर भी, सदियों से तर्क और धर्म की प्रकृति और इसकी प्रासंगिकता के बारे में गहरी बहसें चल रही थीं। इसाक न्यूटन, जो आधुनिक विज्ञान के देवता ही बन गए, रचनात्मक और सर्वव्यापी ईश्वर के रूप में बाइबिल अवधारणा में दृढ़ विश्वास रखते थे। बाद में, कांट ने 'शुद्ध तर्क' की तीखी आलोचना पेश की लेकिन धर्म को भी 'तर्क की सीमा के अन्दर ही' रखना चाहते थे। डार्विन ने अपने विकासवाद के सिद्धान्त के साथ अब्रहिमिक धर्म को गहरा धक्का पहुँचाया, लेकिन कम चर्चित किया। डार्विनवाद के समर्थक थॉमस हक्सले ने 'सच्चे' धर्म और 'सच्चे' विज्ञान को जुड़वाँ बहनें माना, जिनमें से एक सुधार से और दूसरी पुनर्जागरण से उपजी थीं। 'सच्चा' एक भारी-भरकम उपसर्ग है, लेकिन उसने धर्मशास्त्र और धर्म के बीच एक महत्त्वपूर्ण अन्तर को रेखांकित किया और तर्क दिया कि धर्मशास्त्र विज्ञान का विरोधी है, धर्म अपने आप में नहीं। वे धर्मशास्त्र से सशक्तता पाना चाहते थे, और उन्होंने ये सशक्तता पाई और 'वैज्ञानिक प्राकृतिकतावाद' के रूप में विज्ञान में महारत हासिल की। 1869 में, उन्होंने 'अनीश्वरवाद' नामक पद ईज़ाद किया। कोई अनीश्वरवादी मानवीय विज्ञान की सीमा के कारण ईश्वर के अस्तित्व को न तो स्वीकार कर सकता है, न ही नकार सकता है। अनीश्वरवादी को नास्तिक या धर्मविद्रोही के साथ गड्डमड्ड नहीं करना चाहिए। इस नए पद ने अधार्मिक लोगों को राजनीतिक और सामाजिक दंड के डर से मुक्त होकर अपने विवेकसम्मत मत रखने का मौक़ा दिया। अब आज के ज़माने में जब धर्म अभूतपूर्व रूप से चरम अवस्था में हैं, रिचर्ड डॉकिन्स, सेम हैरिस, क्रिस्टोफर हिचैन और कई अन्य वैज्ञानिक लेखक मानते हैं कि विश्वास और विज्ञान को जोड़ने के सभी प्रयास असफलता को प्राप्त करने वाले हैं। फिर भी, आस्तिक, नास्तिक और अनीश्वरवादी—सभी नैतिकता और नीतिगत धारणाओं को मानते हैं और इन्हें धर्म का उत्पाद या उपकरण नहीं माना जाना चाहिए।

पश्चिम के विपरीत, पूर्व-आधुनिक भारत में तर्क, विज्ञान और धर्म से जुड़े मुद्दों पर कोई गम्भीर बहस नहीं हुई। भारतीय आध्यात्मिक और सामाजिक मुद्दों के साथ व्यस्त रहे। पी.सी. रे पहले विज्ञान के इतिहासकार थे जिन्होंने जाति व्यवस्था में 'कुछ ऐसा जो विज्ञान की शक्ति का ह्रास कर देता है' देखा था। जाति की वजह से सिद्धान्त और व्यवहार का—मानसिक कार्य का शारीरिक कार्य से विनाशक अलगाव हुआ। रे ने लिखा—

> समुदाय का बौद्धिक खेमा कला में सक्रिय भागीदारी से अलग हो गया, कैसे और क्यों परिघटना—कारण और प्रभाव का सामंजस्य—गायब हो गई—जाँच-पड़ताल की भावना धीरे-धीरे मृतप्राय हो गई। भारत की धरती को नैतिक रूप से बोयले, देकार्त और न्यूटन आदि को जन्म देने के लिए अक्षम बना दिया।[1]

1. P.C. Ray, *History of Hindu Chemistry*, Vol. II (London : William and Norgate, 1909), 195.

इसलिए, वैज्ञानिक विचारक और खोजी तकनीकों की बजाय भारत ने बड़ी संख्या में समाज सुधारक पैदा किए। बदले में, उन्होंने भक्ति की अभूतपूर्व धारा का प्रतिपादन किया। कई तरह के सूफ़ियों, औलियाओं, सन्तों और महात्माओं ने दर्शन, साहित्य, संगीत और सबसे ज़्यादा सामाजिक सद्भाव के क्षेत्र में योगदान दिया। दूसरी तरफ़, शासक वर्ग क़िले, महल, समाधि और मकबरे बनाने में व्यस्त था। विचार के क्षेत्र में, सदियों पुरानी धारणाएँ और रिवाज़ों की थोड़ी-बहुत फेरबदल के साथ पुनरावृत्ति होती रही।

इसी तरह से, सदियों तक उपकरण साधारण और अविकसित रहे, जबकि यहाँ कौशल ज़बरदस्त था। निर्माण अभियांत्रिकी का विलक्षण कमाल ब्रह्मदेश्वर मन्दिर (10वीं सदी) से लेकर सुप्रसिद्ध ताजमहल (17वीं सदी) तक देखा जा सकता है। दिल्ली (चौथी सदी) स्थित जंग रहित लौह स्तम्भ धातु-सम्बन्धी कौशल का एक असाधारण उदाहरण रहा है। समाज ने पत्थर, संगमरमर और लोहे के इस्तेमाल में उत्कृष्ट काम किया था। वह यह भी जानता था कि काँच कैसे बनाया जाता था। लगभग एक सहस्त्र शताब्दी से चूड़ियाँ बनाई जा रही हैं। लेकिन दुर्भाग्य से हम चूड़ियों से आगे नहीं बढ़ पाए। पुनर्जागरण के दौर का यूरोप काँच को गला रहा था, जिससे दूरदर्शी और सूक्ष्मदर्शी जैसे शक्तिशाली यंत्रों का निर्माण हुआ। यहाँ तक कि आज हमारे मोबाइल और लैपटॉप की चिप भी काँच तकनीक का विस्तार ही है, न कि पूर्णतया पत्थर या संगमरमर संस्कृति का उत्पादन। पत्थर की चिप में सौन्दर्यात्मक मूल्य हो सकता है लेकिन प्रौद्योगिकीय नहीं। आधुनिक सभ्यता ने काँच को महत्त्वपूर्ण बना दिया। 1680 में काँच को गलाते समय एक डच कारीगर ने बरसात के पानी को देखा और जीवाणुओं को देखने वाला पहला व्यक्ति बन गया। उसने दूसरी तरह के 'पानी', पेशाब और यहाँ तक कि वीर्य को देखा और लंदन की रॉयल सोसाइटी को लिखा, 'मैंने एक पूरी नई दुनिया देखी है, जो नंगी आँखों से नहीं देखी जा सकती है।' एशिया में कुछ लोग रोशनी और दृष्टि का महत्त्व जानते थे लेकिन कोई भी दृष्टि और अन्तर्दृष्टि विकसित और उसका दावा नहीं कर पाया। सम्मानित श्रीमद्भागवत में, भगवान के दिव्य स्वरूप में हज़ारों चन्द्रमा, सूर्य और तारे हैं, लेकिन सूक्ष्म जीव नहीं। महाकवि अपने देखे सूर्य और चन्द्रमा को हज़ार गुना कर सकते थे लेकिन उनके प्रत्येक के अन्दर-बाहर मौजूद सूक्ष्म प्राणियों के बारे में जानने का कोई तरीक़ा नहीं था।

बहुत बाद में, भारतीय इस्लामिक समाज भी संगमरमर और पत्थरों के प्रति व्यग्र रहा और काँच को नज़रअन्दाज़ किया।[1] एक गरम देश में, आवश्यकता इस

1. नज़र सुधारने के लिए हमने सुरमा इस्तेमाल किया। काँच के चश्मे यूरोपीय लेकर आए। जैसा कि बाद में इक़बाल ने महान (और शायद असंगत) गर्व के साथ लिखा—

   खारा न कर सका मुझे जलवा दानिश-ए-फिरंग
   सुरमा है मेरी आँखों का ख़ाक-ए-मदीना वा नज़्फ़
   परम्परा और धर्म की यह ताक़त थी।

बात की थी कि पत्थरों और संगमरमर के उपयोग से प्रकाश को बाहर रखा जाए, जबकि ठंडे यूरोप को काँच के ज़रिए सूर्य की किरणों को सहेजने की आवश्यकता थी। पश्चिम धीरे-धीरे प्रकाश को पदार्थ (उदाहरण के लिए फ़ोटो इलेक्ट्रिक प्रभाव) में बदलना सीख गया, जबकि हमने प्रकाश को नूर में बदल दिया। परिणामस्वरूप हमारे गर्भगृह, रूपक के रूप में भी, अन्धकार में रह गए थे और हैं। ऐसा सम्भवत: इसलिए भी था कि हाथ और औज़ारों से काम करने वाले कारीगरों (कुम्हार, सुनार, लोहार और अन्य) का वहाँ प्रवेश निषेध था। एक समाज, जो सदियों तक केवल पत्थरों और संगमरमर से खेलता रहा हो, उसे अद्यतन ज्ञान, भौतिक विकास और यहाँ तक कि सम्प्रभुता के मामले में भारी क़ीमत तो चुकानी ही पड़ेगी।

भारत की उस स्थिति पर यूरोपीय यात्रियों और ईसाई मिशनरियों की नज़र गई। यूरोपीय प्रबोधन की उपज होने के कारण, जो कि वे थे, वे आसानी से भारतीयों को अविवेकी, आदिम आदि-आदि कह सके। कुछ लोगों ने ग़ज़नी के महमूद की तरह अशिष्ट तरीक़ा भी अपनाया—

> मार्च, 1887 में, हम लोग जंगलियों के एक गाँव में गए थे, जो नेयूर से क़रीब 14 मिनट की पैदल दूरी पर था। हमने मुखिया से पूछा कि क्या वह अब भी अपने शैतान के पूजास्थल को नष्ट किए जाने के लिए इच्छुक और उत्कंठ है और वह इसके लिए व्यग्र दिखा और तुरन्त ही हमें वहाँ काम करने की अनुमति देते हुए लिखित घोषणा पत्र पर हस्ताक्षर कर दिए।...उसके बाद पादरी ने इसैहा XIV पढ़ा...मुझे ध्वस्त करने के काम को शुरू करने के लिए पहला वार करने का मौक़ा दिया गया और हथौड़े के एक तेज़ वार ने एक दरवाजे को तोड़ दिया और एक झटके में भीतर बैठी डरावनी प्लास्टर की छवि थरथरा गई। उपहासात्मक हँसी के एक ठहाके ने मूर्ति के भगवान का ध्वस्त होने पर स्वागत किया। हमारा उद्देश्य ही यह रहा था कि सामने की दीवार गिराई जाए, मूर्ति को तोड़ा जाए और दूसरी सभी दीवारों की पुताई कर दी जाए, जो तथाकथित राक्षसों, रथों और ऐसी ही अन्य गँवार चित्रों से भरी पड़ी थीं।[1]

दूसरों ने कुछ परिष्कृत रास्ते अपनाए। उन्नीसवीं शताब्दी के मध्य में कभी एक ईसाई फादर कर्नाटक में एक जैन अध्ययन केन्द्र पर गए। उन्होंने वहाँ एक जैन संत का अहिंसा और शाकाहार पर दिन भर उपदेश सुना। जैन लोग सूर्यास्त से पहले रात का खाना खाते हैं। शाम में जब खाना लगाया गया, तो उसने अपने बस्ते से अनगढ़ सूक्ष्मदर्शी यंत्र निकाला, खाने में दिए गए दही का छोटा सा हिस्सा उस पर लगाकर उसने जैन संत को दिखाया, जिन्होंने पहली बार सूक्ष्म जीवाणुओं को देखा और

1. Biography of Dr E.S. Fry. 7788 TS (Edinburgh : National Library of Scotland, 1858-1929).

उसके बाद कुछ खा न सके। इस तरह, इस महान उपकरण के इस्तेमाल से जैन-दुनिया पर बड़ी चोट पड़ी। यह अभूतपूर्व स्थिति थी, और भारतीय समाज को इससे निपटने के लिए नई रणनीतियाँ बनाने की आवश्यकता पड़ी।

नए महानायक

पूर्व-पश्चिम की टकराहट के ज़माने में, बहुत से ऐसे लोग थे, जो मेलजोल, संवाद और आपसी निर्भरता चाहते थे। कुछ लोगों ने सोचा कि दूसरे लोग अजनबी और अलग हैं, इसलिए उनके सम्पर्क से दूर रहें। ऐसे लोग अधिक थे, जबकि कम ही लोग थे जो सोचते थे कि अजनबी और अलग लोगों की भी जाँच-पड़ताल और परख की जानी चाहिए। कुछ लोग जो अजनबी और अलग दिखते थे, उनसे सीखना और लाभ उठाना चाहते थे। समाज को दो नहीं, बल्कि असंख्य आँखों की आवश्यकता महसूस हुई।

एक प्रारम्भिक आधुनिकवेत्ता, जिन्होंने परम्परागत प्रशिक्षण के बावजूद या कारण, एक व्यापक रास्ता बनाए थे, वे राममोहन राय थे। उन्होंने 'शुद्ध आस्तिकता' का पक्ष लिया और 'तर्क के धर्म' की स्थापना की। वे वेदों की ओर वापस नहीं लौटना चाहते थे, उन्होंने भारतीय परम्परा के 'मौलिक तर्कवाद' की ओर लौटना चाहा। वे 'प्रकृति के भगवान के पूजक' थे। उन्होंने तर्क और धार्मिक पाठों के बीच कोई अलगाव नहीं देखा। अपनी किताब तुहफत-उल-मुवहिदिन (1804) में उन्होंने 'धार्मिक समतावाद' को प्रचारित करने का प्रयास किया। वे तर्क और आम समझ की सीमा जानते थे और उन पाठों की सर्वोच्चता को कभी नहीं गिराते, जिन्हें समाज को आवश्यक निर्देश देने का काम करना था। उन्होंने 'तर्क' और 'सर्वोच्च' परम्परा के लिए 'युक्ति' और 'शास्त्र' पदों का प्रयोग किया। उन्होंने अन्तर्सांस्कृतिक और अन्तर्धार्मिक समझदारी का कोई सैद्धान्तिक मॉडल नहीं प्रस्तुत किया और यहाँ तक कि ये उनका उद्देश्य भी नहीं था। उन्हें दृढ़ विश्वास था कि 'परम' सत्य सभी तक पहुँचाया जा सकता है और यह भी कि जन शिक्षा और सामाजिक प्रगति के ज़रिए समझदारी के विभिन्न स्तरों के बीच मौजूद खाई को प्रभावी तरीक़े से पाटा जा सकता है। निश्चित ही, यह परम्परागत हिन्दू विचारों से सबसे क्रान्तिकारी प्रस्थान था। और तो और, राय जेरेमी बेंथम के साथ सम्पर्क में थे और सम्भवतः उनके 'ग्रेटेस्ट हैपीनेस फॉर दी ग्रेटेस्ट नम्बर' के उपयोगी सिद्धान्त का समर्थन किया था। कम-से-कम सैद्धान्तिक रूप से भारतीयों ने हमेशा ही 'सभी के कल्याण' की भावना का समर्थन किया, हालाँकि उन्होंने इसको व्यवहार में शायद ही अपनाया हो।

उन्नीसवीं सदी के मध्य के भारतीय चिन्तन की सबसे महत्त्वपूर्ण विशेषता थी—सांस्कृतिक मेल-मिलाप पर बल। अक्षय कुमार दत्त और अन्य लोगों ने 'पश्चिमी

विज्ञान के भारतीयकरण' के लिए काम किया। सांस्कृतिक मेल-मिलाप के विचार ने दोनों दुनियाओं के बेहतर का वादा किया। सबसे पहले, इसने भारतीयों को सांस्कृतिक झटके को सहने योग्य बनाया और उपनिवेशवाद द्वारा लगाई गई रोक से पार पाने के सम्भावित अवसर का वादा किया। साथ ही, ये प्रचलित हिन्दू सिद्धान्त की ज्ञानात्मक बहुलता से लैस भी थे। इसलिए सांस्कृतिक मेलजोल की दुहाई आगे बढ़ती गई। भारतीय लेखक फ्रांसिस बेकन और आगस्त कॉम्टे से प्रभावित थे। लेकिन उनकी प्रयोगात्मक पद्धति को हिन्दू 'भाव के विज्ञान' के साथ कैसे मिलाया जाए, यह समस्यामूलक रहा। इसके समाधान के लिए, देवेन्द्रनाथ टैगोर ने दो तरह के आत्मप्रत्ययों की बात की—पहला, स्वत:सिद्ध आत्मप्रत्यय और दूसरा, विज्ञान मूलक आत्मप्रत्यय। सम्मानित और प्रतिभाशाली बांग्ला उपन्यासकार बंकिमचंद्र चटर्जी ने *विज्ञान रहस्य* किताब लिखी और कॉम्टीयन प्रभाववाद के प्रभाव को स्वीकार किया। लेकिन उनकी यह घुसपैठ कभी-कभी उन्हें कुछ प्राचीन धार्मिक अवधारणाओं की तरफ़ वापस ले जाती थी। 1873 में, उन्होंने त्रिमूर्ति की हिन्दू धारणा को भटकाव मानकर ख़ारिज़ किया लेकिन 1875 में उन्होंने इसे डार्विन की प्राकृतिक चयन के सिद्धान्त के क़रीब पाया। अन्तत: जब हिन्दू आध्यात्मिकता अपनी धुरी के बाहर निकलने को उद्यत हुई तो कमज़ोर हुई, या ठीक से कहें तो मध्य में लटकने के लिए त्रिशंकु बन गई!

महेन्द्रलाल सिरकार, जिन्होंने 1876 ई. में इंडियन एसोसिएशन फॉर कल्टीवेशन ऑफ़ साइंस की स्थापना की, ने हिन्दू मूल्यों की 'सभी विषयों पर अनगढ़, अपच और अप्राप्य विचारों की बड़ी अव्यवस्था, जिसे सबसे अत्यधिक सोचे जाने लायक धर्मसिद्धान्त के तरीक़े से उच्चरित और क्रियान्वित' कहकर आलोचना की और उनके अनुसार इसका एकमात्र उपचार 'प्राकृतिक परिघटनाओं की जाँच-पड़ताल में रूपायित होने वाले प्रशिक्षण' ही हैं। 1880 के दशक के मध्य में उन्होंने अपने समय के लोकप्रिय संत रामकृष्ण के कैंसर का इलाज किया। उन्होंने कई बार आपस में ज्ञान-विज्ञान और पर-अपर की चर्चा की। संत ने यह स्पष्ट कर दिया कि उनकी धारणा ईश्वर, और केवल ईश्वर से सम्बद्ध है एवं डॉक्टर की ज्ञान और विज्ञान की धारणा से भिन्न है। धार्मिक व्यक्ति होते हुए भी सिरकार ने कभी नहीं माना कि अपर विद्याहीन थी। सिरकार ने प्रत्युत्तर दिया कि—

> ज्ञान के सम्बन्ध में पर और अपर क्या हैं? सत्य की खोज में क्या उच्च और क्या निम्न है? व्यक्ति को अपर के ज़रिए पर को प्राप्त करना पड़ेगा। हम भगवान को, जो सृष्टि का मूल कारण है, स्पष्ट रूप से प्राकृतिक विज्ञान के अध्ययन से प्रत्यक्ष हासिल किए गए सत्य के ज़रिए समझ सकते हैं।[1]

1. A.K. Biswas, *Gleanings of the Past and the Science Movement in the Diaries of Mahendralal and Amritlal Sircar* (Calcutta: The Asiatic Society, 2000), 192-203.

एक बार रूपक के रूप में रामकृष्ण सगुण ईश्वर और निर्गुण ईश्वर को व्याख्यायित कर रहे थे कि चेतना रूपी महासागर के हिस्से को भक्ति का ठंडा प्रभाव निश्चित आकार के बर्फ़ में जमा रहा है और ज्ञान की ऊष्मा बर्फ़ के आकार को निराकार ब्रह्म में मिला रही है। महेन्द्रलाल इस रूपक के वैज्ञानिक हिस्से से काफ़ी प्रभावित हुए और कहा कि 'हाँ, जब सूर्य (ज्ञान) चढ़ता है, तो बर्फ़ पिघलती है, और तो और, सूर्य की ऊष्मा पानी को भाप में बदल देती है।'

संत के प्रसिद्ध शिष्य स्वामी विवेकानन्द ने समाज की स्थिति पर चिन्तन किया, पुरातन परम्पराओं की आलोचना की और भारत में आधुनिक विज्ञान की आवश्यकता पर बल दिया। उन्होंने उद्योगपति जमशेद जी टाटा के साथ चर्चा की और उनकी एक शोध विश्वविद्यालय (वर्तमान में भारतीय विज्ञान संस्थान, बैंगलोर) की योजना का समर्थन किया। उन्होंने मेलजोल का प्रयास किया 'ऐसा नहीं है कि सेकुलर और आध्यात्मिक ज्ञान एक-दूसरे के विलोम और विरोधाभासी हैं, बल्कि वे धीमे विकास के विभिन्न स्तरों पर मौजूद समान ज्ञान हैं।' उन्होंने कहा कि—

> पूरी दुनिया में तर्क के चमकदार उपकरण के साथ सेकुलर ज्ञान और नश्वर सत्ता को निर्देशक मानने वाले धार्मिक ज्ञान के बीच लड़ाइयाँ चल रही हैं।...धर्म का मूल, सृष्टि तर्क के साथ सम्बद्ध, न केवल तर्क का हमला सह लेगा बल्कि विजयी होकर उभरेगा।[1]

वास्तव में, यह व्याख्या इतनी आसान नहीं है। धर्म 'तर्क से सम्बद्ध' है फिर भी 'तर्क के हमले' को परास्त कर देगा! पूर्व-पश्चिम की टकराहट में भारतीय पक्ष से दो तरह की प्रक्रियाएँ चल रही थीं। एक राममोहन राय द्वारा तैयार और के.सी. सेन द्वारा आगे ले जाई गई और दूसरी, जिसमें विवेकानंद ने पश्चिमी विज्ञान और तकनीक की सर्वोच्चता स्वीकार कर ली और उसे उच्च धार्मिक एवं आध्यात्मिक दृष्टि के साथ अपनाना चाहते थे। तो फॉर्मूला यह था—भाव पूर्व से और तकनीक पश्चिम से।

यह कइयों को स्वीकार्य नहीं था; इनका नेतृत्व स्वामी दयानंद और उनका आर्य समाज कर रहा था। उनका दावा था कि भारत आधुनिक विज्ञान और आधुनिक प्रौद्योगिकी—दोनों का उद्गम स्थल है। केवल उनकी जड़ें खो गई हैं, जिन्हें फिर से खोजना पड़ेगा। दयानन्द ने यह दिखाने का प्रयास भी किया कि कैसे आधुनिक विज्ञान और प्रौद्योगिकी के कुछ तत्त्व वेदों में मिलते हैं। उदाहरण के लिए तरविद्या, नौविमानविद्या और अकर्सना के वैदिक सन्दर्भों से उन्होंने निष्कर्ष निकाला कि वैदिक लोग टेलिकम्यूनिकेशन, जहाजों और हवाई जहाज़ों का निर्माण और गुरुत्वाकर्षण के बारे में जानते थे। तर्क विद्या और अन्वीक्षण तर्क विद्या के सन्दर्भ

1. Swami Vivekananda, *Complete Work of Swami Vivekananda*, Vol. I (Almorah: Advait Ashram, 1979), 366-82.

में तार्किक विवेक की लोकप्रियता को धर्म के अभूतपूर्व पतन के कारण कलियुग का लक्षण माना गया। इसका उपचार जड़ों की ओर वापस लौटना पाया गया और जो दूसरे शब्दों में नवरूढ़िवाद था। लेकिन यह रूढ़िवाद दूसरी तरह का था। कुछ आर्यसमाजियों ने आधुनिक विज्ञान का प्रयोग ब्राह्मणों को धमकाने के लिए किया था। लाला हरदयाल ने कहा था कि 'मध्य काल की तमाम ईश्वरनिष्ठा की तुलना में विज्ञान का एक छोटा-सा हिस्सा इनसान को ज़्यादा प्रसन्नता देता है।...ऋषियों के पुराने रास्ते का अनुकरण मत करो। बनारस और पुरी के दिन थे, जब थे, आज बनारस में क्या है मोटे साँड़ और मोटे पंडे। पुरी में हैजे के अलावा आज क्या है ?[1]

इस्लामिक प्रगतिशीलों ने भी इसी तरह की दुविधा का सामना किया। मिर्ज़ा ग़ालिब और अल्ताफ़ हुसैन हाली जैसे महान कवियों ने भाप शक्ति और तार द्वारा प्रतीत होने वाली बदलाव की हवा की तारीफ़ों के ख़ूब पुल बाँधे।[2] आगे चलकर, 1877 में, एक मौलवी उबैदुल्लाह ने लिखा कि—

> मुसलमान अपने दर्शनशास्त्र के कारण ठीक यूरोप के पढ़े-लिखे लोगों की स्थिति में हैं, इसलिए वे वास्तविक सभ्यता की ओर आधी यात्रा कर चुके हैं। परिणामस्वरूप, जब यूरोप का आधुनिक सुधारवादी दर्शन उनके मस्तिष्क में जाएगा, तो वे अपने पड़ोसी हिन्दुओं के मुक़ाबले बहुत तेज़ उन्नति करने में सक्षम होंगे। हो सकता है कि हमारे बीच एक नूटनीकृत एविसेना और

1. Hardayal, 'The Health of the Nation, *Modern Review*' (12 July, 1912), 43-9. हाल ही मुझे चिदंबरम के प्रसिद्ध नटराज मन्दिर और अमृतसर के प्रसिद्ध स्वर्ण मन्दिर जाने का सौभाग्य प्राप्त हुआ। दोनों की महान धारणाएँ और परम्पराएँ हैं, लेकिन रीति-रिवाज़ों, रखरखाव और माहौल इसके विपरीत हैं!
2. 1885 में, सैयद अहमद ने मिर्ज़ा ग़ालिब से *आइन-ए-अकबरी* के उनके संस्करण की भूमिका लिखने का निवेदन किया था, तो कवि ने कविता में उसे नकारा—
   इस किताब के लिए लिखने के काम के लिए केवल दोमुँहा आदमी ही प्रशंसा कर सकता है।
   इंग्लैंड के साहबों को देखो। उनकी शैली और व्यवहार को देखो,
   देखो कि उनहोंने सबके लिए क्या क़ानून और क़ायदे बनाए हैं, जिसे कभी किसी ने देखा नहीं, उसे उन्होंने उपजाया है...
   पानी पर उन्होंने क्या आजमाइश की, कि भाप से पानी में नावें चलने लगीं!
   कभी-कभी भाप नावों को समन्दर में ले जाती है, कभी भाप आसमान को जमीं पर उतार देती है।
   भाप डोलर-झूले को घुमा सकती है। भाप अब बैल और घोड़े की तरह है
   भाप जहाज की गति के लिए लहरों और हवा के महत्त्व को ख़त्म कर देती है
   उनके साज़ बिना मेहनत के संगीत बजा देते हैं, वे लफ़्ज़ों को पक्षियों की तरह आसमान में उड़ा देते हैं।
   ओह, क्या तुम नहीं जानते कि ये लोग हज़ारों मील दूर से कुछ ही पलों में ख़बरें ले आते हैं?

कोपरनिकसीकृत एवेरोज पैदा हो जाए, जो सिना और रश्द के पुत्रों की भी आलोचना करने में सक्षम हो सकते हैं।[1]

'वास्तविक सभ्यता' की ओर बढ़ने का यह लोभ और नूटनीकृत एविसेना और कोपरनिकसीकृत एवेरोज पैदा होने की उम्मीद आत्म-आलोचना और बदलाव की व्यग्रता (और एक उम्मीद भी, शायद जिसे समझा जाना अब भी बाक़ी है) दोनों का मिश्रण प्रस्तुत करता है।

तर्क और धर्म : सन्तुलन

राजनीतिक, सामाजिक या सांस्कृतिक—चाहे जो भी क्षेत्र हो, उनमें धर्म निश्चित ही एक प्रमुख, बेहद प्रमुख जुनून रहा है। जब बिहार में, 1868 ई. में वैज्ञानिक सभा की स्थापना की गई तो इसका प्राथमिक उद्देश्य था—'भारत के निवासियों को सरलता और सुविधा से उनके धर्म के साथ-साथ पश्चिमी विज्ञान पढ़ने का मौक़ा देना।' लेकिन इस सभा ने धार्मिक उन्माद को बढ़ावा नहीं दिया। इसके संस्थापक इमदाद अली एक घटना के बारे में बताते हैं कि—

> बरेली के सैयद अहमद (1820 के इमाम हमाम) जेहाद के लिए पैसा इकट्ठा करते थे और हिन्दुस्तान को दार-उल-हब (क़ाफ़िरों का देश) घोषित कर दिया था। वे पंजाब में लड़ते हुए मारे गए। उनकी मृत्यु के बाद उनके अनुयायियों ने उनकी चमड़े की एक मूर्ति बनाई और अफगानिस्तान की किसी पहाड़ी की चोटी पर उसे स्थापित किया, और लोगों को दूर से दिखाते थे कि जेहाद वाले इमाम अभी भी ज़िन्दा हैं। इस चाल के ज़रिए वे लम्बे समय तक जिहाद करने के लिए लोगों से बहुत सारा धन वसूलते रहे।...अल्लाह, सभी मुसलमानों को ऐसे दिशाहीन और दुष्ट लोगों के जाल और धोखे से बचाए।[2]

इमदाद अली अपने समय से कितना आगे थे और उनकी चेतावनी और सलाह आज भी कितनी प्रासंगिक है! सम्भवत: तर्क और धर्म को जोड़ने वाले लोगों में सबसे बेहतर उदाहरण सर सैयद अहमद थे। उन्होंने लिखा कि—

> कुरान यह नहीं साबित करता है कि पृथ्वी स्थिर है, न ही यह साबित करता है कि पृथ्वी गतिमान है। इसी तरह से, कुरान से यह भी नहीं साबित्त होता

---

1. Maulavi Ubaidullah, Essay on the *Possible Influence of European Learning on the Mohamedan Mind in India*, (Calcutta, 1877), 47.
2. Syed Imdad Ali Khan, ed., 'Translation of the History of the Wahabees', *Akhbar-ul-Akhyar*, 15 February, 1871, R Temple Paper, IOR MSS.Eur.F.86/214, London, British Library.

है कि सूर्य स्थिर है। पवित्र कुरान का इन सब समस्याओं से कोई लेना-देना नहीं था...धर्म का वास्तविक प्रयोजन नैतिकता को बढ़ावा देना था।[1]

यह सैयद के विश्वास का मूल है : 'धर्म का मूल प्रयोजन नैतिकता को बढ़ावा देना है।' उन्होंने कहा कि 'वैज्ञानिक सत्य को अवलोकन और परीक्षण से स्थापित होने दीजिए, न कि धार्मिक किताब को वैज्ञानिक किताब की तरह व्याख्यायित करने के प्रयासों से।' यह समझदारी बहुत महत्त्वपूर्ण थी। इसने नए ज्ञान को धर्म और परम्परा के नाम पर बाधित करने वाले हमलों से बचाया और साथ ही, औपनिवेशिक और ईसाई प्रचारकों के हमलों से देशज संस्कृति और विश्वासों की रक्षा की। सर सैयद के सहयोगी मुंशी ज़काउल्ला तो इनसे भी आगे थे। उन्होंने लिखा कि 'ईश्वर ने इनसान को असली दुनिया को खोजने और समझने के लिए अकल नामक क्षमता दी है और इनसानों द्वारा इस क्षमता का प्रयोग उन्हें ज्ञान की रचना की तरफ़ ले जाता है।' अपनी बात पर ज़ोर देते हुए उन्होंने कहा कि 'सूर्य के लिए जो प्रकाश और आँखों के लिए जो दृष्टि है, वही तर्क के लिए ज्ञान है।'

एक अन्य महत्त्वपूर्ण समकालीन जमालुद्दीन अफ़गानी इस्लाम और विज्ञान के बीच कोई अलगाव नहीं मानते थे।[2] बल्कि उन्होंने इसके लिए मुल्ला और मौलवियों को जिम्मेदार ठहराया, जो अन्धविश्वास और घमंड से भरे पड़े थे। फिर भी, इसका मतलब यह नहीं था कि उन्होंने पश्चिम से आने वाले सभी नए शोधों को स्वीकार कर लिया था। 1881 में भारत में अफ़गानी ने प्रकृतिवाद जिसे नयचरिय्या कहा जाता है, के प्रसार को रोकने के लिए अल-रादाल दह्रिय्यिन लिखी। उन्होंने डार्विनवाद के विरोध में अपना मत सरलता से रखा। उन्होंने तर्क दिया कि 'क्या सदियों बाद भी यह सम्भव है कि कोई मच्छर हाथी बन सके और उसी तरह हाथी मच्छर।' उन्होंने डार्विन को उद्धृत किया कि यदि कई सदियों तक कुत्ते की पूँछ निरंतर काटी जाए तो इससे कुत्तों की एक ऐसी नई पीढ़ी जन्मेगी जिनके पूँछ नहीं होती है और इसे उन्होंने ख़तने के सामी रिवाज़ से जोड़ा : 'कई हज़ार सालों से अरबों और यहूदियों में ख़तने का रिवाज़ है, और इसके बावजूद भी उनके यहाँ कोई भी ख़तने किए हुए नहीं जन्म लेता है।'[3]

सर सैयद के बाद के युग में, मुस्लिम विद्वानों ने माकूल शिक्षा को त्यागना प्रारम्भ कर दिया था। जमात-ए-इस्लाम के संस्थापक मौलाना अब्दुल मदौदी ने कहा कि 'भूगोल, भौतिक विज्ञान, रसायन विज्ञान, जीव विज्ञान, भूगोल विज्ञान,

1. P. Hoodbhoy, *Islam and Science* (London : Zed Books, 1991), 68.
2. प्रासंगिक चर्चा के लिए देखिए, S. Irfan Habib, *Jihad or Ijtihad : Religious Orthodoxy and Modern Science in Contemporary Islam* (Noida : Harper Collins, 2012)
3. वाकई में यह बहुत दिलचस्प तर्क है। देखिए—A.A. Ziadat, *Western Science in the Arab World* (London : Macmillan, 1986), 82-9.

अर्थशास्त्र आदि अल्लाह या उसके पैगम्बर के सन्दर्भ के बिना पढ़ाए जाते हैं और इसलिए ये गुमराही के स्रोत हैं।' धार्मिक धाराओं की धीमी कट्टरता के बावजूद बहुसंख्यक जन नेताओं ने सेकुलर शिक्षा के साथ मिश्रित धर्म को चुना। गांधी स्वयं राम राज्य की धुन आलापते रहते थे और दूसरे कई हिन्दुओं के प्रतीक भी इस्तेमाल करते थे, जिससे भ्रम भी पैदा हुआ। उनकी राजनीति सेकुलर थी लेकिन व्यक्तित्व गहरा धार्मिक था। एक समय उनके प्रशंसक रहे जिन्ना इनके ठीक विपरीत थे। ऐसे ही विनायक दामोदर सावरकर भी थे, जो स्वयं नास्तिक थे लेकिन उन्होंने हिन्दुत्व को प्रतिपादित किया। लेकिन सिर्फ़ गांधी ही बाधाओं को पार कर पाए, उनके अनुयायी नहीं। परिणाम यह हुआ कि भारत विभाजन हुआ और उसके बाद हिंसा रोकी नहीं जा सकी और धर्म राजनीति और समाज को ऐसा प्रभावित करता रहा, जैसा कोई नहीं कर सका। मौलाना आज़ाद जैसे अपवाद भी थे लेकिन वे बहुत कम थे।

1939 ई. में, मेघनाद साहा और अनिलबरन राय के बीच हुए संवाद ने महेन्द्रलाल और रामकृष्ण के वाद-विवाद की याद ताज़ा कर दी। भारतीय परम्पराओं और इसके आध्यात्मिक मूल्यों की आलोचना करने के कारण साहा की बहुत आलोचना की जा रही थी। उन पर 'अज्ञानी और पूर्वग्रही पश्चिम आलोचकों की रूढ़िबद्ध धारणाओं' के सुर में सुर मिलाने का आरोप लगाया गया। 'हिन्दू धर्म और दर्शन की शक्ति और प्रभाव को समझने के लिए किसी को भी हिन्दू गौरव और दर्शन के स्वर्ण युग में पीछे जाना होगा, उन्हें आज के पतित स्तर के आधार पर मूल्यांकित नहीं करना चाहिए।' जवाब में साहा ने तमाम ज्ञान को प्राचीन वेदों में समाहित बताने वाली हिन्दुओं की प्रवृत्ति को उपहासात्मक तरीक़े से नकार दिया। उन्होंने राय को 'भगवान का नशा' करने वाला व्यक्ति बताया—'मेरा तर्क यह है कि ईश्वर आत्मनिष्ठ मस्तिष्क की आत्मनिष्ठ रचना है। हर देश और हर युग में लोग अपने-अपने भगवान की छवि की कल्पना करते रहे हैं। प्रमाण के अभाव में ईश्वर की अवधारणा अतार्किक है।' साहा धर्म के विरोधी थे, नैतिकता के नहीं। इस पर भी उनके आलोचकों का कहना था कि 'यह साँप के चले जाने के बाद लकीर पीटने जैसा है। नैतिकता उच्च आदर्शों से प्रेरित होनी चाहिए। यदि किसी व्यक्ति को ये गुण सिखाने हैं, तो उसे धर्म की कुछ शिक्षा तो देनी ही होगी।'[1] इससे बहुत से लोग सहमत थे और लगता है कि साहा अल्पमत में रह गए थे। लेकिन उस समय ऐसे असाधारण व्यक्ति भी थे, जिन्होंने परम्परा से प्रारम्भ किया, परम्परा में रहे, फिर भी इससे आगे निकल गए। उदाहरण के लिए रामानुजन, एक पुरातनपंथी ब्राह्मण थे, लेकिन अपुरातनपंथी गणितज्ञ हैं। देवी नामागिनी की पूजा करते हुए रामानुजन जीवन भर देशज अ-वैज्ञानिक परम्परा में ही रहे। लेकिन इसने उनके व्यक्तिगत जीवन और व्यवहार को नियंत्रित किया, गणित को नहीं।

1. Anilbaran Ray, 'Modern Science and Hindu Religion, *Bharatbarsha*' (26 April, 1939), 117-26.

आधुनिक भारत के सन्दर्भ में तर्क और धर्म की किसी भी बहस में परम्परा के चुम्बकीय आकर्षण को अवश्य ही ध्यान रखना चाहिए। सूक्ष्म तरीक़े से स्वयं उपनिवेशवादियों ने 'पूर्व का भाव', 'हिन्दू चिन्तन की तकनीक' आदि कहकर कभी-कभी तारीफ़ों के ढेर लगाकर प्रचारित किया गया। भारतीयों को आध्यात्मिक मामलों में उच्चतर सभ्यता वाला दिखाया गया। यह सम्प्रभुता हनन के बदले, अर्थहीन ही सही, कुछ तो मुआवजा था। ऐसा लगता है कि स्वयं भारतीयों ने इस फ़र्क़ में आनन्द लिया और यह भी कि चार्ल्स डार्विन से ज़्यादा मैक्समूलर पर चर्चाएँ की गईं। विधेयवादियों और ब्रह्मो ने तर्क और अवलोकन के महत्त्व पर ज़ोर दिया हालाँकि उनका तर्क भगवान के बिना नहीं था और नैतिकता और आध्यात्मिकता की शिक्षा की भारी-भरकम ख़ुराक से भरी थी। किसी भी मामले में आधुनिक विज्ञान को अजनबी आयातित की तरह नहीं देखा गया। उदाहरण के लिए डार्विनवाद को हू-ब-हू अपना लिया गया था और इससे जुड़े धार्मिक मुद्दों ने भारत में कोई हलचल नहीं पैदा की। इस्लामिक विद्वानों ने भी यह दिखाने का प्रयास किया कि यदि सभी नहीं, तो अधिकांश समकालीन विज्ञान का मूल पवित्र कुरान में है। वे कुरान और पश्चिमी विज्ञान के बीच मुवफ़क़ा दिखाने की इच्छा से संचालित थे। विज्ञान का नया परिदृश्य जल्दी ही स्वीकार किया गया और आधुनिक विकास के बीज प्राचीन ग्रन्थों में खोजने वाले असंख्य लोकप्रिय लेख लिखे गए। यह हिन्दुओं और मुसलमानों दोनों का सच था। तमाम नई धारणाएँ और नए उपकरणों के मूल को पवित्र ग्रन्थों में देखा गया। ऐसे तर्कों को कैसे परिभाषित किया जाए? क्या वे पुनरुत्थानवाद या पुनरुत्थानीकरण का अभ्यास था, सांस्कृतिक आत्मरक्षा या आत्म-जागृति थे? शायद ये उक्त दोनों का सामंजस्य थे, एक परिष्कृत सन्तुलन, जिसनें बौद्धिक मंदता और संकट के दौर में अस्मिता की झलक का वायदा किया था।

तर्क का पिछड़ना

उपनिवेशीकृत अस्मिता का मुद्दा (यह उससे अलग है, जिसे उपनिवेशवादी सोचते हैं और तय करते हैं) अपने आप में ही विउपनेवेशीकरण के बीज भी लिए हुए होता है। साम्राज्यवादी विवेकी बहस ने भारतीयों को यह बताया कि कैसे विवेकशीलता को यूरोपीयों के ही ख़िलाफ़ खड़ा किया जा सकता है। विवेकवाद को यूरोपीय 'ख़ासियत' के बजाय मानवीय स्वभाव का अन्तर्निहित हिस्सा बताया गया, और उसे यूरोप से इतर प्रगति का मापक माना गया। धीरे-धीरे भौतिक परिघटनाओं की विवेकसम्मत व्याख्याएँ की गईं और लोकतंत्र एवं सेकुलरवाद की नई धारणाएँ आत्मसात् की गईं। लेकिन यह प्रक्रिया सपाट या सरल नहीं थी, इसकी अपनी अन्तर्निहित अक्षमताएँ थीं, जो देश के विभाजन के दौरान प्रकट हुईं और उसके बाद

भी उफान लेती रहीं। अब बढ़ते मूलवाद ने सेकुलर लोकतंत्रीकरण को जैसा तोड़ा, वैसा किसी अन्य ने नहीं।

जब ईसाई मिशनरियों ने हिन्दू धर्म की आलोचना की और इसे झूठा धर्म बताया, तो इसकी प्रतिक्रिया में दो तरह की दिलचस्प प्रतिक्रियाएँ सामने आईं। पहली, हिन्दू परम्परा की नई व्याख्याएँ की जाने लगीं और एक नई आत्म-जागृति उभरी। दूसरी और अधिक दिलचस्प यह थी कि धर्म की धारणा को धर्म (रिलीजन) की धारणा के ख़िलाफ़ खड़ा कर दिया। क्या धर्म केवल धर्म (रिलीजन) है या इससे भी ज़्यादा कुछ? आधुनिक समय में एस. राधाकृष्णन ने हिन्दूवाद को कालजयी दर्शन, सनातन और अनुभूतिपरक दर्शाया। इस अनुभवात्मक धर्म को वे 'लोकतंत्र की भावना' और उदारवादी सोच का सहायक मानते थे। एक सहस्र शताब्दी पहले आदि शंकर ने शुष्क तर्क के ख़िलाफ़ चेताया था और वे केवल ऐसे ही तर्क का ही समर्थन करते थे, जो अनुभव से परिपूर्ण हों।

हिन्दूवाद के विपरीत, ईसाइयत रचना-केन्द्रित है। इस केन्द्रीय मान्यता में छेड़छाड़ या बदलाव की सम्भावना बहुत ही कम है। यहाँ तेज़ी से विकसित हो रहे वैज्ञानिक ज्ञान का बाइबिलवादी परम्परा के साथ टकराव होना ही था। इसलिए ईसाइयत को महान वैज्ञानिक कॉपरनिकस, गैलीलियो और डार्विन से निपटना पड़ा। लेकिन इसके लिए नए ज्ञान को लम्बे समय तक नज़रअन्दाज़ करना सम्भव नहीं हुआ और इसे वैज्ञानिकों को समान सुविधा के साथ गिरजाघर और प्रयोगशालाओं में जाने की छूट देनी पड़ी। भारत में यह टकराव घटित नहीं हुआ। हिन्दू मिथक और भगवान जितने दूसरी दुनिया के होते हैं, उतने ही अपनी दुनिया के। हिन्दू भगवान जन्म लेते हैं, वे विवाह करते हैं, बच्चे पैदा करते हैं, लड़ते हैं और मरते हैं। अवतार समग्र रूप से मानवीय है और इसलिए विश्वास और तर्क के बीच हिंसक टकराव नहीं हुआ, बल्कि वे बिना किसी बड़े मनमुटाव के सह-अस्तित्व में रहे। इसलिए जहाँ यूरोप में परम्परागत सृष्टि की रचनात्मक उत्पत्ति मानने वालों के लिए डार्विनवाद अब तक एक चुनौती है, वहीं हिन्दुओं ने निम्न समघाती जीवन से उच्च रूप के जीवन के रूप में इसे पौराणिक दशावतार के रूप में आत्मसात् कर लिया। मनुष्य के बन्दरों से विकसित होने के तर्क ने भी हिन्दुओं को बहुत परेशान नहीं किया क्योंकि हिन्दुओं के पूजास्थलों में हनुमान का बहुत ऊँचा स्थान है।

इस्लाम में स्थिति अत्यधिक कठिन और जटिल थी। जूडोवादी ईसाइयत की मान्यता कि ईश्वर ने 'अपनी ही छवि में' मनुष्य का निर्माण किया है, के विपरीत इस्लाम में ईश्वर की कोई मानवीय विशेषताएँ नहीं थीं, उसकी सिर्फ़ दैवीय विशेषताएँ थीं। बारहवीं शताब्दी के अरबी दार्शनिक इब्न रश्द ने माना था कि भाषा मानवीय विशेषता है और तर्क दिया कि ईश्वर ने अपना सन्देश अरबी में दिया या अपनी ही किसी भाषा में या अभाषीय रूप में। रश्द ने यह जाँच-पड़ताल की कि कैसे कोई

दैवीय सन्देश मानवीय समझ में रूपांतरित हुआ। क्या इस समझने की प्रक्रिया में कुदरती व्याख्या स्वतः ही शामिल है? इसी तरह की जाँच-पड़ताल करने वाले इस तरह की प्रवृत्तियों का दूसरे महान दार्शनिक अल-गज़ाली के शुद्धतावादी अनुयायियों ने धीरे-धीरे दमन कर दिया। विद्वानों के आभिजात्य इस्लाम ने इसके कई अद्वैत प्रकृति की मान्यताओं पर ज़ोर दिया और शुद्धतावाद एवं पाठवाद पर बल दिया। जबकि दूसरी तरफ़ लोक इस्लाम ने शिक्षा से ज़्यादा जादू और जंतर-मंतर तथा नियमों के पालन के परमानंद को ज़्यादा महत्त्व दिया। यही सूफ़ियों और संतों ने किया था, जिसके साथ अशिक्षित जनता ने तुरन्त अपना मान लिया।

समकालीन हिन्दूवाद में संतों और बाबाओं के पंथों का ही वर्चस्व है। पांडित्यपूर्ण चर्चाओं के दिन अब लद गए, नए युग के संत चमत्कारों, तारों, पौराणिक कहानियों, योग, दवाइयों और यहाँ तक कि सेक्स के ज़रिए अपना जलवा दिखाते हैं। ऐसा लगता है कि यह तरीक़ा काम करता है, अन्यथा क्यों हज़ारों की भीड़ उनके साथ होती। 1961 में, मेरे पिताजी मुझे अयोध्या के हनुमान गढ़ी मन्दिर ले गए। वे वहाँ एक साधु को जानते थे और उसे कुष्ठ रोग से ग्रसित देखकर आश्चर्यचकित थे। जब उससे पूछा गया कि वे दुआ या दवा के ज़रिए अपना उपचार क्यों नहीं कर रहे हैं, तो साधु ने जवाब दिया कि 'ऐसे छोटे सांसारिक कष्ट के लिए भगवान को क्या कष्ट देना?' उसने तर्क दिया कि 'मैं अपने धर्म का पालन कर रहा हूँ और शरीर अपने धर्म का।' इसने एक दस साल के बच्चे (मुझे) प्रभावित किया और मैं अब भी साधु की गहन संतुष्टि की प्रशंसा करने, या समझने में ही असफल हूँ। यदि विश्वास उपचार नहीं कर सकता है तो कम-से-कम दर्दनाशक तो हो ही सकता है। इसी तरह से, तर्क विश्वास को झकझोर सकता है लेकिन इसे ध्वस्त नहीं कर सकता है।

क्या मानवीय बुद्धिमत्ता की एकमात्र राह तर्क और विज्ञान है? क्या विज्ञान को भी कट्टर धर्म माना जा सकता है? क्या कट्टरता पर धर्म का एकाधिकार है? क्या हमारी दुनिया में दिखाई दे रहे बँटवारे और झगड़ों के लिए धर्म अकेला जिम्मेदार है? विज्ञान का मूल नियंत्रित प्रयोग और गणितीय मॉडलिंग नहीं है; यह बौद्धिक ईमानदारी है। ऐसा नहीं है कि विज्ञान विभिन्न तरह के पक्षपातों, ग़लतियों और यहाँ तक कि कट्टरता का शिकार नहीं होता है लेकिन धर्म में यह और भी ज़्यादा स्पष्ट और आधिक्य में हैं। विज्ञान में कुछ अपर्याप्त प्रमाणों के आधार पर माना नहीं जा सकता है, बल्कि यह जानना और तय करना आवश्यक है कि 'प्रमाण' में क्या-क्या है। इसे कैसे मापा जाता है और कैसे व्याख्यायित किया जाता है? यक़ीनन, पिछली चार शताब्दियों की कड़ी जाँच-पड़ताल ने हमें हमारे और सृष्टि के अस्तित्व के विभिन्न रूपों पर समृद्ध और न्यायपूर्ण दृष्टि उपलब्ध करवाई है। यह अब भी जारी है और इस प्रक्रिया में भगवान और धर्म के स्थान पर वैज्ञानिकों की बड़ी संख्या सम्भवतः निरपेक्ष रहती है। धर्म के विपरीत, विज्ञान को कट्टर नहीं होना चाहिए

और इसे पुनरीक्षण के लिए तैयार रहना चाहिए। जबकि इसने मिथ्याकरण की प्रक्रिया के ज़रिए प्रगति की। लेकिन विज्ञान के क्षेत्र में भी कुछ लोगों ने धार्मिक अधिकारियों की तरह व्यवहार किया। वे अपने विश्वासों से चिपके रहे और दूसरों को सुनने से इनकार कर दिया। यह विज्ञान नहीं है। सम्भवतः अति-तार्किक होना भी अतार्किक होने की तरह अवांछित है। पास्कल की यह युक्ति याद रखने लायक है कि 'दो उच्छृंखलताएँ हैं—तर्क का बहिष्कार करना या केवल तर्क को ही मानना।'

हमारे समय की सबसे बड़ी समस्या राज्य द्वारा धर्म को दिए जा रहे संरक्षण का लगातार बढ़ना है। आजकल, संस्कृति और अस्मिता के नाम पर राज्य धर्म को बढ़ाने और फलने-फूलने का आधार तैयार करता है। इलाहाबाद के कुम्भ मेले का सरकारी खर्चा दो अरब रुपए तक चला जाता है। किसी-न-किसी भगवान के प्रचार-प्रसार के लिए लगातार सार्वजनिक धन को ख़र्च किया जाता है। कुछ समय पहले कर्नाटक सरकार ने मन्दिरों को बरसात के लिए प्रार्थना करने हेतु रुपए दिए थे। नेहरू के सेकुलरवाद की जगह अशुद्ध और बनावटी सेकुलरवाद ने ले ली। जल्दी ही धार्मिक राष्ट्रवाद उस सबको नेस्तनाबूद कर देगा जो हमें हमारे राष्ट्रीय आन्दोलन और संविधान ने दिया है।

ऐतिहासिक रूप से यह सच है कि आधुनिकता धर्म को नहीं पछाड़ पाई। सेकुलरीकरण के बावजूद धर्म का विस्तार हुआ। सम्भवतः मार्क्स यह दावा करने में सफल नहीं थे कि 'जो कुछ ठोस है, वह हवा में घुल जाता है, जो कुछ पवित्र है, वह अपवित्र हो जाता है, और व्यक्ति अपने शान्त स्वभाव से अपने जीवन की वास्तविक परिस्थितियों और अपने लोगों के साथ अपने सम्बन्ध जोड़ पाएगा।'[1] क्या हम ऐसे स्तर या ऐसे युग में पहुँच सकेंगे जो धर्म से परे हो? 'शान्त' स्वभाव कहाँ है? बल्कि पिछले दो-तीन दशकों में उदारीकरण और तेज़ी से विकसित हुए तकनीकी बदलावों के कारण धार्मिक मूलवाद बढ़ा है। स्थानीय जातीय राष्ट्रवादों ने धर्म को अभूतपूर्व तरीक़े से 'राजनीतिकृत' कर लिया है। इसी तरह से, धार्मिक राष्ट्रवादों ने राजनीति का ऐसा 'क्षेत्रीयकरण' कर लिया है, जहाँ से वापसी का कोई रास्ता नहीं है। परिणाम यह हुआ कि जो धर्म मूल रूप से रहमह, हिकमह, और अदल पर आधारित था, उसे आज दुर्भाग्य से जेहाद, ख़ून-ख़राबे और उग्र-आतंकवाद के रूप में देखा जाता है।[2] इसके परिणाम बोस्निया, इराक, लेबनान, पाकिस्तान, अफ़गानिस्तान, ज़िन्जियांग, श्रीलंका, घाना, नाइजीरिया, माली, यमन, कश्मीर, असम, मुम्बई और कई विकसित देशों के शहरों में भी देखे जा सकते हैं। कुछ लोग इसे 'सभ्यताओं का

1. Marshall Berman, *All That is Solid Melts into Air : The Experience of Modernity* (Harmondsworth : Penguin, 1988), 88-9.
2. प्रगतिशील पत्रकार और लेखक हसन सुरूर चाहते हैं कि इस्लामिक विद्वान स्वयं ही पवित्र ग्रन्थ का पुनर्मूल्यांकन करें और नए इस्लामिक टेस्टामेंट का निर्माण करें, जो अस्पष्टता को साफ़ करेगा और धर्म को शान्ति के धर्म के रूप में पुनर्स्थापित करेगा। (*The Hindu*, 29 September, 2014)

संघर्ष' कहते हैं, तो कुछ इसे 'संघर्ष की सभ्यता' या 'सभ्यता का पतन' कहते हैं। कुछ लोग 'सभ्यता' की अवधारणा से ही बिलकुल परे जाना (इसके यूरोपीय मूल के कारण) और विभिन्न क्षेत्रों को उनके उद्‌भव और अस्तित्व पर देखा जाना चाहते हैं। यह अंग्रेज़ी की कहावत थ्रोइंग दी बेबी विद दी बाथ वाटर की तरह है। मुझे आचार के रूप में गांधी कि सभ्यता की परिभाषा याद आती है। उनकी गहरी धार्मिकता के बावजूद वे एक व्यापक बहुलतावादी विश्वदृष्टि विकसित कर सकें।

इसके विपरीत, धार्मिक मूलवाद किसी विशेष स्थिति के प्रति दृढ़ प्रतिबद्धता है, यह लोगों को अस्मिता देता है और उन्हें किसी निश्चित श्रेणी (ईसाई, मुसलमान, यहूदी आदि) में परिभाषित करता है। धार्मिक शिक्षा में विश्वास और नैतिकता, सिद्धान्त और नियम दोनों होते हैं। ये सब एक साथ पैकेज में आते हैं—इन्हें अलगाया नहीं जा सकता है। संगठित धर्म और अन्ध श्रद्धा 'असंगठित को संगठित' करती ही है। ऐसी संस्कृति में जहाँ परीक्षा पास करवाने और नौकरी दिलाने जैसे छोटे कामों के लिए भगवान को बुलाया और उसकी प्रार्थना की जाती है, वहाँ रोज़मर्रा के जीवन में रिश्वत के मामले ज़्यादा होंगे ही। जैसा कि अनुभवी पत्रकार जग सुरैया ने कहा कि जो समाज भगवान को रिश्वत देने की कोशिश करता है, वह छोटे कामों के लिए आम लोगों को रिश्वत देने में शर्म नहीं महसूस करेगा। तो क्या रिश्वत भगवान की देन है? नहीं। ऐसा इसलिए होता है क्योंकि हमने बाइबिल की कहानियों के विपरीत अपनी छवि में ईश्वर का निर्माण किया है—ऐसे छवि जो प्रकृति से चापलूसी और रिश्वतखोरी के प्रति नरम हो।

पुनर्जागरण के बाद के समाज में, सामी और आध्यात्मिक दृष्टियों के बीच खाई बढ़ती गई। धीरे-धीरे चर्च का क़ानून, राजनीति और शिक्षा आदि से नियंत्रण ख़त्म होता जा रहा था। वैज्ञानिक क्रान्ति और औद्योगिक क्रान्ति के कारण धर्म का प्रभाव क्षीण हुआ और कम से कम बौद्धिक जन ने पहले से अधिक तार्किक व्याख्याएँ खोजना प्रारम्भ कर दिया था। बीसवीं सदी के मध्य तक यह कारवां चलता रहा जिसने विश्वयुद्ध, जनसंहार और परमाणुकरण भी देखा था। उसके बाद के शीत युद्ध ने तनावों को और बढ़ा दिया था और धीरे-धीरे धर्म फिर केन्द्र में आ गया। अब धर्म आध्यात्मिक और सामाजिक मामला नहीं रह गया, बल्कि यह राजनीतिक क्षेत्र में बहुत सक्रिय हो गया। 1970 के दशक में जब अयतोल्लाह खोमानी ने ईरान को सम्मोहित कर राजशाही को उखाड़ फेंका, इसे वैश्विक मंच पर धर्म की धमाकेदार वापसी के रूप में देखा गया। अरब के वहाबी ने भी स्वयं को उत्प्रेरित कर प्रतिक्रिया व्यक्त की।[1] भारतीय समाज भी इससे जल्दी ही प्रभावित होने जा रहा था। विभिन्न एशियाई समाजों में

1. दो सदी पुराने वहाबी आन्दोलन, जो मूलतः सुधारवादी आन्दोलन था, ने अब तालिबान जैसे विध्वंसक और असहिष्णु संगठनों को पैदा किया है। (S. Irfan Habib, 'Radical Face of Saudi Wahabism', *The Hindu*, 19 November, 2014)

इस्लामवादी उग्र हो रहे थे। सलाफी आन्दोलन ने शिया-सुन्नी के झगड़े में ईंधन झोंक दिया था। लखनऊ के एक मौलवी नुमानी ने पहले शियाओं के ख़िलाफ़ लिखा, जिसने सदियों पुराने शिया-सुन्नी झगड़े को तीव्र कर दिया था और बाद में इसे शियाओं का अल्पसंख्यकों के बीच भी अल्पसंख्यकों के रूप में हाशियाकरण हुआ। बेचारे अहमदियों और बहसियों के लिए कुछ भी नहीं है, पाकिस्तान या ईरान में उनकी दुर्दशा देखिए। सैन्य शासन के जुए के तले कराहने के बावजूद भी अरब देश तेल के पैसे से समृद्ध हुए और दक्षिण एशिया और अन्य जगहों पर आतंकवाद को बढ़ाने लगे। पोप जॉन पॉल द्वितीय के ज़माने में कैथोलिकों ने भी अपना पुनरुभार किया। जब 1983 में पोलैंड मूल के पोप अपने मूलस्थान गए और वर्सावा में ज़मीन को चूमा, तो मैंने अपने मित्रों से कहा था, 'सोवियत व्यवस्था के लिए मौत की घंटी बज चुकी है।'

उसी समय के आसपास भारत में, कट्टरपंथियों ने राममन्दिर के लिए अपने आपको संगठित करना शुरू किया, जो अगले दशक में बाबरी मस्जिद विध्वंस में परिणत हुआ। धर्म को दूर रखने और निजी मामले के रूप में समझने के नेहरू के प्रयासों को अब वोट बैंक को ध्यान में रखकर धर्म का प्रबन्धन करने वाले नए प्रयासों ने लिया था। लेकिन यह कहीं सार्थक साबित नहीं हुआ। पंजाब हाथ से बाहर निकल गया था और इसे योजनाबद्ध तरीक़े से लोगों को मरते देखा और सैन्य हस्तक्षेप की पीड़ा भी झेलनी पड़ी। धर्म के नाम पर एक सेकुलर प्रधानमंत्री को गोलियों से छलनी कर दिया गया था। 1992 में, जब एक संवेदनशील इमारत ढहाई जा रही थी, उस समय एक विद्वान और ज्ञानी प्रधानमंत्री अपने आपको पूजाघर में बन्द कर बैठा था। असहिष्णुता बढ़ी और जगह-जगह दंगे होने लगे। यह उम्मीद कि आर्थिक तरक़्क़ी और आधुनिककरण के साथ-साथ समाज ज़्यादा विवेकवान और कम धार्मिक होगा, ग़लत साबित हुई। बल्कि, टीवी, इंटरनेट और मोबाइल जैसे तकनीकी विकासों ने धार्मिक और संकीर्ण सामुदायिक शिक्षाओं को और भी आसान और प्रभावी बना दिया। इन 'तकनीकी चमत्कारों' ने धार्मिक चमत्कारों को पुनर्स्थापित कर दिया था। 1995 में, भगवान गणेश के दूध पीने की ख़बर आग की तरह फैली थी और हज़ारों लीटर बेशक़ीमती दूध नालों में बहा दिया गया। कभी वर्जिन मेरी के रोने की ख़बर आएगी और यदि कोई वैसे चमत्कारों को चुनौती देने की कोशिश करेगा तो साम्प्रदायिक सद्भाव बिगाड़ने के आरोप में उस पर मुक़दमा चलाया जाएगा! किसी विकल्प के अभाव में, आम लोग धर्म में धीरज पाते हैं और कपटी लोग राजनीतिक और आर्थिक फ़ायदे के लिए इसका दोहन करते हैं। अब हम एक उत्तर-सेकुलर समाज में रहते हैं। एक हालिया सर्वेक्षण में लगभग 90 प्रतिशत लोगों ने अपने आपको धार्मिक बताया।[1] उनके अपने तर्क थे

1. चीन में केवल दस प्रतिशत लोग धार्मिक पाए गए, शेष लोगों के लिए कर्म ही पूजा था। लेकिन यहाँ भी पूँजीवादी घटनाक्रमों के साथ 'धर्म मुक्त बाज़ार' की माँग बढ़ेगी।

और एक लोकतंत्र में मेरे पास उनकी आलोचना करने का हक़ नहीं है। 1950 के दशक में, नेहरू के ज़माने में, हिन्दी में 'नास्तिक' नामक एक फिल्म आई थी और इसमें मन को उद्वेलित करने वाला एक गाना था— *ज़ोर लगा ले अरे ज़माने, कितना ज़ोर लगाएगा, इस जग से भगवान का झंडा कभी न झुकने पाएगा।* जब-जब मैं सावन (जुलाई) के महीने में हज़ारों लोगों (काँवड़ियों) को देखता हूँ या स्पष्ट असुविधा, छल-कपट, भगदड़ और यहाँ तक कि मौत की आशंका के बावजूद भी धार्मिक केन्द्रों पर भारी भीड़ देखता हूँ, तो मुझे यह गाना याद आता है। ऐसा प्रतीत होता है कि बाइबिल के ग़रीब नहीं, बल्कि धार्मिक लोग (जिहादी?) धरती पर राज करेंगे। धर्म के भीतर भी नैतिक सिद्धान्तों को कर्मकांडों और अन्ध भक्ति ने पछाड़ दिया है। कर्मकांडी धर्म युक्ति धर्म को निगल गया है। मैं इस पर खीजता रहता हूँ लेकिन कब तक!

8

विज्ञान, प्रौद्योगिकी और विकास

मेरे साथ जहाज़ पर सवार मेरे कुछ नौकरों ने स्टीमर जैसी कोई चीज़ पहले कभी नहीं देखी थी। उनका आश्चर्य और विस्मय तो अपरिमित था ही, उनकी यह जानने की जिज्ञासा भी थी कि बिना पतवार और पैडल के यह अगुन जहाज़ माँ गंगा के मध्य धारा के ख़िलाफ़ कैसे चलता है। मैंने जितना समझा सकता, उन्हें यह समझाने का प्रयास किया और उन्हें भापयान और गुब्बारे के बारे में भी बताया। इस वार्तालाप के कुछ दिनों बाद ही कलकत्ता पहुँचने पर, सहादुक और उसके सहयोगियों ने गुब्बारा-चालक रोबिन्सन को उड़ान भरते देखा। सहादुक मेरे पास आया और कहा, 'सर, आप सही हैं, अंग्रेज़ वाकई में भगवान हैं, हिन्दुस्तान में हमारे पास इससे तुलना करने लायक कुछ भी नहीं। क्या आपके देश के लोग समुद्र के अन्दर भी रह लेते हैं?' मैंने उसे गोताखोर-यान के बारे में बताया, तो उसका विस्मय स्वतः ही प्रकट होने लगा और अचानक उसने कहा—'नहीं, अगर आप देवताओं की तरह स्वर्ग में उड़ सकते हैं, निश्चित ही आप समुद्र में भी रह सकते हैं। आप ईश्वर हैं।'[1]

यह तकनीक और इसके द्वारा निर्मित अभिभूतता की ताक़त थी, जिसने भारत के औपनिवेशीकरण को सम्भव बनाया। इसी तरह से अभिभूत होने का अहसास मुझे भी हुआ था, जब मैंने पहली बार ईमेल भेजा था और कुछ ही क्षणों में उसका जवाब पाया। क्या यह प्रौद्योगिकीय अनुकूलन से ज़्यादा मेरे तकनीकी-सांस्कृतिक 'आदिमवाद' की निशानी ज़्यादा थी?[2] सम्भवतः दोनों ही सही हैं। हमें बदलना पड़ा क्योंकि दुनिया बदल चुकी थी। दुनिया अब इतनी छोटी हो चुकी है, जितनी पहले कभी नहीं थी। मोबाइल तकनीक ने नई पीढ़ी पर असाधारण प्रभाव डाला है। लोग

1. Thomas Bacon, *First Impressions and Studies From Nature in Hindostan II* (London : WH Allen, 1837)
2. David Arnold, *Everyday Technology : Machines and the Making of India's Modernity* (Chicago : University of Chicago Press, 2013), 31.

अपने मोबाइल फ़ोन रेडियो कॉलर की तरह कहीं भी, किसी की पहुँच में रहने के लिए साथ रखते हैं। हो सकता है, उनके पास खाने के लिए पर्याप्त न हो, लेकिन वे ठोस उद्देश्य के होने-न-होने से इतर निरंतर बात करने के लिए मोबाइल अवश्य रखना चाहते हैं। युवा विद्युत पीढ़ी अपने सारे काम मोबाइल या इंटरनेट से करती है और लगातार नेटवर्क पर रहती है। तकनीक नया धर्म है, यह हमारा भविष्य बनाएगा या बिगाड़ेगा। मशीन के कीड़े नए देवता हैं और गूगल नया ईश्वर, लगभग सर्वदर्शी और सर्वव्यापी।

क्या तकनीक विज्ञान का दूसरा रूप है? सम्भवतः नहीं। दोनों ऐतिहासिक चर हैं। विज्ञान आंशिक रूप से प्रौद्योगिकी से सम्बन्धित ज्ञान है और प्रौद्योगिकी ज्ञान से युक्त हो सकती है। इसलिए दोनों को अलगाना क्यों? वे 'सहजीवी सम्बन्ध' में सम्बद्ध एक ही सिक्के के दो पहलू हैं। प्रौद्योगिकीय-वैज्ञानिक घटनाक्रमों को अनिर्धारित, बहु-दिशात्मक चालक के रूप में प्रस्तुत किया जा सकता है, जिनमें इतिहास को रूप देने वाले समूहों और ताक़तों के बीच वाद-विवाद-संवाद शामिल होता है। यह विज्ञान या मानविकी की 'संस्कृति' नहीं है, जो हमें उद्वेलित करती है, बल्कि यह तकनीकी की 'संस्कृति' होती है, जो हमारे सामाजिक और पर्यावरणिक सरोकारों पर हावी होती है और आने वाले सालों-दशकों तक हावी ही रहेगी।[1]

इस बात पर आम सहमति है कि चाहे उपकरण के रूप में हो या ज्ञान के रूप में—प्रौद्योगिकी मूल्यों से परे नहीं है, यह हमेशा ही सामाजिक-राजनीतिक गुणों को अभिव्यक्त और अर्थव्यवस्था को संचालित करती है। औद्योगीकृत उच्च ऊर्जा वाले समाजों में यह 'अव्यवस्थाजनक' और 'जटिल' बन सकती है लेकिन औपनिवेशिक परिस्थितियों में इसने स्वाभाविक रूप से औपनिवेशिक सत्ता—व्यापारिक और प्रशासनिक दोनों—का ताना-बाना हासिल कर लिया था। उपनिवेशवाद ने तंत्र का स्थानान्तरण कैसे निर्धारित किया था? क्या इसका आशय कुछ तकनीकों का भौगोलिक पुनर्स्थापन था या फिर यह सांस्कृतिक उत्सर्जन को प्रोत्साहित कर किया गया? क्या अंग्रेज़ उपनिवेशीकरण ने भारत के 'पतन' की गति को तेज़ किया? या अंग्रेज़ों की उपस्थिति ने, चाहे अनजानी या अदूरदर्शी हो, ने आगे चलकर होने वाली आर्थिक, वैज्ञानिक और प्रौद्योगिकीय 'उड़ान' की मुकम्मल ज़मीन तैयार की। प्रौद्योगिकी न केवल 'उपकरण' के रूप में महत्त्वपूर्ण है, बल्कि ज्ञान के रूप में भी है। ये ज्ञान कैसे उत्पादित, इस्तेमाल और स्थानान्तरित हुआ? और किसे स्थानान्तरित हुआ? 'विकास' पद बीसवीं सदी के प्रारम्भ में राजनीतिक-आर्थिक शब्द-भंडार

1. बहुत पहले 1855 में फ्रांसीसी वकील यूजेने हुज़र ने *दी एंड ऑफ़ दी वर्ल्ड बाय साइंस* नामक बहसतलब पुस्तक लिखी और तब से आज तक यह बहस जारी है कि विज्ञान वरदान है या अभिशाप।

में आता है। इससे पहले नैतिक और भौतिक अर्थों में 'सुधार' शब्द प्रचलन में था। जल्दी ही 'विकास' तीव्र प्रतिद्वंद्विता का क्षेत्र बन गया और आज भी बना हुआ है। आज यह बहुत प्रचलित और 'दुरुपयुक्त' शब्द है।

वैश्विक स्तर पर, दो विश्वविदों ने न केवल प्रोमेथियस को बचाया बल्कि उसे आधुनिक युग के प्रमुख देवता के रूप में स्थापित भी किया। कार्ल पोप्पर (दार्शनिक), सी.पी. स्नो (उपन्यासकार), डेविड लेंड्स (इतिहासकार), और डब्ल्यू.डब्ल्यू. रोस्तोव (अर्थशास्त्री) जैसे विभिन्न अकादमिक पृष्ठभूमि के जाने-माने विद्वानों ने विज्ञान, प्रौद्योगिकी और औद्योगिकीकरण की विवेकसम्मतता एवं लोकतंत्र के मूल्यों के बीच एक सम्बन्ध देखा। लेविस ममफोर्ड, ज्यां मेनौड, और हाल के वर्षों में आशीश नंदी जैसे आलोचकों की प्रासंगिक और तार्किक आलोचना ने बेशक बहस की चमक बढ़ाई, लेकिन इसने किसी भी तरह से इस क्षेत्र में सामाजिक-ऐतिहासिक अन्वेषणों के महत्त्व को कम नहीं किया।

संक्रमण में भारत

भारत के लिए बीसवीं सदी एक रोचक मोड़ पर प्रारम्भ हुई, इसने साम्राज्य का चरम भी देखा और उसी समय विउपनिवेशीकरण के फूटते अंकुरों को भी। अठारहवीं सदी की तरह ही यह भी संक्रमण का युग था। हालाँकि बदलाव की दिशा अनिश्चित ही थी। बहुत से आलोचक उभरे और बहुत से विकल्पों पर चर्चा हुई। एक जाने-माने कला आलोचक आनन्द कुमार स्वामी ने अपने समय के स्वदेशी के संरक्षकों की कुशल कलाकारों और ग्रामीण शिल्पकारों की अनदेखी करने के लिए आलोचना की। चटेर्टन जैसे अधिकारी (डायरेक्टर ऑफ़ इंडस्ट्रीज़, मद्रास) असहमत थे और इन्होंने सरकारी संरक्षण में औद्योगिक विकास का समर्थन किया। आख़िर में, 1916-18 के हॉलैंड आयोग ने इस दिशा में नौकरशाही रंग में राष्ट्रीय योजना बनाने का प्रयास किया। लेकिन अंग्रेज़ सरकार को कुछ भी पसन्द नहीं आया, जो आसानी से और नियमित रूप से युद्ध और मन्दी से पैदा हुई स्थितियों का बहाना बनाती थी।

अंग्रेज़ी शासन के अन्तिम दशक ने 'सकारात्मक साम्राज्यवाद' की कुछ झलकियाँ देखी लेकिन तब तक बहुत देर हो चुकी थी। उस समय तक राष्ट्रवाद मज़बूती पा चुका था और इसकी सम्पूर्ण देशजता की माँग के कारण अंग्रेज़ सरकार ने आसानी से कृषि, स्वास्थ्य और शिक्षा जैसे मुख्य क्षेत्र भारतीयों के लिए छोड़ दिए। अब भारतीय नेता और सरकार दोनों में विकास के मुद्दे उठाने की होड़ लगी थी। यहाँ तक कि दूसरे विश्वयुद्ध के मध्य में भी राष्ट्रीय योजना समिति, बॉम्बे योजना, वैज्ञानिक शोध पर हिल की रिपोर्ट, स्वास्थ्य और दवा पर भोरे की रिपोर्ट आदि कई रिपोर्ट आई थीं।

एक व्यक्ति, जो इन तमाम गतिविधियों से अप्रभावित रहे, वे थे—महात्मा गांधी। उन्होंने बहुत पहले स्वयं ही एक रूपरेखा (हिन्द स्वराज, 1907) बना ली थी। उन्होंने मशीन और औद्योगिक सभ्यता के ख़िलाफ़ लिखा, लेकिन उन्होंने विज्ञान और प्रौद्योगिकी का भी बहुत कम उल्लेख किया। 1927 में अलुवाये में कॉलेज विद्यार्थियों से बात करते हुए उन्होंने पूछा था कि—

> आप अपने वैज्ञानिक ज्ञान को ग्रामीणों के बीच कैसे पहुँचाएँगे? तो क्या आप गाँवों की भाषा में विज्ञान सीख रहे हैं और क्या कॉलेज में प्राप्त ज्ञान इतना आसान और व्यावहारिक होगा कि ग्रामीण लोगों तक उसका फ़ायदा पहुँचाने में आप उसका उपयोग करने में सक्षम होंगे?[1]

इस सवाल का आसान जवाब न तो उस समय था, न ही आज है। व्यवस्था विद्यार्थियों को शहरी या औद्योगिक भारत या विदेशों में सेवा देने के लिए तैयार करती है। लेकिन यह सवाल पूछकर निश्चित ही गांधी ने सामाजिक जिम्मेदारी की भावना को रेखांकित किया है, जिसे विज्ञान के यथार्थ से दूर रहने वाले विभिन्न क्षेत्र के वैज्ञानिकों को ध्यान में रखना चाहिए। वे यंत्रों के पीछे के पागलपन के विरुद्ध थे, यंत्र मात्र के नहीं। वे हमेशा आधुनिक प्रौद्योगिकी और मूल्यों की प्रतीक घड़ी रखते थे। लेकिन गांधी जानते थे कि पूँजीवादी लालच के साथ सम्बद्ध आधुनिक प्रौद्योगिकी पहले से जाति-भेद के दंश से ग्रसित समाज में नई ऊँच-नीच पैदा करेगी और जो ग़रीबों को और भी हाशिए पर धकेल देगी। इसलिए उन्होंने तकनीकवाद को ख़ारिज किया, प्रौद्योगिकी को नहीं। इसी तरह उन्होंने विज्ञानवाद को भी ख़ारिज किया। उन्होंने ज्ञान के एकाधिकारी विज्ञान और विज्ञान के एकाधिकारी वैज्ञानिकों को नहीं माना। लेकिन यह अटकल का विषय है कि उन्होंने जिस तरह से वकीलों और चिकित्सकों के बारे में लिखा, उसी तरह से वैज्ञानिकों के बारे में लिखा है या नहीं। गांधी हमारी विशाल प्रयोगशालाओं को ध्वस्त करने के लिए कभी नहीं कहते। लेकिन वे अवश्य ही नैतिक जिम्मेदारी और सामाजिक जवाबदेही की माँग करते। उस समय के अन्य वैज्ञानिकों की तुलना में महान रसायनज्ञ पी.सी. रे ने गांधी की अधिक सहानुभूति से प्रशंसा की थी। रे पश्चिमी शिक्षा प्राप्त थे। बाद में, उन्होंने भारत की पहली महान रसायन उद्योग स्थापित की, और यद्यपि आधुनिक यंत्रों की प्रासंगिकता से सचेत होते हुए भी उन्होंने चरखा अपनाया और उसका पक्ष लिया। लेकिन रे के विपरीत, महान भौतिकविज्ञानी मेघनाद साहा, जो अपने गम्भीर सामाजिक प्रतिबद्धता के लिए जाने जाते थे, भारत के लिए 'प्रौद्योगिकी का मनुष्येतर'[2] रूप चाहते थे, न

1. Raghvan Iyer, ed., *The Moral and Political Writings of Mahatma Gandhi*, Vol. I (Oxford, 1986), 310-15
2. कोल्ड लॉजिक ऑफ़ टेक्नोलॉजी, प्रौद्योगिकी का वह रूप जो भाषा, समाज, संस्कृति, भावना, व्यक्तित्व जैसे मानवीय पक्षों को मानने में असफल रहता है।

कि गांधीवादी अर्थशास्त्र का अस्पष्ट कल्पना लोक। अपनी प्रसिद्ध पत्रिका साइंस एंड कल्चर के पहले ही अंक में साहा ने 'आक्रामक और स्वार्थी उद्योगवाद के पीड़ितों के प्रति' गांधी की 'सच्ची सहानुभूति' की प्रशंसा करने के बावजूद उन्होंने इस दावे का दृढ़ता से खंडन किया कि 'जीवन की बेहतर और प्रसन्न स्थितियाँ आधुनिक वैज्ञानिक तकनीक को अमान्य कर और चरखे, लँगोट और बैलगाड़ी के ज़माने में वापस जाकर रची जा सकती है।'[1]

नेहरू युग

नेहरू विज्ञान के प्रशंसक थे और उन्होंने वैज्ञानिक मिज़ाज पर अतिरिक्त ज़ोर दिया। समाजवाद ने उन्हें मोहित किया था और रूसी क्रान्ति ने उनके आशावाद को उड़ान दी थी। जहाँ गांधी निस्सन्देह एक परम्परावादी हिन्दू थे, नेहरू 'मानवतावादी' बन गए, जो किसी एक 'वाद' के चौखाने में स्पष्ट रूप से परिभाषित होने के विरोधी थे। नेहरू ने गांधी का पक्ष लिया, और विज्ञान पर साइंस एंड कल्चर (मेघनाद साहा द्वारा स्थापित पत्रिका, 1935) को भेजे गए अपने सन्देश में लयबद्ध होकर लिखते हैं—

> विज्ञान आज जीवन का मूल और ताना-बाना है और इसके बिना हम बरबाद हैं या इससे भी बुरा, बर्बरता की तरफ़ वापस जाना है। विज्ञान का मतलब आज हमारे द्वारा किए जाने वाले इसके हज़ारों उपयोग नहीं हैं, बल्कि इससे कहीं ज़्यादा जीवन की समस्याओं के प्रति वैज्ञानिक और विवेकशील दृष्टिकोण हैं। पश्चिम में विज्ञान ने महान प्रगति की है और कुछ देशों में जीवन स्तर को अभूतपूर्व ऊँचाई पर ले गया। फिर भी, विज्ञान हमारे ज़माने की कुछ भयानक समस्याओं का समाधान करने में असफल रहा है और हम दुनिया को तहस-नहस करते ख़ौफ़नाक युद्धों को देख रहे हैं। इसलिए यदि विज्ञान का राजनीतिक, आर्थिक और मानव जीवन और उद्यम के अन्य क्षेत्रों में विस्तार नहीं किया जाए, तो विज्ञान स्वयं को ही तबाह कर देता है। ऐसा लगता है कि विज्ञान आज इन सभी, या अधिकांश, समस्याओं का समाधान करने और पूरी मानवता के लिए ख़ुशहाली और उन्नति की परिस्थितियाँ रचने की स्थिति में है। यद्यपि हम विज्ञान की कसमें खाते हैं और कई मामलों में इसके लाभ स्वीकार करते हैं, लेकिन अवैज्ञानिक दृष्टिकोण अपनाने की आदत गई नहीं है। स्वार्थ, अन्धविश्वास और पुरानी पड़ चुकी रूढ़ियाँ वैज्ञानिक और विवेकसम्मत पद्धति के समग्र क्रियान्वयन में बाधा उत्पन्न करती हैं।[2]

---

1. Editorial, *Science and Culture*, I (June 1935) : 3-4.
2. Baldev Singh, ed., *Jawaharlal Nehru on Science and Society* (New Delhi : Nehru Memorial Museum & Library, 1988), 28-9.

नेहरू विज्ञान के दूसरे पक्ष को भी जानते थे। यह मानव को 'और रासायनिक, भौतिक और कई अन्य तरह से यह पृथ्वी ग्रह का रूप बदलते हुए लगभग भूतत्त्वशास्त्रीय शक्ति में सीमित कर देता है।' फिर भी, आशावादी नेहरू ने यह महसूस किया कि 'शायद जीवविज्ञान, मनोविज्ञान में हुए नए घटनाक्रम और जीवविज्ञान और भौतिकी की नई व्याख्याएँ मानव को स्वयं को समझने और नियंत्रित करने में—अतीत में जितना उसने किया है, उससे ज़्यादा करने में—मदद कर सकती है।' यह आशा उनकी कई उत्तराधिकारी पीढ़ियों के लिए सच्ची आशा बनी रही!

नेहरू के दरवाज़े उन वैज्ञानिकों के लिए हमेशा खुले रहते थे, जो संस्थाओं का निर्माण करना चाहते थे, जैसे कि एस.एस. भटनागर (महानिदेशक, सीएसआईआर) और होमी जहाँगीर भाभा (निदेशक, टाटा इंस्टीट्यूट ऑफ़ फंडामेंटल रिसर्च-टीआईएफआर)। 1947 से 54 तक सीएसआईआर के तहत स्थापित की गई प्रयोगशालाएँ 'नेहरू-भटनागर प्रभाव' के परिणाम के रूप में जानी जाती हैं। नेहरू प्रेम से भटनागर को 'लाइव-वायर' पुकारते थे। औद्योगिक शोध और अणु ऊर्जा के वैज्ञानिकों के साथ नेहरू के इस निकट सम्बन्ध ने सम्भवत: अन्य क्षेत्रों पर नकारात्मक प्रभाव डाला। उदाहरण के लिए, कृषि और कृषि वैज्ञानिकों को उतनी प्रमुखता नहीं दी गई। यदि नेहरू ने जितनी रुचि सीएसआईआर और डिपार्टमेंट ऑफ़ एटॉमिक एनर्जी (डीएई) में दिखाई, उतनी यदि भारतीय कृषि अनुसंधान परिषद में दिखाई होती तो कृषि की महान उन्नति हुई होती।[1] इसी तरह विश्वविद्यालयी क्षेत्र भी सापेक्षित उपेक्षा का शिकार हुआ। बहुत से अच्छे वैज्ञानिकों ने उद्देश्यपरक सरकारी प्रयोगशालाओं और संस्थानों में काम करने के लिए विश्वविद्यालयों को छोड़ दिया। दुनियाभर में विश्वविद्यालय वैज्ञानिक प्रतिभा के मूल स्रोत हैं। 'नेहरू-भटनागर प्रभाव' के चलते वे निराशाजनक सम्भावनाओं के शिकार हो गए। नेहरू युग ने न केवल पहले के द्वैध और अस्थिरता को समाप्त किया, बल्कि विशिष्ट नीतियाँ बनाईं और क्रियान्वयन के उपकरणों के रूप में संस्थाओं (आईआईटी जैसी) की स्थापना की।

उत्तर-नेहरू युग

नेहरू की बेटी इन्दिरा से यह आशा थी कि वह अपने पिता की नीतियों को जारी रखेगी। गौरतलब है कि उद्योगों और उच्च शिक्षा पर अधिक ज़ोर देने के बावजूद यह श्रीमती गांधी का योगदान है कि अब सरकार की सोच ने ग्रामीण भारत की तरफ़

1. कृषि की इस उपेक्षा के चलते मक्का विशेषज्ञ वी. शाह ने 1972 में आत्महत्या कर ली। उसके बाद बनी जाँच समिति ने भारतीय कृषि अनुसंधान संस्थान की जाँच-पड़ताल की, 187 लोगों के बयान लिए और 2500 से ज़्यादा वैज्ञानिकों का सर्वेक्षण किया। इन सबसे गहरे में पैठी ढाँचागत समस्याएँ सामने आईं।

मुँह मोड़ा। 1971 में पहली बार (बांग्लादेश को लेकर हुए भारत-पाकिस्तान युद्ध और शरणार्थियों की वजह से बढ़े आर्थिक दबाव के बावजूद) कृषि में शोध और विकास पर भारत का राष्ट्रीय ख़र्च अणु ऊर्जा के बराबर हुआ था। पाँचवीं पंचवर्षीय योजना में, यह ख़र्च रक्षा और अणु से भी ज़्यादा कर दिया गया। उर्वरक अपनाने, सिंचाई तकनीक, संकर बीज तथा पादप एवं मिट्टी विकास के क्षेत्र में प्रयोग किए गए। सी. सुब्रह्मण्यम के नि:स्वार्थ और महत्त्वपूर्ण नेतृत्व में भारत जल्दी ही हरित क्रान्ति की फ़सल काटने वाला था। लेकिन ग्रामीण भारत कृषिगत प्रयोगों से कुछ ज़्यादा चाहता था (और अभी भी चाहता है)।

जैसे-जैसे साल बीतते गए और इन्दिरा गांधी मज़बूत होती गईं, उन्होंने अद्यतन ज्ञान पर ज़ोर देने का प्रयास किया। अमरीकन एसोसिएशन फॉर एडवांसमेंट ऑफ़ साइंसेज़ को सम्बोधित करते हुए उन्होंने रेखांकित किया कि कैसे कृषि और ग्रामीण शिल्प के अतिरिक्त भारतीय विज्ञान 'आणविक ऊर्जा, गणित में मूलभूत शोध, अणु भौतिकी, मोलेकुलर जीवविज्ञान आदि-आदि तक विस्तृत है।'[1] भारत अभी तक मूलभूत आवश्यकताओं के लिए क्यों संघर्ष कर रहा है, इसे विज्ञान और प्रौद्योगिकी के सीमान्त क्षेत्रों में प्रवेश करना चाहिए—इस सवाल का जवाब देते हुए उन्होंने कहा कि—

> नया ज्ञान प्राय: पुरानी समस्याओं से पार पाने के लिए बेहतर तरीक़ा होता है। हम हमारे अन्तरिक्ष कार्यक्रम को राष्ट्रीय एकता, शिक्षा, संचार और मानसून, जिस पर हमारी अर्थव्यवस्था निर्भर करती है, की गति को पूरी तरह समझने के लिए प्रासंगिक मानते हैं। आसमान से मानचित्रण करने से हमें प्राकृतिक संसाधनों के बारे में भी पता चलता है। समुद्र-विज्ञान खाद्य और खनिज के वितरण को बढ़ाता है। आधुनिक आनुवंशिकी अपार सम्भावनाएँ खोलती हैं। ज्ञान को बाँटा नहीं जा सकता है। यह कैसे कहा जा सकता है कि किस तरह का ज्ञान तत्काल क्रियान्वयन के योग्य है। और क्या हम अपने वैज्ञानिकों को दूसरों के कामों का दोहराव करने में सन्तुष्ट रहने के लिए विवश कर सकते हैं?

वास्तव में यह एक विकासशील देश की योजना का संक्षिप्त चित्रण था। लेकिन वो यहीं नहीं रुकी, उन्होंने पूछा कि क्यों और कैसे दुनिया के शोध और विकास का '95 प्रतिशत अभी भी औद्योगीकृत देशों के क़ब्ज़े में है'। 'इसका लगभग 60 प्रतिशत सैन्योन्मुख है और शेष में से भी वैज्ञानिक और आभियांत्रिकी शोध का अधिकांश हिस्सा उन्नत अर्थव्यवस्थाओं की विशिष्ट समस्याओं को निर्दिष्ट है। कितना खरा अवलोकन था और वह भी तीसरी दुनिया के नेता का, इसने अवश्य ही अमरीकी वैज्ञानिक प्रतिष्ठानों को झटका दिया होगा।

1. Indira Gandhi, *'Scientific Endeavour in India, Science'* (New Series) 217, no. 4564 (10 September, 1982) : 1008-9.

पश्चिम भारत की परमाणु ऊर्जा और अन्तरिक्ष कार्यक्रमों के पक्ष में झुकाव नहीं रखता था। लेकिन होमी जे. भाभा और विक्रम साराभाई जैसे अग्रदूत अडिग और दृढ़ रहे और देश उनके साथ खड़ा था। परमाणु विज्ञान और अन्तरिक्ष शोध का विकास केवल दिखावे या ज्ञान मात्र के लिए नहीं था। जैसा कि साराभाई ने चुटकी ली थी कि 'देयर इज नो पॉवर सो कॉस्टली एज़ नो पॉवर'। सम्भवतः इसका मतलब औद्योगिक और सैन्य शक्ति थी। इसका उद्देश्य परमाणु ऊर्जा प्रौद्योगिकी और उपग्रह छोड़ने के मामले में विदेशी संसाधनों पर निर्भरता से आज़ादी। चाहे लक्षित हो या नहीं, लेकिन परमाणु और अन्तरिक्ष कार्यक्रमों ने देश को परमाणु हथियार और रणनीतिक परमाणु प्रक्षेपक वाहक दिए हैं। इसके पीछे तर्क नागरिक क्षेत्र और रक्षा क्षेत्र में रणनीतिक ज़रूरतों के मद्देनज़र ऊर्जा, संचार और अन्य विकासात्मक आवश्यकताओं के भावी समन्वय का दिया गया। हवाई दुर्घटना में भाभा के दुखद निधन के बाद साराभाई ने लगभग आणविक ऊर्जा और अन्तरिक्ष शोध दोनों ही विभागों का नेतृत्व किया। 1970 में उन्होंने दोनों विभागों का 'दस साल का कार्यक्रम' प्रस्तुत किया। जिसका उद्देश्य बहुत महत्त्वाकांक्षी था। उदाहरण के लिए अन्तरिक्ष के क्षेत्र में दस साल में रोहिणी रॉकेट से जियोसिंक्रोनस उपग्रह प्रक्षेपण यान तैयार करना शामिल था! तथापि, यह इन्दिरा गांधी के ज़माने का आशावाद और विश्वास प्रकट करता है। इसका परिणाम 1974 में पोखरण का परमाणु परीक्षण और 1975 में आर्यभट्ट के प्रक्षेपण के रूप में सामने आया। जियोसिंक्रोनस उपग्रह प्रक्षेपण यान को, ज़ाहिर है, चार दशक और इन्तज़ार करना पड़ा।

इन्दिरा के शासनकाल की एक और विलक्षण विशेषता थी—पाँचवीं पंचवर्षीय योजना में विज्ञान और प्रौद्योगिकी को एकीकृत करना। पाँचवीं योजना के परिप्रेक्ष्य पर बात करते हुए श्रीमती गांधी ने यह एकदम स्पष्ट कर दिया था कि 'विज्ञान और प्रौद्योगिकी को अलग-अलग विषय या क्षेत्र के रूप में नहीं, बल्कि ऐसे शक्तिशाली उपकरण के रूप में देखा जाना चाहिए, जो हमारे विचार-व्यवहार के सभी पक्षों में फैला हुआ है।' यह वह दृष्टिकोण था, जो अन्ततः 1983 में प्रौद्योगिकी नीति घोषणा के रूप में निरूपित हुआ। इसका उद्देश्य 'राष्ट्रीय प्राथमिकताओं और संसाधनों के अनुरूप देशज प्रौद्योगिकी का विकास और आयातित प्रौद्योगिकी का कुशल अवशोषण और अनुकूलन था।' राष्ट्र ने 'प्रौद्योगिकीय विकास प्रतिष्ठा या बड़बोलेपन के लिए नहीं, बल्कि हमारी बहुआयामी समस्याओं के समाधान और हमारी आज़ादी एवं एकता की सुरक्षा के लिए चाहा था।' पेयजल, साक्षरता, दालें और खाद्य तेल, प्रतिरक्षा एवं ग्रामीण संचार जैसे महत्त्वपूर्ण क्षेत्रों में तत्काल आवश्यकताओं की पूर्ति के लिए वैज्ञानिक और प्रौद्योगिकीय योगदान उपलब्ध कराने के लिए बहु-अभिकरण सहभागिता के साथ नव-प्रौद्योगिकी मिशन प्रारम्भ किया गया।

शायद इन्दिरा गांधी के नेतृत्व का सबसे विलक्षण और फिर भी, अल्पज्ञात पक्ष पर्यावरण की अवनति के प्रति उनके सरोकार और संरक्षण के लिए किए गए उनके प्रयास हैं। उनके आलोचकों ने चाहे उनके काम करने की तानाशाही शैली, आपातकाल आदि के कारण उन्हें ख़ारिज कर दिया हो लेकिन ग़रीबी हटाने और सतत विकास के उनके सरोकार ईमानदार और सच्चे थे। प्रसिद्ध पर्यावरण इतिहासकार महेश रंगराजन ने दिखाया है कि कैसे उन्होंने प्रकृति, सत्ता और विज्ञान के बीच सन्तुलन बनाने के प्रयास किए।[1] रंगराजन ने इन्दिरा के जीवन और काम से उनकी लगन और सरोकार दिखाने वाले, यहाँ तक कि अत्यधिक कठिन परिस्थितियों में भी, दिलचस्प और अनजाने उदाहरण बताए हैं। उदाहरण के लिए उन्होंने जिस दिन भारत-पाकिस्तान युद्ध शुरू हुआ था (6 दिसम्बर, 1971), उसी दिन नेशनल कमिटी ऑन एनवायरमेंटल प्लानिंग एंड कॉरडिनेशन (एनसीईपीसी) की पहली बैठक को सम्बोधित किया था। बाद में शिमला समझौता वार्ता के बीच में ही, मई, 1972 में, उन्होंने फुर्ती से बिहार के मुख्यमंत्री को जंगल की ज़मीन को विकास परियोजना रोकने के लिए पत्र लिखा। वाकई में आश्चर्यजनक है यह! जून, 1972 में, स्टॉकहोम में आयोजित मानव पर्यावरण पर आयोजित संयुक्त राष्ट्र के सम्मेलन में उन्होंने पूछा कि—

> क्या ग़रीबी और आवश्यकता सबसे बड़े प्रदूषक नहीं हैं? ग़रीबी की अवस्था में पर्यावरण नहीं सुधारा जा सकता है। न ही, विज्ञान और प्रौद्योगिकी के इस्तेमाल के बिना ग़रीबी का उन्मूलन किया जा सकता है। उदाहरण के लिए, जब तक कि हम आदिवासियों, और जगंल में तथा इसके आसपास रहने वाले लोगों की दैनिक आवश्यकताएँ पूरी करने की स्थिति में नहीं होते हैं, हम रोज़गार के लिए, जंगल में शिकार करने, वनस्पति चुनने—जंगल का इस्तेमाल करने से नहीं रोक सकते हैं। जब वे स्वयं ही वंचित महसूस करते हैं, तो हम उन्हें जानवरों के संरक्षण के लिए कैसे कह सकते हैं?

1980 के दशक के प्रारम्भ से नव-उदारवादी नीतियों की तरफ़ धीमा, लेकिन निश्चित, झुकाव देखा जा सकता था। वितरण से ज़्यादा ज़ोर धन अर्जित करने में था। आलोचक बताते हैं कि विज्ञान और प्रौद्योगिकी आधारित विकास और नीति प्राथमिकता के परिणामस्वरूप शहरी अमीर और ग्रामीण ग़रीब के बीच की खाई बढ़ती जा रही थी। यहाँ तक कि देश को अकाल और असल में खाने के लिए तरसते हालत से निश्चित ही निकालने वाली हरित क्रान्ति भी इसकी चपेट में आ गई। 'ऊपर से नीचे' दृष्टिकोण और अधोमुखी विकास के सिद्धान्त, जिन्हें देश मैकाले के समय से देख रहा था, यदि पूर्णरूपेण असफल न भी हुए तो इनकी सीमाएँ फिर

---

1. Mahesh Rangrajan, 'Striving for a Balance : Nature, Power, Science and India's Indira Gandhi, 1917-1984', *Conservation and Society* 7, no. 4 (2009): 79-92.

दिखाई दीं। जंगल, बाघ और उसकी साइलेंट वैली बचाने वाली सरकार इसके अड़ोस-पड़ोस और इसके पर्यावरण को प्रदूषक उद्योगों से बचाने में असफल हो गई। भोपाल गैस त्रासदी होने ही वाली थी। पंजाब में इससे ख़राब और कुछ नहीं हुआ, जो अन्ततः भारत की एक दृढ़ निश्चयी बेटी को निगल गया।

देश एक बार फिर संकट में था। पतवार युवा और तकनीक की समझ रखने वाले राजीव गांधी को थमा दी गई थी। सम्भवतः इक्कीसवीं सदी और इसमें भारत के स्थान के बारे में बात करने वाले पहले व्यक्ति थे। यद्यपि वे 1985 में सहानुभूति लहर पर सवार होकर चुनाव जीते थे, लेकिन उन्होंने देश को उत्साह से भर दिया था। 12 नवम्बर, 1984 को देश के नाम अपने पहले प्रसारण में उन्होंने कहा था—

> जैसा हम आज बनाएँगे, वैसा ही कल होगा। एक साथ मिलकर हम इक्कीसवीं सदी का भारत बनाएँगे।...हम आने वाली अगली सदी की चुनौतियों, अद्यतन तकनीक की चुनौतियों का सामना करने के लिए देश को कैसे तैयार करने जा रहे हैं? विकास का मतलब हमारे समाज के आधार स्तर पर अत्यन्त आधुनिक तकनीक की पहुँच होनी चाहिए।

1986 में, युवा गांधी ने नई शिक्षा नीति लागू की। उन्होंने कम्प्यूटर क्रान्ति और संचार के क्षेत्र में नए युग की शुरुआत की। प्रौद्योगिकीय मिशन को सर्वोच्च प्राथमिकता दी गई और उन्होंने अर्थव्यवस्था को जितनी गति दी, उतनी पिछले कुछ युगों में किसी ने नहीं दी। रिलायंस, इन्फोसिस जैसी कम्पनियों की सफलता अस्सी के दशक में ही लिखी गई थी। नेहरू वैज्ञानिक मिज़ाज की बात करते थे, अब ज्ञान अर्थव्यवस्था और ज्ञान समाज की चर्चा हो रही थी। उदारीकरण, निजीकरण आदि-आदि पर भावी बहसों और पहलों के लिए मंच तैयार था। तेल, खनन, निर्माण आदि क्षेत्र ज़बरदस्त उछाल लेने वाले थे, जबकि नैतिक मूल्य गिर गए थे। इनके परिणाम अब इतने स्पष्ट हैं कि हम सही-ग़लत का निर्णय कर सकें।

चौराहे पर

स्वातंत्र्योत्तर भारत के पास वैज्ञानिक राह पर आधुनिकीकरण करने के अलावा कोई विकल्प नहीं था। यक़ीनन, आधुनिक राज्य के सभी महत्त्वपूर्ण उपक्रमों—चाहे वह सैन्य हो, या औद्योगिक, या कृषि हो—के केन्द्र में विज्ञान रहा है। कई लोगों का विश्वास था कि 'विज्ञान सब कुछ कर सकता है'। यह ढाँचागत निर्माण का दौर था, बाद में 'आयात प्रतिस्थापन' और 'देशीकरण' का दौर आया। इसके बाद 'सरकारी विज्ञान', प्रौद्योगिकी मिशन, नवाचार, वित्तीय पूँजी, अटकलबाज़ी आदि की जटिल और अव्यवस्थित अन्यान्य क्रियाएँ प्रारम्भ हुईं। अब विज्ञान दार्शनिक उद्यम नहीं रह गया था, बल्कि वस्तुतः बाज़ार का खिलाड़ी बन गया था। उदाहरण के लिए

सी.वी. रमन ने कल्पना भी नहीं की होगी कि प्रकाशिकी पर उनका शोध बीसवीं सदी के अन्त तक किरणों के औद्योगिक क्रियान्वयन से रमण स्पेक्ट्रा उद्योग में तब्दील हो जाएगा।[1] यह पूरी दुनिया में हो रहा था, तो भारत इससे अलग-थलग कैसे रह सकता था। अवश्य ही, उस समय भी सरोकारों और परिणामों को लेकर आवाज़ें उठ रही थीं, उदाहरण के लिए, 'पश्चिम के लिए आधुनिक प्रौद्योगिकी और तीसरी दुनिया के लिए गांधीवाद' की भी बात की जा रही थी।[2] आजकल, आधुनिक विज्ञान और इसके क्रियान्वयन के कई आलोचक कुशलता से इसके अवगुण बताते हैं लेकिन उनके समाधान सम्भवत: समस्या से भी अधिक बुरे हैं। बेशक, प्रकृति का ध्यान रखना चाहिए लेकिन प्रकृति की ओर वापस लौटना असम्भव ही है। यह भी सही है कि विज्ञान और प्रौद्योगिकी समस्याएँ पैदा करती हैं, लेकिन विज्ञान का समाधान अधिक वैज्ञानिक होना है, कम नहीं; और तेज़ी से उभर रही प्रौद्योगिकियों का नैतिक बुद्धिमत्ता के साथ मेल बिठाया जाना आवश्यक हो सकता है।

हमारे जैसे उष्णकटिबन्धीय देश के लिए दो क्षेत्र अत्यन्त महत्त्वपूर्ण हैं : स्वास्थ्य और कृषि। स्वतंत्रता के समय तक भारतीयों की औसत आयु मुश्किल से 27 वर्ष थी और मृत्युदर बहुत अधिक थी। अकाल, प्लेग और महामारियाँ फैलना आम था। फिर भी, टीकाकरण, रोगनाशक और शल्य उपकरणों और तकनीकों की वजह से मेडिकल बिरादरी फल-फूल रही थी। जीवविज्ञान के युग का उदय होने वाला था। दूसरे विश्वयुद्ध के दौरान एक अंग्रेज़ शरीरक्रियाविज्ञानी ए.वी. हिल भारत आए और उन्होंने पाया कि भारत की मूल समस्या की प्रकृति जीव-विज्ञानी है। उन्होंने चार तरह की अन्यान्याश्रित समस्याएँ बताईं—जनसंख्या, स्वास्थ्य, खाद्य और प्राकृतिक संसाधन। उनके अनुसार भारत की मूलभूत समस्याएँ 'वस्तुत: शारीरिक, रासायनिक और प्रौद्योगिकीय नहीं हैं, बल्कि जनसंख्या, स्वास्थ्य, पोषण और कृषि के सन्दर्भ में जटिल जैविक समस्या है, जो सभी एक-दूसरे के साथ क्रिया और प्रतिक्रिया करती हैं।' भारत में और भारत के बारे में अपने सभी व्याख्यानों में उन्होंने जनसंख्या नियंत्रण पर बात की। उन्होंने कई बार कहा कि 'आप बिल्ली को उसके बच्चों को हटाए बिना नहीं रख सकते', जिसे, वे बिल्ली के बजाय मनुष्यों पर लागू करते थे, जिसका सरल मतलब है, 'आप जनसंख्या नियंत्रण के बिना उच्च जीवन

1. भारतीय वैज्ञानिकों, उनकी ताक़त और नेटवर्क पर विशद चर्चा के लिए देखिए, R.S. Anderson, *Nucleus and Nation* (Chicago : University of Chicago Press, 2010).
2. निस्सन्देह गांधी के विज्ञान और प्रौद्योगिकी को लेकर गम्भीर सवाल थे लेकिन टैगोर अलग तरह के व्यक्ति थे। वे विज्ञान-समर्थक, नवाचार-समर्थक और विकास-समर्थक थे। गांधी के विपरीत, उन्होंने यंत्रों के बढ़ते इस्तेमाल का समर्थन किया था। यंत्रों ने कुशलता बढ़ाई। उनका मानना था कि 'मनुष्य की इस शक्ति को नियंत्रित करने का विचार असंगत है'। बल्कि, उन्होंने कहा कि 'जो राष्ट्र यंत्रों पर नियंत्रण स्थापित नहीं कर पाए, उनकी उसी तरह से अवश्य ही पराजय होगी, जैसे कि दानवों की मानवों से होती है।

स्तर प्राप्त नहीं कर सकते।"[1] मेरे पिता की पीढ़ी ने उनके सुझाव पर ध्यान नहीं दिया था। उनका तर्क होता था कि 'मनुष्य सिर्फ़ मुँह के साथ नहीं, बल्कि दो हाथों के साथ पैदा होता है।' मतलब, जनसंख्या बढ़ रही है, तो काम करने वाले बढ़ रहे हैं—जितना ज़्यादा, उतना अच्छा। रूढ़िवादियों ने सोचा कि इससे उनके धार्मिक और सामाजिक समुदाय ज़्यादा शक्तिशाली बन जाएँगे। बहुत कम लोगों ने संसाधनों, जो सीमित थे और ढाँचे, जो वस्तुतः था ही नहीं, पर बढ़ते दबाव के बारे में सोचा था। आज भी कुछ अर्थशास्त्री उस 'जनसांख्यिकी लाभांश' पर लहालोट हो रहे हैं, जो भारत अपनी लगभग 400 मिलियन युवा जनसंख्या के आधार पर पाने वाला है। हालाँकि, मौजूदा निराशाजनक शैक्षिक माहौल में ऐसा सम्भव नहीं लगता है, बल्कि बेरोज़गारी बढ़ेगी, जिसके कारण सामाजिक तनाव, महँगाई, अपराध आदि भी बढ़ेंगे। जैसा कि पश्चिमी लोग करते हैं, दक्षिण एशिया पर गर्म, उमस और भीड़ के सन्दर्भ में बात करना आसान है। स्थिति बहुत ख़राब है, और इसे सुधारने के लिए जितनी इच्छाशक्ति की आवश्यकता है, उससे बहुत कम है।

आज़ादी पाने के उपक्रम में, बहुत से सामाजिक और बौद्धिक कार्यकर्ताओं ने यह जानने की कोशिश की कि देश किससे पीड़ित है और अपने सुझाव भी दिए। 1943 में, ऐसे ही एक जनसेवक ने लिखा—

> हमारी मुख्य समस्या क्या है? कोई कहेगा—'पूर्ण स्वराज'। दूसरा कहेगा—'हिन्दू-मुस्लिम एकता'। मेरे एक अमरीकी मित्र ने कहा कि 'आज के भारत में जनता की शिक्षा बहुत ज़रूरी मसला है।' हाल ही में मैंने उस लेखक से पूछा कि 'हमारी मुख्य समस्या क्या है?' उसने जवाब दिया—'खाद्य'। मेरा मानना है कि हमारी मुख्य समस्या हमारे ग्रामीण क्षेत्रों का विकास और गाँवों का उत्थान है।[2]

यह एकदम नया विचार था। यहाँ तक कि औपनिवेशिकों ने भी यह चिन्ता जताई थी। लगभग दो सदियों पहले, ईस्ट इंडिया कम्पनी के एक महान सर्वेक्षणकर्ता ने अपने स्थानीय रहनुमाओं को लिखा—

> ...व्यापार के ज़रिए कुछ लोग सम्पन्न बन सकते हैं, यह मूल निवासियों के लिए बहुत कम मतलब का होगा, जब तक कि ग़रीब, जो सबसे ज़्यादा ज़रूरतमन्द है, अपनी हैसियत के अनुसार अपने आधारभूत खानपान को पा नहीं लेते हैं।[3]

1. A.V. Hill to John Mathai, 5 February, 1954, Hill Papers, AVHL 6/4/548, Royal Society, London.
2. A.J. Appasamy, *Our Main Problem* (Bombay : Padma Publication, 1943), 7.
3. Francis H. Buchanan to the Government of Bengal, 22 February, 1816, Home, Public, Proc. No. 94, 15 April, 1816, National Archives of India.

इतना पहले आम लोगों को 'उनके हैसियत में उनका आधारभूत खाना' उपलब्ध करवाने की आवश्यकता को पहचानना वाकई में महत्त्वपूर्ण है। काश, उत्तर-औपनिवेशिक शासन, जो औपनिवेशिक शासन से कम शक्तिशाली नहीं था और बाज़ार और व्यापार में अधिक अनुरक्त, ने इसका महत्त्व समझा होता। मूल बात उचित दाम नहीं है, बल्कि 'सामर्थ्य योग्य' दाम है। आज आम आदमी के नाम पर ग्रामीण विकास, ग्रामीण रोज़गार, शहरी पुनर्विकास और ऐसी ही कई योजनाओं में करोड़ों रुपए ख़र्च किए जाते हैं। लेकिन क्या यह उनकी हैसियत में उन्हें आधारभूत खाना सुनिश्चित कराती हैं?

खाद्य सुरक्षा, यक़ीनन, वास्तविक सुरक्षा का मुद्दा है। लगातार दो या तीन फ़सलों की बरबादी क़ीमतों को इतना बढ़ा सकती है कि दंगा हो जाए। पानी की कमी ने वैसे भी पड़ोसियों को दुश्मन बना दिया है। खाद्यान्न की कमी कहर ढा सकती है। संकर जैसी नई प्रौद्योगिकी का इस्तेमाल उत्पादन में वृद्धि कर सकता है। लेकिन मात्र इससे ग़रीबों तक खाना पहुँचाने की गारंटी नहीं हो सकती है। इसके लिए एक प्रभावी वितरण व्यवस्था की आवश्यकता है। सरकारी गोदामों में हज़ारों टन गेहूँ और चावल सड़ जाता है। इन्हें चूहे खाते हैं और ऐसा कहा जाता है कि हमारे देश में एक औसत चूहा, औसत भारतीय से ज़्यादा पोषण पाता है। बिजली की तरह ही, खाद्यान्न की बचत, खाद्यान्न उत्पादन के समान है। सरकारी सहायता मात्र इसके लिए पर्याप्त नहीं होगी। पारिस्थितिकी के अनुसार भी यह चक्रव्यूह है। उच्च पूँजी प्राधान्य वाली खेती ज़मीन को विषाक्त रसायनों से तर कर देगी और अन्तत: उसे बंजर बना देगी। शक्तिशाली पानी के पम्प पहले ही भूमिगत जल को खींचकर आर्सेनिक स्तर तक पहुँचा चुके हैं। एक-दो सदियों में हम हिमालय के हिमनदों को पी चुके होंगे और जिससे और अधिक भूकम्प आएँगे। प्रौद्योगिकी को समस्या का समाधान करने वाला माना जाता है लेकिन मानव-पृथ्वी का सम्बन्ध हमेशा ही समस्याजनक रहा है। पौराणिक कथाओं में भगवान कृष्ण के हलधारी बड़े भाई बलराम ने अपने दैवीय हल से यमुना को अपना रास्ता बदलने के लिए मजबूर कर दिया। स्थायी कृषि को जल संसाधनों पर नियंत्रण चाहिए। बलराम ने जो एक बार किया, वह हमने हमारी नदियों और जल संसाधनों के साथ कई बार कर लिया, जिससे भूस्खलन और बाढ़ भी बढ़ी। उसी तरह संकर बीज भी बहुत विवादित रहे हैं। जैव-प्रौद्योगिकी अपने उत्पाद की बुद्धिमत्ता और सुरक्षा पर गम्भीरता से भरोसा करती है, जबकि कई लोग संशय में हैं और मानवीय स्वास्थ्य पर इसके दीर्घकालिक प्रभाव के बारे में चिन्तित रहते हैं। लम्बे समय तक अधिक दूध दुहने के लिए गायों को मादा हार्मोन्स के इंजेक्शन घोंपे जाते थे, अब वैसे ही हार्मोन्स तत्काल वृद्धि के लिए कुछ सब्ज़ियों में लगाए जाते हैं। शाकाहारियों को पता नहीं है कि जल्दी ही इस 'नई बहादुर दुनिया' में कुछ भी शाकाहारी नहीं बचेगा!

1960 के दशक में हरित क्रान्ति ने खाद्यान्न उत्पादन में वृद्धि करने में मदद की और अकाल जैसे हालातों से बचाया। संकर बीजों, व्यापक सिंचाई और नाइट्रोजनमूलक उर्वरकों के उपयोग से यह क्रान्ति हासिल की गई थी। उस समय अधिकांश लोग इसके चिन्ताजनक परिस्थितिगत प्रभावों के बारे में सोच नहीं सके। बाद में सतत गति से लक्ष्य प्राप्ति का महत्त्व बड़ा और पारिस्थितिकी के सरोकार भी प्रमुख बन गए। हरित क्रान्ति (ग्रीन रेवोल्यूशन) के एक अग्रदूत एम.एस. स्वामीनाथन अब 'सदा-हरित-क्रान्ति' (एवर ग्रीन रेवोल्यूशन) की ओर धीमे और सोचे-समझे क़दम बढ़ाने के पक्षधर हैं। मूलतः इसका मतलब कृषि विज्ञान, पोषण, पर्यावरण और यहाँ तक कि स्वच्छता सहित बहुआयामी दृष्टिकोण अपनाना है। लेकिन एक चीज़ दिखाई नहीं दे रही है, वह है—भूमि-सुधार की सदियों पुरानी आवश्यकता। कृषि रसायनज्ञ जे.ए. वोयल्कर ने 1892 में जमा 'रिपोर्ट ऑन इंडियन एग्रीकल्चर' में इसकी माँग की थी, जिसे उस समय की औपनिवेशिक सरकार ने तुरन्त ही ठंडे बस्ते में डाल दिया। उन्होंने कहा कि भारतीय किसानों के पास सदियों पुराना अनुभव तो है लेकिन पूँजी और भूमि-सुधार नहीं है। उन्होंने कहा कि यदि अधिकांश किसानों की स्थिति सुधारनी है तो राजस्व व्यवस्था और भू-अधिकार का सम्पूर्ण कायापलट करना होगा। 1930 के दशक में अविभाजित पंजाब के महत्त्वपूर्ण किसान नेता छोटू राम ने इस ओर ध्यान आकृष्ट किया था और यहाँ तक 'बहुत बदनाम' मंडल कमीशन ने भी इसकी माँग की थी। नेहरू युग के भारत ने अधूरे मन से कुछ प्रयास किए थे। असन्तोष उपज गया, जिससे तितर-बितर लेकिन शक्तिशाली भूमिगत सशस्त्र आन्दोलन उभर गए। समकालीन भारत अब भी लगातार बढ़ते कृषि असन्तोष और किसानों की आत्महत्या के दर्द और कष्ट से अभी भी संघर्ष कर रहा है। इसका समाधान प्रौद्योगिकी, पारिस्थितिकी और कल्याणकारी अर्थशास्त्र के न्यायसंगत समन्वय में है। यह सब कहना आसान है, करना मुश्किल; लेकिन हमें निरन्तर प्रयासरत रहना होगा।

स्वास्थ्य और मेडिकल विज्ञान के बारे में जितनी कम बात की जाए, उतना बेहतर है। अब वक़्त आ गया है कि हम स्वास्थ्य के अधिकार के लिए उठ खड़े हों और काम करें। भारत हमेशा से ही बीमारियों का बड़ा घर रहा है। आप किसी भी रोग का नाम लीजिए, वो यहाँ मिल जाएगा। 1835 में कलकत्ता मेडिकल कॉलेज की स्थापना से लेकर आज तक आधुनिक दवाइयों के हज़ारों-हज़ार डॉक्टर बने होंगे। उन्होंने महामारियों पर निपटने, कुष्ठ रोग नियंत्रित करने, अन्धता निवारण, छोटी चेचक उन्मूलन में मदद की और अब देश को पोलियो से मुक्त कर दिया है। ये कोई कम बड़ी उपलब्धियाँ नहीं हैं लेकिन यदि कोई आपसे यह पूछ ही ले कि ऐसे पाँच भारतीय मेडिकल वैज्ञानिकों के नाम बताइए, जिन्होंने शरीर और इसके रोगों के ज्ञान के बारे में मौलिक योगदान दिया हो, तो जवाब देना मुश्किल हो जाएगा। यह

इसलिए है कि हमारे डॉक्टर हमेशा अपने निजी क्लिनिक या नर्सिंग होम चलाकर पैसा कमाकर ख़ुश रहते हैं। हमारे देश में दवा-वैज्ञानिक या शल्य-वैज्ञानिक दुर्लभ प्रजाति हैं और कहने के लिए हम जीवविज्ञान के युग में रह रहे हैं।

देश की अधिकांश जनता के लिए, जिसका गुज़ारा कमोबेश कृषि अर्थव्यवस्था के भाग्य पर निर्भर होता, आज भी अंग्रेज़ी दवाइयाँ महँगी पड़ती हैं। दवाइयों की इस परम्परा की दिशा भी शहरोन्मुखी है और यही मूल कारण है कि पश्चिम के तरीक़े पर बनाई गईं स्वास्थ्य संस्थाएँ ग्रामीण जनता से दूर मानी जाती हैं। परम्परागत मेडिकल व्यवस्था का स्वास्थ्य सेवा के प्राथमिक स्तर पर वर्चस्व है लेकिन आगे के स्तरों पर पश्चिमी दवाओं का महत्त्व बढ़ता जा रहा है। भारतीय दवाइयाँ प्रकृति में बहुआयामी रही हैं। 1970 और 1980 के दशक तक राष्ट्रीय और राज्य की स्वास्थ्य सेवाएँ सम्पूर्ण स्वास्थ्य उपचारों का केवल दस प्रतिशत ही उपलब्ध करवाता था और शहर आधारित एलोपैथिक दवाइयाँ देने वाले लोगों ने पीड़ित लोगों में से केवल दस प्रतिशत का उपचार किया। जनता का बहुसंख्यक हिस्सा घरेलू उपचार से लेकर बड़े पैमाने पर दवा देने वाले, जो अंग्रेज़ी दवाओं सहित कई दवाइयाँ बेचते हैं, की अवैध व्यवस्था पर निर्भर रहता है।

लेकिन आयुर्वेद जैसी परम्परागत मेडिकल व्यवस्था और पश्चिमी एलोपैथिक व्यवस्था के बीच कोई सहज सम्पर्क नहीं था। आयुर्वेदिक इलाज करने वाले प्रायः यह शिकायत करते हैं कि पश्चिमी एलोपैथिक इलाज करने वाले उनके ज्ञान को कमतर मानते हैं और उन्हें दूसरे दर्ज़े का डॉक्टर मानते हैं। इस तरह के टकराव भारत में ही सीमित नहीं रहे। चीन जैसे देशों में जब बीसवीं सदी के प्रारम्भिक वर्षों में परम्परागत दवाइयों, जिन्हें रूढ़िवाद का 'विशेषतः बुरा प्रतीक' माना जाता था, और पश्चिमी दवाओं के समर्थकों, जिन्हें प्रायः आधुनिककर्ता माना जाता था, के बीच संघर्ष हुआ था। फिर भी, क्रान्ति के बाद पाँच सालों में ही चीन की साम्यवादी सरकार ने बहुलतावादी नीति अपनाई, जिसके तहत सुदूर इलाक़ों में परम्परागत व्यवस्था अधिक प्रचलित रही और शहरों में पश्चिमी दवाएँ लोकप्रिय हुईं। 'किसान डॉक्टर' की जो धारणा चीन में विकसित हुई, वह भारत के लिए भी प्रासंगिक है। इसी तरह चीन परम्परागत मेडिकल ज्ञान का आधुनिक मेडिकल उन्नतियों के साथ समन्वय करने में भी बहुत आगे है। इस समन्वय से अर्टिमिसिनिन का आविष्कार हुआ, जो एक दवा-प्रतिरोध मलेरिया की उपचारक जड़ी-बूटी है। अब दुनियाभर में इसका इस्तेमाल होता है। क्या भारतीय परम्परागत औषध भंडार से किसी दूसरी बीमारी के लिए ऐसी ही कोई खोज की जा सकती है। क्या रोगों के विषाणु सिद्धान्त और इसके उपचार की जगह समग्र पारिस्थितिक समझ और अभ्यास अपनाया जा सकता है?

कृषि और स्वास्थ्य के साथ ही, एक अन्य क्षेत्र, जहाँ वैज्ञानिक-प्रौद्योगिकीय हस्तक्षेप सबसे ज़्यादा महत्त्वपूर्ण है, वह है ऊर्जा का क्षेत्र। जल और पोषण के

मामले में देश गम्भीर ऊर्जा संकट का सामना कर रहा है। विद्युत ने मानव जीवन को अभूतपूर्व तरीक़े से बदल दिया। एक सदी पहले, एक अंग्रेज़ अभियंता ने अप्रयोज्य रूप से 'हैप्पी इंडिया' शीर्षक से निबन्ध लिखा, जिसमें हमारे संसाधनों की चित्ताकर्षक छवि पेश की। उनके अनुसार यदि एक घन फीट पानी एक मिनट में एक हज़ार फीट की ऊँचाई से गिरता है, तो दो हॉर्सपावर ऊर्जा का उत्पादन हो सकता है। इस हिसाब से उन्होंने गणना की कि प्राकृतिक झरनों और नदियों से ही 15 करोड़ हॉर्सपावर ऊर्जा उत्पादित हो सकती है।[1] जल ऊर्जा के अभियंताओं के लिए यहाँ अपार सम्भावनाएँ हैं और विस्तृत मैदान खुला पड़ा है। पूरी बीसवीं शताब्दी उनके नाम रही। यहाँ तक कि आज़ादी से पहले ही दामोदर नदी को नियंत्रित कर उसका फ़ायदा उठाने का दबाव प्रारम्भ हो गया था और टेन्स घाटी निगम की तर्ज पर दामोदर घाटी निगम की स्थापना की गई। जल्दी ही बाँध बनाने का काम ज़ोर-शोर से शुरू हो गया और अब तक जारी है, बावजूद इसके कि पारिस्थितिक आधार पर इसका मज़बूत विरोध किया जा रहा था। जल और ताप ऊर्जा से हमारी तमाम ऊर्जा आवश्यकताएँ पूरी हो जाने की उम्मीदें की गईं। लेकिन जल्दी ही उनकी सीमाएँ पता चल गई थीं और परमाणु ऊर्जा का विकल्प प्राथमिकता पाने लगा। दूसरे विश्वयुद्ध के बाद विखंडन प्रौद्योगिकी में अन्तर्निहित ख़तरे हैं। फिर भी हमें इसमें उस्ताद बनना पड़ेगा। ऐसा कहा जाता है कि दो तरह के हाइड्रोजन परमाणु (ड्यूटेरियम और ट्रीटियम) का केवल एक ग्राम ही 8000 लीटर तेल के बराबर ऊर्जा पैदा करता है।[2] वर्तमान में, फ्रेकिंग शेल का जमा कोटा अस्थायी राहत दे सकता, लेकिन जल तालिक और स्थानिक पारिस्थितिकी का ध्यान रखे बिना यह नहीं हो सकता है।

पर्यावरण और मानव अस्तित्व पर परमाणु ऊर्जा के प्रभावों का हिसाब अब भी लगाया जा रहा है। आने वाले समय में भारत संयंत्रों के रखरखाव के रूसी और जापानी विध्वंसात्मक उदाहरणों के बावजूद भी विखंडनीय परमाणु ऊर्जा पर अपनी निर्भरता बढ़ाने जा रहा है। जब यूरोप ऐसे क़दमों पर लगाम लगाने जा रहा है, तब हम अपनी गति बढ़ा रहे हैं। इतना ज़्यादा कि 2008 में भारत सरकार ने भारत-अमरीका परमाणु सहयोग के लिए अपने अस्तित्व को भी दाँव पर लगा दिया था। रक्षा और सुरक्षा के कारणों से भारत में परमाणु लॉबी बहुत मज़बूत है। जुलाई, 1960 में, जब चेयरमैन माओ ने चीनी वैज्ञानिकों को आठ साल के अन्दर-अन्दर चीन में अणु बम बनाने के लिए कहा, तब पंडित नेहरू ने इसका अनुसरण करने

1. Quoted in Minoo Masani, *Our India* (Calcutta : Oxford University Press, 1940), 136.
2. दक्षिणी फ्रांस में थर्मोन्यूक्लियर प्रयोगात्मक संयंत्र निर्मित किया गया है। मिश्रित प्रौद्योगिकी की सम्भावनाएँ अनंत हैं लेकिन इसके लाभ अभी भी कोसों दूर हैं।

से इनकार कर दिया। बहुत बाद में, 1974 में, इन्दिरा गांधी ने इसे किया और पहला परमाणु परीक्षण पोखरण में किया गया। सम्भवत: यह उन्होंने आन्तरिक समस्याओं और घरेलू असन्तोष से ध्यान हटाने के लिए किया था। कुछ सघन दबावों के बावजूद भी अगले 24 वर्षों तक परमाणु को छुआ नहीं गया। 1978 में, तत्कालीन विदेशमंत्री अटल बिहारी वाजपेयी हिरोशिमा गए थे और वहाँ की आगन्तुक रजिस्टर में प्रभावी तरीक़े से बम के ख़िलाफ़ लिखा। बीस साल बाद, वह व्यक्ति जब प्रधानमंत्री बन गया तो पता नहीं किन कारणों से उसने दूसरे परमाणु परीक्षणों का आदेश दे दिया। हम जानते थे कि पाकिस्तान इसका फ़ायदा उठाएगा, कुछ ही दिनों में पाकिस्तान ने भी परमाणु परीक्षण किए और लम्बे समय से इच्छित परमाणु सम्पन्न देश बन गया। हमारी परम्परागत अग्रस्थिति हमेशा के लिए ख़त्म हो गई थी।[1] परिणाम यह है कि अब पाकिस्तान एक दिन भारतीय ज़मीन पर क्रिकेट खेल सकता है और अगले दिन नियंत्रण रेखा के पास भारतीय सैनिकों का सर क़लम कर सकता है। भारत चीख़ने और बौखलाने के अलावा कुछ कर नहीं सकता। सर्जिकल स्ट्राइक से चुनाव में तो फ़ायदा हो सकता है पर वस्तुस्थिति पर नहीं।

राजनीति को छोड़ भी दें, तो ऊपर की चर्चा से यह स्पष्ट होता है कि स्वाधीन भारत और कई विकसित देशों में दुर्भाग्य से प्रौद्योगिकी ने विज्ञान का चोला ओढ़ रखा है, यह बीसवीं शताब्दी के पूर्वार्द्ध से बिलकुल विपरीत स्थिति है, जब जगदीश चन्द्र बोस, सत्येन्द्रनाथ बोस, सी.वी. रमण, या मेघनाद साहा जैसे वैज्ञानिकों की उनके मौलिक योगदान के लिए सराहना की गई थी, आज तो परमाणु या मिसाइल इंजीनियर वैज्ञानिक माने जाते हैं। राजनीतिक गलियारे में विज्ञान की इतनी कम कदर है कि यदि किसी मंत्री को मंत्रालय बदलकर पेट्रोलियम या स्वास्थ्य से विज्ञान और तकनीकी मंत्री बनाया जाता है, तो इसे पदावनति माना जाता है। लोकप्रिय धारणाओं में भी विज्ञान को बहुत श्रेष्ठ नहीं माना जाता है। यहाँ तक कि आजकल के भारतीय वैज्ञानिकों में कई पुरस्कार प्राप्त (नोबेल को छोड़कर) जाने-माने नामों पर भी नकल के आरोप लग रहे हैं। यही होता है, जब

1. जब पोखरण में दूसरी बार परमाणु परीक्षण किया गया था, मैं स्टॉकहोम में प्रौद्योगिकी के इतिहास पर व्याख्यान दे रहा था। पश्चिमी जनता स्तब्ध थी और मैं भी। परेशान होकर मैंने पौराणिक व्याख्याओं का सहारा लिया। जब सागर-मंथन हुआ था, तो अमृत सहित बहुत-सी अच्छी वस्तुएँ निकलीं, जिन्हें पाने के लिए देवता और दानव दौड़ पड़े। लेकिन जब ज़हर निकला, वे अपनी जान बचाने के लिए भाग खड़े हुए। उस समय देवाधिदेव शिव आगे आए और उसे पी गए। वह इतना ज़हरीला था कि वे भी उसे पचा नहीं सकते थे। इसलिए उन्होंने उसे अपने गले में ही रखा, जिससे वह नीला पड़ गया और वे नीलकंठ कहलाए। गले को ठंडा रखने के लिए उन्होंने उस पर साँप लपेट लिया। ख़ैर, संयंत्र को तो ठंडा रखना ही पड़ेगा! वे अब भी ज़हर को स्वयं ही रखे हुए हैं, ताकि हमारी जान बची रहे लेकिन उनके विपरीत, वाजपेयी ने शक्ति के प्रदर्शन के लिए उस ज़हर को उगल दिया। वह बहुत ही ख़राब फ़ैसला था!

कोई एक व्यक्ति बड़ी टीम के साथ सैकड़ों शोध आलेख लिखता है, जो टीम संसाधन और लाभांश के लिए उसी मुखिया पर निर्भर करती है।[1] जिन नवोदित वैज्ञानिकों ने जल्दी ही अमरीका और ब्रिटेन के लिए देश छोड़ दिया, जैसे हरगोविंद खुराना, अब्दुस सलाम और हालिया वेंकट रामाकृष्णन ने महान ख्याति अर्जित की। रामाकृष्णन हाल ही में रॉयल सोसाइटी के अध्यक्ष निर्वाचित हुए, जो वास्तव में दुर्लभ सम्मान है।

निस्सन्देह विज्ञान का चरित्र ही बहुत बदल गया है। इक्कीसवीं सदी में जगदीश चंद्र बोस, जिन्होंने अकेले रहकर अपने प्रयोगात्मक उपकरण ख़ुद ही बनाए, सम्भव नहीं है। नई प्रौद्योगिकी ने बहुत प्रभाव डाला है। लेकिन यह भी समझने की आवश्यकता है कि विज्ञान को पूरी तरह से प्रौद्योगिकी के रूप में पहचानना, न तो विज्ञान के लिए, और न ही प्रौद्योगिकी के लिए अच्छा है। पहले अर्थव्यवस्था प्रौद्योगिकी की संचालक थी, अब प्रौद्योगिकी अर्थव्यवस्था की संचालक है। इस महान कायांतरण में, जिज्ञासाजनित शोध को पृष्ठभूमि में डाल दिया गया। इसकी जगह अब हमारे पास बड़े बजट वाले उद्‌देश्यपरक कार्यक्रम (जैसे—अन्तरिक्ष, परमाणु या रक्षा) है। देश भर में फैली 'छोटी लेकिन जिज्ञासापरक प्रयोगशालाएँ' बड़े संस्थानों से कम उपयोगी नहीं होंगी। देश को कहीं और निर्मित एवं तुरन्त आयातित-आत्मसात् किए जाने वाले प्रौद्योगिकीय यंत्रों की बजाय वैज्ञानिक मिज़ाज और बौद्धिक जिज्ञासा की ज़्यादा आवश्यकता है। इसमें कोई शक नहीं है कि कोई भी प्रौद्योगिकी विशेष ख़ास तात्कालिक आवश्यकताओं को पूरी करती है लेकिन उसी समय ये कुछ समस्याएँ भी पैदा करती हैं, जिसके निवारण के लिए दूसरी तरह की प्रौद्योगिकी की आवश्यकता होती है। एक आविष्कार में ही दूसरे आविष्कार की आवश्यकता और बीज होते हैं। एक सार्वकालिक चक्र की आवश्यकता है, जो व्यापक संस्थानीकृत हो। स्वाधीन भारत ने इस आवश्यकता की समुचित पूर्ति की। आप किसी भी समस्या या विषय के बारे में सोचिए और उसके लिए समर्पित संस्थान आपको मिल जाएगा! निस्सन्देह हमने मात्रात्मक विस्तार तो हासिल कर लिया है लेकिन गुणात्मक सुधार का क्या होगा?

गुणात्मक सुधार केवल पाठ्यचर्या में सुधार और अकादमिक समुदाय के भीतर से आने वाले स्वमूल्यांकन से ही होगा। राज्य केवल सुविधा दे सकता है; यह अकादमिक बदलाव थोपा नहीं जा सकता है। अंग्रेज़ औपनिवेशिकों ने राज्य विज्ञान और राज्य वैज्ञानिकों की अवधारणा को प्रोत्साहन दिया था। अपनी ख़ास ज़रूरतों के कारण उन्हें इसकी आवश्यकता थी। स्वाधीन भारत में यह प्रवृत्ति बदलनी चाहिए थी लेकिन दुर्भाग्य से, राज्य विज्ञान और राज्य वैज्ञानिक की अवधारणा भारतीय

1. हाल ही में दिल्ली विश्वविद्यालय के एक जाने-माने पूर्व कुलपति दूसरी प्रयोगशालाओं से नकल और चोरी के मामले में गिरफ़्तार हुए।

मानस में गहराई से पैठी है। प्रख्यात जीवविज्ञानी जे.बी.एस. हाल्डने, जिन्होंने भारत को अपना घर बना लिया था, ने एक बार चेताया था कि—

> सबसे पहले जो काम करने की आवश्यकता है, वह है, जो विज्ञान हमने पाया है, उसका सदुपयोग करना। मतलब यह कि उन्हें शोध और शिक्षण के लिए हरसम्भव समय दिया जाना चाहिए, कुछ और करने के लिए नहीं कहना चाहिए...यदि मुझे एक दिन के लिए नेताओं और प्रशासकों की सामान्य बातें सुनने के लिए कहा जाए तो इसका मतलब यह मेरा अपमान है।[1]

हाल्डन की बात पर बहुत कम लोगों ने ध्यान दिया। पं. नेहरू स्वयं वैज्ञानिक संस्थाओं को 'सरकारी कार्य पद्धति' से बाहर निकालना चाहते थे।[2] लेकिन एक अर्द्ध सामंती परिवेश में हर कोई अपने बने रहने के लिए योग्यता और प्रासंगिकता के बजाय सरकारी वरदहस्त के लिए दौड़ लगाता है। जहाँ ब्रिटेन ने अपने डिपार्टमेंट ऑफ़ साइंटिफिक एंड इंड्रस्ट्रियल रिसर्च (डीएसआईआर) को बहुत पहले ख़त्म कर दिया था, वहीं अपने सीएसआईआर और डीआरडीओ राज्य के भीतर एक राज्य की तरह विस्तार पाता और कार्य करता आ रहा है। क्यों नहीं देश के विभिन्न भागों में स्थित उनकी प्रयोगशालाओं को अपने क्षेत्र के विभिन्न विश्वविद्यालयों से सम्बद्ध कर दिया जाता है ताकि शोध और शिक्षण एक साथ आ सकें? सीएसआईआर ने हाल ही में अपनी ही एक डिग्री देने वाली अकादेमी खोलने की घोषणा कर इस दिशा में क़दम बढ़ाया है। यह स्वागत योग्य क़दम है, यह युवा शोधार्थियों को सुसज्जित प्रयोगशालाओं के इस्तेमाल करने का अवसर देगा। लेकिन इस प्रयोग के भी नौकरशाहीकरण से बचाने का प्रयास करना पड़ सकता है। खतरा तो अन्तर्निहित है क्योंकि इस तथाकथित अकादमी में केवल एक ही मानद प्रोफ़ेसर होंगे, जो स्वयं पदेन सीएसआईआर के महानिदेशक होंगे!

फिर भी, कुछ मामलों में 1985 में आया बदलाव का झोंका आश्वस्त करने वाला है। इसने सूचना प्रौद्योगिकी और इससे सम्बद्ध सेवा क्षेत्रों में एक अभूतपूर्व उछाल ला दिया था। निजी ताक़तें बड़े पैमाने पर इस खेल में शामिल हो गई हैं। नई ज्ञान-अर्थव्यवस्था और ज्ञान-समाज की सम्भावना से आकृष्ट मध्यवर्ग 1990 की नव-उदारवादी नीतियों से उत्तरोत्तर प्रधानमंत्रियों के शासनकाल में पनपा है। इसने कोई परवाह नहीं की कि कोई किसान आत्महत्या कर रहा है और अमीर-ग़रीब के बीच खाई अभूतपूर्व तरीक़े से बढ़ी। आज की ज्ञान और धन की तलाश बिना किसी नैतिक और सामाजिक मूल्यों के है। हमारी सुप्रसिद्ध आभियांत्रिकी संस्थाओं से निकले विद्यार्थियों में से कम ही उत्पादन इकाई या शोध प्रयोगशालाओं में जाते हैं,

---

1. J.B.S. Haldane Papers, 20626 (Edinburgh : Scottish National Library), 39.
2. Jawaharlal Nehru, Inaugural Address, 50th session of the Indian Science Congress, 7 October, 1963, New Delhi.

वित्त और बाज़ार उन्हें ज़्यादा आकर्षित करता है। हमारे पूर्वज जानते थे कि गन्ना कैसे उपजाया जाता है, इसलिए जब अन्तर्राष्ट्रीय बाज़ार में शक्कर का भाव बढ़ गया, तो उन्हें अपने गाँवों से विस्थापित कर सुदूर फिज़ी, त्रिनिदाद या मॉरिशस भेज दिया गया। उन्हें कुली कहा गया। आज सॉफ्टवेयर का भाव उसी तरह बढ़ा हुआ है, और प्रतिष्ठित संस्थानों की डिग्री से लैस नए तकनीकी और साइबर कुली इसमें कूद पड़े हैं।[1] हालाँकि उन्हें विस्थापित नहीं होना पड़ेगा। वे अपनी कुशलता का प्रयोग टाइम ज़ोन का फ़ायदा उठाते हुए वह काम यहाँ रहकर दूसरे गोलार्द्ध की तुलना में बहुत सस्ते में करते हैं। कम्पनियों का एक ही नारा है—मुनाफ़ा और मात्र मुनाफ़ा। सार्वजनिक संसाधनों (यहाँ तक कि वायु-तरंग भी) को जिस गति से बेचा गया है उससे तो ईस्ट इंडिया कम्पनी के डकैत भी शरमा जाएँ। सरकार इस काम में सहर्ष भागीदार है। उम्मीद, नागरिक समाज की मज़बूती और ज्ञान एवं इसके संस्थानों को लाभदायक तथा साथ-साथ समतावादी बनाने में ही है। इसके लिए बहुत कठिन सन्तुलित कार्य की आवश्यकता है। और लोकतांत्रिक भावना और वैज्ञानिक मिज़ाज का कोई और विकल्प नहीं है।

1. कुछ युवा साइबरकर्मी साइबर कुली विशेषण से नाराज़ हो जाते हैं। गांधी दक्षिणी अफ्रीका में कुली बैरिस्टर के रूप में जाने जाते थे। कुली एक मानसिकता है। यह हमारे साइबर कुली पर निर्भर करता है कि वे इससे बाहर निकलने का रास्ता खोजें।

९

भावी भारत ?

'चूँकि हर पीढ़ी कुछ नहीं और सब कुछ के साथ प्रारम्भ होती है, इसलिए वह अपनी तमाम पुरानी ग़लतियों को जानती है। हो सकता है कि वह यह नहीं जानती है कि वह उन्हें जानती है, लेकिन वह वाकई में उन्हें जानती है। पीढ़ियाँ पिछली योजनाओं को, मूल नियत को, पुराने सपनों को जानती हैं। हर एक पीढ़ी को अपने लिए मूल से पुनः जुड़ना होता है। वे थोड़ा बुद्धिमान हो जाती हैं लेकिन बहुत आगे नहीं जाती हैं। यह सम्भव है कि वे अब धीमी गति से चलती हों और बड़ी, बेहतर गलतियाँ करती हों। ऐसे ही वह जनता है। उनके पास असीमित आशाएँ हैं और संघर्ष की शाश्वतता है। उन्हें उनके स्वयं के अलावा कोई नहीं मिटा सकता और वे उनका रास्ता कभी पूरा नहीं कर पाते जो उनकी आत्मा है और वे यह नहीं जानती हैं।'

'तो आप उन्हें बताते क्यों नहीं ?'

'क्योंकि उन्हें भुलक्कड़पन की बीमारी है। वे उन चीज़ों के प्रति उदासीन हैं, जिन्हें उन्हें सबसे ज़्यादा जानना चाहिए।'[1]

हाँ, राह अन्तहीन है, लेकिन 'भुलक्कड़पन की बीमारी' के बावजूद हमें आगे बढ़ना होगा।[2] आशा हमारी राह है। यदि यात्रा सफल हुई, तो हम ईश्वर को इसके लिए धन्यवाद दे सकते हैं, लेकिन यदि सफल नहीं हुई तो जिम्मेदारी हमारी है। विशेष रूप से, यदि आप भारत में रहते हैं, तो आपको मानना पड़ेगा कि भगवान है, भले ही वह हमेशा छुट्टी पर ही रहता हो। ऐसा भी समान रूप से सम्भव है कि हम ईश्वर को भूल गए और ईश्वर ने हमसे अपने आपको भुलवा दिया। हममें से अधिकांश के लिए यह दुविधा और त्रिशंकु की स्थिति है। आज जैसे ही हम 2019

1. Ben Okri, *The Famished Road* (London : Vintage 1992), 330 (Emphasis Added)
2. जैसा कि एक सुचिन्तित समाज विज्ञानी ने कहा—'भुलक्कड़पन, न केवल आधुनिकतावादियों का, बल्कि इसके आलोचकों का भी एक आवश्यक गुण है।' (Partha Chatterjee, *The Black Hole of Empire* [Ranikhet, Permanent Black, 2012], 105.)

में प्रवेश कर रहे हैं, बड़ी-बड़ी समस्याएँ और अत्यधिक जटिल जटिलताएँ क़दम-क़दम पर हमारे सामने आ रही हैं। पुराने साम्राज्यों के बारे में बहुत नहीं जानता हूँ, लेकिन महान मुग़लों और चतुर अंग्रेज़ों ने हमें विफल कर दिया। एक ने पूरे देश को मकबरों और मीनारों से पाट दिया, उनमें से कुछ अवश्य उत्कृष्ट और सुन्दर हैं, जो पर्यटन के ज़रिए हमारी आमदनी भी बढ़ाती हैं, और दूसरे ने जिस चीज़ पर हाथ रखा, उसे हथियाकर व्यापार किया और मुआवज़े के रूप में औपनिवेशिक आधुनिकता की कुछ संस्थाओं और निशानियों को छोड़ गए।

जब सुबह-ए-आज़ादी आई, हमने कुछ लाभ और बहुत नुकसान के साथ आँखें खोली थी। हमारी नींव कमज़ोर थी, फिर भी राष्ट्र को बुनने और उसके पुनर्निर्माण की उम्मीद और मज़बूत इरादे थे। नेता गम्भीर और विद्वान थे, जिन्होंने बहुत ईमानदारी से पुनर्निर्माण का काम शुरू किया। विषमता बहुत ज़्यादा थी; ज़मीन और मनुष्य का अनुपात ठीक होने के बावजूद ग़रीबी का दुष्चक्र तेज़ था और मृत्युदर अधिक थी। लेकिन जैसे-जैसे समय बीतता गया, बदलाव और सुधार दृष्टिगत होते गए। जब मैं पैदा हुआ था, उस समय भारतीयों की औसत आयु तीस वर्ष से भी कम थी; साठ साल बाद यह लगभग दुगुनी हो गई। मृत्युदर में गिरावट आई, तो रुपए में भी। मेरी आँखों के सामने ही, जनसंख्या तिगुनी हो गई, और इसने संसाधनों पर ज़बरदस्त दबाव डाला। अब ज़मीन का बहुत अभाव हो गया है। शहरी भारत तेज़ी से बढ़ रहा था, तो वहीं ग्रामीण भारत भूमाफियाओं और विकास परियोजनाओं के सामने बेबसी से टिक पाने का प्रयास कर रहा था। स्वाभाविक ही, ऐसी ही परिस्थितियों में कालेधन की अर्थव्यवस्था फलती-फूलती है। तेज़ी से बढ़ती हुई जनसंख्या के कई सामाजिक प्रभाव भी पड़े। इसने उत्तर बंगाल, उत्तर बिहार, लोअर आसाम और पूर्वी उत्तर प्रदेश जैसे सापेक्षिक रूप से ग़रीब क्षेत्रों की जनसंख्यात्मक संरचना को ही बदल दिया। आश्चर्य नहीं कि हिन्दू धर्मान्ध अब हिन्दू महिलाओं से ज़्यादा बच्चे पैदा करने के लिए कह रहे हैं। यह मुझे उस उच्च शिक्षित यहूदी महिला की याद दिलाता है, जिसका घर मैंने 1996 में यरुशलम की यात्रा के दौरान किराये पर लिया था। उस समय उसका अपना सातवाँ बच्चा गर्भ में था। जब मैंने उससे पूछा कि 'इतना बड़ा परिवार?' तो उसने जवाब दिया, 'ओह, आई हैव टू कम्पीट विद दी पेलेस्टिनियन वीमेन हू प्रोड्यूस अ डज़न आर सो (मुझे फिलिस्तीनी औरतों के साथ प्रतियोगिता करनी है, जो दो दर्जन या इससे ज़्यादा बच्चे पैदा करती हैं)!' हमारे समाज का भगवान ही मालिक है!

चाह और राह

कई लोगों को अवसरवादी गठबन्धन, धार्मिक कट्टरता, सर्वव्यापी भ्रष्टाचार और सामाजिक असमानताओं की स्थिति में हमारी व्यवस्था बीमारू या गम्भीर बीमार

लगती है। 1970 के बाद की हमारी व्यवस्था कोमोडो अज़गर का क्षेत्र लगती है, जहाँ दूसरे सभी 'जीव' इसकी लार और काटने से शायद ही बच सकें। हम केवल उत्तर-सेकुलर समाज में ही नहीं रहते हैं, बल्कि सम्भवतया 'धनवान ही जीवित' के नारे वाले उत्तर-डार्विनवादी समाज में भी रहते हैं। या यह डार्विनवाद को सर के बल खड़ा करना है, जिसका नारा है—'मूर्ख ही जीवित' है? इनसे भी ज़्यादा, दहशतगर्दी और दरिंदगी का समाज पर बहुत प्रभाव है। समकालीन समाज सभी तरह की हिंसाओं का उत्पादक और ग्राहक दोनों एक साथ है। इसने हिंसा को एक नियमित तमाशा बना दिया है। यक़ीनन, हालात विकट हैं, लेकिन निश्चित ही, मुक्ति से दूर नहीं। आज़ादी के समय बहुत लोगों का सोचना था कि गणराज्य लम्बे समय तक चल नहीं पाएगा।[1] वे ग़लत साबित हुए। इसी तरह, सत्तर के दशक के आपातकाल के बादल भी जल्दी छँट गए। शायर इक़बाल सही थे : एक प्रबल अन्तर्शक्ति होती है, जो देश को बचाए रखती है। लेकिन तेज़ी से बदलती दुनिया और एक अरब से ज़्यादा की जनसंख्या वाले देश में मात्र यह पर्याप्त नहीं है। हमें इसे एक मज़बूत राजनीतिक इच्छाशक्ति को जोड़ना होगा, जिसे बदले में सुसूचित चर्चाओं और बहसों को उभारना होगा। दर्जनों समितियों और आयोगों ने कई मर्ज़ों की पहचान की और असंख्य सिफ़ारिशें कीं, जो अभी भी धूल खा रही हैं। उन्हें लागू करना होगा, यदि आंशिक और अधूरे मन से भी यह किया जाए तो ये बहुत आगे ले जाएँगी। बहुत पहले भारत के एक अर्थवान मित्र ने चिन्ता प्रकट की थी कि 'इस दुर्भाग्यशाली देश में शैतान की चक्की का पहिया भगवान के पहिये से बहुत तेज़ घूमता है।'[2] यह अब तक सही हो सकता है लेकिन इसकी गति बदली जा सकती है।

मई, 2014 में केन्द्र में नई आई सरकार से यह उम्मीद की जा सकती है! यदि यह अतिक्रमण करती है, तो सतर्कता के प्रहरी के रूप में न्यायपालिका और मीडिया है। उच्च न्यायपालिका की विवेचना में हमारी न्यायपालिका जीवंत हो उठती है लेकिन हमारी व्यवस्थापिका में यह विरल ही होता है। चुनाव-सुधार हमारी व्यवस्था को अति आवश्यक नया रूप देंगे। यह शिक्षित-साधारण, अमीर-ग़रीब दोनों के लिए राजनीति को आकर्षक बनाएँगे। 1998 में, निर्वाचन आयोग ने राजनीति के अपराधीकरण को रोकने के लिए कुछ प्रस्ताव किए थे, वे अभी भी धूल खा रहे हैं। दुर्भाग्य से हमारे राजनीतिक दल पार्टी कार्यकर्ताओं की बजाय बाहुबल और धन

1. जैसा कि एक अंग्रेज़ टुटपुँजिये ने डींग हाँकी थी कि 'यदि हमने भारत छोड़ दिया तो देशभर में गृहयुद्ध छिड़ जाएगा, चरागाह बनाने के लिए हिमालयी जंगलों को जला दिया जाएगा, और नदियाँ-नहरें सूख जाएँगी...' (J.F.C. Fuller, *India in Revolt* [London : Eyre and Spotwood, 1931], 28).
2. A.V. Hill, Secretary, Royal Society, London, 17 January 1946, Hill Papers, MDA 7, Royal Society Archive.

बल पर ज़्यादा निर्भर रहते हैं। उम्मीदवार चुनाव में कितना ख़र्च कर सकते हैं, इसकी एक सीमा है लेकिन कोई राजनीतिक पार्टी कितना कर सकती है, इसकी कोई सीमा नहीं है। हर चुनाव में नेता नियमित रूप से अपनी सम्पत्ति की घोषणा करते हैं लेकिन इस बात की कोई जाँच नहीं होती है कि अगले चुनाव तक उनकी सम्पत्ति करोड़ से करोड़ों कैसे हो जाती है! आदिम दंड संहिता (भारतीय दंड संहिता—आईपीसी) और आपराधिक प्रक्रिया संहिता (सीआरपीसी) लगभग एक सदी पहले बनाई गई हैं, जो अब नाटकीय ढंग से बदली परिस्थितियों से निपटने के लिए अशक्त और अक्षम हैं। इसी तरह आदिम पर्सनल लॉ को एक समुचित समान नागरिक संहिता से बदला जाना चाहिए।

अब हमें हमारे राष्ट्रीय आन्दोलन की भावना को फिर से उभारने की आवश्यकता है, जिसमें समाज के सभी समुदायों ने योगदान दिया था। वह भावना हमारे संविधान में परिलक्षित होती है। हमें इसके दायरे में ही सुधार करना होगा, प्रासंगिक क़ानून बनाने होंगे और संस्थाओं को उन्नत करना होगा। संस्थाओं की कमियों की वजह से भी क्रियान्वयन की असफलता होती है। मूल ज़ोर मौजूदा संस्थाओं को मज़बूत करने पर होना चाहिए लेकिन हमें नए प्रयोगों और नए ख़तरे उठाने से बचना नहीं चाहिए। क्यों नहीं, विधि आयोग की सिफ़ारिश की तर्ज़ पर अखिल भारतीय न्यायिक सेवा की शुरुआत की जाए? और इसी तर्ज़ पर शैक्षिक सेवा भी? क्यों नहीं विद्यार्थियों को अपने शिक्षकों के मूल्यांकन की वैधानिक शक्ति दी जाए? इससे ज़्यादा शिक्षकों की जवाबदेही और कोई नहीं सुनिश्चित कर सकता है। सामाजिक क्षेत्र में समझौते की राजनीति से बात नहीं बनेगी। ढाँचागत असमानताओं को मिटाने के लिए कभी-कभी अन्तःसामुदायिक और अन्तर्सामुदायिक स्तर पर कठिन फ़ैसले लेने होंगे। इसके लिए राज्य का हस्तक्षेप और सामाजिक आत्मनिरीक्षण करना होगा। एक के अभाव में दूसरा व्यर्थ होगा। तमाम तरह के वादों (विचारधारात्मक) और व्यवस्थाओं की धुरी राज्य ही है। यह रहना भी चाहिए। केवल राज्य ही हमारे संविधान को प्रतिष्ठापित करते हुए सुचिन्तित तरीक़े से नीति-निर्देशक तत्त्वों को क्रियान्वित कर सकता है। इसका कार्यपालिका पक्ष महत्त्वपूर्ण है और यदि स्थानान्तरण, पदोन्नति आदि को 'राजनीतिक सुविधा' की जगह 'संवैधानिक सुविधा' बना दिया जाए तो यह और बेहतर हो जाएगा। हमारे देश में राज्यों का पुनर्गठन भी तुरन्त आवश्यक है। छोटे राज्य न केवल बेहतर प्रशासनिक कुशलता और जवाबदेही निर्मित करने में सहायता पाएँगे बल्कि भ्रष्टाचार का स्तर नियंत्रित करने में भी 74वें संविधान संशोधन के बावजूद एक प्रभावी पंचायती राज्य अभी भी एक दूर का सपना है। शक्तियों का हस्तांतरण या विकेन्द्रीकरण का मतलब राज्य को कमज़ोर करना नहीं होता है। उच्च शिक्षा और अधिक विद्वत्ता के साथ सुसूचित नागरिक समाज राज्य को वांछित नीतियों के निर्माण और इससे भी महत्त्वपूर्ण क्रियान्वयन

में मदद कर उसका सहायक बनेगा। दुर्भाग्य से, इन दोनों को विरोधी माना जाता है, जबकि उन्हें कन्धे-से-कन्धा मिलाकर साथ चलना चाहिए।

हमें आदर्श राज्य नहीं चाहिए। कमियाँ रहेंगी लेकिन उन्हें कम किया जा सकता है। बड़े पैमाने पर पसरे भ्रष्टाचार को बर्दाश्त कर सकने लायक स्तर पर लाया जा सकता है। भ्रष्टाचार साम्प्रदायिकता से भी बड़ा खतरा है। एक दृढ़ निश्चयी राज्य दोनों को नियंत्रित कर सकता है। भ्रष्ट लोगों की सम्पत्ति ज़ब्त कीजिए और इसका असर देखिए। बिहार और मध्य प्रदेश में ऐसा हो रहा है। आपातकाल में कैसे भ्रष्टाचार न्यूनतम स्तर पर आ गया था और रेलगाड़ियाँ समय पर चलने लगी थीं? जघन्य अपराधों और आतंकवाद के लिए जेल की अवधि 40-50 साल की कर देनी चाहिए। फाँसी की सज़ा अब कारगर नहीं है, बल्कि यह एक दोषी आतंकवादी को शहीद बना देती है। लेकिन रासायनिक बंध्याकरण बलात्कारियों में अवश्य ही भय पैदा करेगा। दूसरी तरफ़ हल्की-फुल्की सामाजिक कुरीतियों जैसे खेलों में सट्टा लगाने को वैध कर, वैध तरीक़े से राजस्व वसूली की जा सकती है। इस सबके लिए हमें हमारे सौ साल पुरानी दंड संहिताओं और क़ानूनों में आवश्यक बदलाव करने होंगे। इसी तरह से, क़ानूनों और शिक्षा दोनों के ज़रिए व्यापक सामाजिक समता सुनिश्चित की जा सकती है। महानगरों में भले ही दलितों की स्थिति में कुछ सुधार हुआ हो, लेकिन क़स्बों और गाँवों में यह पहले की तरह ही दारुण है। उदाहरण के लिए खैरलांजी (महाराष्ट्र), लक्ष्मणपुर बाथे (बिहार) और इटावा-बदायूँ (उत्तर प्रदेश) में की गई इनकी बर्बर हत्याएँ देखिए। दलित लड़कियों को नियमित ही बलात्कार झेलना पड़ता है, यहाँ तक कि उन्हें जलाकर या पेड़ पर लटकाकर मार दिया जाता है।[1] आज़ादी के कई दशकों बाद भी महिलाओं की स्थिति, उनका स्वास्थ्य, उनकी शिक्षा और सबसे ज़्यादा उनकी सुरक्षा आज भी गम्भीर चिन्ता का विषय है। हमारे संविधान ने हमें समर्थनात्मक प्रावधान दिए, महिलाओं को समान अधिकार और मताधिकार दिया, जो कई अन्य देशों ने बहुत बाद में दिया। राजनीतिक दल वोटों के लिए लुभाते हैं लेकिन उन्हें उचित प्रतिनिधित्व देने में कतराते हैं। महिला आरक्षण अधिनियम कई सालों से अटका हुआ है। लैंगिक और जातिगत मुद्दों पर समर्थनात्मक प्रावधान की नीति सामाजिक और आर्थिक यथार्थ को ध्यान में रखते हुए अवश्य ही आगे बढ़ाई जानी चाहिए। इसी तरह से, जल, जंगल और ज़मीन वास्तविक मुद्दे हैं। जब तक कि उचित तरीक़े से ध्यान नहीं दिया जाता है, माओवादी हिंसा बढ़ती रहेगी। केवल जवाबी कार्रवाई मदद नहीं करेगी। दूसरी तरफ़, साम्प्रदायिक दंगों से कठोरता से निपटना होगा।

---

1. महिलाओं के ख़िलाफ़ की जाने वाली इस बर्बर हिंसा में जाति का प्रश्न निश्चित रूप से है। राजनीतिक संरक्षण आग में घी डालता है। हाल ही में, अजेय 'समाजवादी' नेता मुलायम सिंह यादव ने कहा था कि 'लड़के लड़के होते हैं, वे ग़लतियाँ कर देते हैं।'

धर्मान्धता और उग्रवाद बहुमुखी विकराल समस्याएँ हैं, जिनसे कई स्तरों पर लड़ना पड़ेगा। इसके लिए राजनीतिक और इसी तरीक़े से सामाजिक-सांस्कृतिक हस्तक्षेपों की आवश्यकता होती है।

कई समस्याओं के लिए, विचारक हमारी संस्कृति को जिम्मेदार मानते हैं। ऐसा करना बहुत आसान है, लेकिन यह हमेशा उचित और वांछित नहीं हो सकता है। अतीत में कैथरीन मेयो और कई अन्य लोगों ने सांस्कृतिक बुराइयों का बहुत आनन्द लिया और आगे भी लोग लेते रहेंगे। भारतीय क्रिकेट टीम की बुराई करते हुए, इसके पूर्व प्रशिक्षक और स्वयं एक उम्दा क्रिकेटर ग्रेग चैपल ने कहा था कि—

> भारत की संस्कृति ही ऐसी है कि यदि आप अपने सर को ऊँचा उठाएँगे, तो कोई उसे गोली मार देगा, अपना सर नीचे रखो। इसलिए उन्होंने अपना सर नीचे रखना और जिम्मेदारी नहीं उठाना सीख लिया है। अंग्रेज़ों ने वाकई में उन्हें अपना सर नीचे रखना अच्छे से सिखाया है।[1]

जबकि इसके विपरीत, गांधी ने निर्भय होना सिखाया था, उनकी अहिंसा की शिक्षा निर्भयता पर आधारित थी। टैगोर ने ऐसी सुबह की कामना की थी, जहाँ 'सर ऊँचा रहता हो'। उनका तरीक़ा 'आत्म' और आत्मशक्ति के विकास के ज़रिए मस्तिष्क को जगाना था। जैसा कि टैगोर ने दर्शाया है—

> एक कहानी है कि एक बच्चा रोता हुआ भगवान के पास पहुँचा और कहा कि—'भगवान, सभी प्राणी क्यों मुझे खाना चाहते हैं?' भगवान ने पूछा, 'मेरे बच्चे! मैं क्या कर सकता हूँ? जब मैं तुम्हें देखता हूँ, तो स्वयं मेरा भी मन ललचाता है।'
>
> अर्थात् भगवान इस बात की गारंटी नहीं कर सकते हैं कि हमेशा कमज़ोरों और अशक्तों के साथ न्याय होगा। तो फिर हम क्यों व्यर्थ में प्रशासकों और सरकार से न्याय माँगते रहते हैं? इस सम्बन्ध में सद्प्रयास अप्रासंगिक हैं। कमज़ोरों के मामलों में तो क़ानून भी कमज़ोर हो जाता है।

'कमज़ोर लोगों के मामले में क़ानून भी कमज़ोर हो जाता है' यह टिप्पणी आज के ज़माने में बहुत महत्त्व रखती है। जब सामाजिक अन्त:करण मर जाता है,

1. Quoted in The Hindustan Times, 7 March, 2012. ग्रेग चैपल 2005-07 के दौरान भारतीय क्रिकेट टीम के प्रशिक्षक थे। सात साल बाद, भारतीय क्रिकेट के 'देवता' और टीवी पर सामान बेचने वाले एकमात्र भारतरत्न सचिन तेंदुलकर ने एक आत्मकथात्मक लेख में अपने पुराने प्रशिक्षक को 'रिंग मास्टर' कहा था। अब पी.सी. पारेख और प्रदीप बैजल जैसे कुछ सेवानिवृत्त नौकरशाह भी इसी प्रवृत्ति पर चल रहे हैं। उनमें भ्रष्ट साहब को सेवा देने से इनकार कर त्यागपत्र देकर सामने आने का साहस नहीं है, लेकिन वे सेवानिवृत्ति के बाद नैतिक बनते हैं। हम विनम्र देश हैं और सुविधा से (सेवानिवृत्ति के बाद) काम करते हैं!

तो कोई क़ानून काम नहीं आता है, भगवान भी नहीं। यह सब हम लोकतांत्रिक भारत में यहाँ-वहाँ देखते ही हैं।

वास्तविक कमी

व्यक्तिगत रूप से भारतीय अर्थव्यवस्था को लेकर मैं बहुत चिन्तित नहीं हूँ। हमारे प्रवासी भारतीय प्रबन्धक-तिकड़मी और अर्थशास्त्री इसकी कमियाँ गिनाते थकते नहीं हैं लेकिन उनके समाधान वित्तीय मात्र और ख़राब नौकरशाही हैं। हमारे कुछ अर्थशास्त्री नीम-हकीमों से भी गए-गुज़रे हैं। दूसरी तरफ़, जो अच्छे हैं, वे वृद्धि बनाम विकास की तकरार करते रहते हैं। बहुतों के लिए अर्थशास्त्र केवल लागत और लाभ, पदार्थ और उत्पादन, या निवेश और फ़ायदा मात्र है। बहुत कम लोग हैं, जो हरित अर्थशास्त्र के नज़रिए से सोचते हैं।[1] हमें अभूतपूर्व तरीक़े से बहुत गम्भीरता और गहनता के साथ सामाजिक और पर्यावरणिक सरोकारों पर ध्यान देना होगा।

मैं यह भी मानता हूँ कि यदि सामाजिक और सांस्कृतिक समस्याओं को राजनीतिक सूझ-बूझ और ईमानदारी से निपटाया जाए तो अर्थव्यवस्था में सुधार होगा। अच्छी आर्थिक उन्नति के सभी मापदंडों (जैसे—कार्य नैतिकता, उत्पादन, वितरण, शिक्षा, स्वास्थ्य आदि) का सामाजिक-सांस्कृतिक सम्पर्क होता है। स्वतंत्र भारत में कोई सामाजिक सुधार आन्दोलन नहीं हुआ, यहाँ केवल अनगिनत बाबा और साधु (जो आध्यात्मिकवाद का ढोंग करते हैं और उस पर फलते-फूलते हैं) हुए हैं, जिन्होंने हमारे सांस्कृतिक ख़ज़ाने और आर्थिक असुरक्षा का फ़ायदा उठाकर अपना व्यवसाय चमकाया।[2] वास्तविक और प्रभावी समाज सुधार के अभाव में, लोगों के पास उन्नति के लिए राज्य की ओर मुँह ताकने के सिवाय कोई और चारा नहीं रहता है। दुर्भाग्य से, इस तरफ़ भारतीय राज्य ने कुछ ख़ास नहीं किया। नेहरू का भारत राज्य नौकरशाही पर निर्भर रहा, जिसने कई मोर्चों पर कड़ी मेहनत की और कुछ सफलता भी प्राप्त की लेकिन संक्रमण काल की समस्या असंख्य और

---

1. पारिस्थितिकी और अर्थशास्त्र के बारे में सत्तर के दशक के प्रारम्भ में लिखने वाले अग्रणी व्यक्ति नरेन्द्र सिंह थे, जिन्होंने जेएनयू में मेरे केन्द्र में अध्यापन किया था। उन्होंने इच्छा आधारित (वान्ट-बेस) अर्थशास्त्र के स्थान पर आवश्यकता आधारित (नीड-बेस) अर्थशास्त्र को अपनाने की अपील की थी। देखिए, Narindar Singh, *Economics and the Crisis of Ecology* (Delhi : Oxford University Press, 1976).
2. बाबा शब्द भारतीय राजनेताओं पर भी लागू होता है। पिछले प्रधानमंत्री मनमोहन सिंह को मौनी बाबा कहा जाता था; लोगों ने इस मौन के आवरण में होते ग़लत सौदों को पहचाना था और उनका एक बड़बोले बाबा से स्थानापन्न कर दिया, जो मोदी मीडिया के ज़रिए हर रोज़ देश को उपदेश देते रहते हैं। यह वैषम्य भारतीय लोकतंत्र का स्मृतिलेख हैं।

इतनी सघन थी कि बदलाव दृष्टिगोचर न हो सके। दुर्भाग्य से इसने मानवीय पूँजी की क़ीमत पर भौतिक निवेश (जैसे उद्योग और बाँध) पर ज़्यादा ध्यान दिया। और तो और, नीतियों के क्रियान्वयन से ज़्यादा ध्यान निर्माण पर दिया गया। इसके परिणामस्वरूप लाइसेंस-परमिट राज्य के अस्तित्वमान हुआ, जिसने नियंत्रित विकास के नाम पर उद्यमशीलता, नवाचार की भावना को कुंद किया और उलटे भ्रष्टाचार को बढ़ावा दिया। उत्तर-नेहरू युग में जनसंख्या और भ्रष्टाचार अभूतपूर्व तेज़ गति से बढ़ने लगे। नब्बे के दशक में, भारतीय अर्थव्यवस्था का उत्पादककरण और निगमीकरण दिखाई देने लगा। सीएसआईआर में काम करने के दौरान हमें परियोजनाएँ पाने, बाहर से फंडिंग पाने और निगम संस्कृति विकसित करने की सलाहें दी गईं। मुझे लगता है कि किसी दिन हमें लिपस्टिक लगाकर लोगों को रिझाने के लिए भी कहा जा सकता है। अब सरकार और निगमों—दोनों के लिए प्रत्यक्ष विदेशी निवेश (एफडीआई) मूलमंत्र है, कुछ इसे फ़र्स्ट (एफ) डेवलप (डी) इंडिया (आई) भी कहते हैं। इंडिया फ़र्स्ट नारे से उत्साहित होकर अब निगमीय राष्ट्रवाद उछाल पर है। कॉर्पोरेट अब गुणों के आदर्श नहीं हैं, बल्कि वे रोज़गार पैदा करते हैं और अर्थव्यवस्था को गति देते हैं। इसके अलावा, नेताओं और बाबुओं को उनमें कुबेर का ख़ज़ाना नज़र आता है। ये सब ऐसे मिलकर और तालमेल के साथ कथित रूप से 'आम आदमी के विकास और कल्याण' काम करते हैं।

दशकों तक मूलमंत्र विकास रहा था। निस्सन्देह, कुछ स्थानों और कुछ क्षेत्रों में अच्छा विकास हुआ है। भारी उद्योग और बड़े बाँध उन्नति के सूचक के रूप में देखे जाते हैं। महानगर और भी 'महा' हो गए। विकास और प्रगति की इतनी बात करने के बावजूद कुछ चीज़ें वहीं की वहीं और विरत रहीं, जिन्हें मैं ज़िन्दगी भर, रोज़-ब-रोज़ सुनता आया हूँ। ये हैं—ग़रीबी, महँगाई और भ्रष्टाचार। कभी-कभी मैं सोचता हूँ कि क्या ये हमारी नियति के रूप में सदियों से हमारे साथ हैं। क्या कभी कोई राहत मिलेगी?

अंग्रेज़ औपनिवेशिकों का बलाघात नैतिक और भौतिक सुधार पर था, बीसवीं सदी में यह विकास के आह्वान में बदल गया, अब इस सदी में हमारी सरकार सकल घरेलू उत्पाद में 6 और 7 प्रतिशत की वृद्धि दर गर्व महसूस करती है। फिर भी, कड़वी सच्चाई यह है कि हमारी जनसंख्या का पचास फीसदी खुले में निवृत्त होता है और ग़रीबी, क्रमिक कुपोषण, रोग और अशिक्षा से पीड़ित है। 1970 में इन्दिरा गांधी ने ग़रीबी हटाओ का नारा दिया और लोकप्रियता के शिखर पर पहुँच गईं। उनके उत्तराधिकारी ने इस उद्देश्य के लिए प्रौद्योगिकीय मिशन शुरू किए। बाद में, बाज़ार को उन्नति के एजेंट के रूप में पेश किया गया और आजकल आम आदमी के नारे के तहत ग्रामीण रोज़गार और भोजन के अधिकार के लिए बड़े पैमाने पर सब्सिडी दी जा रही है। सब्सिडी हमेशा से रही है और इसके बिना भारतीय अर्थव्यवस्था

की कल्पना नहीं की जा सकती है। यहाँ तक कि जिन लोगों के लिए सब्सिडी होनी चाहिए, उससे ज़्यादा भ्रष्ट अमीर उद्योगपति और व्यवसायी सब्सिडी की नीति से फ़ायदा उठाते हैं। चुनावी उद्देश्य को ध्यान में रखते हुए कोई भी राजनीतिक दल सब्सिडी के फ़ायदे को नज़रअन्दाज़ नहीं कर सकता है। यह दिलचस्प है कि चाहे सरकार हो, या बुद्धिजीवी हो, या चाहे व्यवसायी, सब समाज में हाशिए पर रह रहे लोगों की बात करते हैं। यह भी दिलचस्पी का विषय है कि जितनी हमने 'हाशिए के लोगों' की बात की, ये उतने ही ज़्यादा हाशिए पर चले गए।

इसी तरह जितनी हमने सेकुलरवाद की बात की, समाज उतना ही ज़्यादा साम्प्रदायिक होता गया—मर्ज़ बढ़ता गया, ज्यों-ज्यों दवा की। ऐसा इसलिए होता है क्योंकि हमने समाज के सभी वर्गों को सन्तुष्ट करना चाहा और अन्ततः किसी को सन्तुष्ट नहीं कर पाए। कुछ लोगों ने 'तुष्टीकरण की राजनीति' नामक पदबंध को पकड़ लिया लेकिन यह तर्क केवल अल्पसंख्यकों के ख़िलाफ़ नहीं दिया जा सकता है। राजनीतिक दलों और शासक वर्गों ने हमेशा समाज के वर्चस्वशाली तबके को सन्तुष्ट करने का प्रयास किया है। देखिए, कैसे उत्तर भारत में खाप पंचायतों के फ़तवों के प्रति कैसी नरमी दिखाई जाती है। क्या यह तुष्टीकरण नहीं है? 1985 में संसद ने तलाकशुदा मुस्लिम महिला को हर्ज़ाना देने के सर्वोच्च न्यायालय के फ़ैसले को ख़ारिज कर दिया, यह ज़रूर तुष्टीकरण था। तत्कालीन सरकार मुसलमानों के रूढ़िवादी हिस्से के दबाव में झुक गई। उसी सरकार ने अगले ही साल हिन्दू समुदाय के रूढ़िवादियों को तुष्ट करने के लिए एक विवादित और बन्द 'मन्दिर' के ताले खोल दिए। कुछ ही सालों में देश ने इसके घातक परिणाम देख लिए। समाधान की बजाय, छूट और समझौते की राजनीति ने स्थितियों को और भी जटिल बना दिया है। 'अपराधियों' और ऐसी ही श्रेणियों के लोगों के निहित स्वार्थों को पूरा करने और सुरक्षित रखने के लिए मुस्तैदी से क़ानून बदले गए। ऐसे हमलों से भारतीय संविधान भी नहीं बचा है। निकट भविष्य में संविधान को इसके संशोधनों के ज़रिए ही अध्यायित और विश्लेषित किया जाएगा। ऐसा इसलिए होगा क्योंकि प्रायः नेता अल्पकालिक हितों के आगे नहीं देखते हैं, केवल राजनीतिज्ञ ही देख सकता है। और, स्वातंत्र्योत्तर भारत में कोई राजनीतिज्ञ नहीं पैदा हुआ।

लेकिन इसका मतलब यह नहीं है कि पूरा समाज ही निष्क्रिय और अनुर्वर हो गया है। सार्वजनिक नैतिकता के इस स्पष्ट पतन के समानांतर अनगिनत ग़ैर-सरकारी संगठन (एनजीओ) और कार्यकर्ता भी उभरे हैं, जिन्होंने शिक्षा, स्वास्थ्य और कृषि के क्षेत्र में महत्त्वपूर्ण काम किया है। ये अमूल्य रेड्डी, अनिल अग्रवाल, सफदर हाशमी, सुन्दरलाल बहुगुणा, शंकर गुहा नियोगी, अन्ना हज़ारे, मेधा पाटकर, इला भट्ट, अनिल गुप्ता, सी.वी. शेषाद्री, वर्गीश कुरियन, अरुणा रॉय, राजिंदर सिंह, ज्याँ द्रीज़, एम.एस. स्वामीनाथन, वंदना शिवा जैसे कई लोगों से प्रेरित हैं। महाश्वेता

देवी, मुक्तिबोध, दुष्यंत कुमार, शंकर कुरुप, धर्मवीर भारती, यू.आर. अनन्तमूर्ति, न्यायमूर्ति कृष्णा अय्यर, न्यायमूर्ति जे.एस. वर्मा जैसे कई लेखकों और विधि विशेषज्ञों ने भी इसमें योगदान दिया। अपने प्रयासों, बेहतर शिक्षा और क्षेत्रीय प्रेस के समन्वय से एक चेतना दिखाई देने लगी है, जो धीरे-धीरे साफ़ और विकेन्द्रीकृत व्यवस्था की ओर ले जा सकती है। नेहरू के ज़माने में शासन नागरिक समाज को प्रायोजित करता था। बाद में, नागरिक समाज ने स्वयं को राज्य से आज़ाद कर लिया। उसके बाद इसने संसाधन पर हक़ और प्राप्ति, योजना और अन्ततः जवाबदेही को लेकर असहज करने वाले सवाल पूछे। राज्य ने कभी दमन से तो कभी स्वागत से इनको जवाब दिया। इस संरक्षित संघर्ष और चिन्तन से सूचना का अधिकार, शिक्षा का अधिकार और रोज़गार का अधिकार अस्तित्व में आया। ये अधिकार भले ही काग़ज़ी शेर की तरह दिखते हों लेकिन इन्होंने निश्चित ही जनता में अभूतपूर्व चेतना और जागृति लाने का काम किया है।

एक अन्य स्वागत योग्य घटनाक्रम विकास प्रौद्योगिकी और सामाजिक आन्दोलनों के नए संगम का बनना है। क्या प्रौद्योगिकीय आशावाद वाकई में सामाजिक निराशावाद को उबारेगा? पिछले दो दशकों में प्रभावी बदलाव हुए हैं। नई सूचना प्रौद्योगिकी ने न केवल सामान्य जीवन को छुआ बल्कि उसे बदला भी है और मुझे लगता है कि यह सकारात्मक है। सूचना को पाना सशक्तिकरण को बढ़ाता है। और साथ ही, इसने कई क्षेत्रों में भ्रष्टाचार के अवसरों को कम किया है और उससे कोष में ज़्यादा पैसा आया। इसने वाणिज्य-व्यापार को सुविधाजनक और अधिक गतिशील बनाया। ग्रामीण भारत अब अलग-थलग नहीं रहता है, और शहरी भारत वैश्वीकृत है। संयुक्त परिवार चाहे टूट गए हों, लेकिन मोबाइल व्यापक दुनिया में लोगों को जुड़ा हुआ महसूस करता है। अब मोबाइल, इस उपकरण के अत्यधिक इस्तेमाल से स्वास्थ्य पर होने वाले हानिकारक प्रभावों के बावजूद, बहुत ज़्यादा प्रचलन में हैं।

पिछली सदी मूल रूप से प्रौद्योगिकी की सदी थी, जिसमें आश्चर्यजनक बदलाव हुए और अब उपकरण हमारे जीवन को नियंत्रित करते हैं। मेरे बचपन में, मैंने कई बुजुर्गों को एक साफ़ ज़मीन पर अपने प्रियजनों के बीच अन्तिम साँस लेते हुए देखा था। अब मुझे आईसीयू में ऑक्सीजन मास्क लगाए हुए अन्तिम साँस का ख़ौफ़ सताता है। ख़ैर, हो सकता है कि नई तकनीकों ने मृत्यु को मुश्किल बना दिया हो लेकिन इन्होंने निश्चित ही जीवन अभूतपूर्व रूप से आसान बना दिया है। अब खाने के लिए ज़्यादा खाना (चाहे पोषक हो, न हो) है, विकल्प अधिक हैं, कपड़े बेहतर हैं, बिजली (चाहे वितरण अच्छा न हो) है, पक्की सड़कें हैं, आन्दोलन हैं आदि-आदि। हममें से अधिकांश, जिनके पूर्वज मीलों तक पाँव घसीटते पैदल या बैलगाड़ियों पर यात्रा करते थे, अब मोटरसाइकिल, कार और यहाँ तक कि हवाई जहाज़ में यात्रा करते हैं। बिजली और जैविक ईंधन ने बीसवीं सदी के भारत की

तस्वीर ही बदल दी। ग्रामीण भारत ने ट्यूबवेल या नलकूप में बड़े पैमाने पर पैसे लगाए, इसी तरह मध्यवर्ग ने फ्रिज, टीवी, वाहनों और यहाँ तक कि एसी में; बहुत कम लोगों ने इन प्रदत्त सुविधाओं के लिए पर्यावरण की परवाह की। पर्यावरण के नुकसान का रोना हर कोई रोता है लेकिन मौजूदा राजनीतिक इच्छाशक्ति में वापसी सम्भव है। चुनाव बिजली-पानी के मुद्दे पर लड़े जाते हैं और तकनीकी फॉर्मूलों की अच्छी माँग रहती है। उदाहरण के लिए देखिए कि सौर ऊर्जा कितनी बिजली का उत्पादन कर सकती है और कितनी बिजली एलईडी बल्ब बचा सकती हैं। मैं चाहता हूँ कि कैसे उच्च-वाहक (सुपरकंडक्टिविटी) जैसे चमत्कार हो गए होते! न्यूट्रिनो शोध के बारे में क्या सोचना है? इसमें ऐसी सम्भावनाएँ हैं, जो अब सिर्फ़ वैज्ञानिक कल्पनाओं के क्षेत्र में अस्तित्वमान हैं। दुनिया सी.एन.आर. राव जैसे वैज्ञानिकों की बहुत आभारी होती। हम आज भी ऊर्जा संकट का प्रौद्योगिकीय समाधान चाहते हैं। यही मामला भोजन और स्वास्थ्य के बारे में है। अच्छे बीज, कुछ दवाइयाँ, धुआँ रहित चूल्हा और सौर ऊर्जा से चलने वाला लैम्प ग्रामीणों के लिए कुछ खाद्य सुरक्षा के नाम पर दिए जाने वाले कुछ किलो अनाज से ज़्यादा उपयोगी होंगे। चाहे हम तकनीक और उनके आर्थिक नियंताओं पर कितनी भी शंका करें, हमें नई और अपनी बनाई समुचित प्रौद्योगिकी की आवश्यकता है। यह तभी सम्भव होगा, जब हम सर्वोत्तम पूँजी, मानवीय पूँजी में निवेश करें और उसे मज़बूत करें। हमें खोज और आविष्कार के बीच के सूक्ष्म अन्तरों और दोनों के लिए ज़रूरी विभिन्न ध्यान और पोषण को पहचानने की आवश्यकता है। लगभग एक हज़ार साल पहले, अल-बरूनी ने भारत में प्रतिभा को गाय के गोबर में मिला पाया था। यह दुविधा अब भी जारी है।

इसी तरह, अतिरिक्त केन्द्रीकृत व्यवस्था की बजाय हमें सचेत और प्रभावी विकेन्द्रीकरण चाहिए। यदि हमारी सांस्कृतिक प्रवृत्ति और नैतिक कमी की वजह से हम भ्रष्टाचार को मिटा नहीं सकते तो आइए इसका विकेन्द्रीकरण ही कर दें! इसी तरह से, हमारे दौर में धर्म की प्रासंगिकता सन्देह से परे है लेकिन जैसा की सदियों पहले रूमी ने कहा था—कम-से-कम ऊँट के पैर ही बाँध दो। ये आसान विकल्प नहीं हैं। क्या नरेन्द्र मोदी के नेतृत्व वाली नई व्यवस्था इस चुनौती से दो-दो हाथ करेगी?[1] समय आ गया है कि अब हम गांधी को मानना प्रारम्भ करें, कम-से-कम कुछ हद तक ही सही, जो अब तक प्रासंगिक है। सारी समस्याओं और कठिनाइयों

1. 1920 में बहुश्रुत बिनोय कुमार सरकार ने देश की तकनीकी कुशलता और भौतिक विकास को प्रोत्साहित करने के लिए *मिस्त्रीफिकेशन* की वकालत की थी। वे एक मिस्त्रीफाइड भारत चाहते थे, जो कभी नहीं हुआ। नौ दशक बाद अब लोग मोदीफिकेशन और मोदीफाइड भारत की बात करते हैं! कमंडल (धर्म की राजनीति) ने मंडल (जाति की राजनीति) को लील लिया है और देश अब चल पड़ा है एक अघोषित हिन्दू राष्ट्र की ओर।

के बावजूद, सरदर्द का इलाज कभी सर को धड़ से अलग कर देना नहीं होता है। न ही हम एक समृद्ध इतिहास और संस्कृति वाले करोड़ों लोगों के देश के साथ श्योडिंगर की बिल्ली या कैरेबियाई समुद्री लुटेरों—न मृत, न ही जीवित—की तरह बर्ताव नहीं कर सकते हैं!

जैसे कि मैंने लिखना शुरू किया, समापन भी एक व्यक्तिगत टिप्पणी से करूँगा। जीवन की यात्रा मुझे इतनी जगहों पर ले गई कि शायद मैंने अपनी जड़ों से सम्पर्क खो दिया है। मुंगेर के साथ मेरी यादें टूटे हुए आईने की तरह लगती हैं, पारिवारिक रिश्ते या तो बिखर गए या कड़वे हो गए हैं, हालाँकि कुछ मित्रताएँ बची हुई हैं। अब मैं स्वयं को मुंगेर कहे जाने वाले क़स्बे के साथ नहीं जोड़ पाता हूँ, न ही नई दिल्ली के साथ, जहाँ सरकार रहती है और मैं रहता हूँ। दोनों के बीच एक शून्य है। करोड़ों लोगों की तरह, मैं आंशिक सीमाहीन विस्थापन और आंशिक मौन में सांत्वना पाता हूँ।

❂❂❂